JN366921

기출이 답이다

서울교통공사

NCS & 전공 7개년 + 무료서교공특강

SD에듀
(주)시대고시기획

2023 하반기 SD에듀 All-New 기출이 답이다

서울교통공사 NCS & 전공 7개년 + 무료서교공특강

Always **with you**

사람의 인연은 길에서 우연하게 만나거나 함께 살아가는 것만을 의미하지는 않습니다.
책을 펴내는 출판사와 그 책을 읽는 독자의 만남도 소중한 인연입니다.
SD에듀는 항상 독자의 마음을 헤아리기 위해 노력하고 있습니다. 늘 독자와 함께하겠습니다.

PREFACE

머리말

서울지하철 1~8호선, 9호선 2 · 3단계 구간(275역, 289.1km)을 운영하는 세계적 수준의 도시철도 운영기관인 서울교통공사는 2023년 하반기에 신입사원을 채용할 예정이다. 누구나 행복하고 안전하게 이용할 수 있는 서울교통공사의 채용절차는 「원서접수 → 필기시험 → 체력검정 → 인성검사 → 면접시험 → 신체검사 결격조회 → 최종 합격」 순서로 이루어진다. 필기시험은 직업기초능력평가와 직무수행능력평가로 진행되는데, 직업기초능력평가의 경우 의사소통능력, 수리능력, 문제해결능력, 조직이해능력, 정보능력, 자원관리능력, 기술능력, 자기개발능력, 대인관계능력, 직업윤리 총 10개의 영역을 평가하며 2023년 상반기에는 피듈형으로 출제되었다. 직무수행능력평가는 직종별로 상이하므로 반드시 확정된 채용공고를 확인해야 한다. 따라서 필기시험에서 고득점을 받기 위해 다양한 유형에 대한 폭넓은 학습과 문제풀이능력을 높이는 등 철저한 준비가 필요하다.

서울교통공사 합격을 위해 SD에듀에서는 기업별 NCS 시리즈 누적 판매량 1위의 출간 경험을 토대로 다음과 같은 특징을 가진 도서를 출간하였다.

도서의 특징

❶ 서울교통공사 출제유형 분석을 통한 유형 확인!

- 서울교통공사 직업기초능력평가 영역별로 출제유형을 수록하여 서울교통공사 필기 유형을 분석할 수 있도록 하였다.

❷ 서울교통공사 기출복원문제를 통한 실력 상승!

- 서울교통공사 7개년(2023년 상반기 ~ 2017년) NCS & 전공 기출문제를 복원하여 서울교통공사 필기시험에 완벽히 대비할 수 있도록 하였다.

❸ 주요 공기업 기출복원문제를 통한 문제 유형 확인!

- 2023년 상반기 주요 공기업 NCS & 전공 기출문제를 복원하여 공기업별 필기 유형을 파악할 수 있도록 하였다.

❹ 다양한 콘텐츠로 최종합격까지!

- 온라인 모의고사 응시 쿠폰을 무료로 제공하여 필기시험을 준비하는 데 부족함이 없도록 하였다.

끝으로 본 도서를 통해 서울교통공사 채용을 준비하는 모든 수험생 여러분이 합격의 기쁨을 누리기를 진심으로 기원한다.

SDC(Sidae Data Center) 씀

서울교통공사 이야기

INTRODUCE

미션

안전한 도시철도, 편리한 교통 서비스

비전

사람과 도시를 연결하는 종합교통기업 서울교통공사

핵심가치

- 안전 우선
- 미래 대비
- 고객 만족
- 지속 경영

경영목표

시스템 기반 최고 수준의 안전운행	미래 성장 동력 지속 발굴 및 강화
더 나은 서비스를 통한 고객만족도 제고	지속 가능한 혁신 경영관리체계 구축

전략과제

선제적인 차량 및 시설 현대화	공사 고유의 안전관리 시스템 고도화
철도 운영 역량 활용 수익 다각화	사업영역 확장을 통한 신(新)성장동력 발굴
고객 맞춤형 고품질 서비스 제공	도시철도 이용환경 개선 및 편리성 강화
경영개선 및 대외협력을 통한 ESG 경영	조직 운영 및 업무 프로세스 개선

인재상

- 안전분야 최고를 지향하는 인재
- 혁신을 주도하는 인재
- 열린 마음으로 협력하는 인재

신입 채용 안내

INFORMATION

지원자격(공통)

❶ 연령 : 만 18세 이상자(단, 공사 정년 범위 내)

❷ 학력사항 : 제한 없음

❸ 병역사항 : 병역법 제76조에서 정한 병역의무 불이행 사실이 없는 자

※ 복무 중인 경우 최종합격자 발표일 전일까지 전역이 가능한 자

❹ 근무조건 : 주 · 야간 교대(교번)근무가 가능한 자

※ 여성의 경우 주 · 야간 교대(교번)근무가 가능한 자로서 야간근로(22:00~06:00) 및 휴일근로 동의서를 제출하여야 임용 가능

❺ 기타 : 공사 인사규정 제17조(결격사유)에 해당하지 않는 자

필기시험

구분	주요내용	문항 수	시간
직업기초능력평가	의사소통능력, 수리능력, 문제해결능력, 조직이해능력, 정보능력, 자원관리능력, 기술능력, 자기개발능력, 대인관계능력, 직업윤리	40문항	100분
직무수행능력평가	직종별 전공과목	40문항	

면접시험

시험방법	평정요소	점수
개별(PT)면접	직원으로서의 정신자세, 전문지식과 응용능력, 의사발표의 정확성과 논리성, 예의 · 품행 및 성실성, 창의력 · 의지력 및 기타 발전가능성	각 15점 만점
집단면접(3 ~ 4명)		

※ 필기점수, 면접점수를 50:50의 비율로 환산하여 고득점자 순으로 합격 결정

※ 합격 결정은 개별(PT)면접, 집단면접 점수가 각각 10점 이상인 자에 한함

❖ 위 채용안내는 2023년 상반기 채용공고를 기준으로 작성하였으므로 세부사항은 확정된 채용공고를 확인하기 바랍니다.

2023 상반기 기출분석

ANALYSIS

총평 서울교통공사

2023년 상반기 필기시험에서 NCS는 피듈형으로 출제되었으나, 예년 시험에 비해 피셋형 문제가 다수 출제되었다는 의견이 지배적이었다. 의사소통능력에서는 대체로 무난한 난이도의 문제가 출제되었지만, 수리능력과 자원관리능력에서 시간이 오래 걸리는 꼼꼼한 계산을 요하는 문제가 출제되었다는 평이 있었다. 전공의 경우, NCS에 비하여 난이도가 높고, 범위 또한 지엽적이었다는 의견이 다수였다.

의사소통능력

출제 특징	• 철도 관련 지문의 문제가 출제됨 • 철도용어 중 영어식 표현 혹은 일본식 한자어를 우리말로 바꾼 것 중 틀린 것을 고르는 문제가 출제됨
출제 키워드	• 탄소배출, 친환경 수송철도, 신호모진, Concourse 등

수리능력

출제 특징	• 응용 수리 유형이 출제되지 않았음 • 교통공사별 지하철 사용 인원수를 구하는 문제가 출제됨 • 지하철 정기권의 금액을 계산하는 문제가 출제됨
출제 키워드	• 교통카드, 운임, 거리비례 등

문제해결능력

출제 특징	• SWOT 분석 유형의 문제가 출제됨 • 지원자들의 명단을 보고 서류 적합자를 고르는 문제가 출제됨 • '공부를 잘하는 애는 무엇이든지 잘할 것이다.'라는 말이 어떤 유형의 오류인지 고르는 문제가 출제됨
출제 키워드	• 출장, 마케팅, 휴가 등

자원관리능력

출제 특징	• 제시된 조건에 따라 금액을 계산하는 유형의 문제가 출제됨 • 최소 비용으로 계산할 때 선정될 업체의 개수를 구하는 문제가 출제됨
출제 키워드	• 전자교탁, 회의실 대관, 공장 등

PSAT형

※ 다음은 K공단의 국내 출장비 지급 기준에 대한 자료이다. 이어지는 질문에 답하시오. [15~16]

〈국내 출장비 지급 기준〉

① 근무지로부터 편도 100km 미만의 출장은 공단 차량 이용을 원칙으로 하며, 다음 각호에 따라 "별표 1"에 해당하는 여비를 지급한다.
   ㉠ 일비
      ⓐ 근무시간 4시간 이상 : 전액
      ⓑ 근무시간 4시간 미만 : 1일분의 2분의 1
   ㉡ 식비 : 명령권자가 근무시간이 모두 소요되는 1일 출장으로 인정한 경우에는 1일분의 3분의 1 범위 내에서 지급
   ㉢ 숙박비 : 편도 50km 이상의 출장 중 출장일수가 2일 이상으로 숙박이 필요할 경우, 증빙자료 제출 시 숙박비 지급
② 제1항에도 불구하고 공단 차량을 이용할 수 없어 개인 소유 차량으로 업무를 수행한 경우에는 일비를 지급하지 않고 이사장이 따로 정하는 바에 따라 교통비를 지급한다.
③ 근무지로부터 100km 이상의 출장은 "별표 1"에 따라 교통비 및 일비는 전액을, 식비는 1일분의 3분의 2 해당액을 지급한다. 다만, 업무 형편상 숙박이 필요하다고 인정할 경우에는 출장기간에 대하여 숙박비, 일비, 식비 전액을 지급할 수 있다.

〈별표 1〉

구분	교통비				일비 (1일)	숙박비 (1박)	식비 (1일)
	철도임	선임	항공임	자동차임			
임원 및 본부장	1등급	1등급	실비	실비	30,000원	실비	45,000원
1, 2급 부서장	1등급	2등급	실비	실비	25,000원	실비	35,000원
2, 3, 4급 부장	1등급	2등급	실비	실비	20,000원	실비	30,000원
4급 이하 팀원	2등급	2등급	실비	실비	20,000원	실비	30,000원

1. 교통비는 실비를 기준으로 하되, 실비 정산은 국토해양부장관 또는 특별시장·광역시장·도지사·특별자치도지사 등이 인허한 요금을 기준으로 한다.
2. 선임 구분표 중 1등급 해당자는 특등, 2등급 해당자는 1등을 적용한다.
3. 철도임 구분표 중 1등급은 고속철도 특실, 2등급은 고속철도 일반실을 적용한다.
4. 임원 및 본부장의 식비가 위 정액을 초과하였을 경우 실비를 지급할 수 있다.
5. 운임 및 숙박비의 할인이 가능한 경우에는 할인 요금으로 지급한다.
6. 자동차임 실비 지급은 연료비와 실제 통행료를 지급한다.
   (연료비)=[여행거리(km)]×(유가)÷(연비)
7. 임원 및 본부장을 제외한 직원의 숙박비는 70,000원을 한도로 실비를 정산할 수 있다.

특징
▸ 대부분 의사소통능력, 수리능력, 문제해결능력을 중심으로 출제(일부 기업의 경우 자원관리능력, 조직이해능력을 출제)
▸ 자료에 대한 추론 및 해석 능력을 요구

대행사
▸ 엑스퍼트컨설팅, 커리어넷, 태드솔루션, 한국행동과학연구소(행과연), 휴노 등

모듈형

| 대인관계능력

60 다음 자료는 갈등해결을 위한 6단계 프로세스이다. 3단계에 해당하는 대화의 예로 가장 적절한 것은?

1단계 사전 준비하기	⇨	2단계 긍정적인 분위기에서 대화 시작하기	⇨	3단계 상대방의 입장 파악하기
				⇩
6단계 최종적으로 해결책 선택 및 실행하기	⇦	5단계 해결책 평가하기	⇦	4단계 상대방의 입장에서 해결책 생각해보기

① 그럼 A씨의 생각대로 진행해 보시죠.

특징
- 이론 및 개념을 활용하여 푸는 유형
- 채용 기업 및 직무에 따라 NCS 직업기초능력평가 10개 영역 중 선발하여 출제
- 기업의 특성을 고려한 직무 관련 문제를 출제
- 주어진 상황에 대한 판단 및 이론 적용을 요구

대행사
- 인트로맨, 휴스테이션, ORP연구소 등

피듈형(PSAT형 + 모듈형)

| 문제해결능력

60 P회사는 직원 20명에게 나눠 줄 추석 선물 품목을 조사하였다. 다음은 유통업체별 품목 가격과 직원들의 품목 선호도를 나타낸 자료이다. 이를 참고하여 P회사에서 구매하는 물품과 업체를 바르게 연결한 것은?

〈업체별 품목 금액〉

구분		1세트당 가격	혜택
A업체	돼지고기	37,000원	10세트 이상 주문 시 배송 무료
	건어물	25,000원	
B업체	소고기	62,000원	20세트 주문 시 10% 할인
	참치	31,000원	
C업체	스팸	47,000원	50만 원 이상 주문 시 배송 무료
	김	15,000원	

〈구성원 품목 선호도〉

특징
- 기초 및 응용 모듈을 구분하여 푸는 유형
- 기초인지모듈과 응용업무모듈로 구분하여 출제
- PSAT형보다 난도가 낮은 편
- 유형이 정형화되어 있고, 유사한 문제를 세트로 출제

대행사
- 사람인, 스카우트, 인크루트, 커리어케어, 트리피, 한국사회능력개발원 등

서울교통공사

보고서 작성 방법 ▸ 유형

2023년 적중

27 다음 중 A대리가 메일에서 언급하지 않았을 내용은?

A대리 : ○○○씨, 보고서 잘 받아봤습니다.
B사원 : 아, 네. 대리님. 미흡한 점이 많았을 텐데…… 죄송합니다.
A대리 : 아닙니다. 처음인데도 잘했습니다. 그런데, 얘기해 줄 것이 있어요. 문서는 '내용'이 물론 가장 중요하긴 하지만 '표현'과 '형식'도 중요합니다. 앞으로 참고할 수 있게 메일로 유의사항을 보냈으니까 읽어보세요.
B사원 : 감사합니다. 확인하겠습니다.

① 의미를 전달하는 데 문제가 없다면 문장은 가능한 한 짧게 만드는 것이 좋다.
② 우회적인 표현은 오해의 소지가 있으므로 가능하면 쓰지 않는 것이 좋다.
③ 한자의 사용을 자제하되, 만약 사용할 경우 상용한자의 범위 내에서 사용한다.
④ 중요한 내용은 미괄식으로 작성하는 것이 그 의미가 강조되어 효과적이다.
⑤ 핵심을 담은 문장을 앞에 적어준다면 이해가 더 잘 될 것이다.

참 거짓 논증 ▸ 유형

2023년 적중

39 다음의 마지막 명제가 참일 때, 빈칸에 들어갈 명제로 가장 적절한 것은?

- 허리통증이 심하면 나쁜 자세로 공부했다는 것이다.
- 공부를 오래 하면 성적이 올라간다.
- ______________________________
- 성적이 떨어졌다는 것은 나쁜 자세로 공부했다는 것이다.

① 성적이 올라갔다는 것은 좋은 자세로 공부했다는 것이다.
② 좋은 자세로 공부한다고 해도 허리의 통증은 그대로이다.
③ 성적이 떨어졌다는 것은 공부를 별로 하지 않았다는 증거다.
④ 좋은 자세로 공부한다고 해도 공부를 오래 하긴 힘들다.
⑤ 허리통증이 심하지 않으면 공부를 오래 할 수 있다.

부산교통공사

승진 ▶ 키워드

2023년 적중

※ 부산교통공사 인사팀에 근무하고 있는 E대리는 다른 부서의 D대리와 B과장의 승진심사를 위해 다음과 같이 표를 작성하였다. 이어지는 질문에 답하시오. **[17~18]**

〈승진심사 점수〉

(단위 : 점)

구분	기획력	업무실적	조직 성과업적	청렴도	승진심사 평점
B과장	80	72	78	70	
D대리	60	70	48		63.6

※ 승진심사 평점은 기획력 30%, 업무실적 30%, 조직 성과업적 25%, 청렴도 15%를 반영하여 합산한다.
※ 부문별 만점 기준점수는 100점이다.

17 다음 중 D대리의 청렴도 점수로 옳은 것은?

① 81점
② 82점
③ 83점
④ 84점

글의 순서 ▶ 유형

2023년 적중

27 다음 제시된 문단을 읽고, 이어질 문단을 논리적 순서대로 바르게 나열한 것은?

우리는 자본주의 체제에서 살고 있다. '우리는 자본주의라는 체제의 종말보다 세계의 종말을 상상하는 것이 더 쉬운 시대에 살고 있다.'고 할 만큼 현재 세계는 자본주의의 논리 아래에 굴러가고 있다. 이러한 자본주의는 어떻게 발생하였을까?

(가) 그러나 1920년대에 몰아친 세계 대공황은 자본주의가 완벽하지 않은 체제이며 수정이 필요함을 모든 사람에게 각인시켜줬다. 학문적으로 보자면 대표적으로 존 메이너드 케인스의 『고용·이자 및 화폐에 관한 일반이론』 등의 저서를 통해 수정자본주의가 꾀해졌다.

(나) 애덤 스미스로부터 학문화된 자본주의는 데이비드 리카도의 비교우위론 등의 이론을 포섭해 나가며 자신의 영역을 공고히 했다. 자본의 폐해에 대한 마르크스 등의 경고가 있었지만, 자본주의는 그 위세를 계속 떨칠 것 같이 보였다.

(다) 1950년대에는 중산층의 신화가 이루어지면서 수정자본주의 체제는 영원할 것 같이 보였지만, 오일 쇼크 등으로 인해서 수정자본주의 또한 그 한계를 보이게 되었고, 빈 학파로부터 파생된 신자유주의 이론이 가미되기 시작하였다.

(라) 자본주의의 시작이라 하면 대부분 애덤 스미스의 『국부론』을 떠올리겠지만, 역사학자인 페르낭 브로델에 의하면 자본주의는 16세기 이탈리아에서부터 시작된 것이라고 한다. 이를 학문적으로 정립한 최초의 저작이 『국부론』이다.

① (나) – (라) – (다) – (가)
② (나) – (라) – (가) – (다)
③ (라) – (나) – (다) – (가)
④ (라) – (나) – (가) – (다)

인천교통공사

글의 주제 ▸ 유형

2023년 적중

08 다음은 삼계탕을 소개하는 기사이다. (가) ~ (마) 문단의 핵심 주제로 적절하지 않은 것은?

(가) 사육한 닭에 대한 기록은 청동기 시대부터이지만, 삼계탕에 대한 기록은 조선 시대 문헌에서조차 찾기 힘들다. 조선 시대의 닭 요리는 닭백숙이 일반적이었으며, 일제강점기에 들어서면서 부잣집에서 닭백숙, 닭국에 가루 형태의 인삼을 넣는 삼계탕이 만들어졌다. 지금의 삼계탕 형태는 1960년대 이후부터 시작되었으며, 대중화된 것은 1970년대 이후부터이다. 삼계탕은 주재료가 닭이고 부재료가 인삼이었기에 본래 '계삼탕'으로 불렸다. 그러다가 닭보다 인삼이 귀하다는 인식이 생기면서부터 지금의 이름인 '삼계탕'으로 불리기 시작했다.

(나) 삼계탕은 보통 삼복에 즐겨 먹는데 삼복은 일 년 중 가장 더운 기간으로, 땀을 많이 흘리고 체력 소모가 큰 여름에 몸 밖이 덥고 안이 차가우면 위장 기능이 약해져 기력을 잃고 병을 얻기 쉽다. 이러한 여름철에 닭과 인삼은 열을 내는 음식으로 따뜻한 기운을 내장 안으로 불어넣고 더위에 지친 몸을 회복하는 효과가 있다.

(다) 삼계탕과 닭백숙은 조리법에 큰 차이는 없지만, 사용되는 닭이 다르다. 백숙은 육계(고기용 닭)나 10주령 이상의 2kg 정도인 토종닭을 사용한다. 반면, 삼계탕용 닭은 28 ~ 30일 키운 800g 정도의 영계(어린 닭)를 사용한다.

(라) 삼계탕에 대한 속설 중 잘못 알려진 속설에는 '대추는 삼계탕 재료의 독을 빨아들이기 때문에 먹으면 안 된다.'는 것이 있는데, 대추는 삼계탕 재료의 독이 아닌 국물을 빨아들이는 것에 불과하므로 대추를 피할 필요는 없다.

(마) 이처럼 삼계탕에 들어가는 닭과 인삼은 따뜻한 성질을 가진 식품이지만 체질적으로 몸에 열이 많은 사람은 인삼보다 황기를 넣거나 차가운 성질인 녹두를 더해 몸 속의 열을 다스리는 것도 좋다. 또한 여성의 경우 수족냉증, 생리불순, 빈혈, 변비에 효과가 있는 당귀를 삼계탕에 넣는 것도 좋은 방법이다.

① (가) : 삼계탕의 유래
② (나) : 삼계탕과 삼복의 의미
③ (다) : 삼계탕과 닭백숙의 차이
④ (라) : 삼계탕의 잘못된 속설
⑤ (마) : 삼계탕과 어울리는 재료

요금 계산 ▸ 유형

2023년 적중

03 다음은 A, B국가의 사회이동에 따른 계층 구성의 비율 변화를 나타낸 자료이다. 2001년과 비교한 2021년에 대한 설명으로 옳은 것은?

〈2001년〉

구분	A국가	B국가
상층	7%	17%
중층	67%	28%
하층	26%	55%

〈2021년〉

구분	A국가	B국가
상층	18%	23%
중층	23%	11%
하층	59%	66%

① A국가의 상층 비율은 9%p 증가하였다.
② 중층 비율은 두 국가가 증감폭이 같다.
③ A국가 하층 비율의 증가폭은 B국가의 증가폭보다 크다.
④ B국가에서 가장 높은 비율을 차지하는 계층이 바뀌었다.
⑤ B국가의 하층 비율의 증가율은 20년 동안 10% 증가하였다.

코레일 한국철도공사

이산화탄소 ▶ 키워드 2023년 적중

13 다음은 온실가스 총 배출량에 대한 자료이다. 이에 대한 설명으로 옳지 않은 것은?

〈온실가스 총 배출량〉

(단위 : CO_2 eq.)

구분	2016년	2017년	2018년	2019년	2020년	2021년	2022년
총 배출량	592.1	596.5	681.8	685.9	695.2	689.1	690.2
에너지	505.3	512.2	593.4	596.1	605.1	597.7	601.0
산업공정	50.1	47.2	51.7	52.6	52.8	55.2	52.2
농업	21.2	21.7	21.2	21.5	21.4	20.8	20.6
폐기물	15.5	15.4	15.5	15.7	15.9	15.4	16.4
LULUCF	−57.3	−54.5	−48.5	−44.7	−42.7	−42.4	−44.4
순 배출량	534.8	542.0	633.3	641.2	652.5	646.7	645.8
총 배출량 증감률(%)	2.3	0.7	14.3	0.6	1.4	−0.9	0.2

※ CO_2 eq. : 이산화탄소 등가를 뜻하는 단위로, 온실가스 종류별 지구온난화 기여도를 수치로 표현한 지구온난화지수(GWP; Global Warming Potential)를 곱한 이산화탄소 환산량

※ LULUCF(Land Use, Land Use Change, Forestry) : 인간이 토지 이용에 따라 변화하게 되는 온실가스의 증감

※ (순 배출량)=(총 배출량)+(LULUCF)

① 온실가스 순 배출량은 2020년까지 지속해서 증가하다가 2021년부터 감소한다.

② 2022년 농업 온실가스 배출량은 2016년 대비 3%p 이상 감소하였다.

③ 2017 ~ 2022년 중 온실가스 총 배출량이 전년 대비 감소한 해에는 다른 해에 비해 산업공정 온실가스 배출량이 가장 많았다.

④ 2016년 온실가스 순 배출량에서 에너지 온실가스 배출량이 차지하는 비중은 90% 이상이다.

국민건강보험공단

그래프 계산 ▶ 유형 2023년 적중

※ 다음은 한 사람이 하루에 받는 스팸 수신량을 그래프로 나타낸 것이다. 이어지는 질문에 답하시오. **[35~37]**

〈1인 1일 스팸 수신량〉

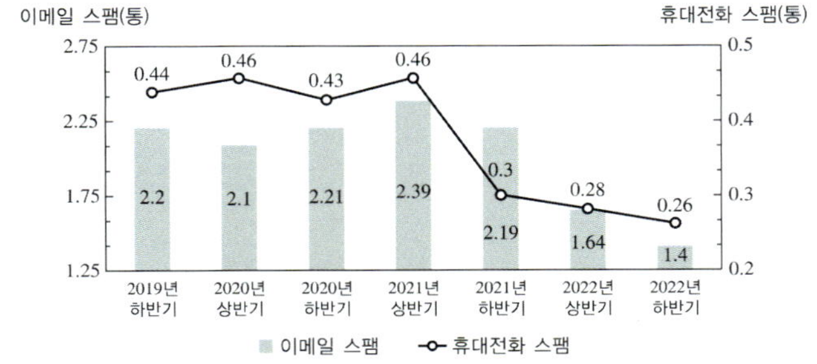

35 전체 스팸 수신량이 가장 많은 때와 가장 적은 때의 차이는 얼마인가?

① 1.18 ② 1.28

도서 200% 활용하기

STRUCTURES

서울교통공사 직업기초능력평가 출제유형 분석으로 영역별 학습

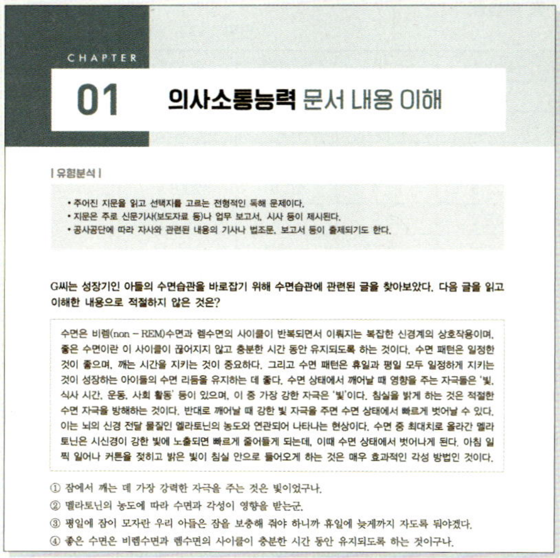

CHAPTER 01 의사소통능력 문서 내용 이해

| 유형분석 |

• 주어진 지문을 읽고 선택지를 고르는 전형적인 독해 문제이다.
• 지문은 주로 신문기사(보도자료 등)나 업무 보고서, 시사 등이 제시된다.
• 공사공단에 따라 자사와 관련된 내용의 기사나 법조문, 보고서 등이 출제되기도 한다.

G씨는 성장기인 아들의 수면습관을 바로잡기 위해 수면습관에 관련된 글을 찾아보았다. 다음 글을 읽고 이해한 내용으로 적절하지 않은 것은?

수면은 비렘(non – REM)수면과 렘수면의 사이클이 반복되면서 이뤄지는 복잡한 신경계의 상호작용이며, 좋은 수면이란 이 사이클이 끊어지지 않고 충분한 시간 동안 유지되도록 하는 것이다. 수면 패턴은 일정한 것이 좋으며, 깨는 시간을 지키는 것이 중요하다. 그리고 수면 패턴은 휴일과 평일 모두 일정하게 지키는 것이 성장하는 아이들의 수면 리듬을 유지하는 데 좋다. 수면 상태에서 깨어날 때 영향을 주는 자극들은 '빛, 식사 시간, 운동, 사회 활동' 등이 있으며, 이 중 가장 강한 자극은 '빛'이다. 침실을 밝게 하는 것은 적절한 수면 자극을 방해하는 것이다. 반대로 깨어날 때 강한 빛 자극을 주면 수면 상태에서 빠르게 벗어날 수 있다. 이는 뇌의 신경 전달 물질인 멜라토닌의 농도와 연관되어 나타나는 현상이다. 수면 중 최대치로 올라간 멜라토닌은 시신경이 강한 빛에 노출되면 빠르게 줄어들게 되는데, 이때 수면 상태에서 벗어나게 된다. 아침 일찍 일어나 커튼을 젖히고 밝은 빛이 침실 안으로 들어오게 하는 것은 매우 효과적인 각성 방법인 것이다.

① 잠에서 깨는 데 가장 강력한 자극을 주는 것은 빛이었구나.
② 멜라토닌의 농도에 따라 수면과 각성이 영향을 받는군.
③ 평일에 잠이 모자란 우리 아들은 잠을 보충해 줘야 하니까 휴일에 늦게까지 자도록 둬야겠다.
④ 좋은 수면은 비렘수면과 렘수면의 사이클이 충분한 시간 동안 유지되도록 하는 것이구나.

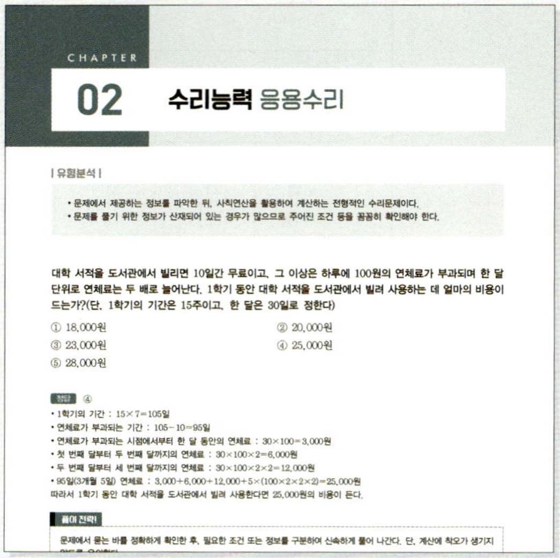

CHAPTER 02 수리능력 응용수리

| 유형분석 |

• 문제에서 제공하는 정보를 파악한 뒤, 사칙연산을 활용하여 계산하는 전형적인 수리문제이다.
• 문제를 풀기 위한 정보가 산재되어 있는 경우가 많으므로 주어진 조건 등을 꼼꼼히 확인해야 한다.

대학 서적을 도서관에서 빌리면 10일간 무료이고, 그 이상은 하루에 100원의 연체료가 부과되며 한 달 단위로 연체료는 두 배로 늘어난다. 1학기 동안 대학 서적을 도서관에서 빌려 사용하는 데 얼마의 비용이 드는가?(단, 1학기의 기간은 15주이고, 한 달은 30일로 정한다)

① 18,000원 ② 20,000원
③ 23,000원 ④ 25,000원
⑤ 28,000원

정답 ④

• 1학기의 기간 : 15×7=105일
• 연체료가 부과되는 기간 : 105−10=95일
• 연체료가 부과되는 시점에서부터 한 달 동안의 연체료 : 30×100=3,000원
• 첫 번째 달부터 두 번째 달까지의 연체료 : 30×100×2=6,000원
• 두 번째 달부터 세 번째 달까지의 연체료 : 30×100×2×2=12,000원
• 95일(3개월 5일) 연체료 : 3,000+6,000+12,000+5×(100×2×2×2)=25,000원

따라서 1학기 동안 대학 서적을 도서관에서 빌려 사용한다면 25,000원의 비용이 든다.

풀이 전략!

문제에서 묻는 바를 정확하게 확인한 후, 필요한 조건 또는 정보를 구분하여 신속하게 풀어 나간다. 단, 계산에 착오가 생기지

▸ 서울교통공사 직업기초능력평가 영역별 출제유형 분석을 수록하여 최근 출제되는 문제의 유형을 익히고 점검할 수 있도록 하였다.

서울교통공사 기출복원문제로 맞춤형 학습

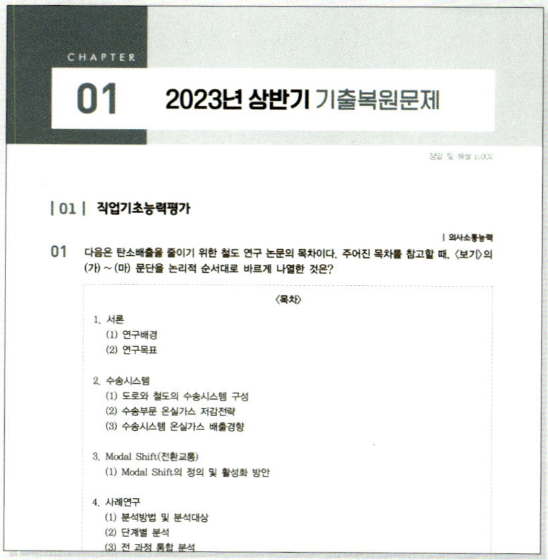

CHAPTER 01 2023년 상반기 기출복원문제

정답 및 해설 p.002

| 01 | 직업기초능력평가

| 의사소통능력

01 다음은 탄소배출을 줄이기 위한 철도 연구 논문의 목차이다. 주어진 목차를 참고할 때, 〈보기〉의 (가) ~ (마) 문단을 논리적 순서대로 바르게 나열한 것은?

〈목차〉

1. 서론
(1) 연구배경
(2) 연구목표

2. 수송시스템
(1) 도로와 철도의 수송시스템 구성
(2) 수송부문 온실가스 저감전략
(3) 수송시스템 온실가스 배출경향

3. Modal Shift(전환교통)
(1) Modal Shift의 정의 및 활성화 방안

4. 사례연구
(1) 분석방법 및 분석대상
(2) 단계별 분석
(3) 전 과정 통합 분석

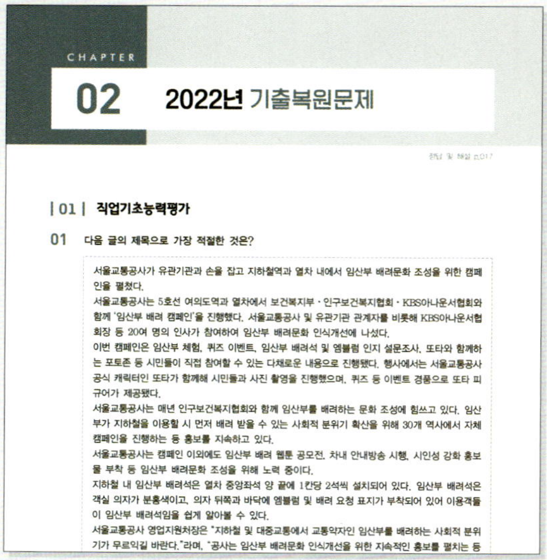

CHAPTER 02 2022년 기출복원문제

정답 및 해설 p.017

| 01 | 직업기초능력평가

01 다음 글의 제목으로 가장 적절한 것은?

서울교통공사가 유관기관과 손을 잡고 지하철역과 열차 내에서 임산부 배려문화 조성을 위한 캠페인을 펼쳤다.
서울교통공사는 5호선 여의도역과 열차에서 보건복지부 · 인구보건복지협회 · KBS아나운서협회와 함께 '임산부 배려 캠페인'을 진행했다. 서울교통공사 및 유관기관 관계자를 비롯해 KBS아나운서협회장 등 20여 명의 인사가 참여하여 임산부 배려문화 인식개선에 나섰다.
이번 캠페인은 임산부 체험, 퀴즈 이벤트, 임산부 배려석 및 엠블럼 인지 설문조사, 또타와 함께하는 포토존 등 시민들이 직접 참여할 수 있는 다채로운 내용으로 진행됐다. 행사에서는 서울교통공사 공식 캐릭터인 또타가 함께해 시민들과 사진 촬영을 진행했으며, 퀴즈 등 이벤트 경품으로 또타 피규어가 제공됐다.
서울교통공사는 매년 인구보건복지협회와 함께 임산부를 배려하는 문화 조성에 힘쓰고 있다. 임산부가 지하철을 이용할 시 먼저 배려 받을 수 있는 사회적 분위기 확산을 위해 30개 역사에서 자체 캠페인을 진행하는 등 홍보를 지속하고 있다.
서울교통공사는 캠페인 이외에도 임산부 배려 웹툰 공모전, 차내 안내방송 시행, 시인성 강화 홍보물 부착 등 임산부 배려문화 조성을 위해 노력 중이다.
지하철 내 임산부 배려석은 열차 중앙좌석 양 끝에 1칸당 2석씩 설치되어 있다. 임산부 배려석은 객실 의자가 분홍색이고, 의자 뒤쪽과 바닥에 엠블럼 및 배려 요청 표지가 부착되어 있어 이용객들이 임산부 배려석임을 쉽게 알아볼 수 있다.
서울교통공사 영업지원처장은 "지하철 및 대중교통에서 교통약자인 임산부를 배려하는 사회적 분위기가 무르익길 바란다."라며, "공사는 임산부 배려문화 인식개선을 위한 지속적인 홍보를 펼치는 등

▸ 2023년 상반기 ~ 2017년 서울교통공사 NCS & 전공 기출문제를 복원하여 서울교통공사 필기시험에 완벽히 대비할 수 있도록 하였다.

주요 공기업 기출복원문제로 출제 경향 파악

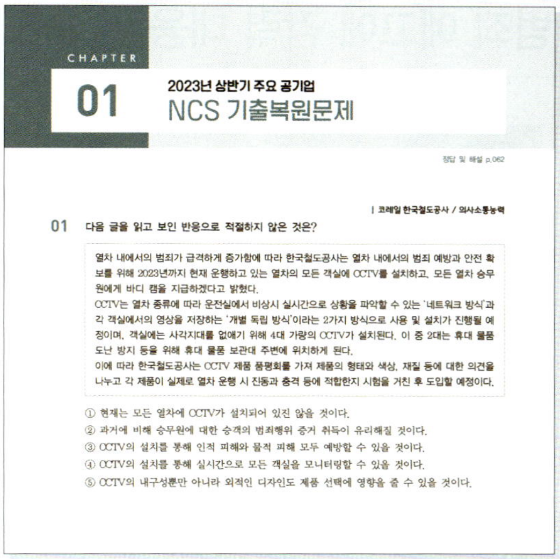
CHAPTER 01 2023년 상반기 주요 공기업 NCS 기출복원문제

정답 및 해설 p.062

| 코레일 한국철도공사 / 의사소통능력

01 다음 글을 읽고 보인 반응으로 적절하지 않은 것은?

열차 내에서의 범죄가 급격하게 증가함에 따라 한국철도공사는 열차 내에서의 범죄 예방과 안전 확보를 위해 2023년까지 현재 운행하고 있는 열차의 모든 객실에 CCTV를 설치하고, 모든 열차 승무원에게 바디 캠을 지급하겠다고 밝혔다.
CCTV는 열차 종류에 따라 운전실에서 비상시 실시간으로 상황을 파악할 수 있는 '네트워크 방식'과 각 객실에서의 영상을 저장하는 '개별 독립 방식'이라는 2가지 방식으로 사용 및 설치가 진행될 예정이며, 객실에는 사각지대를 없애기 위해 4대 가량의 CCTV가 설치된다. 이 중 2대는 휴대 물품 도난 방지 등을 위해 휴대 물품 보관대 주변에 위치하게 된다.
이에 따라 한국철도공사는 CCTV 제품 품평회를 가져 제품의 형태와 색상, 재질 등에 대한 의견을 나누고 각 제품이 실제로 열차 운행 시 진동과 충격 등에 적합한지 시험을 거친 후 도입할 예정이다.

① 현재는 모든 열차에 CCTV가 설치되어 있진 않을 것이다.
② 과거에 비해 승무원에 대한 승객의 범죄행위 증거 취득이 유리해질 것이다.
③ CCTV의 설치를 통해 인적 피해와 물적 피해 모두 예방할 수 있을 것이다.
④ CCTV의 설치를 통해 실시간으로 모든 객실을 모니터링할 수 있을 것이다.
⑤ CCTV의 내구성뿐만 아니라 외적인 디자인도 제품 선택에 영향을 줄 수 있을 것이다.

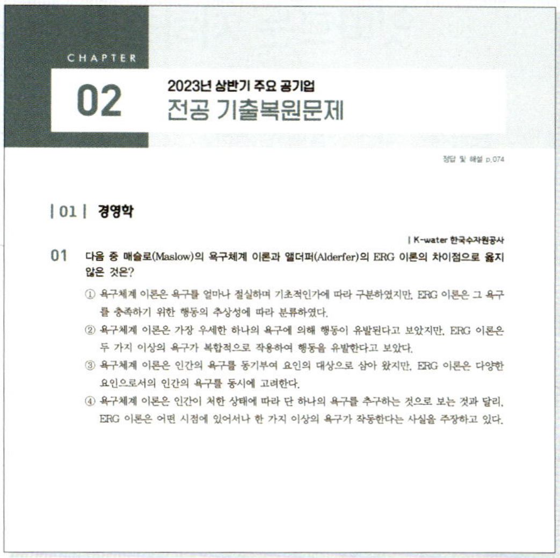
CHAPTER 02 2023년 상반기 주요 공기업 전공 기출복원문제

정답 및 해설 p.074

| 01 | 경영학

| K-water 한국수자원공사

01 다음 중 매슬로(Maslow)의 욕구체계 이론과 앨더퍼(Alderfer)의 ERG 이론의 차이점으로 옳지 않은 것은?

① 욕구체계 이론은 욕구를 얼마나 절실하며 기초적인가에 따라 구분하였지만, ERG 이론은 그 욕구를 충족하기 위한 행동의 추상성에 따라 분류하였다.
② 욕구체계 이론은 가장 우세한 하나의 욕구에 의해 행동이 유발된다고 보았지만, ERG 이론은 두 가지 이상의 욕구가 복합적으로 작용하여 행동을 유발한다고 보았다.
③ 욕구체계 이론은 인간의 욕구를 동기부여 요인의 대상으로 삼아 왔지만, ERG 이론은 다양한 요인으로서의 인간의 욕구를 동시에 고려한다.
④ 욕구체계 이론은 인간이 처한 상태에 따라 단 하나의 욕구를 추구하는 것으로 보는 것과 달리, ERG 이론은 어떤 시점에 있어서나 한 가지 이상의 욕구가 작동한다는 사실을 주장하고 있다.

▸ 2023년 상반기 주요 공기업 NCS & 전공 기출문제를 복원하여 공기업별 출제 경향을 파악할 수 있도록 하였다.

상세한 해설로 정답과 오답을 완벽하게 이해

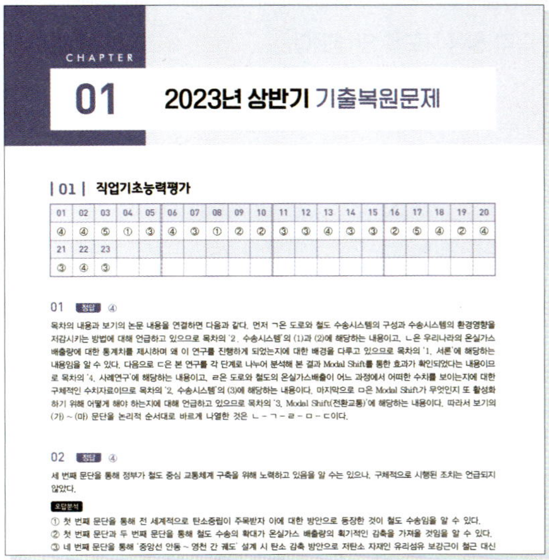
CHAPTER 01 2023년 상반기 기출복원문제

| 01 | 직업기초능력평가

01	02	03	04	05	06	07	08	09	10	11	12	13	14	15	16	17	18	19	20
④	④	⑤	①	③	④	③	①	②	②	③	③	④	③	③	②	⑤	④	②	④
21	22	23																	
③	④	③																	

01 정답 ④

목차의 내용과 보기의 논문 내용을 연결하면 다음과 같다. 먼저 ㄱ은 도로와 철도 수송시스템의 구성과 수송시스템의 환경영향을 저감시키는 방법에 대해 언급하고 있으므로 목차의 '2. 수송시스템'의 (1)과 (2)에 해당하는 내용이고, ㄴ은 우리나라의 온실가스 배출량에 대한 통계치를 제시하며 왜 이 연구를 진행하게 되었는지에 대한 배경을 다루고 있으므로 목차의 '1. 서론'에 해당하는 내용임을 알 수 있다. 다음으로 ㄷ은 본 연구를 각 단계로 나누어 분석해 본 결과 Modal Shift를 통한 효과가 확인되었다는 내용이므로 목차의 '4. 사례연구'에 해당하는 내용이고, ㄹ은 도로와 철도의 온실가스배출이 어느 과정에서 어떠한 수치를 보이는지에 대한 구체적인 수치자료이므로 목차의 '2. 수송시스템'의 (3)에 해당하는 내용이다. 마지막으로 ㅁ은 Modal Shift가 무엇인지 또 활성화하기 위해 어떻게 해야 하는지에 대해 언급하고 있으므로 목차의 '3. Modal Shift(전환교통)'에 해당하는 내용이다. 따라서 보기의 (가) ~ (마) 문단을 논리적 순서대로 바르게 나열한 것은 ㄴ – ㄱ – ㄹ – ㅁ – ㄷ이다.

02 정답 ④

세 번째 문단을 통해 정부가 철도 중심 교통체계 구축을 위해 노력하고 있음을 알 수는 있으나, 구체적으로 시행된 조치는 언급되지 않았다.

오답분석

① 첫 번째 문단을 통해 전 세계적으로 탄소중립이 주목받자 이에 대한 방안으로 등장한 것이 철도 수송임을 알 수 있다.
② 첫 번째 문단과 두 번째 문단을 통해 철도 수송의 확대가 온실가스 배출량의 획기적인 감축을 가져올 것임을 알 수 있다.
③ 네 번째 문단을 통해 '중앙선 안동 ~ 영천 간 궤도' 설계 시 탄소 감축 방안으로 저탄소 자재인 유리섬유 보강근이 철근 대신

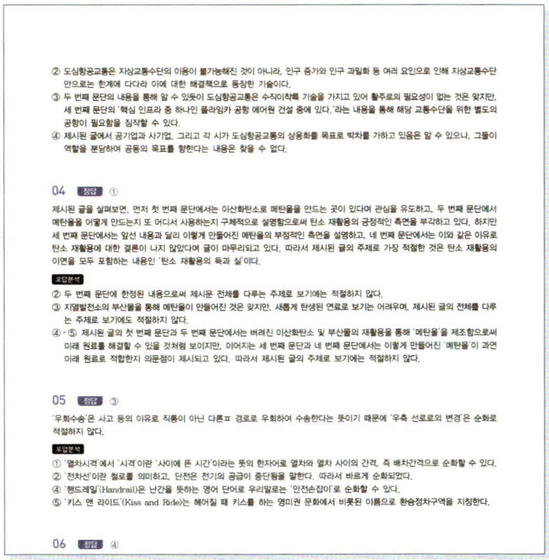
② 도심항공교통은 지상교통수단의 이용이 불가능해진 것이 아니라, 인구 증가와 인구 과밀화 등 여러 요인으로 인해 지상교통수단만으로는 한계에 다다라 이에 대한 해결책으로 등장한 기술이다.
③ 두 번째 문단의 내용을 통해 알 수 있듯이 도심항공교통은 수직이착륙 기술을 가지고 있어 활주로의 필요성이 없는 것은 맞지만, 세 번째 문단의 '핵심 인프라 중 하나인 플라잉카 공항 에어원 건설 중에 있다.'라는 내용을 통해 해당 교통수단을 위한 별도의 공항이 필요함을 짐작할 수 있다.
④ 제시된 글에서 공기업과 사기업, 그리고 각 시가 도심항공교통의 상용화를 목표로 박차를 가하고 있음은 알 수 있으나, 그들이 역할을 분담하여 공동의 목표를 향한다는 내용은 찾을 수 없다.

04 정답 ①

제시된 글을 살펴보면, 먼저 첫 번째 문단에서는 이산화탄소로 메탄올을 만드는 곳이 있다며 관심을 유도하고, 두 번째 문단에서 메탄올을 어떻게 만드는지 또 어디서 사용하는지 구체적으로 설명함으로써 탄소 재활용의 긍정적인 측면을 부각하고 있다. 하지만 세 번째 문단에서는 앞선 내용과 달리 이렇게 만들어진 메탄올의 부정적인 측면을 설명하고, 네 번째 문단에서는 이와 같은 이유로 탄소 재활용에 대한 결론이 나지 않았다며 글이 마무리되고 있다. 따라서 제시된 글의 주제로 가장 적절한 것은 탄소 재활용의 이면을 모두 포함하는 내용인 '탄소 재활용의 득과 실'이다.

오답분석

② 두 번째 문단에 한정된 내용으로써 제시문 전체를 다루는 주제로 보기에는 적절하지 않다.
③ 지열발전소의 부산물을 통해 메탄올이 만들어진 것은 맞지만, 새롭게 탄생된 연료로 보기는 어려우며, 제시된 글의 전체를 다루는 주제로 보기에도 적절하지 않다.
④·⑤ 제시된 글의 첫 번째 문단과 두 번째 문단에서는 버려진 이산화탄소 및 부산물의 재활용을 통해 '메탄올'을 제조함으로써 미래 원료를 해결할 수 있을 것처럼 보이지만, 이어지는 세 번째 문단과 네 번째 문단에서는 이렇게 만들어진 '메탄올'이 과연 미래 원료로 적합한지 의문점이 제시되고 있다. 따라서 제시된 글의 주제로 보기에는 적절하지 않다.

05 정답 ③

'우회수송'은 사고 등의 이유로 직통이 아닌 다른 경로로 우회하여 수송한다는 뜻이기 때문에 '우측 선로로의 변경'은 순화로 적절하지 않다.

오답분석

① '열차시격'에서 '시격'이란 '사이에 뜬 시간'이라는 뜻의 한자어로 열차와 열차 사이의 간격, 즉 배차간격으로 순화할 수 있다.
② '전차선'이란 철로를 의미하고, 단전은 전기의 공급이 중단됨을 말한다. 따라서 바르게 순화되었다.
④ '핸드레일'(Handrail)은 난간을 뜻하는 영어 단어로 우리말로는 '안전손잡이'로 순화할 수 있다.
⑤ '키스 앤 라이드'(Kiss and Ride)는 헤어질 때 키스를 하는 영미권 문화에서 비롯된 이름으로 환승정차구역을 지칭한다.

06 정답 ④

▸ 정답과 오답에 대한 상세한 해설과 추가적인 설명을 수록하여 혼자서도 완벽하게 학습할 수 있도록 하였다.

2023.08.04.(금)

서울교통공사, 잇따르는 지하철역 대상 범죄 예고에 강력 대응

서울교통공사가 최근 잇달아 발생하고 있는 지하철역 대상 범죄 예고에 대비하여 경찰과 지하철 보안관의 역사 합동 순찰을 강화하는 등 시민과 직원의 안전을 지키기 위한 강력 대응에 나선다.

지난 7월 21일 발생한 신림동 일대 흉기난동 범죄사건 이후, 인터넷 게시판과 사회관계망(SNS)에는 지하철역을 대상으로 한 범죄 예고글이 다수 게시되고 있다. 특히 흉기로 살인을 예고하는 등의 강력범죄 예고가 잇따르고 있어, 지하철을 이용하는 시민들의 불안감이 크게 가중되고 있는 상황이다. 서울교통공사는 지하철을 이용하는 시민의 안전 확보를 위해 우선적으로 질서유지 업무를 담당하는 지하철 보안관과 경찰의 합동 순찰을 4일부터 대폭 강화했다.

특히 범죄예고 대상으로 알려진 역에는 다수의 경찰과 보안관이 상주하여 역을 지키고 있는 중이다. 역에 근무하는 직원도 역사 내 설치된 CCTV를 통해 상시 관찰업무를 수행하도록 지시했다. 지하철역에 근무하는 직원의 안전도 크게 위협받고 있는 만큼 서울교통공사는 외부에 노출된 직원 업무공간을 잠근 후 근무하고, 페퍼스프레이 · 방검복 · 전자충격기 · 안전방패 등 직원에게 지급된 안전보호 장비도 업무 시 즉각 활용하도록 안내했다.

Keyword

- **강력범죄** : 폭행이나 물리적 · 심리적 강제로서의 협박을 수단으로 하는 범죄이다. 지하철에서 강력범죄의 일종인 살인을 예고할 경우 살인예비음모죄(최대 10년 이하의 징역)를 적용할 수 있다.

예상 면접 질문

- 지하철 안전을 강화할 수 있는 방안에 대해 말해 보시오.
- 지하철 내에서의 강력범죄 예방 방안에 대해 말해 보시오.

2023.07.31.(월)

서울교통공사,
태그리스 결제 시스템 도입 추진

서울교통공사는 근거리 무선통신 기술(Bluetooth Low Energy 5.0 이상)을 기반으로 한 **태그리스(Tagless) 시스템**으로 변화를 준비 중이다.

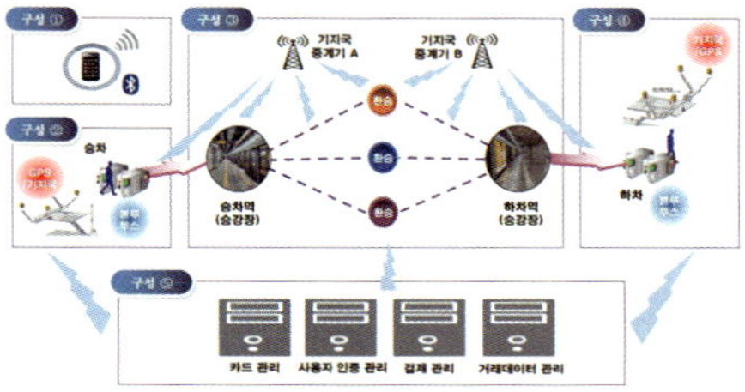

1997년에 도입되어 현재까지도 사용 중인 RF(Radio Frequency) 교통카드 시스템은 승객이 직접 카드 또는 모바일을 단말기에 접촉하여 요금을 결제하는 방식으로, 혼잡 시간대에 승객이 몰리면 개 · 집표기에 긴 대기줄이 발생한다는 단점이 있다. 그동안 꾸준히 태그리스 기반 준비를 진행해 온 서울교통공사는 위치를 정확히 인식하는 위치정보 기술을 활용한 시범 설치를 통하여 직원 대상으로 우선 검증할 계획이다. 현재 시범사업에 참여할 업체 선정을 위해 7월 7일부터 8월 17일까지 나라장터에 공고 중이다. 공고 마감 이후 8월 22일 개찰 및 외부전문위원의 평가를 통해 공사에서 요구한 기술과 가격조건에 부합하는 우선 협상자를 선정하게 된다. 그리고 총 6개월에 걸쳐 유효한 승 · 하차 인식, 1초 이내 처리 속도, 요금 및 거래데이터 정확성 등과 같은 기술 검증을 마친 후, 기술 고도화를 통해 전 역사로 확대 시행할 예정이다.

또한, 서울교통공사는 우선 2호선 용답역, 3호선 옥수역, 4호선 동작 · 사당역 등 4역 10개소 개집표기에 태그리스 시스템을 시범 설치한다. 연내에 핵심 기술인 위치측위 인식률 95% 이상을 목표로 시스템을 검증할 계획이다.

Keyword

▸ **태그리스(Tagless) 시스템** : 개 · 집표기에 교통카드를 태그할 필요 없이 모바일 기기를 이용하여 편리하게 승하차가 가능하도록 만들어 주는 새로운 결제 시스템으로 NFC 기술과 블루투스 비콘을 기반으로 한다.

예상 면접 질문

▸ 태그리스 시스템의 기반 기술에 대해 말해 보시오.
▸ 태그리스 시스템 도입을 통해 기대되는 경제적 효과에 대해 말해 보시오.

2023.06.30.(금)

서울교통공사, 지하철 최초 안전 챗GPT 도입해

챗GPT 이후 각종 분야에서 혁신을 이끄는 초거대 인공지능 기술이 국내 지하철 최초로 접목된다. 서울교통공사는 초거대 언어모델인 GPT를 지하철 안전 분야에 활용하여 안전 챗GPT를 시범 구축한다고 밝혔다.

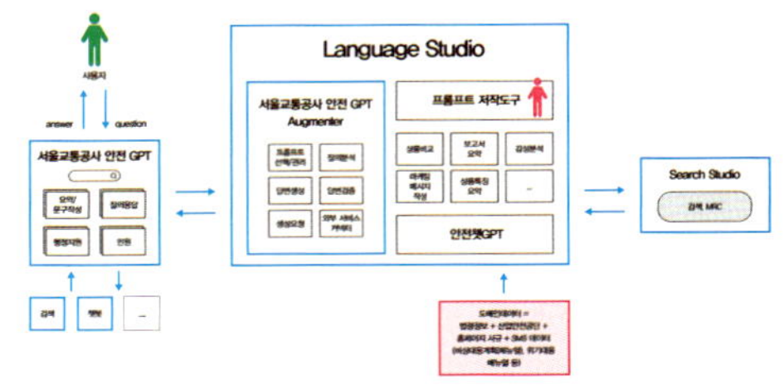

지난 4월 과학기술정보통신부와 한국지능정보사회진흥원(NIA)에서 공모한 민간의 첨단 초거대 인공지능 활용지원(수요연계형) 사업에 서울교통공사가 선정되면서 '안전 챗GPT'를 구축할 수 있게 되었다. 서울교통공사는 시범 구축을 위해 인공지능과 데이터 사이언스 분야에 원천기술을 보유한 솔트룩스사와 협업해, 올해 12월 15일경 안전 챗GPT 시범 구축을 마무리하고 내년부터 업무에 도입할 예정이다. GPT는 방대한 양의 정보를 사전학습하고, 관리자 측이 각종 질문에 대한 올바른 답변을 작성하기 위해 미세한 조정하는 과정인 파인튜닝 단계를 거친다. 이후 제공되는 답변들의 적절한 순위를 매기는 단계를 거쳐 나가면서 정확도를 높여 나가는 구조다. 이를 바탕으로 서울교통공사는 안전 챗GPT를 솔트룩스사의 언어모델인 안전 챗GPT를 통해 구축할 예정이다.

서울교통공사는 초거대 언어모델을 활용한 안전 챗GPT 구축을 통해 다양한 철도안전법 등 안전 관련 법령, 업무 지침서, 매뉴얼, 용어 사전 등에 직원들이 쉽고 빠르게 접근할 수 있는 환경을 조성하게 된다.

Keyword

- 언어모델 : 사용자가 문장을 입력하면 가장 적절한 내용을 출력해 주는 AI 모델이다. 최근 오픈AI 사의 챗GPT와 같은 초거대 언어모델이 학계 등에서 큰 주목을 받고 있다.

예상 면접 질문

- 챗GPT에 대해 아는 대로 말해 보시오.
- 서울교통공사가 구축 중인 초거대 언어모델인 '안전 챗GPT'에 대해 아는 대로 말해 보시오.

2023.06.23.(금)

서울교통공사, 풍수해 대비 선제 대응

서울교통공사가 지난 수도권 폭우 사태로 인해 피해가 발생했던 부분을 개선하고 차수 장비들을 미리 점검하며, 전사적 지원 가능 인력체계를 구축하는 등 풍수해 및 중대재해 예방에 나섰다.

서울교통공사는 작년과 같이 지하철 역사에 물이 유입되는 피해 발생을 막기 위해 개선책을 발굴해 실행했다. 우선, 지난해 폭우로 빗물이 유입됐던 이수역을 포함한 13개 역사를 여름철 특별관리역사로 지정해 집중적으로 관리했다.

또한, 서울교통공사는 폭우 발생 시 즉각적인 대응이 가능하도록 개선했다. 지하 역 183역, 704개소의 차수판을 출입구 근처로 이전 설치해 직원 대응 동선을 최소화하고 빗물 유입 위험 25개소의 차수판도 2단으로 높였다. 특히 빗물 유입 피해를 봤던 이수역은 노면 구간 차수판에 출구 차수문 앞 차수판을 추가로 설치하여 빗물 유입을 이중으로 차단한다. 이와 더불어 풍수해 매뉴얼도 강화됐다. 호우경보 등이 발령되면, 차수문을 50% 폐쇄하고 차수판 1단과 모래주머니를 설치하는 등의 사전조치를 실행하도록 하였다. 한편, 민간 연결통로 구간에서 민간 소유주의 관리 소홀로 인해 시설물 파손 · 열차 운행 지장 등의 피해가 발생하면 법적 조치에도 나설 예정이다.

서울교통공사는 폭우 시 역사로 빗물이 유입되지 않도록 차수판, 차수문 등 총 704건의 사전점검을 마쳤다. 또한 침수 발생 시 역사 내 자회사 직원도 시민 대피를 돕는 등 즉각적으로 대처하며, 풍수해 지원 인력을 총 3,408명으로 편성하는 등 전사적인 지원 체계를 구축했다.

Keyword

- 호우경보 : 호우로 인하여 현저한 재해가 예상될 경우 일반 국민이나 관계기관에 경고하기 위하여 기상청에서 발표하는 기상특보로, 호우경보가 발표되면 방재 관련 기관에서는 비상근무체제에 들어간다.

예상 면접 질문

- 호우경보 시 서울교통공사의 사전조치에 대해 아는 대로 말해 보시오.
- 폭우 발생에 따른 지하철역 피해를 예방하기 위해 서울교통공사가 취할 수 있는 조치에는 무엇이 있을지 말해 보시오.

이 책의 차례

CONTENTS

Add+

서울교통공사 NCS 출제유형 파헤치기

CHAPTER 01

의사소통능력

합격 CHEAT KEY

의사소통능력은 평가하지 않는 금융권이 없을 만큼 필기시험에서 중요도가 높은 영역이다. 또한, 의사소통능력의 문제 출제 비중은 가장 높은 편이다. 이러한 점을 볼 때, 의사소통능력은 NCS를 준비하는 수험생이라면 반드시 정복해야 하는 과목이다.

국가직무능력표준에 따르면 의사소통능력의 세부 유형은 문서이해, 문서작성, 의사표현, 경청, 기초외국어로 나눌 수 있다. 문서이해·문서작성과 같은 제시문에 대한 주제찾기, 내용일치 문제의 출제 비중이 높으며, 공문서·기획서·보고서·설명서 등 문서의 특성을 파악하는 문제도 출제되고 있다. 따라서 이러한 분석을 바탕으로 전략을 세우는 것이 매우 중요하다.

01 문제에서 요구하는 바를 먼저 파악하라!

의사소통능력에서 가장 중요한 것은 제한된 시간 안에 빠르고 정확하게 답을 찾아내는 것이다. 그러기 위해서는 우리가 의사소통능력을 공부하는 이유를 잊지 말아야 한다. 우리는 지식을 쌓기 위해 의사소통능력 지문을 보는 것이 아니다. 의사소통능력에서는 지문이 아니라 문제가 주인공이다! 지문을 보기 전에 문제를 먼저 파악해야 한다. 주제 찾기 문제라면 첫 문장과 마지막 문장 또는 접속어를 주목하자! 내용일치 문제라면 지문과 문항의 일치 / 불일치 여부만 파악한 뒤 빠져나오자! 지문에 빠져드는 순간 소중한 시험 시간은 속절없이 흘러 버린다!

02 잠재되어 있는 언어능력을 발휘하라!

의사소통능력에는 끝이 없다! 의사소통의 방대함에 포기한 적이 있는가? 세상에 글은 많고 우리가 학습할 수 있는 시간은 한정적이다. 이를 극복할 수 있는 방법은 다양한 글을 접하는 것이다. 실제 시험장에서 어떤 내용의 지문이 나올지 아무도 예측할 수 없다. 따라서 평소에 신문, 소설, 보고서 등 여러 글을 접하는 것이 필요하다. 잠재되어 있는 글에 대한 안목이 시험장에서 빛을 발할 것이다.

03 상황을 가정하라!

업무 수행에 있어 상황에 따른 언어 표현은 중요하다. 같은 말이라도 상황에 따라 다르게 해석될 수 있기 때문이다. 그런 의미에서 자신의 의견을 효과적으로 전달할 수 있는 능력을 평가하는 것은 당연하다. 따라서 다양한 상황에서의 언어표현능력을 함양하기 위한 연습의 과정이 요구된다. 업무를 수행하면서 발생할 수 있는 여러 상황을 가정하고 그에 따른 올바른 언어표현을 정리하는 것이 필요하다. 의사표현 영역의 경우 출제 빈도가 높지는 않지만 상황에 따른 판단력을 평가하는 문항인 만큼 대비하는 것이 필요하다.

04 말하는 이의 입장에서 생각하라!

잘 듣는 것 또한 하나의 능력이다. 상대방의 이야기에 귀 기울이고 공감하는 태도는 업무를 수행하는 관계 속에서 필요한 요소이다. 그런 의미에서 다양한 상황에서의 듣는 능력을 평가하는 것이다. 말하는 이가 요구하는 듣는 이의 태도를 파악하고, 이에 따른 판단을 할 수 있도록 언제나 말하는 사람의 입장이 되는 연습이 필요하다.

05 반복만이 살길이다!

학창 시절 외국어를 공부하던 때를 떠올려 보자! 셀 수 없이 많은 표현들을 익히기 위해 얼마나 많은 반복의 과정을 거쳤는가? 의사소통능력 역시 그러하다. 하나의 문제 유형을 마스터하기 위해 가장 중요한 것은 바로 여러 번, 많이 풀어 보는 것이다.

CHAPTER

01 의사소통능력 문서 내용 이해

| 유형분석 |

- 주어진 지문을 읽고 선택지를 고르는 전형적인 독해 문제이다.
- 지문은 주로 신문기사(보도자료 등)나 업무 보고서, 시사 등이 제시된다.
- 공사공단에 따라 자사와 관련된 내용의 기사나 법조문, 보고서 등이 출제되기도 한다.

G씨는 성장기인 아들의 수면습관을 바로잡기 위해 수면습관에 관련된 글을 찾아보았다. 다음 글을 읽고 이해한 내용으로 적절하지 않은 것은?

> 수면은 비렘(non – REM)수면과 렘수면의 사이클이 반복되면서 이뤄지는 복잡한 신경계의 상호작용이며, 좋은 수면이란 이 사이클이 끊어지지 않고 충분한 시간 동안 유지되도록 하는 것이다. 수면 패턴은 일정한 것이 좋으며, 깨는 시간을 지키는 것이 중요하다. 그리고 수면 패턴은 휴일과 평일 모두 일정하게 지키는 것이 성장하는 아이들의 수면 리듬을 유지하는 데 좋다. 수면 상태에서 깨어날 때 영향을 주는 자극들은 '빛, 식사 시간, 운동, 사회 활동' 등이 있으며, 이 중 가장 강한 자극은 '빛'이다. 침실을 밝게 하는 것은 적절한 수면 자극을 방해하는 것이다. 반대로 깨어날 때 강한 빛 자극을 주면 수면 상태에서 빠르게 벗어날 수 있다. 이는 뇌의 신경 전달 물질인 멜라토닌의 농도와 연관되어 나타나는 현상이다. 수면 중 최대치로 올라간 멜라토닌은 시신경이 강한 빛에 노출되면 빠르게 줄어들게 되는데, 이때 수면 상태에서 벗어나게 된다. 아침 일찍 일어나 커튼을 젖히고 밝은 빛이 침실 안으로 들어오게 하는 것은 매우 효과적인 각성 방법인 것이다.

① 잠에서 깨는 데 가장 강력한 자극을 주는 것은 빛이었구나.
② 멜라토닌의 농도에 따라 수면과 각성이 영향을 받는군.
③ 평일에 잠이 모자란 우리 아들은 잠을 보충해 줘야 하니까 휴일에 늦게까지 자도록 둬야겠다.
④ 좋은 수면은 비렘수면과 렘수면의 사이클이 충분한 시간 동안 유지되도록 하는 것이구나.
⑤ 우리 아들 침실이 좀 밝은 편이니 충분한 수면을 위해 암막커튼을 달아 줘야겠어.

정답 ③

수면 패턴은 휴일과 평일 모두 일정하게 지키는 것이 성장하는 아이들의 수면 리듬을 유지하는 데 좋다. 따라서 휴일에 늦잠을 자는 것은 적절하지 않다.

풀이 전략!

주어진 선택지에서 키워드를 체크한 후, 지문의 내용과 비교해 가면서 내용의 일치 여부를 빠르게 판단한다.

CHAPTER

01 의사소통능력 주제 · 제목 찾기

| 유형분석 |

- 주어진 지문을 파악하여 전달하고자 하는 핵심 주제를 고르는 문제이다.
- 정보를 종합하고 중요한 내용을 구별하는 능력이 필요하다.
- 설명문부터 주장, 반박문까지 다양한 성격의 지문이 제시되므로 글의 성격별 특징을 알아 두는 것이 좋다.

다음 글의 주제로 가장 적절한 것은?

> 표준화된 언어는 의사소통을 효과적으로 하기 위하여 의도적으로 선택해야 할 공용어로서의 가치가 있다. 반면에 방언은 지역이나 계층의 언어와 문화를 보존하고 드러냄으로써 국가 전체의 언어와 문화를 다양하게 발전시키는 토대로서의 가치가 있다. 이러한 의미에서 표준화된 언어와 방언은 상호 보완적인 관계에 있다. 표준화된 언어가 있기에 정확한 의사소통이 가능하며, 방언이 있기에 개인의 언어생활에서나 언어 예술 활동에서 자유롭고 창의적인 표현이 가능하다. 결국 우리는 표준화된 언어와 방언 둘 다의 가치를 인정해야 하며, 발화(發話) 상황(狀況)을 잘 고려해서 표준화된 언어와 방언을 잘 가려서 사용할 줄 아는 능력을 길러야 한다.

① 창의적인 예술 활동에서는 방언의 기능이 중요하다.
② 표준화된 언어와 방언에는 각각 독자적인 가치와 역할이 있다.
③ 정확한 의사소통을 위해서는 표준화된 언어가 꼭 필요하다.
④ 표준화된 언어와 방언을 구분할 줄 아는 능력을 길러야 한다.
⑤ 표준화된 언어는 방언보다 효용가치가 있다.

정답 ②

마지막 문장의 '표준화된 언어와 방언 둘 다의 가치를 인정'하고, '잘 가려서 사용할 줄 아는 능력을 길러야 한다.'는 내용을 바탕으로 ②와 같은 주제를 이끌어낼 수 있다.

풀이 전략!

'결국', '즉', '그런데', '그러나', '그러므로' 등의 접속어 뒤에 주제가 드러나는 경우가 많다는 것에 주의하면서 지문을 읽는다.

CHAPTER

01 의사소통능력 문단 배열

| 유형분석 |

- 각 문단 또는 문장의 내용을 파악하고 논리적 순서에 맞게 배열하는 복합적인 문제이다.
- 전체적인 글의 흐름을 이해하는 것이 중요하며, 각 문장의 지시어나 접속어에 주의한다.

다음 문장을 논리적 순서대로 바르게 나열한 것은?

(가) 그중에서도 우리나라의 나전칠기는 중국이나 일본보다 단조한 편이지만, 옻칠의 질이 좋고 자개 솜씨가 뛰어나 우리나라 칠공예만의 두드러진 개성을 가진다. 전래 초기에는 주로 백색의 야광패를 사용하였으나, 후대에는 청록 빛깔을 띤 복잡한 색상의 전복껍데기를 많이 사용하였다. 우리나라의 나전칠기는 일반적으로 목제품의 표면에 옻칠을 하고 그것에다 한층 치레 삼아 첨가한다.

(나) 이러한 나전칠기는 특히 통영의 것이 유명하다. 이는 예로부터 통영에서는 나전의 원료가 되는 전복이 많이 생산되었으며, 인근 내륙 및 함안 지역의 질 좋은 옻이 나전칠기가 발달하는 데 주요 원인이 되었기 때문이다. 이에 통영시는 지역 명물 나전칠기를 널리 알리기 위해 매년 10월 통영 나전칠기축제를 개최하여 400년을 이어 온 통영지방의 우수하고 독창적인 공예법을 소개하고 작품도 전시하고 있다.

(다) 제작방식은 우선 전복껍데기를 얇게 하여 무늬를 만들고 백골에 모시 천을 바른 뒤, 칠과 호분을 섞어 표면을 고른다. 그 후 칠죽 바르기, 삼베 붙이기, 탄회 칠하기, 토회 칠하기를 통해 제조과정을 끝마친다. 문양을 내기 위해 나전을 잘라 내는 방법에는 주름질(자개를 문양 형태로 오려 낸 것), 이음질(문양 구도에 따라 주름대로 문양을 이어 가는 것), 끊음질(자개를 실같이 가늘게 썰어서 문양 부분에 모자이크 방법으로 붙이는 것)이 있다.

(라) 나전칠기는 기물에다 무늬를 나타내는 대표적인 칠공예의 장식기법 중 하나로, 얇게 깐 조개껍데기를 여러 가지 형태로 오려 내어 기물의 표면에 감입하여 꾸미는 것을 통칭한다. 우리나라는 목기와 더불어 칠기가 발달했는데, 이러한 나전기법은 중국 주대(周代)부터 이미 유행했고 당대(唐代)에 성행하여 한국과 일본에 전해진 것으로 보인다. 나전기법은 여러 나라를 포함한 아시아 일원에 널리 보급되어 있고 지역에 따라 독특한 성격을 가진다.

① (나) – (다) – (가) – (라)   ② (나) – (가) – (다) – (라)
③ (다) – (나) – (라) – (가)   ④ (라) – (가) – (다) – (나)

정답 ④

제시문은 나전칠기의 개념을 제시하고 우리나라 나전칠기의 특징, 제작방법 그리고 더 나아가 국내의 나전칠기 특산지에 대해 설명하고 있다. 따라서 (라) '나전칠기의 개념' → (가) '우리나라 나전칠기의 특징' → (다) '나전칠기의 제작방법' → (나) '나전칠기 특산지 소개'의 순서대로 나열하는 것이 적절하다.

풀이 전략!

상대적으로 시간이 부족하다고 느낄 때는 선택지를 참고하여 문장의 순서를 생각해 본다.

CHAPTER

01 의사소통능력 빈칸 넣기

| 유형분석 |

• 주어진 지문을 바탕으로 빈칸에 들어갈 내용을 찾는 문제이다.
• 선택지의 내용을 정확하게 확인하고 빈칸 앞뒤 문맥을 파악하는 능력이 필요하다.

다음 빈칸에 들어갈 내용으로 적절한 것은?

힐링(Healing)은 사회적 압박과 스트레스 등으로 손상된 몸과 마음을 치유하는 방법을 포괄적으로 일컫는 말이다. 우리보다 먼저 힐링이 정착된 서구에서는 질병 치유의 대체 요법 또는 영적・심리적 치료 요법 등을 지칭하고 있다. 국내에서도 최근 힐링과 관련된 갖가지 상품이 유행하고 있다. 간단한 인터넷 검색을 통해 수천 가지의 상품을 확인할 수 있을 정도이다. 종교적 명상, 자연 요법, 운동 요법 등 다양한 형태의 힐링 상품이 존재한다. 심지어 고가의 힐링 여행이나 힐링 주택 등의 상품도 나오고 있다. 그러나 ________________________ 우선 명상이나 기도 등을 통해 내면에 눈뜨고, 필라테스나 요가를 통해 육체적 건강을 회복하여 자신감을 얻는 것부터 출발할 수 있다.

① 힐링이 먼저 정착된 서구의 힐링 상품들을 참고해야 할 것이다.
② 많은 돈을 들이지 않고서도 쉽게 할 수 있는 일부터 찾는 것이 좋을 것이다.
③ 이러한 상품들의 값이 터무니없이 비싸다고 느껴지지는 않을 것이다.
④ 자신을 진정으로 사랑하는 법을 알아야 할 것이다.
⑤ 혼자만 할 수 있는 힐링 상품을 찾는 것보다는 다른 사람과 함께 하는 힐링 상품을 찾는 것이 좋을 것이다.

정답 ②

빈칸의 전후 문장을 통해 내용을 파악해야 한다. 우선 '그러나'를 통해 빈칸에는 앞의 내용에 상반되는 내용이 오는 것임을 알 수 있다. 따라서 수천 가지의 힐링 상품이나, 고가의 상품들을 참고하는 것과는 상반된 내용을 찾으면 된다. 또한, 빈칸 뒤의 내용이 주위에서 쉽게 할 수 있는 힐링 방법을 통해 자신감을 얻는 것부터 출발해야 한다는 내용이므로, 빈칸에는 많은 돈을 들이지 않고도 쉽게 할 수 있는 일부터 찾아야 한다는 내용이 담긴 문장이 오는 것이 적절하다.

풀이 전략!

빈칸 앞뒤의 문맥을 파악한 후 선택지에서 가장 어울리는 내용을 찾는다. 빈칸 앞에 접속사가 있다면 이를 활용한다.

CHAPTER

01 의사소통능력 서술 · 전개 방식

| 유형분석 |

- 주어진 지문의 서술 · 전개 방식을 찾는 문제이다.
- 서술 방식의 유형과 특징을 파악하는 능력이 필요하다.

다음 글의 서술 · 전개 방식으로 가장 적절한 것은?

> 대중문화는 매스미디어의 급속한 발전과 더불어 급속히 대중 속에 파고든, 젊은 세대를 중심으로 이루어진 문화를 의미한다. 그들은 TV 속에서 그들의 우상을 찾아 이를 모방하는 것으로 대리 만족을 느끼고자 한다. 그러나 대중문화라고 해서 반드시 젊은 사람을 중심으로 이루어지는 것은 아니다. 넓은 의미에서의 대중문화는 사실 남녀노소 누구나가 느낄 수 있는 우리 문화의 대부분을 의미할 수 있다. 따라서 대중문화가 우리 생활에서 차지하는 비중은 가히 상상을 초월하며 우리의 사고 하나하나가 대중문화와 떼어 놓고 생각할 수 없는 것이다.

① 앞, 뒤에서 서로 모순되는 내용을 설명하고 있다.
② 충분한 사례를 들어 자신의 주장을 뒷받침하고 있다.
③ 사실과 다른 내용을 사실인 것처럼 논거로 삼고 있다.
④ 말하려는 내용 없이 지나치게 기교를 부리려고 하였다.
⑤ 적절한 비유를 들어 중심 생각을 효과적으로 전달하고 있다.

정답 ①

대중문화가 주로 젊은 세대를 중심으로 한 문화라고 설명한 다음, 대중문화라고 해서 반드시 젊은 사람들을 중심으로 이루어지는 것은 아니라고 설명하고 있다.

풀이 전략!

글의 서술방식이나 오류를 파악하는 문제는 제시문을 제대로 읽지 않을 경우 시간을 허비하게 되는 경우가 많아 주의를 요하는 유형이다. 해당 유형에서 시간을 지체하지 않기 위해서는 제시문을 문단으로 나누어 각 문단의 핵심이나 구조를 파악하는 것이 중요하다.

CHAPTER

01 의사소통능력 문서작성 및 수정

| 유형분석 |

- 기본적인 어휘력과 어법에 대한 지식을 필요로 하는 문제이다.
- 글의 내용을 파악하고 문맥을 읽을 줄 알아야 한다.

다음 글의 밑줄 친 ㉠ ~ ㉤의 수정 방안으로 적절하지 않은 것은?

> 학부모들을 상대로 설문조사를 한 결과, 사교육비 절감에 가장 큰 도움을 준 제도는 바로 교과교실제(영어, 수학 교실 등 과목전용교실 운영)였다. 사교육비 중에서도 가장 ㉠ 많은 비용이 차지하는 과목이 영어와 수학이라는 점을 고려해 보면 공교육에서 영어, 수학을 집중적으로 가르쳐 주는 것이 사교육비 절감에 큰 도움이 되었다는 점을 이해할 수 있다. 한때 사교육비 절감을 기대하며 도입했던 '방과 후 학교'는 사교육비를 절감하지 못했는데, 이는 학생들을 학교에 묶어 놓는 것만으로는 사교육을 막을 수 없다는 점을 시사한다. 학생과 학부모가 적지 않은 비용을 지불하면서도 사교육을 찾게 되는 이유는 ㉡ 입시에 도움이 된다. 공교육에서는 정해진 교과 과정에 맞추어 수업을 해야 하고 실력 차이가 나는 학생들을 ㉢ 개별적으로 가르쳐야 하기 때문에 입시에 초점을 맞추기가 쉽지 않다. 따라서 공교육만으로는 입시에 뒤처진다고 생각하는 사람들이 많은 것이다. ㉣ 그래서 교과교실제에 이어 사교육비 절감에 도움이 되었다고 생각하는 요인이 '다양하고 좋은 학교의 확산'이라는 점을 보면 공교육에도 희망이 있다고 할 수 있다. 인문계, 예체능계, 실업계, 특목고 정도로만 학교가 나눠졌던 과거에 비해 지금은 학생의 특기와 적성에 맞는 다양하고 좋은 학교가 많이 생겨났다. 좋은 대학에 입학하려는 이유가 대학의 서열화와 그에 따른 취업경쟁 때문이라는 것을 생각해 보면 고등학교 때부터 ㉤ 미래를 위해 공부할 수 있는 학교는 사교육비 절감과 더불어 공교육의 강화, 과도한 입시 경쟁 완화에 도움이 될 것이다.

① ㉠ : 조사가 잘못 쓰였으므로 '많은 비용을 차지하는'으로 수정한다.
② ㉡ : 호응 관계를 고려하여 '입시에 도움이 되기 때문이다.'로 수정한다.
③ ㉢ : 문맥을 고려하여 '집중적으로'로 수정한다.
④ ㉣ : 앞 내용과 상반된 내용이 이어지므로 '하지만'으로 수정한다.
⑤ ㉤ : 앞 내용을 고려하여 '미래를 위해 공부할 수 있는 학교의 확산은'으로 수정한다.

정답 ③

제시문의 내용에 따르면 공교육에서는 학생들의 실력 차이를 모두 고려할 수가 없다. 따라서 '한꺼번에'로 수정하는 것이 적절하다.

풀이 전략!

문장에서 주어와 서술어의 호응 관계가 적절한지 주어와 서술어를 찾아 확인해 보는 연습을 하며, 문서작성의 원칙과 주의사항은 미리 알아 두는 것이 좋다.

CHAPTER

01 의사소통능력 추론하기

| 유형분석 |

- 주어진 지문을 바탕으로 도출할 수 있는 내용을 찾는 문제이다.
- 선택지의 내용을 정확하게 확인하고 지문의 정보와 비교하여 추론하는 능력이 필요하다.

다음 글을 통해 추론할 수 없는 것은?

제약 연구원이란 제약 회사에서 약을 만드는 과정에 참여하는 사람을 말한다. 제약 연구원은 이러한 모든 단계에 참여하지만, 특히 신약 개발 단계와 임상 시험 단계에서 가장 중점적인 역할을 한다. 일반적으로 약을 만드는 과정은 새로운 약품을 개발하는 신약 개발 단계, 임상 시험을 통해 개발된 신약의 약효를 확인하는 임상 시험 단계, 식약처에 신약이 판매될 수 있도록 허가를 요청하는 약품 허가 요청 단계, 마지막으로 의료진과 환자를 대상으로 신약에 대해 홍보하는 영업 및 마케팅의 단계로 나눈다.
제약 연구원이 되기 위해서는 일반적으로 약학을 전공해야 한다고 생각하기 쉽지만, 약학 전공자 이외에도 생명 공학, 화학 공학, 유전 공학 전공자들이 제약 연구원으로 활발하게 참여하고 있다. 만일 신약 개발의 전문가가 되고 싶다면 해당 분야에서 오랫동안 연구한 경험이 필요하기 때문에 대학원에서 석사나 박사 학위를 취득하는 것이 유리하다.
제약 연구원이 되기 위해서는 전문적인 지식도 중요하지만, 사람의 생명과 관련된 일인 만큼, 무엇보다도 꼼꼼함과 신중함, 책임 의식이 필요하다. 또한 제약 회사라는 공동체 안에서 일을 하는 것이므로 원만한 일의 진행을 위해서 의사소통 능력도 필수적으로 요구된다. 오늘날 제약 분야가 빠르게 성장하고 있다는 점을 고려할 때, 일에 대한 도전 의식, 호기심과 탐구심 등도 제약 연구원에게 필요한 능력으로 꼽을 수 있다.

① 제약 연구원은 약품 허가 요청 단계에 참여한다.
② 오늘날 제약 연구원에게 요구되는 능력이 많아졌다.
③ 생명이나 유전 공학 전공자도 제약 연구원으로 일할 수 있다.
④ 신약 개발 전문가가 되려면 반드시 석사나 박사를 취득해야 한다.
⑤ 제약 연구원과 관련된 정보가 부족하다면 약학을 전공해야만 제약 연구원이 될 수 있다고 생각할 수 있다.

정답 ④

제시문에 따르면 신약 개발의 전문가가 되기 위해서는 해당 분야에서 오랫동안 연구한 경험이 필요하므로 석사나 박사 학위를 취득하는 것이 유리하다고 하였다. 그러나 석사나 박사 학위가 신약 개발 전문가가 되는 데 도움을 준다는 것일 뿐이므로 반드시 필요한 필수 조건인지는 알 수 없다. 따라서 ④는 제시문을 통해 추론할 수 없다.

풀이 전략!

주어진 지문이 어떠한 내용을 다루고 있는지 파악한 후 선택지의 키워드를 확실하게 체크하고, 지문의 정보에서 도출할 수 있는 내용을 찾는다.

아이들이 답이 있는 질문을 하기 시작하면 그들이 성장하고 있음을 알 수 있다.

– 존 J. 플롬프 –

CHAPTER 02
수리능력

합격 CHEAT KEY

수리능력은 사칙연산 · 통계 · 확률의 의미를 정확하게 이해하고 이를 업무에 적용하는 능력으로, 기초연산과 기초통계, 도표분석 및 작성의 문제 유형으로 출제된다. 수리능력 역시 채택하지 않는 공사공단이 거의 없을 만큼 필기시험에서 중요도가 높은 영역이다.

수리능력은 NCS 기반 채용을 진행한 거의 모든 기업에서 다루었으며, 문항 수는 전체의 평균 16% 정도로 많이 출제되었다. 특히, 난이도가 높은 공사공단의 시험에서는 도표분석, 즉 자료해석 유형의 문제가 많이 출제되고 있고, 응용 수리 역시 꾸준히 출제하는 기업이 많기 때문에 기초연산과 기초통계에 대한 공식의 암기와 자료해석능력을 기를 수 있는 꾸준한 연습이 필요하다.

01 응용 수리의 공식은 반드시 암기하라!

응용 수리는 지문이 짧지만, 풀이 과정은 긴 문제도 자주 볼 수 있다. 그렇기 때문에 응용 수리의 공식을 반드시 암기하여 문제의 상황에 맞는 공식을 적절하게 적용하여 답을 도출해야 한다. 따라서 문제에서 묻는 것을 정확하게 파악하여 그에 맞는 공식을 적절하게 적용하는 꾸준한 노력과 공식을 암기하는 연습이 필요하다.

02 통계에서의 사건이 동시에 발생하는지 개별적으로 발생하는지 구분하라!

통계에서는 사건이 개별적으로 발생했을 때, 경우의 수는 합의 법칙, 확률은 덧셈정리를 활용하여 계산하며, 사건이 동시에 발생했을 때, 경우의 수는 곱의 법칙, 확률은 곱셈정리를 활용하여 계산한다. 특히, 기초통계능력에서 출제되는 문제 중 순열과 조합의 계산 방법이 필요한 문제도 다수이므로 순열(순서대로 나열)과 조합(순서에 상관없이 나열)의 차이점을 숙지하는 것 또한 중요하다. 통계 문제에서의 사건 발생 여부만 잘 판단하여도 계산과 공식을 적용하기가 수월하므로 문제의 의도를 잘 파악하는 것이 중요하다.

03 자료의 해석은 자료에서 즉시 확인할 수 있는 지문부터 확인하라!

대부분의 취업준비생들이 어려워 하는 영역이 수리영역 중 도표분석, 즉 자료해석능력이다. 자료는 표 또는 그래프로 제시되고, 쉬운 지문은 증가 혹은 감소 추이, 간단한 사칙연산으로 풀이가 가능한 문제 등이 있고, 자료의 조사기간 동안 전년 대비 증가율 혹은 감소율이 가장 높은 기간을 찾는 문제들도 있다. 따라서 일단 증가·감소 추이와 같이 눈으로 확인이 가능한 지문을 먼저 확인한 후 복잡한 계산이 필요한 지문을 확인하는 방법으로 문제를 풀이한다면, 시간을 조금이라도 아낄 수 있다. 특히, 그래프와 같은 경우에는 그래프에 대한 특징을 알고 있다면, 그래프의 길이 혹은 높낮이 등으로 대강의 수치를 빠르게 확인이 가능하므로 이에 대한 숙지도 필요하다. 또한, 여러 가지 보기가 주어진 문제 역시 지문을 잘 확인하고 문제를 풀이한다면 불필요한 계산을 생략할 수 있으므로 항상 지문부터 확인하는 습관을 들이기를 바란다.

04 도표작성능력에서 지문에 작성된 도표의 제목을 반드시 확인하라!

도표작성은 하나의 자료 혹은 보고서와 같은 수치가 표현된 자료를 도표로 작성하는 형식으로 출제되는데, 대체로 표보다는 그래프를 작성하는 형태로 많이 출제된다. 지문을 살펴보면 각 지문에서 주어진 도표에도 소제목이 있는 경우가 대부분이다. 이때, 자료의 수치와 도표의 제목이 일치하지 않는 경우 함정이 존재하는 문제일 가능성이 높으므로 도표의 제목을 반드시 확인하는 것이 중요하다. 도표작성의 경우 대부분 비율 계산이 많이 출제되는데, 도표의 제목과는 다른 수치로 작성된 도표가 존재하는 경우가 있다. 그렇기 때문에 지문에서 작성된 도표의 소제목을 먼저 확인하는 연습을 하여 간단하지 않은 비율 계산을 두 번 하는 일이 없도록 해야 한다.

CHAPTER

02 수리능력 응용 수리

| 유형분석 |

- 문제에서 제공하는 정보를 파악한 뒤, 사칙연산을 활용하여 계산하는 전형적인 수리문제이다.
- 문제를 풀기 위한 정보가 산재되어 있는 경우가 많으므로 주어진 조건 등을 꼼꼼히 확인해야 한다.

대학 서적을 도서관에서 빌리면 10일간 무료이고, 그 이상은 하루에 100원의 연체료가 부과되며 한 달 단위로 연체료는 두 배로 늘어난다. 1학기 동안 대학 서적을 도서관에서 빌려 사용하는 데 얼마의 비용이 드는가?(단, 1학기의 기간은 15주이고, 한 달은 30일로 정한다)

① 18,000원
② 20,000원
③ 23,000원
④ 25,000원
⑤ 28,000원

정답 ④

- 1학기의 기간 : 15×7=105일
- 연체료가 부과되는 기간 : 105−10=95일
- 연체료가 부과되는 시점에서부터 한 달 동안의 연체료 : 30×100=3,000원
- 첫 번째 달부터 두 번째 달까지의 연체료 : 30×100×2=6,000원
- 두 번째 달부터 세 번째 달까지의 연체료 : 30×100×2×2=12,000원
- 95일(3개월 5일) 연체료 : 3,000+6,000+12,000+5×(100×2×2×2)=25,000원

따라서 1학기 동안 대학 서적을 도서관에서 빌려 사용한다면 25,000원의 비용이 든다.

풀이 전략!

문제에서 묻는 바를 정확하게 확인한 후, 필요한 조건 또는 정보를 구분하여 신속하게 풀어 나간다. 단, 계산에 착오가 생기지 않도록 유의한다.

CHAPTER

02 수리능력 통계 분석

| 유형분석 |

- 통계와 관련한 이론을 활용하여 계산하는 문제이다.
- 중 · 고등학교 수준의 통계 이론은 숙지하고 있어야 하며, 주로 상대도수, 평균, 표준편차, 최댓값, 최솟값, 가중치 등이 활용된다.

다음 중 직원 (가) ~ (바)의 사내 업무 평가 점수의 중앙값으로 옳은 것은?

직원	(가)	(나)	(다)	(라)	(마)	(바)
점수	83	76	75	85	91	79

① 79
② 80
③ 81
④ 83
⑤ 76

정답 ③

중앙값은 관찰값을 최솟값부터 최댓값까지 크기순으로 배열하였을 때 순서상 중앙에 위치하는 값을 말하며, 관찰값의 개수가 짝수인 경우 중앙에 위치하는 두 관찰값의 평균이 중앙값이 된다. 직원 (가) ~ (바)의 점수를 크기 순으로 나열하면 91, 85, 83, 79, 76, 75가 되며, 관찰값의 개수가 짝수이므로 중앙에 위치하는 두 관찰값 83과 79의 평균인 81이 중앙값이 된다.

풀이 전략!

통계와 관련된 기본적인 공식은 반드시 암기해 두도록 하며, 이를 활용한 다양한 문제를 풀어 보면서 풀이방법을 습득하는 연습이 필요하다.

CHAPTER

02 수리능력 도표 계산

| 유형분석 |

- 문제에 주어진 도표를 분석하여 각 선택지의 정답 여부를 판단하는 문제이다.
- 주로 그래프와 표로 제시되며, 경영·경제·산업 등과 관련된 최신 이슈를 많이 다룬다.
- 자료 간의 증감률·비율·추세 등을 자주 묻는다.

다음은 연도별 국민연금 급여수급자 현황을 나타낸 그래프이다. 이에 대한 내용으로 옳지 않은 것은?

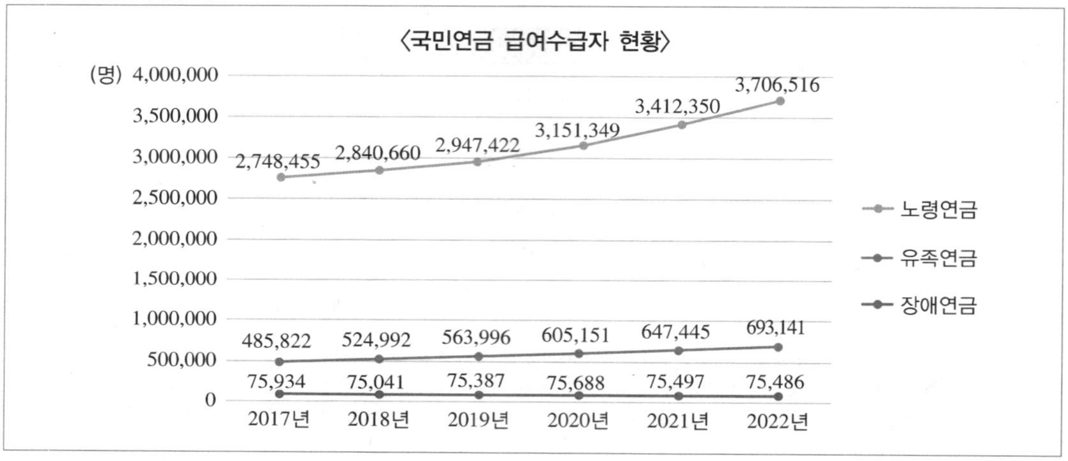

① 2017 ~ 2022년 동안 유족연금 수급자 수는 매년 증가했다.
② 2019년 노령연금 수급자 대비 유족연금 수급자 비율은 20% 미만이다.
③ 2018 ~ 2022년 동안 장애연금 수급자가 전년 대비 가장 많이 증가한 해는 2019년이다.
④ 노령연금 수급자 대비 유족연금 수급자 비율은 2017년이 2019년보다 높다.

정답 ④

2017년 노령연금 수급자 대비 유족연금 수급자 비율은 $\frac{485,822}{2,748,455} \times 100 ≒ 17.7\%$이며, 2019년 노령연금 수급자 대비 유족연금 수급자 비율은 $\frac{563,996}{2,947,422} \times 100 ≒ 19.1\%$이므로 2019년이 더 높다.

풀이 전략!

선택지를 먼저 읽고 필요한 정보를 도표에서 확인하도록 하며, 계산이 필요한 경우에는 실제 수치를 사용하여 복잡한 계산을 하는 대신, 대소 관계의 비교나 선택지의 옳고 그름만을 판단할 수 있을 정도로 간소화하여 계산해 풀이시간을 단축할 수 있도록 한다.

CHAPTER

02 수리능력 자료 이해

| 유형분석 |

- 제시된 표를 분석하여 선택지의 정답 여부를 판단하는 문제이다.
- 표의 수치 등을 통해 변화량이나 증감률, 비중 등을 비교하여 판단하는 문제가 자주 출제된다.
- 지원하고자 하는 기업이나 산업과 관련된 자료 등이 문제의 자료로 많이 다뤄진다.

다음은 A ~ E 5개국의 경제 및 사회 지표이다. 이에 대한 설명으로 옳지 않은 것은?

〈주요 5개국의 경제 및 사회 지표〉

구분	1인당 GDP(달러)	경제성장률(%)	수출(백만 달러)	수입(백만 달러)	총인구(백만 명)
A	27,214	2.6	526,757	436,499	50.6
B	32,477	0.5	624,787	648,315	126.6
C	55,837	2.4	1,504,580	2,315,300	321.8
D	25,832	3.2	277,423	304,315	46.1
E	56,328	2.3	188,445	208,414	24.0

※ (총 GDP)=(1인당 GDP)×(총인구)

① 경제성장률이 가장 큰 나라가 총 GDP는 가장 작다.
② 총 GDP가 가장 큰 나라의 GDP는 가장 작은 나라의 GDP보다 10배 이상 더 크다.
③ 5개국 중 수출과 수입에 있어서 규모에 따라 나열한 순위는 서로 일치한다.
④ A국이 E국보다 총 GDP가 더 크다.
⑤ 1인당 GDP에 따른 순위와 총 GDP에 따른 순위는 서로 일치한다.

정답 ⑤

1인당 GDP 순위는 E>C>B>A>D이다. 그런데 1인당 GDP가 가장 큰 E국은 1인당 GDP가 2위인 C국보다 1% 정도밖에 높지 않은 반면, 인구는 C국의 $\frac{1}{10}$ 이하이므로 총 GDP 역시 C국보다 작다. 따라서 1인당 GDP 순위와 총 GDP 순위는 일치하지 않는다.

풀이 전략!

평소 변화량이나 증감률, 비중 등을 구하는 공식을 알아 두고 있어야 하며, 지원하는 기업이나 산업에 관한 자료 등을 확인하여 비교하는 연습을 한다.

CHAPTER 02 수리능력 도표 작성

| 유형분석 |

- 문제에 주어진 자료를 도표로 변환하는 문제이다.
- 주로 자료에 있는 수치와 그래프 또는 표에 있는 수치가 서로 일치하는지 여부를 판단한다.

다음은 연도별 제주도 감귤 생산량 및 면적을 나타낸 자료이다. 〈보기〉에서 이를 옳게 나타낸 그래프를 모두 고르면?(단, 그래프의 면적 단위가 만 ha일 때는 백의 자리에서 반올림한다)

〈연도별 제주도 감귤 생산량 및 면적〉

(단위 : 톤, ha)

구분	생산량	면적	구분	생산량	면적
2011년	19,725	536,668	2017년	17,921	480,556
2012년	19,806	600,511	2018년	17,626	500,106
2013년	19,035	568,920	2019년	17,389	558,942
2014년	18,535	677,770	2020년	17,165	554,007
2015년	18,457	520,350	2021년	16,941	573,442
2016년	18,279	655,046	–	–	–

보기

ㄱ. 2011 ~ 2016년 제주도 감귤 재배면적

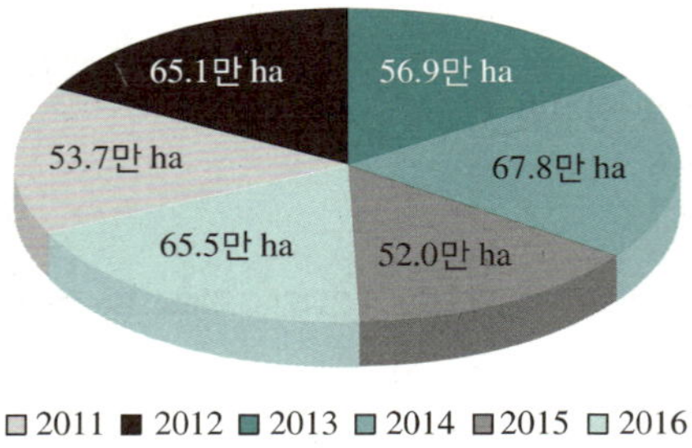

ㄴ. 2016 ~ 2021년 감귤 생산량

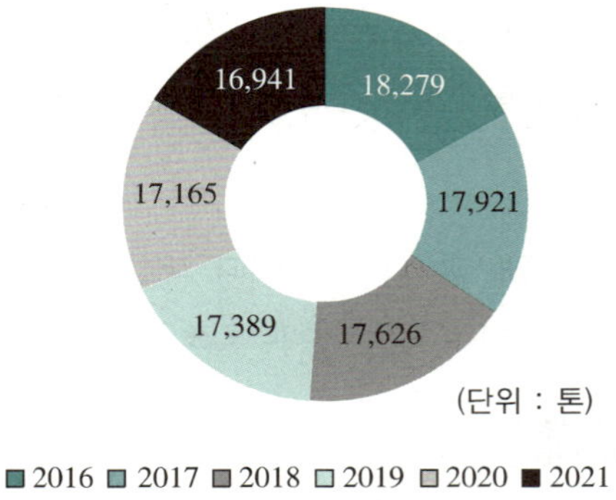

ㄷ. 2011 ~ 2021년 감귤 생산량과 면적 변화

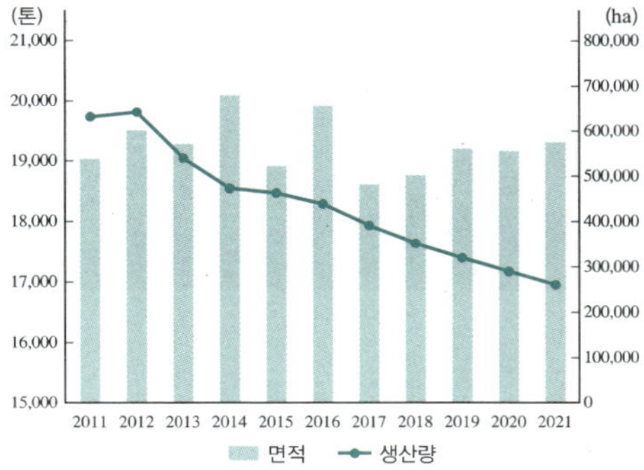

ㄹ. 2013 ~ 2021년 감귤 생산량 전년 대비 감소량

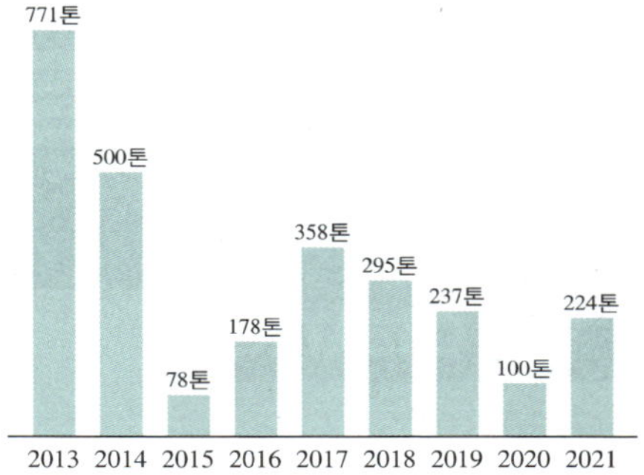

① ㄱ, ㄴ
② ㄱ, ㄷ
③ ㄴ, ㄷ
④ ㄴ, ㄹ
⑤ ㄷ, ㄹ

정답 ③

오답분석

ㄱ. 재배면적 수치가 제시된 표와 다르다.
ㄹ. 2020년의 전년 대비 감소량은 2021년의 전년 대비 감소량인 224톤과 같다.

풀이 전략!

각 선택지에 있는 도표의 제목을 먼저 확인한다. 그다음 제목에서 어떠한 정보가 필요한지 확인한 후, 문제에서 주어진 자료를 빠르게 확인하여 일치 여부를 판단한다.

CHAPTER 03

문제해결능력

합격 CHEAT KEY

문제해결능력은 업무를 수행하면서 여러 가지 문제 상황이 발생하였을 때, 창의적이고 논리적인 사고를 통하여 이를 올바르게 인식하고 적절히 해결하는 능력을 말한다. 하위능력으로는 사고력과 문제처리능력이 있다.

문제해결능력은 NCS 기반 채용을 진행하는 대다수의 공사공단에서 채택하고 있으며, 문항 수는 평균 24% 정도로 상당히 많이 출제되고 있다. 하지만 많은 수험생들은 더 많이 출제되는 다른 영역에 몰입하고 문제해결능력은 집중하지 않는 실수를 하고 있다. 다른 영역보다 더 많은 노력이 필요할 수는 있지만 그렇기에 차별화를 할 수 있는 득점 영역이므로 포기하지 말고 꾸준하게 노력해야 한다.

01 질문의 의도를 정확하게 파악하라!

문제해결능력은 문제에서 무엇을 묻고 있는지 정확하게 파악하여 먼저 풀이 방향을 설정하는 것이 가장 효율적인 방법이다. 특히, 조건이 주어지고 답을 찾는 창의적·분석적인 문제가 주로 출제되고 있기 때문에 처음에 정확한 풀이 방향이 설정되지 않는다면 시간만 허비하고 결국 문제도 풀지 못하게 되므로 첫 번째로 출제의도 파악에 집중해야 한다.

02 중요한 정보는 반드시 표시하라!

위에서 말한 출제의도를 정확히 파악하기 위해서는 문제의 중요한 정보는 반드시 표시나 메모를 하여 하나의 조건, 단서도 잊고 넘어가는 일이 없도록 해야 한다. 실제 시험에서는 시간의 압박과 긴장감으로 정보를 잘못 적용하거나 잊어버리는 실수가 많이 발생하므로 사전에 충분한 연습이 필요하다. 가령 명제 문제의 경우 주어진 명제와 그 명제의 대우를 본인이 한눈에 파악할 수 있도록 기호화, 도식화하여 메모하면 흐름을 이해하기가 더 수월하다. 이를 통해 자신만의 풀이 순서와 방향, 기준 또한 생길 것이다.

03 반복 풀이를 통해 취약 유형을 파악하라!

길지 않은 한정된 시간 동안 모든 문제를 다 푸는 것은 조금은 어려울 수도 있다. 따라서 고득점을 할 수 있는 효율적인 문제 풀이 방법을 찾아야 한다. 이때, 반복적인 문제 풀이를 통해 자신이 취약한 유형을 파악하는 것이 중요하다. 취약 유형 파악은 종료 시간이 임박했을 때 빛을 발할 것이다. 풀 수 있는 문제부터 빠르게 풀고 취약한 유형은 나중에 푸는 효율적인 문제 풀이를 통해 최대한의 고득점을 하는 것이 중요하다. 그러므로 본인의 취약 유형을 파악하기 위해서는 많은 문제를 풀어 봐야 한다.

04 타고나는 것이 아니므로 열심히 노력하라!

대부분의 수험생들이 문제해결능력은 공부해도 실력이 늘지 않는 영역이라고 생각한다. 하지만 그렇지 않다. 문제해결능력이야말로 노력을 통해 충분히 고득점이 가능한 영역이다. 정확한 질문 의도 파악, 취약한 유형의 반복적인 풀이, 빈출유형 파악 등의 방법으로 충분히 실력을 향상시킬 수 있다. 자신감을 갖고 공부하기 바란다.

CHAPTER

03 문제해결능력 명제

| 유형분석 |

- 주어진 문장을 토대로 논리적으로 추론하여 참 또는 거짓을 구분하는 문제이다.
- 대체로 연역추론을 활용한 명제 문제가 출제된다.
- 자료를 제시하고 새로운 결과나 자료에 주어지지 않은 내용을 추론해 가는 형식의 문제가 출제된다.

어느 도시에 있는 병원의 공휴일 진료 현황은 다음과 같다. 공휴일에 진료하는 병원의 수는?

- B병원이 진료를 하지 않으면, A병원은 진료를 한다.
- B병원이 진료를 하면, D병원은 진료를 하지 않는다.
- A병원이 진료를 하면, C병원은 진료를 하지 않는다.
- C병원이 진료를 하지 않으면, E병원이 진료를 한다.
- E병원은 공휴일에 진료를 하지 않는다.

① 1곳　② 2곳
③ 3곳　④ 4곳
⑤ 5곳

정답 ②

제시된 진료 현황을 각각의 명제로 보고 이들을 수식으로 설명하면 다음과 같다(단, 명제가 참일 경우 그 대우도 참이다).

- B병원이 진료를 하지 않으면 A병원이 진료한다(~B → A / ~A → B).
- B병원이 진료를 하면 D병원은 진료를 하지 않는다(B → ~D / D → ~B).
- A병원이 진료를 하면 C병원은 진료를 하지 않는다(A → ~C / C → ~A).
- C병원이 진료를 하지 않으면 E병원이 진료한다(~C → E / ~E → C).

이를 하나로 연결하면, D병원이 진료를 하면 B병원이 진료를 하지 않고, B병원이 진료를 하지 않으면 A병원은 진료를 한다. A병원이 진료를 하면 C병원은 진료를 하지 않고, C병원이 진료를 하지 않으면 E병원은 진료를 한다(D → ~B → A → ~C → E). 명제가 참일 경우 그 대우도 참이므로 ~E → C → ~A → B → ~D가 된다. E병원은 공휴일에 진료를 하지 않으므로 위의 명제를 참고하면 C와 B병원만이 진료를 하는 경우가 된다. 따라서 공휴일에 진료를 하는 병원은 2곳이다.

풀이 전략!

명제와 관련한 기본적인 논법에 대해서는 미리 학습해 두며, 이를 바탕으로 각 문장에 있는 핵심단어 또는 문구를 기호화하여 정리한 후, 선택지와 비교하여 참 또는 거짓을 판단한다.

CHAPTER

03 문제해결능력 규칙 적용

| 유형분석 |

- 주어진 상황과 규칙을 종합적으로 활용하여 풀어 가는 문제이다.
- 일정, 비용, 순서 등 다양한 내용을 다루고 있어 유형을 한 가지로 단일화하기 어렵다.

갑은 다음 규칙을 참고하여 알파벳 단어를 숫자로 변환하고자 한다. 규칙을 적용한 〈보기〉의 ㉠ ~ ㉣ 단어에서 알파벳 Z에 해당하는 자연수들을 모두 더한 값은?

〈규칙〉

① 알파벳 'A'부터 'Z'까지 순서대로 자연수를 부여한다.

예 A=2라고 하면 B=3, C=4, D=5이다.

② 단어의 음절에 같은 알파벳이 연속되는 경우 ①에서 부여한 숫자를 알파벳이 연속되는 횟수만큼 거듭제곱한다.

예 A=2이고 단어가 'AABB'이면 AA는 '2^2'이고, BB는 '3^2'이므로 '49'로 적는다.

보기

㉠ AAABBCC는 10000001020110404로 변환된다.

㉡ CDFE는 3465로 변환된다.

㉢ PJJYZZ는 1712126729로 변환된다.

㉣ QQTSR은 625282726으로 변환된다.

① 154
② 176
③ 199
④ 212
⑤ 234

정답 ④

㉠ A=100, B=101, C=102이다. 따라서 Z=125이다.

㉡ C=3, D=4, E=5, F=6이다. 따라서 Z=26이다.

㉢ P가 17임을 볼 때, J=11, Y=26, Z=27이다.

㉣ Q=25, R=26, S=27, T=28이다. 따라서 Z=34이다.

따라서 해당하는 Z값을 모두 더하면 125+26+27+34=212이다.

풀이 전략!

문제에 제시된 조건이나 규칙을 정확히 파악한 후, 선택지나 상황에 적용하여 문제를 풀어 나간다.

CHAPTER

03 문제해결능력 SWOT 분석

| 유형분석 |

- 상황에 대한 환경 분석 결과를 통해 주요 과제를 도출하는 문제이다.
- 주로 3C 분석 또는 SWOT 분석을 활용한 문제들이 출제되고 있으므로 해당 분석도구에 대한 사전 학습이 요구된다.

다음 설명을 참고하여 기사를 읽고 B자동차가 취할 수 있는 전략으로 옳은 것은?

'SWOT'은 Strength(강점), Weakness(약점), Opportunity(기회), Threat(위협)의 머리글자를 따서 만든 단어로, 경영 전략을 세우는 방법론이다. SWOT으로 도출된 조직의 내·외부 환경을 분석하고, 이 결과를 통해 대응전략을 구상할 수 있다. 'SO전략'은 기회를 활용하기 위해 강점을 사용하는 전략이고, 'WO전략'은 약점을 보완 또는 극복하여 시장의 기회를 활용하는 전략이다. 'ST전략'은 위협을 피하기 위해 강점을 활용하는 방법이며, 'WT전략'은 위협요인을 피하기 위해 약점을 보완하는 전략이다.

- 새로운 정권의 탄생으로 자동차 업계 내 새로운 바람이 불 것으로 예상된다. A당선인이 이번 선거에서 친환경차 보급 확대를 주요 공약으로 내세웠고, 공약에 따라 공공기관용 친환경차 비율을 70%로 상향시키기로 하고, 친환경차 보조금 확대 등을 통해 친환경차 보급률을 높이겠다는 계획을 세웠다. 또한 최근 환경을 생각하는 국민 의식의 향상과 친환경차의 연비 절감 부분이 친환경차 구매 욕구 상승에 기여하고 있다.
- B자동차는 기존에 전기자동차 모델들을 꾸준히 출시하여 성장세가 두드러지고 있는 데다 고객들의 다양한 구매 욕구를 충족시킬 만한 전기자동차 상품의 다양성을 확보하였다. 또한, B자동차의 전기자동차 미국 수출이 증가하고 있는 만큼 앞으로의 전망도 밝을 것으로 예상된다.

① SO전략
② WO전략
③ ST전략
④ WT전략

정답 ①

- Strength(강점) : B자동차는 전기자동차 모델들을 꾸준히 출시하여 성장세가 두드러지고 있는 데다 고객들의 다양한 구매 욕구를 충족시킬 만한 전기자동차 상품의 다양성을 확보하였다.
- Opportunity(기회) : 새로운 정권에서 친환경차 보급 확대에 적극 나설 것으로 보인다는 점과 환경을 생각하는 국민 의식의 향상과 친환경차의 연비 절감 부분이 친환경차 구매 욕구 상승에 기여하고 있으며 B자동차의 미국 수출이 증가하고 있다.

따라서 해당 기사를 분석하면 SO전략이 적절하다.

풀이 전략!

문제에 제시된 분석도구를 확인한 후, 분석 결과를 종합적으로 판단하여 각 선택지의 전략 과제와 일치 여부를 판단한다.

CHAPTER

03 문제해결능력 자료 해석

| 유형분석 |

- 주어진 자료를 해석하고 활용하여 풀어 가는 문제이다.
- 꼼꼼하고 분석적인 접근이 필요한 다양한 자료들이 출제된다.

L공장에서 제조하는 볼트의 일련번호는 다음과 같이 구성된다. 일련번호는 형태 – 허용압력 – 직경 – 재질 – 용도 순으로 표시할 때, 다음 중 직경이 14mm이고, 자동차에 쓰이는 스테인리스 볼트의 일련번호로 옳은 것은?

형태	나사형	육각	팔각	별
	SC	HX	OT	ST
허용압력(kg/cm^2)	10 ~ 20	21 ~ 40	41 ~ 60	61 이상
	L	M	H	P
직경(mm)	8	10	12	14
	008	010	012	014
재질	플라스틱	크롬 도금	스테인리스	티타늄
	P	CP	SS	Ti
용도	항공기	선박	자동차	일반
	A001	S010	M110	E100

① SCP014TiE100
② OTH014SSS010
③ STM012CPM110
④ HXL014SSM110
⑤ SCM012TiM110

정답 ④

오답분석

① 재질이 티타늄, 용도가 일반이므로 옳지 않다.
② 용도가 선박이므로 옳지 않다.
③ 재질이 크롬 도금, 직경이 12mm이므로 옳지 않다.
⑤ 재질이 티타늄, 직경이 12mm이므로 옳지 않다.

풀이 전략!

문제 해결을 위해 필요한 정보가 무엇인지 먼저 파악한 후, 제시된 자료를 분석적으로 읽고 해석한다.

CHAPTER 04
조직이해능력

합격 CHEAT KEY

조직이해능력은 업무를 원활하게 수행하기 위해 조직의 체제와 경영을 이해하고 국제적인 추세를 이해하는 능력이다. 현재 많은 공사·공단에서 출제 비중을 높이고 있는 영역이기 때문에 미리 대비하는 것이 중요하다. 실제 업무 능력에서 조직이해능력을 요구하기 때문에 중요도는 점점 높아질 것이다.

국가직무능력표준 홈페이지 자료에 따르면 조직이해능력의 세부 유형은 조직체제이해능력·경영이해능력·업무이해능력·국제감각으로 나눌 수 있다. 조직도를 제시하는 문제가 출제되거나 조직의 체계를 파악해 경영의 방향성을 예측하고, 업무의 우선순위를 파악하는 문제가 출제된다.

조직이해능력은 NCS 기반 채용을 진행한 기업 중 70% 정도가 다뤘으며, 문항 수는 전체에서 평균 5% 정도로 상대적으로 적게 출제되었다.

01 문제 속에 정답이 있다!

경력이 없는 경우 조직에 대한 이해가 낮을 수밖에 없다. 그러나 문제 자체가 실무적인 내용을 담고 있어도 문제 안에는 해결의 단서가 주어진다. 부담을 갖지 않고 접근하는 것이 중요하다.

02 경영·경제학원론 정도의 수준은 갖추도록 하라!

지원한 직군마다 차이는 있을 수 있으나, 경영·경제이론을 접목시킨 문제가 꾸준히 출제되고 있다. 따라서 기본적인 경영·경제이론은 익혀 둘 필요가 있다.

03 지원하는 공사 · 공단의 조직도를 파악하자!

출제되는 문제는 각 공사 · 공단의 세부내용일 경우가 많기 때문에 지원하는 공사 · 공단의 조직도를 파악해 두어야 한다. 조직이 운영되는 방법과 전략을 이해하고, 조직을 구성하는 체제를 파악하고 간다면 조직이해능력영역에서 조직도가 나올 때 단기간에 문제를 풀 수 있을 것이다.

04 실제 업무에서도 요구되므로 이론을 익혀 두자!

각 공사 · 공단의 직무 특성상 일부 영역에 중요도가 가중되는 경우가 있어서 많은 취업준비생들이 일부 영역에만 집중하지만, 실제 업무 능력에서 직업기초능력 10개 영역이 골고루 요구되는 경우가 많고, 현재는 필기시험에서도 조직이해능력을 출제하는 기관의 비중이 늘어나고 있기 때문에 미리 이론을 익혀 둔다면 모듈형 문제에서 고득점을 노릴 수 있다.

CHAPTER

04 조직이해능력 경영 전략

| 유형분석 |

- 경영전략에서 대표적으로 출제되는 문제는 마이클 포터(Michael Porter)의 본원적 경쟁전략이다.
- 경쟁전략의 기본적인 이해와 구조를 물어보는 문제가 자주 출제되므로 전략별 특징 및 개념에 대한 이론 학습이 요구된다.

다음 사례에서 나타난 마이클 포터의 본원적 경쟁전략으로 가장 적절한 것은?

> 전자제품 시장에서 경쟁회사가 가격을 낮추는 저가 전략을 사용하여 점유율을 높이려 하자, 이에 맞서 오히려 고급 기술을 적용한 프리미엄 제품을 선보이고 서비스를 강화해 시장의 점유율을 높였다.

① 차별화 전략
② 원가우위 전략
③ 집중화 전략
④ 마케팅 전략
⑤ 비교우위 전략

정답 ①

마이클 포터의 본원적 경쟁전략

- 차별화 전략 : 조직이 생산품이나 서비스를 차별화하여 고객에게 가치가 있고 독특하게 인식되도록 하는 전략으로, 이를 활용하기 위해서는 연구개발이나 광고를 통하여 술, 품질, 서비스, 브랜드 이미지를 개선할 필요가 있다.
- 원가우위 전략 : 원가절감을 통해 해당 산업에서 우위를 점하는 전략으로, 이를 위해서는 대량생산을 통해 단위 원가를 낮추거나 새로운 생산기술을 개발할 필요가 있다.
- 집중화 전략 : 특정 시장이나 고객에게 한정된 전략으로, 특정 산업을 대상으로 한다. 즉, 경쟁 조직들이 소홀히 하고 있는 한정된 시장을 원가우위나 차별화 전략을 써서 집중 공략하는 방법이다.

풀이 전략!

대부분의 기업들은 마이클 포터의 본원적 경쟁전략을 사용하고 있다. 각 전략에 해당하는 대표적인 기업을 연결하고, 그들의 경영전략을 상기하며 문제를 풀어 보도록 한다.

CHAPTER

04 조직이해능력 조직 구조

| 유형분석 |

- 조직구조 유형에 대한 특징을 물어 보는 문제가 자주 출제된다.
- 기계적 조직과 유기적 조직의 차이점과 사례 등을 숙지하고 있어야 한다.
- 조직구조 형태에 따라 기능적 조직, 사업별 조직으로 구분하여 출제되기도 한다.

다음 〈보기〉 중 조직구조에 대한 설명으로 옳지 않은 것을 모두 고르면?

보기

ㄱ. 기계적 조직은 구성원들의 업무분장이 명확하게 이루어져 있는 편이다.
ㄴ. 기계적 조직은 조직 내 의사소통이 비공식적 경로를 통해 활발히 이루어진다.
ㄷ. 유기적 조직은 의사결정 권한이 조직 하부 구성원들에게 많이 위임되어 있으며, 업무내용이 명확히 규정되어 있는 것이 특징이다.
ㄹ. 유기적 조직은 기계적 조직에 비해 조직의 형태가 가변적이다.

① ㄱ, ㄴ
② ㄱ, ㄷ
③ ㄴ, ㄷ
④ ㄴ, ㄹ
⑤ ㄷ, ㄹ

정답 ③

ㄴ. 기계적 조직 내 의사소통은 비공식적 경로가 아닌 공식적 경로를 통해 주로 이루어진다.
ㄷ. 유기적 조직은 의사결정 권한이 조직 하부 구성원들에게 많이 위임되어 있으나, 업무내용은 기계적 조직에 비해 가변적이다.

오답분석

ㄱ. 기계적 조직은 위계질서 및 규정, 업무분장이 모두 명확하게 확립되어 있는 조직이다.
ㄹ. 유기적 조직에서는 비공식적인 상호 의사소통이 원활히 이루어지며, 규제나 통제의 정도가 낮아 변화에 따라 쉽게 변할 수 있는 특징을 가진다.

풀이 전략!

조직구조는 유형에 따라 기계적 조직과 유기적 조직으로 나눌 수 있다. 기계적 조직과 유기적 조직은 상반된 특징을 가지고 있으며, 기계적 조직이 관료제의 특징과 비슷함을 파악하고 있다면, 이와 상반된 유기적 조직의 특징도 수월하게 파악할 수 있다.

CHAPTER

04 조직이해능력 업무 종류

| 유형분석 |

- 부서별 주요 업무에 대해 묻는 문제이다.
- 부서별 특징과 담당 업무에 대한 이해가 필요하다.

다음은 기업의 각 부서에서 하는 일이다. 일반적인 상황에서 부서와 그 업무를 바르게 나열한 것은?

ㄱ. 의전 및 비서업무	ㄴ. 업무분장 및 조정
ㄷ. 결산 관련 업무	ㄹ. 임금제도
ㅁ. 소모품의 구입 및 관리	ㅂ. 법인세, 부가가치세
ㅅ. 판매 예산 편성	ㅇ. 보험가입 및 보상 업무
ㅈ. 견적 및 계약	ㅊ. 국내외 출장 업무 협조
ㅋ. 외상매출금 청구	ㅌ. 직원수급 계획 및 관리

① 총무부 : ㄱ, ㅁ, ㅅ
② 영업부 : ㅅ, ㅈ, ㅋ
③ 회계부 : ㄷ, ㅇ, ㅋ
④ 인사부 : ㄱ, ㄴ, ㄹ

정답 ②

영업부의 업무로는 판매 계획, 판매 예산의 편성(ㅅ), 견적 및 계약(ㅈ), 외상매출금의 청구 및 회수(ㅋ), 시장조사, 판매원가 및 판매가격의 조사 검토 등이 있다.

오답분석

① 총무부 : ㄱ, ㅁ, ㅊ
③ 회계부 : ㄷ, ㅂ, ㅇ
④ 인사부 : ㄴ, ㄹ, ㅌ

풀이 전략!

조직은 목적의 달성을 위해 업무를 효과적으로 분배하고 처리할 수 있는 구조를 확립해야 한다. 조직의 목적이나 규모에 따라 업무의 종류는 다양하지만, 대부분의 조직에서는 총무, 인사, 기획, 회계, 영업으로 부서를 나누어 업무를 담당하고 있다. 따라서 5가지 업무 종류에 대해서는 미리 숙지해야 한다.

인생이란 결코 공평하지 않다. 이 사실에 익숙해져라.

-빌 게이츠-

CHAPTER 05
정보능력

합격 CHEAT KEY

정보능력은 업무를 수행함에 있어 기본적인 컴퓨터를 활용하여 필요한 정보를 수집, 분석, 활용하는 능력을 의미한다. 또한 업무와 관련된 정보를 수집하고, 이를 분석하여 의미 있는 정보를 얻는 능력이다.

국가직무능력표준에 따르면 정보능력의 세부 유형은 컴퓨터활용능력·정보처리능력으로 나눌 수 있다.

정보능력은 NCS 기반 채용을 진행한 곳 중 52% 정도가 다뤘으며, 문항 수는 전체에서 평균 6% 정도 출제되었다.

01 평소에 컴퓨터 활용 스킬을 틈틈이 익혀라!

윈도우(OS)에서 어떠한 설정을 할 수 있는지, 응용프로그램(엑셀 등)에서 어떠한 기능을 활용할 수 있는지를 평소에 직접 사용해 본다면 문제를 보다 수월하게 해결할 수 있다. 여건이 된다면 컴퓨터활용능력에 관련된 자격증 공부를 하는 것도 이론과 실무를 익히는 데 도움이 될 것이다.

02 문제의 규칙을 찾는 연습을 하라!

일반적으로 코드체계나 시스템 논리체계를 제공하고 이를 분석하여 문제를 해결하는 유형이 출제된다. 이러한 문제는 문제해결능력과 같은 맥락으로 규칙을 파악하여 접근하는 방식으로 연습이 필요하다.

03 현재 보고 있는 그 문제에 집중하자!

정보능력의 모든 것을 공부하려고 한다면 양이 너무나 방대하다. 그렇기 때문에 수험서에서 본인이 현재 보고 있는 문제들을 집중적으로 공부하고 기억하려고 해야 한다. 그러나 엑셀의 함수 수식, 연산자 등 암기를 필요로 하는 부분들은 필수적으로 암기를 해서 출제가 되었을 때 오답률을 낮출 수 있도록 한다.

04 사진 · 그림을 기억하자!

컴퓨터활용능력을 파악하는 영역이다 보니 컴퓨터 속 옵션, 기능, 설정 등의 사진 · 그림이 문제에 같이 나오는 경우들이 있다. 그런 부분들은 직접 컴퓨터를 통해서 하나하나 확인을 하면서 공부한다면 더 기억에 잘 남게 된다. 조금 귀찮더라도 한 번씩 클릭하면서 확인을 해 보도록 한다.

CHAPTER

05 정보능력 정보 이해

| 유형분석 |

- 정보능력 전반에 대한 이해를 확인하는 문제이다.
- 정보능력 이론이나 새로운 정보 기술에 대한 문제가 자주 출제된다.

다음 중 정보처리 절차에 대한 설명으로 옳지 않은 것은?

① 정보의 기획은 정보의 입수대상, 주제, 목적 등을 고려하여 전략적으로 이루어져야 한다.

② 정보처리는 기획 – 수집 – 활용 – 관리의 순서로 이루어진다.

③ 다양한 정보원으로부터 목적에 적합한 정보를 수집해야 한다.

④ 정보 관리 시에 고려하여야 할 3요소는 목적성, 용이성, 유용성이다.

⑤ 정보 활용 시에는 합목적성 외에도 합법성이 고려되어야 한다.

정답 ②

정보처리는 기획 – 수집 – 관리 – 활용 순서로 이루어진다.

풀이 전략!

자주 출제되는 정보능력 이론을 확인하고, 확실하게 암기해야 한다. 특히 새로운 정보 기술이나 컴퓨터 전반에 대해 관심을 가지는 것이 좋다.

CHAPTER

05 정보능력 엑셀 함수

| 유형분석 |

- 컴퓨터 활용과 관련된 상황에서 문제를 해결하기 위한 행동이 무엇인지 묻는 문제이다.
- 주로 업무수행 중에 많이 활용되는 대표적인 엑셀 함수(COUNTIF, ROUND, MAX, SUM, COUNT, AVERAGE 등)가 출제된다.
- 종종 엑셀시트를 제시하여 각 셀에 들어갈 함수식이 무엇인지 고르는 문제가 출제되기도 한다.

다음 중 엑셀에 제시된 함수식의 결괏값으로 옳지 않은 것은?

	A	B	C	D	E	F
1						
2		120	200	20	60	
3		10	60	40	80	
4		50	60	70	100	
5						
6		함수식			결괏값	
7		=MAX(B2:E4)			A	
8		=MODE(B2:E4)			B	
9		=LARGE(B2:E4,3)			C	
10		=COUNTIF(B2:E4,E4)			D	
11		=ROUND(B2,−1)			E	
12						

① A=200　② B=60

③ C=100　④ D=1

⑤ E=100

정답 ⑤

ROUND 함수는 지정한 자릿수를 반올림하는 함수이다. 함수식에서 '−1'은 일의 자리를 뜻하며, '−2'는 십의 자리를 뜻한다. 여기서 '−' 기호를 빼면 소수점 자리로 인식한다. 따라서 일의 자리를 반올림하기 때문에 결괏값은 120이다.

풀이 전략!

제시된 상황에서 사용할 엑셀 함수가 무엇인지 파악한 후, 선택지에서 적절한 함수식을 골라 식을 만들어야 한다. 평소 대표적으로 문제에 자주 출제되는 몇몇 엑셀 함수를 익혀 두면 풀이시간을 단축할 수 있다.

CHAPTER

05 정보능력 프로그램 언어(코딩)

| 유형분석 |

- 프로그램의 실행 결과를 코딩을 통해 파악하여 이를 풀이하는 문제이다.
- 대체로 문제에서 규칙을 제공하고 있으며, 해당 규칙을 적용하여 새로운 코드번호를 만들거나 혹은 만들어진 코드번호를 해석하는 등의 문제가 출제된다.

다음 중 프로그램의 실행 결과로 옳은 것은?

```
#include <stdio.h>

int main(){
        int i = 4;
        int k = 2;
        switch(i) {
                case 0:
                case 1:
                case 2:
                case 3: k = 0;
                case 4: k += 5;
                case 5: k -= 20;
                default: k++;
        }
        printf("%d", k);
}
```

① 12　　② −12

③ 10　　④ −10

정답 ②

i가 4이기 때문에 case 4부터 시작한다. k는 2이고, k+=5를 하면 7이 되고, Case 5에서 k−=20을 하면 −13이 되며, default에서 1이 증가하여 결괏값은 −12가 된다.

풀이 전략!

문제에서 실행 프로그램 내용이 주어지면 핵심 키워드를 확인한다. 코딩 프로그램을 통해 요구되는 내용을 알아맞혀 정답 유무를 판단한다.

작은 기회로부터 종종 위대한 업적이 시작된다.

– 데모스테네스 –

CHAPTER 06
자원관리능력

합격 CHEAT KEY

자원관리능력은 현재 NCS 기반 채용을 진행하는 많은 공사・공단에서 핵심영역으로 자리 잡아, 일부를 제외한 대부분의 시험에서 출제 영역으로 꼽히고 있다. 전체 문항수의 10 ~ 15% 비중으로 출제되고 있고, 난이도가 상당히 높기 때문에 NCS를 치를 수험생이라면 반드시 준비해야 할 필수 과목이다.

실제 시험 기출 키워드를 살펴보면 비용 계산, 해외파견 지원금 계산, 주문 제작 단가 계산, 일정 조율, 일정 선정, 행사 대여 장소 선정, 최단거리 구하기, 시차 계산, 소요시간 구하기, 해외파견 근무 기준에 부합한 또는 부합하지 않는 직원 고르기 등 크게 자원계산, 자원관리 문제유형이 출제된다. 대표유형을 바탕으로 응용되는 방식의 문제가 출제되고 있기 때문에 비슷한 유형을 계속해서 풀어 보면서 감을 익히는 것이 중요하다.

01 시차를 먼저 계산하자!

시간자원관리문제의 대표유형 중 시차를 계산하여 일정에 맞는 항공권을 구입하거나 회의시간을 구하는 문제에서는 각각의 나라 시간을 한국 시간으로 전부 바꾸어 계산하는 것이 편리하다. 조건에 맞는 나라들의 시간을 전부 한국 시간으로 바꾸고 한국 시간과의 시차만 더하거나 빼면 시간을 단축하여 풀 수 있다.

02 선택지를 활용하자!

예산자원관리문제의 대표유형에서는 계산을 해서 값을 요구하는 문제들이 있다. 이런 문제유형에서는 문제 선택지를 먼저 본 후 자리 수가 몇 단위로 끝나는지 확인한다. 예를 들어 412,300원, 426,700원, 434,100원, 453,800원인 선택지가 있다고 할 때, 이 선택지는 100원 단위로 끝나기 때문에 제시된 조건에서 100원 단위로 나올 수 있는 항목을 찾아 그 항목만 계산하여 시간을 단축시키는 방법이 있다.

또한, 일일이 계산하는 문제가 많다. 예를 들어 640,000원, 720,000원, 810,000원 등의 수를 이용해 푸는 문제가 있다고 할 때, 만 원 단위를 절사하고 계산하여 64, 72, 81처럼 요약하여 적는 것도 시간을 단축하는 방법이다.

03 최적의 값을 구하는 문제인지 파악하자!

물적자원관리문제의 대표유형에서는 제한된 자원 내에서 최대의 만족 또는 이익을 얻을 수 있는 방법을 강구하는 문제가 출제된다. 이때, 구하고자 하는 값을 x, y로 정하고 연립방정식을 이용해 x, y 값을 구한다. 최소 비용으로 목표생산량을 달성하기 위한 업무 및 인력 할당, 정해진 시간 내에 최대 이윤을 낼 수 있는 업체 선정, 정해진 인력으로 효율적 업무 배치 등을 구하는 문제에서 사용되는 방법이다.

04 각 평가항목을 비교해 보자!

인적자원관리문제의 대표유형에서는 각 평가항목을 비교하여 기준에 적합한 인물을 고르거나, 저렴한 업체를 선정하거나, 총점이 높은 업체를 선정하는 문제가 출제된다. 이런 문제를 해결할 때는 평가항목에서 가격이나 점수 차이에 영향을 많이 미치는 항목을 찾아 지우면 $1\sim2$개의 선택지를 삭제하고 $3\sim4$개의 선택지만 계산하여 시간을 단축할 수 있다.

05 문제의 단서를 이용하자!

자원관리능력은 계산문제가 많기 때문에, 복잡한 계산은 딱 떨어지게끔 조건을 제시하는 경우가 많다. 단서를 보고 부합하지 않는 선택지를 $1\sim2$개 먼저 소거한 뒤 계산을 하는 것도 시간을 단축하는 방법이다.

CHAPTER

06 자원관리능력 시간 계획

| 유형분석 |

- 시간 자원과 관련된 다양한 정보를 활용하여 풀어 가는 문제이다.
- 대체로 교통편 정보나 국가별 시차 정보가 제공되며, 이를 근거로 '현지 도착시간 또는 약속된 시간 내에 도착하기 위한 방안'을 고르는 문제가 출제된다.

한국은 뉴욕보다 16시간 빠르고, 런던은 한국보다 8시간 느리다. 다음 비행기가 현지에 도착할 때의 시간 (㉠, ㉡)으로 옳은 것은?

구분	출발일자	출발시간	비행시간	도착시간
뉴욕행 비행기	6월 6일	22:20	13시간 40분	㉠
런던행 비행기	6월 13일	18:15	12시간 15분	㉡

	㉠	㉡
①	6월 6일 09시	6월 13일 09시 30분
②	6월 6일 20시	6월 13일 22시 30분
③	6월 7일 09시	6월 14일 09시 30분
④	6월 7일 13시	6월 14일 15시 30분
⑤	6월 7일 20시	6월 14일 20시 30분

정답 ②

㉠ 뉴욕행 비행기는 한국에서 6월 6일 22시 20분에 출발하고, 13시간 40분 동안 비행하기 때문에 6월 7일 12시에 도착한다. 한국 시간은 뉴욕보다 16시간이 빠르므로 현지에 도착하는 시간은 6월 6일 20시가 된다.

㉡ 런던행 비행기는 한국에서 6월 13일 18시 15분에 출발하고, 12시간 15분 동안 비행하기 때문에 현지에 6월 14일 6시 30분에 도착한다. 한국 시간은 런던보다 8시간이 빠르므로 현지에 도착하는 시간은 6월 13일 22시 30분이 된다.

풀이 전략!

문제에서 묻는 것을 정확히 파악한다. 특히 제한사항에 대해서는 빠짐없이 확인해 두어야 한다. 이후 제시된 정보(시차 등)에서 필요한 것을 선별하여 문제를 풀어 간다.

CHAPTER

06 자원관리능력 비용 계산

| 유형분석 |

- 예산 자원과 관련된 다양한 정보를 활용하여 풀어 가는 문제이다.
- 대체로 한정된 예산 내에서 수행할 수 있는 업무 및 예산 가격을 묻는 문제가 출제된다.

A사원은 이번 출장을 위해 KTX표를 미리 40% 할인된 가격에 구매하였으나, 출장 일정이 바뀌는 바람에 하루 전날 표를 취소하였다. 다음 환불 규정에 따라 16,800원을 돌려받았을 때, 할인되지 않은 KTX표의 가격은 얼마인가?

〈KTX 환불 규정〉

출발 2일 전	출발 1일 전~열차 출발 전	열차 출발 후
100%	70%	50%

① 40,000원
② 48,000원
③ 56,000원
④ 67,200원
⑤ 70,000원

정답 ①

할인되지 않은 KTX표의 가격을 x원이라 하면, 표를 40% 할인된 가격으로 구매하였으므로 구매 가격은 $(1-0.4)x=0.6x$원이다.
환불 규정에 따르면 하루 전에 표를 취소하는 경우 70%의 금액을 돌려받을 수 있으므로

$0.6x \times 0.7=16,800 \rightarrow 0.42x=16,800$

$\therefore x=40,000$

풀이 전략!

제한사항인 예산을 고려하여 문제에서 묻는 것을 정확히 파악한 후, 제시된 정보에서 필요한 것을 선별하여 문제를 풀어 간다.

CHAPTER

06 자원관리능력 품목 확정

| 유형분석 |

- 물적 자원과 관련된 다양한 정보를 활용하여 풀어 가는 문제이다.
- 주로 공정도·제품·시설 등에 대한 가격·특징·시간 정보가 제시되며, 이를 종합적으로 고려하는 문제가 출제된다.

A공사는 신축 본사에 비치할 사무실 명패를 제작하기 위해 다음과 같은 팸플릿을 참고하고 있다. 신축 본사에 비치할 사무실 명패는 사무실마다 국문과 영문을 함께 주문했고, 총 주문 비용이 80만 원이라면 사무실에 최대 몇 개의 국문과 영문 명패를 함께 비치할 수 있는가?(단, 추가 구입 가격은 1SET를 구입할 때 한 번씩만 적용된다)

〈명패 제작 가격〉

- 국문 명패 : 1SET(10개)에 10,000원, 5개 추가 시 2,000원
- 영문 명패 : 1SET(5개)에 8,000원, 3개 추가 시 3,000원

① 345개
② 350개
③ 355개
④ 360개
⑤ 365개

정답 ④

국문 명패 최저가는 15개에 12,000원이고, 영문 명패 최저가는 8개에 11,000원이다. 각 명패를 최저가에 구입하는 개수의 최소공배수를 구하면 120개이다. 이때의 비용은 12,000×8+11,000×15=96,000+165,000=261,000원이다. 따라서 한 사무실에 국문과 영문 명패를 함께 비치한다면 120개의 사무실에 명패를 비치하는 비용은 261,000원이다. 360개의 사무실에 명패를 비치한다면 783,000원이 필요하고, 남은 17,000원으로 국문 명패와 영문 명패를 동시에 구입할 수는 없다. 따라서 80만 원으로 최대 360개의 국문 명패와 영문 명패를 동시에 비치할 수 있다.

풀이 전략!

문제에서 묻고자 하는 바를 정확히 파악하는 것이 중요하다. 문제에서 제시한 물적 자원의 정보를 문제의 의도에 맞게 선별하면서 풀어 간다.

CHAPTER

06 자원관리능력 인원 선발

| 유형분석 |

- 인적 자원과 관련된 다양한 정보를 활용하여 풀어 가는 문제이다.
- 주로 근무명단, 휴무일, 업무할당 등의 주제로 다양한 정보를 활용하여 종합적으로 풀어 가는 문제가 출제된다.

다음 글의 내용이 참일 때, H공사의 신입사원으로 채용될 수 있는 지원자들의 최대 인원은 몇 명인가?

> 금년도 신입사원 채용에서 H공사가 요구하는 자질은 이해능력, 의사소통능력, 대인관계능력, 실행능력이다. H공사는 이 4가지 자질 중 적어도 3가지 자질을 지닌 사람을 채용하고자 한다. 지원자는 갑, 을, 병, 정 4명이며, 이들이 지닌 자질을 평가한 결과 다음과 같은 정보가 주어졌다.
> ㉠ 갑이 지닌 자질과 정이 지닌 자질 중 적어도 두 개는 일치한다.
> ㉡ 대인관계능력은 병만 가진 자질이다.
> ㉢ 만약 지원자가 의사소통능력을 지녔다면 그는 대인관계능력의 자질도 지닌다.
> ㉣ 의사소통능력의 자질을 지닌 지원자는 한 명뿐이다.
> ㉤ 갑, 병, 정은 이해능력이라는 자질을 지니고 있다.

① 1명 ② 2명
③ 3명 ④ 4명

정답 ①

㉡, ㉢, ㉣에 의해 의사소통능력과 대인관계능력을 지닌 사람은 오직 병뿐이라는 사실을 알 수 있다. 또한 ㉤에 의해 병이 이해능력도 가지고 있음을 알 수 있다. 이처럼 병은 4가지 자질 중에 3가지를 갖추고 있으므로 H공사의 신입사원으로 채용될 수 있다. 신입사원으로 채용되기 위해서는 적어도 3가지 자질이 필요한데, 4가지 자질 중 의사소통능력과 대인관계능력은 병만 지닌 자질임이 확인되었으므로 나머지 갑, 을, 정은 채용될 수 없다. 따라서 신입사원으로 채용될 수 있는 최대 인원은 병 1명이다.

풀이 전략!

문제에서 신입사원 채용이나 인력배치 등의 주제가 출제될 경우에는 주어진 규정 혹은 규칙을 꼼꼼히 확인하여야 한다. 이를 근거로 각 선택지가 어긋나지 않는지 검토하여 문제를 풀어 간다.

CHAPTER 07

기술능력

합격 CHEAT KEY

기술능력은 업무를 수행함에 있어 도구, 장치 등을 포함하여 필요한 기술에 어떠한 것들이 있는지 이해하고, 실제 업무를 수행함에 있어 적절한 기술을 선택하여 적용하는 능력이다. 사무직을 제외한 특수 직렬을 지원하는 수험생이라면 전공을 포함하여 반드시 준비해야 하는 영역이다.

국가직무능력표준에 따르면 기술능력의 세부 유형은 기술이해능력・기술선택능력・기술적용능력으로 나눌 수 있다. 제품설명서나 상황별 매뉴얼을 제시하는 문제 또는 명령어를 제시하고 규칙을 대입할 수 있는지 묻는 문제가 출제되기 때문에 이런 유형들을 공략할 수 있는 전략을 세워야 한다. 기술능력은 NCS 기반 채용을 진행한 기업 중 50% 정도가 채택했으며, 문항 수는 전체에서 평균 2% 정도 출제되었다.

01 긴 지문이 출제될 때는 보기의 내용을 미리 보자!

기술능력에서 자주 출제되는 제품설명서나 상황별 매뉴얼을 제시하는 문제에서는 기술을 이해하고, 상황에 알맞은 원인 및 해결방안을 고르는 문제가 출제된다. 실제 시험장에서 문제를 풀 때는 시간적 여유가 없기 때문에 보기를 먼저 읽고, 그다음 긴 지문을 보면서 동시에 보기와 일치하는 내용이 나오면 확인해 가면서 푸는 것이 좋다.

02 모듈형에 대비하라!

모듈형 문제의 비중이 늘어나는 추세이므로 공기업을 준비하는 취업준비생이라면 모듈형 문제에 대비해야 한다. 기술능력의 모듈형 이론 부분을 학습하고 모듈형 문제를 풀어 보고 여러 번 읽으며 이론을 확실히 익혀 두면 실제 시험장에서 이론을 묻는 문제가 나왔을 때 단번에 답을 고를 수 있다.

03 전공 이론도 익혀 두자!

지원하는 직렬의 전공 이론이 기술능력으로 출제되는 경우가 많기 때문에 전공 이론을 익혀 두는 것이 좋다. 깊이 있는 지식을 묻는 문제가 아니더라도 출제되는 문제의 소재가 전공과 관련된 내용일 가능성이 크기 때문에 최소한 지원하는 직렬의 전공 용어는 확실히 익혀 두어야 한다.

04 포기하지 말자!

직업기초능력에서 주요 영역이 아니면 소홀한 경우가 많다. 시험장에서 기술능력을 읽어 보지도 않고 포기하는 경우가 많은데 차근차근 읽어 보면 지문만 잘 읽어도 풀 수 있는 문제들이 출제되는 경우가 있다. 이론을 모르더라도 풀 수 있는 문제인지 파악해 보자.

CHAPTER

07 기술능력 기술의 이해

| 유형분석 |

- 기술 시스템의 개념과 발전 단계에 대한 지식을 평가한다.
- 각 단계의 순서와 그에 따른 특징을 숙지하여야 한다.
- 단계별로 요구되는 핵심 역할이 다름에 유의한다.

다음 중 기술 시스템의 발전 단계에 따라 빈칸 ㉠~㉣에 들어갈 내용을 순서대로 바르게 나열한 것은?

발전 단계	특징	핵심 역할
발명·개발·혁신의 단계	기술 시스템이 탄생하고 성장	기술자
↓		
㉠	성공적인 기술이 다른 지역으로 이동	기술자
↓		
㉡	기술 시스템 사이의 경쟁	㉢
↓		
기술 공고화 단계	경쟁에서 승리한 기술 시스템의 관성화	㉣

	㉠	㉡	㉢	㉣
①	기술 이전의 단계	기술 경쟁의 단계	기업가	자문 엔지니어
②	기술 경쟁의 단계	기술 이전의 단계	금융전문가	자문 엔지니어
③	기술 이전의 단계	기술 경쟁의 단계	기업가	기술자
④	기술 경쟁의 단계	기술 이전의 단계	금융전문가	기업가
⑤	기술 이전의 단계	기술 경쟁의 단계	금융전문가	기술자

정답 ①

기술 시스템의 발전 단계는 '발명·개발·혁신의 단계 → ㉠ 기술 이전의 단계 → ㉡ 기술 경쟁의 단계 → 기술 공고화 단계'를 거쳐 발전한다. 또한 기술 시스템의 발전 단계에는 단계별로 핵심적인 역할을 하는 사람들이 있다. 기술 경쟁의 단계에서는 ㉢ 기업가들의 역할이 더 중요해지고, 기술 공고화 단계에서는 이를 활성·유지·보수 등을 하기 위한 ㉣ 자문 엔지니어와 금융전문가 등의 역할이 중요해진다.

풀이 전략!

기술 시스템이란 개별 기술들이 네트워크로 결합하여 새로운 기술로 만들어지는 것을 뜻한다. 따라서 개별 기술들이 '개발 → 이전 → 경쟁 → 공고화'의 절차를 가지고 있음을 숙지하여 문제를 풀어야 한다.

CHAPTER

07 기술능력 기술 적용

| 유형분석 |

- 주어진 자료를 해석하고 기술을 적용하여 풀어 가는 문제이다.
- 꼼꼼하고 분석적인 접근이 필요한 논리연산, 사용설명서 등의 문제들이 출제된다.

귀하가 근무하는 기술자격팀에서 작년부터 연구해 온 데이터의 흐름도가 완성되었다. 다음 자료와 〈조건〉을 보고 A에서 1이 입력되었을 때, F에서의 결과가 가장 크게 되는 값은?

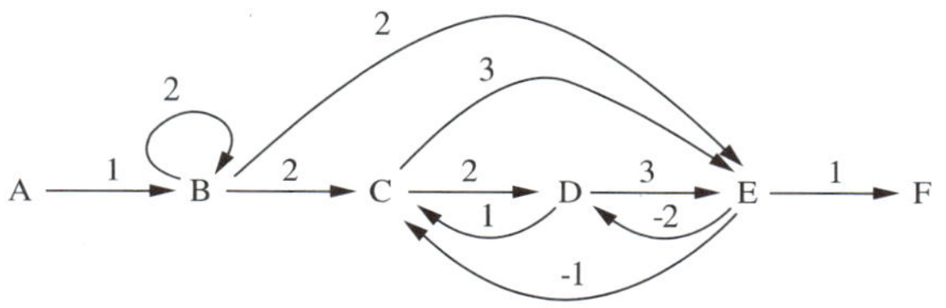

조건

- 데이터는 화살표 방향으로만 이동할 수 있으며, 같은 경로를 여러 번 반복해서 이동할 수 있다.
- 화살표 위의 숫자는 그 경로를 통해 데이터가 1회 이동할 때마다 데이터에 곱해지는 수치를 의미한다.
- 각 경로를 따라 데이터가 이동할 때, 1회 이동 시간은 1시간이며, 총 이동은 10시간을 초과할 수 없다.
- 데이터의 대소 관계는 [음수<0<양수]의 원칙에 따른다.

① 256
② 384
③ 432
④ 864
⑤ 1,296

정답 ④

결과가 가장 큰 값을 구해야 하므로 최대한 큰 수가 있는 구간으로 이동해야 하며, 세 번째 조건에 따라 총 10번의 이동이 가능하다. 반복 이동으로 가장 커질 수 있는 구간은 D－E구간이지만 음수가 있으므로 왕복 2번을 이동하여 값을 양수로 만들어야 한다. D－E구간에서 4번 이동하고 마지막에 E－F구간 1번 이동하는 것을 제외하면 출발점인 A에서 D－E구간을 왕복하기 전까지 총 5번을 이동할 수 있다. D－E구간으로 가기 전 가장 큰 값은 C에서 E로 가는 것이므로 C－E－D－E－D－E－F로 이동한다.
또한, 출발점인 A에서 C까지 4번 이동하려면 A－B－B－B－C밖에 없다.
따라서 A－B－B－B－C－E－D－E－D－E－F 순서로 이동한다.
$\therefore\ 1\times2\times2\times2\times3\times(-2)\times3\times(-2)\times3\times1=864$

풀이 전략!

문제 해결을 위해 필요한 정보와 기술능력이 무엇인지 먼저 파악한 후, 제시된 자료를 분석적으로 읽고 문제를 풀이한다.

CHAPTER 08

자기개발능력

합격 CHEAT KEY

자기개발능력은 직업인으로서 자신의 능력, 적성, 특성 등의 객관적 이해를 기초로 자기 발전 목표를 스스로 수립하고 자기관리를 통하여 성취해 나가는 능력을 의미한다. 또한 직장 생활을 포함한 일상에서 스스로를 관리하고 개발하는 능력을 말한다.

국가직무능력표준에 따르면 자기개발능력의 세부 유형은 자아인식능력・자기관리능력・경력개발능력으로 나눌 수 있다.

자기개발능력은 NCS 기반 채용을 진행한 기업 중 58% 정도가 다루었으며, 문항 수는 전체의 평균 2% 정도로 출제되었다.

01 개념을 정립하자!

자기개발능력의 문제들은 대부분 어렵거나 특별한 지식을 요구하지는 않는다. 그렇기 때문에 따로 시간을 할애해 학습하지 않아도 득점이 가능하다. 다만 매슬로의 욕구단계, 조하리의 창 등의 개념이나 키워드들은 정리해서 미리 알아 둘 필요가 있다.

02 개념 + 상황을 대비하자!

자신에 대한 이해를 바탕으로 스스로를 관리하고 나아가 개발을 하는 것에 대한 질문이 이 영역의 내용인데 상식으로 풀 수 있는 내용뿐만 아니라 지식을 알아 두지 않으면 틀릴 수밖에 없는 내용도 많다. 그렇기 때문에 자주 출제되는 개념들은 분명히 정리해야 하고 출제되는 유형이 지식 자체를 묻기 보다는 대화나 예시와 함께 제시되기 때문에 상황과 함께 연결해서 정리해 두어야 한다.

03 업무 사례와 연관 지어 보자!

자기개발의 정의와 구성 요인을 파악하는 기본적인 이론도 중요하지만, 실제 업무 사례와 연관 짓거나 상황에 적용하는 등의 문제를 통해 자기개발 전략에 대해 이해할 필요가 있다. 스스로 자기개발 계획을 수립하여 실제 업무 수행 시 반영할 수 있어야 한다.

04 자기개발의 출제 이유를 생각하라!

이 영역은 굳이 공부를 하지 않아도 되는 영역이라고 생각하는 사람들이 많다. 그럼에도 공사·공단에서 자기개발능력의 영역을 시험으로 출제하는 근본적인 이유를 생각해 볼 필요가 있다. 대부분의 수험생들이 자기개발능력에 공부시간을 전혀 할애하지 않고 시험을 보러 간다. 그렇기 때문에 본인이 찍는 정답이 곧 본인의 가치관을 반영하는 것이라고 할 수 있다. 자기개발은 본인 스스로를 위해서 이루어지고, 직장생활에서의 자기개발은 업무의 성과를 향상시키기 위해 이루어진다. 출제자들은 그것을 파악하려고 하는 것이다. 기본적인 개념과 암기를 해야 할 이유이다.

CHAPTER

08 자기개발능력 자기 관리

| 유형분석 |

- 자기개발과 관련된 개념 문제가 자주 출제된다.
- 다양한 상황에 이론을 대입하여 푸는 문제가 출제된다.

관리부에 근무 중인 O과장은 회사 사람들에게 자기개발 계획서를 작성해 제출하도록 하였다. 다음 중 자기개발 계획서를 잘못 작성한 사람은?

① P사원 : 자신이 맡은 직무를 정확하게 파악하고 앞으로 개발해야 할 능력을 작성했다.
② Q대리 : 자신이 현재 자기개발을 위해 하고 있는 활동을 적고 앞으로 어떤 부분을 보완해야 할지 작성했다.
③ R사원 : 10년 이상의 계획은 모호하기 때문에 1년의 계획과 목표만 작성했다.
④ S인턴 : 자신이 속해 있는 환경과 인간관계를 모두 고려하며 계획서를 작성했다.
⑤ T인턴 : 현재 부족한 점을 파악하고 단기, 장기적 계획을 모두 작성했다.

정답 ③

자기개발 계획을 세울 때는 장기, 단기목표를 모두 세워야 한다. 장기목표는 5 ~ 20년 뒤의 목표를 의미하고, 단기목표는 1 ~ 3년 정도의 목표를 의미한다. 장기목표는 자신의 욕구, 가치, 흥미, 적성 및 기대를 고려하여 수립하며 자신의 직장에서의 일과 관련하여 직무의 특성, 타인과의 관계 등을 고려하여 작성한다. 단기목표는 장기목표를 이룩하기 위한 기본단계로 필요한 직무경험, 능력, 자격증 등을 고려하여 세운다.

풀이 전략!

주로 상황과 함께 문제가 출제되기 때문에 제시된 상황을 정확하게 이해하는 것이 중요하다. 또한 자주 출제되는 개념을 반복 학습하여 빠르게 문제를 풀어야 한다.

CHAPTER

08 자기개발능력 경력 관리

| 유형분석 |

- 경력개발의 단계에 대한 문제가 자주 출제된다.
- 직장 내 상황에 경력개발의 단계를 대입하여 푸는 문제가 출제된다.

다음 사례를 토대로 현재 K씨가 해당하는 경력개발 단계는 무엇인가?

K씨는 33세에 건축회사에 취업하여 20년 가까이 직장생활을 하다가 문득 직장생활을 되돌아보고 창업을 결심하여 지난 달 퇴사하였다. 현재는 창업 관련 서적을 찾아 구입하기도 하고, 관련 박람회를 찾아 가기도 하며 많은 노력을 기울이고 있다.

① 경력 초기 단계
② 경력 말기 단계
③ 경력 중기 단계
④ 직업 선택 단계
⑤ 조직 입사 단계

정답 ④

K씨는 창업을 하기로 결심하고 퇴사한 후 현재는 새로운 경력을 가지기 위해 관련 서적을 구매하거나 박람회에 참여하는 등 창업에 대한 정보를 탐색하고 있다. 이는 자신에게 적합한 직업이 무엇인지를 탐색하고 이를 선택한 후 여기에 필요한 능력을 키우는 과정인 직업 선택의 단계로, 사람에 따라 일생 동안 여러 번 일어날 수도 있다.

풀이 전략!

경력개발의 단계에 대한 암기를 확실하게 해야 하고, 문제에 제시된 상황을 꼼꼼하게 읽고 이론을 대입해야 한다.

CHAPTER 09
대인관계능력

합격 CHEAT KEY

대인관계능력은 직장생활에서 접촉하는 사람들과 원만한 관계를 유지하고 조직구성원들에게 도움을 줄 수 있으며 조직 내부 및 외부의 갈등을 원만히 해결하고 고객의 요구를 충족시켜 줄 수 있는 능력을 의미한다. 또한, 직장생활을 포함한 일상에서 스스로를 관리하고 개발하는 능력을 말한다.

국가직무능력표준에 따르면 대인관계능력의 세부 유형은 팀워크능력 · 갈등관리능력 · 협상능력 · 고객서비스능력으로 나눌 수 있다. 대인관계능력은 NCS 기반 채용을 진행한 공사 · 공단 중 68% 정도가 다루었으며, 문항 수는 전체의 평균 4% 정도로 출제되었다.

01 일반적인 수준에서 판단하라!

일상생활에서의 대인관계를 생각하면서 문제에 접근하면 어렵지 않게 풀 수 있다. 그러나 수험생들 입장에서 직장 속 상황, 특히 역할(직위)에 따른 대인관계를 묻는 문제는 까다롭게 느껴질 수 있고 일상과는 차이가 있을 수 있기 때문에 이런 유형에 대해서는 따로 알아둘 필요가 있다.

02 이론을 먼저 익혀라!

대인관계능력 이론을 접목한 문제가 종종 출제된다. 물론 상식수준에서도 풀 수 있지만 정확하고 신속하게 해결하기 위해서는 이론을 정독한 후 자주 출제되는 부분들은 필수로 암기를 해야 한다. 주로 리더십과 멤버십의 차이, 단계별 협상과정, 고객불만 처리 프로세스 등에 대한 문제가 출제된다.

03 실제 업무에 대한 이해를 높여라!

출제되는 문제의 수는 많지 않으나, 고객과의 접점에 있는 서비스 직군 시험에 출제될 가능성이 높은 영역이다. 특히 상황제시형 문제들이 많이 출제되므로 실제 업무상황에 대한 이해를 높여야 한다.

04 애매한 유형의 빈출 문제, 선택지를 파악하라!

대인관계능력의 출제 문제들을 보면 이것도 맞고, 저것도 맞는 것 같은 선택지가 많다. 하지만 정답은 하나이다. 출제자들은 대인관계능력이란 공부를 통해 얻는 것이 아닌 본인의 독립적인 성품으로부터 자연스럽게 나오는 것이라고 생각한다. 수험생들이 선택하는 선택지로 그 수험생들을 파악한다. 그러므로 대인관계능력은 빈출 유형의 문제와 선택지를 파악하고 가는 것이 애매한 문제들의 정답률을 높이는 데 도움이 될 것이다. 내가 맞다고 생각하는 선택지가 답이 아닐 가능성이 있기 때문이다.

CHAPTER

09 대인관계능력 팀워크

| 유형분석 |

- 팀워크에 대한 이해를 묻는 문제가 자주 출제된다.
- 직장 내 상황 중에서 구성원으로서 팀워크를 위해 어떤 행동을 해야 하는지 묻는 문제가 출제되기도 한다.

다음 상황에 대하여 K부장에게 조언할 수 있는 말로 가장 적절한 것은?

K부장은 얼마 전에 자신의 부서에 들어온 두 명의 신입사원 때문에 고민 중이다. 신입사원 A씨는 꼼꼼하고 차분하지만 대인관계가 서투르며, 신입사원 B씨는 사람들과 금방 친해지는 친화력을 가졌으나 업무에 세심하지 못한 모습을 보여 주고 있다. 이러한 성격으로 인해 A씨는 현재 영업 업무를 맡아 자신에게 어려운 대인관계로 인해 스트레스를 받고 있으며, B씨는 재고 관리 업무에 대해 재고 기록을 누락시키는 등의 실수를 반복하고 있다.

① 조직구조를 이해시켜야 한다.
② 의견의 불일치를 해결해야 한다.
③ 개인의 강점을 활용해야 한다.
④ 주관적인 결정을 내려야 한다.
⑤ 팀의 풍토를 발전시켜야 한다.

정답 ③

팀 에너지를 최대로 활용하는 효과적인 팀을 위해서는 팀원들 개인의 강점을 인식하고 활용해야 한다. A씨의 강점인 꼼꼼하고 차분한 성격과 B씨의 강점인 친화력을 인식하여 A씨에게 재고 관리 업무를, B씨에게 영업 업무를 맡긴다면 팀 에너지를 향상시킬 수 있다.

풀이 전략!

제시된 상황을 자신의 입장이라고 생각해 본 후, 가장 모범적이라고 생각되는 것을 찾아야 한다. 이때, 지나치게 자신의 생각만 가지고 문제를 풀지 않도록 주의하며, 팀워크에 대한 이론과 연관 지어 답을 찾도록 해야 한다.

CHAPTER

09 대인관계능력 리더십

| 유형분석 |

- 리더십의 개념을 비교하는 문제가 자주 출제된다.
- 리더의 역할에 대한 문제가 출제되기도 한다.

다음 중 거래적 리더십과 변혁적 리더십의 차이점에 대한 설명으로 옳지 않은 것은?

거래적 리더십은 '규칙을 따르는' 의무에 관계되어 있기 때문에 거래적 리더들은 변화를 촉진하기보다는 조직의 안정을 유지하는 것을 중시한다. 그리고 거래적 리더십에는 리더의 요구에 부하가 순응하는 결과를 가져오는 교환 과정이 포함되지만, 조직원들이 과업목표에 대해 열의와 몰입까지는 발생시키지 않는 것이 일반적이다.
변혁적 리더십은 거래적 리더십 내용과 대조적이다. 리더가 조직원들에게 장기적 비전을 제시하고 그 비전을 향해 매진하도록 조직원들로 하여금 자신의 정서·가치관·행동 등을 바꾸어 목표 달성을 위한 성취의지와 자신감을 고취시킨다. 즉, 거래적 리더십은 교환에 초점을 맞춰 단기적 목표를 달성하고 이에 따른 보상을 받고, 변혁적 리더십은 장기적으로 성장과 발전을 도모하며 조직원들이 소속감, 몰입감, 응집력, 직무만족 등을 발생시킨다.

① 거래적 리더십의 보상체계는 규정에 맞게 성과 달성 시 인센티브와 보상이 주어진다.
② 변혁적 리더십은 기계적 관료제에 적합하고, 거래적 리더십은 단순구조나 임시조직에 적합하다.
③ 거래적 리더십은 안전을 지향하고 폐쇄적인 성격을 가지고 있다.
④ 변혁적 리더십은 공동목표를 추구하고 리더가 교육적 역할을 담당한다.
⑤ 변혁적 리더십은 업무 등의 과제의 가치와 당위성을 주시하여 성공에 대한 기대를 제공한다.

정답 ②

거래적 리더십은 기계적 관료제에 적합하고, 변혁적 리더십은 단순구조나 임시조직, 경제적응적 구조에 적합하다.
- 거래적 리더십 : 리더와 조직원들이 이해타산적 관계에 의해 규정에 따르며, 합리적인 사고를 중시하고 보강으로 동기를 유발한다.
- 변혁적 리더십 : 리더와 조직원들이 장기적 목표 달성을 추구하고, 리더는 조직원의 변화를 통해 동기를 부여하고자 한다.

풀이 전략!

리더십의 개념을 비교하는 문제가 자주 출제되기 때문에 관련 개념을 정확하게 암기해야 하고, 조직 내에서의 리더의 역할에 대한 이해가 필요하다.

CHAPTER

09 대인관계능력 갈등 관리

| 유형분석 |

- 갈등의 개념이나 원인, 해결방법을 묻는 문제가 자주 출제된다.
- 실제 사례에 적용할 수 있는지를 확인하는 문제가 출제되기도 한다.
- 일반적인 상식으로 해결할 수 있는 문제가 출제되기도 하지만, 자의적인 판단에 주의해야 한다.

갈등을 관리하고 해소하는 방법을 더욱 잘 이해하기 위해서는 갈등을 증폭시키는 원인이 무엇인지 알 필요가 있다. 다음 중 조직에서 갈등을 증폭시키는 행위로 볼 수 없는 것은?

① 팀원 간에 서로 상대보다 더 높은 인사고과를 얻기 위해 경쟁한다.

② 팀의 공동목표 달성보다는 본인의 승진이 더 중요하다고 생각한다.

③ 다른 팀원이 중요한 프로젝트를 맡은 경우에 그 프로젝트에 대해 자신이 알고 있는 노하우를 알려주지 않는다.

④ 갈등이 발견되면 바로 갈등 문제를 즉각적으로 다루려고 한다.

⑤ 혼자 돋보이려고 지시받은 업무를 다른 팀원에게 전달하지 않는다.

정답 ④

갈등을 발견하고도 즉각적으로 다루지 않는다면 나중에는 팀 성공을 저해하는 장애물이 될 것이다. 그러나 갈등이 존재한다는 사실을 인정하고 바로 해결을 위한 조치를 취한다면, 갈등을 해결하기 위한 하나의 기회로 전환할 수 있다.

풀이 전략!

문제에서 물어보는 내용을 정확하게 파악한 뒤, 갈등 관련 이론과 대조해 본다. 특히 자주 출제되는 갈등 해결방법에 대한 이론을 암기해 두면 문제 푸는 속도를 줄일 수 있다.

CHAPTER

09 대인관계능력 고객 서비스

| 유형분석 |

- 고객불만을 효과적으로 처리하기 위한 과정이나 방법에 대한 문제이다.
- 고객불만 처리 프로세스에 대한 숙지가 필요하다.

다음 상황에서 직원 J씨의 잘못된 고객응대자세는 무엇인가?

> 직원 J씨는 규모가 큰 대형 마트에서 육류제품의 유통 업무를 담당하고 있다. 전화벨이 울리고 신속하게 인사와 함께 전화를 받았는데 해당 문의는 채소류에 관련된 업무 문의로, 직원 J씨는 고객에게 자신은 채소류에 관련된 담당자가 아니라고 설명하고, "지금 거신 전화는 육류에 관련된 부서로 연결되어 있습니다. 채소류 관련 부서로 전화를 연결해드릴 테니 잠시만 기다려 주십시오."라고 말하고 다른 부서로 전화를 돌렸다.

① 신속하게 전화를 받지 않았다.
② 기다려 주신 데 대한 인사를 하지 않았다.
③ 고객의 기다림에 대해 양해를 구하지 않았다.
④ 전화를 다른 부서로 돌려도 괜찮은지 묻지 않았다.
⑤ 자신의 직위를 밝히지 않았다.

정답 ④

전화를 다른 부서로 연결할 때 양해를 구하지 않았으며, 다른 부서의 사람이 전화를 받을 수 있는 상황인지를 사전에 확인하지 않았다.

풀이 전략!

제시된 상황이나 고객 유형을 정확하게 파악해야 하고, 고객불만 처리 프로세스를 토대로 갈등을 해결해야 한다.

CHAPTER 10

직업윤리

합격 CHEAT KEY

직업윤리는 업무를 수행함에 있어 원만한 직업생활을 위해 필요한 태도, 매너, 올바른 직업관이다. 직업윤리는 필기시험뿐만 아니라 서류를 제출하면서 자기소개서를 작성할 때와 면접을 시행할 때도 포함되는 항목으로 들어가지 않는 공사·공단이 없을 정도로 필수 능력으로 꼽힌다.

국가직무능력표준에 따르면 직업윤리의 세부능력은 근로윤리·공동체윤리로 나눌 수 있다. 구체적인 문제 상황을 제시하여 해결하기 위해 어떤 대안을 선택해야 할지에 관한 문제들이 출제된다.

직업윤리는 NCS 기반 채용을 진행한 기업 중 74% 정도가 다뤘으며, 문항 수는 전체에서 평균 6% 정도로 상대적으로 적게 출제되었다.

01 오답을 통해 대비하라!

이론을 따로 정리하는 것보다는 문제에서 본인이 생각하는 모범답안을 선택하고 틀렸을 경우 그 이유를 정리하는 방식으로 학습하는 것이 효율적이다. 암기하기보다는 이해에 중점을 두고 자신의 상식으로 문제를 푸는 것이 아니라 해당 문제가 어느 영역 어떤 하위능력의 문제인지 파악하는 훈련을 한다면 답이 보일 것이다.

02 직업윤리와 일반윤리를 구분하라!

일반윤리와 구분되는 직업윤리의 특징을 이해해야 한다. 통념상 비윤리적이라고 일컬어지는 행동도 특정한 직업에서는 허용되는 경우가 있다. 그러므로 문제에서 주어진 상황을 판단할 때는 우선 직업의 특성을 고려해야 한다.

03 직업윤리의 하위능력을 파악해 두자!

직업윤리의 경우 직장생활 경험이 없는 수험생들은 조직에서 일어날 수 있는 구체적인 직업윤리와 관련된 내용에 흥미가 없고 이를 이해하는 데 어려움이 있을 수 있다. 그러나 문제에서는 구체적인 상황・사례를 제시하는 문제가 나오기 때문에 직장에서의 예절을 정리하고 문제 상황에서 적절한 대처를 선택하는 연습을 하는 것이 중요하다.

04 면접에서도 유리하다!

많은 공사・공단에서 면접 시 직업윤리에 관련된 질문을 하는 경우가 많다. 직업윤리 이론 학습을 미리 해 두면 본인의 가치관을 세우는 데 도움이 되고 이는 곧 기업의 인재상과도 연결되기 때문에 미리 준비해 두면 필기시험에서 합격하고 면접을 준비할 때도 수월할 것이다.

CHAPTER

10 직업윤리 윤리 · 근면

| 유형분석 |

- 주어진 제시문 속의 비윤리적인 상황에 대하여 원인이나 대처법을 고르는 문제가 출제된다.
- 근면한 자세의 사례를 고르는 문제 또한 종종 출제된다.
- 직장생활 내에서 필요한 윤리적이고 근면한 태도에 대한 문제가 자주 출제된다.

다음 중 A～C의 비윤리적 행위에 대한 원인을 순서대로 바르게 나열한 것은?

- A는 영화관 내 촬영이 금지된 것을 모르고 영화 관람 중 스크린을 동영상으로 촬영하였고, 이를 인터넷에 올렸다가 저작권 위반으로 벌금이 부과되었다.
- B는 얼마 전 친구에게 인터넷 도박 사이트를 함께 운영하자는 제안을 받았고, 그러한 행위가 불법인 줄 알았음에도 불구하고 많은 돈을 벌 수 있다는 친구의 말에 제안을 바로 수락했다.
- 평소에 화를 잘 내지 않는 C는 만취한 상태로 편의점에 들어가 물건을 구매하는 과정에서 직원과 말다툼을 하다가 화를 주체하지 못하고 주먹을 휘둘렀다.

	A	B	C
①	무절제	무지	무관심
②	무관심	무지	무절제
③	무관심	무절제	무지
④	무지	무관심	무절제
⑤	무지	무절제	무관심

정답 ④

- A : 영화관 내 촬영이 불법인 줄 모르고 영상을 촬영하였으므로 무지로 인한 비윤리적 행위를 저질렀다.
- B : 불법 도박 사이트 운영이 불법임을 알고 있었지만, 이를 중요하게 여기지 않는 무관심으로 인한 비윤리적 행위를 저질렀다.
- C : 만취한 상태에서 자신을 스스로 통제하지 못하고 폭력을 행사하였으므로 무절제로 인한 비윤리적 행위를 저질렀다.

비윤리적 행위의 원인

- 무지 : 사람들은 무엇이 옳고, 무엇이 그른지 모르기 때문에 비윤리적 행위를 저지른다.
- 무관심 : 자신의 행위가 비윤리적이라는 것을 알고 있지만, 윤리적인 기준에 따라 행동해야 한다는 것을 중요하게 여기지 않는다.
- 무절제 : 자신의 행위가 잘못이라는 것을 알고 그러한 행위를 하지 않으려고 함에도 불구하고 자신의 통제를 벗어나는 어떤 요인으로 인하여 비윤리적 행위를 저지른다.

풀이 전략!

근로윤리는 우리 사회가 요구하는 도덕상에 기초하고 있다는 점을 유념하고, 다양한 사례를 익혀 문제에 적응한다.

CHAPTER

10 직업윤리 봉사와 책임의식

| 유형분석 |

- 개인이 가져야 하는 책임의식과 기업의 사회적 책임으로 양분되는 문제이다.
- 봉사의 의미를 묻는 문제가 종종 출제된다.

다음 〈보기〉는 봉사에 대한 글이다. 영문 철자에서 봉사가 함유한 의미로 옳지 않은 것은?

보기

봉사란 나라나 사회 혹은 타인을 위하여 자신의 이해를 돌보지 아니하고 몸과 마음을 다하여 일하는 것을 가리키며, 영문으로는 'Service'에 해당된다. 'Service'의 각 철자에서 봉사가 함유한 7가지 의미를 도출해 볼 수 있다.

① S : Smile & Speed
② E : Emotion
③ R : Repeat
④ V : Value
⑤ C : Courtesy

정답 ③

'R'은 반복하여 제공한다는 'Repeat'이 아니라 'Respect'로서 고객을 존중하는 것을 가리킨다.

오답분석

① 미소와 함께 신속한 도움을 제공하는 의미이다.
② 고객에게 감동을 주는 의미이다.
④ 고객에게 가치를 제공하는 의미이다.
⑤ 고객에게 예의를 갖추고 정중하게 대하는 의미한다.

풀이 전략!

직업인으로서 요구되는 봉사정신과 책임의식에 관해 숙지하도록 한다.

합격의 공식 SD에듀

우리가 해야할 일은 끊임없이 호기심을 갖고
새로운 생각을 시험해 보고 새로운 인상을 받는 것이다.

- 월터 페이터 -

PART I

서울교통공사 기출복원문제

CHAPTER

01 2023년 상반기 기출복원문제

정답 및 해설 p.002

| 01 | 직업기초능력평가

01 다음은 탄소배출을 줄이기 위한 철도 연구 논문의 목차이다. 이를 참고할 때, 〈보기〉의 (가) ~ (마) 문단을 논리적 순서대로 바르게 나열한 것은?

〈목차〉

1. 서론
   (1) 연구배경
   (2) 연구목표

2. 수송시스템
   (1) 도로와 철도의 수송시스템 구성
   (2) 수송부문 온실가스 저감전략
   (3) 수송시스템 온실가스 배출경향

3. Modal Shift(전환교통)
   (1) Modal Shift의 정의 및 활성화 방안

4. 사례연구
   (1) 분석방법 및 분석대상
   (2) 단계별 분석
   (3) 전 과정 통합 분석

5. 결론 및 향후 연구방향

보기

(가) 도로와 철도의 수송시스템은 크게 차량, 노선, 정류장, 운영, 연료사용으로 구분되며, 수송부분의 환경영향을 저감시키는 방법으로는 전체 수송요구량을 줄이는 '회피', 전체수송량은 유지하되 저탄소 수송모드로 수송수단을 전환시키는 '전환', 수송수단과 시스템의 환경성을 개선하는 '개선'으로 나눌 수 있다.

(나) 2010년 OECD 통계에 따르면 우리나라의 온실가스 배출량은 10위, 증가율은 1위이다. 특히 우리나라의 수송부문의 이산화탄소 배출량은 도로부문에서 51%, 철도부문에서 5%, 수상 및 항공 부문에서 22%를 차지하고 있어 도로부문에서의 온실가스 저감노력이 필요할 것으로 판단된다. 이에 본 연구에서는 도로에서 철도로의 교통수요 전환에 따른 온실가스 저감효과를 수송시스템의 제작부터 폐기까지 모든 단계를 고려하여 예측하고자 한다.

(다) 이에 본 연구에서는 Modal Shift의 효과를 예측하기 위해 단계별로 나누어 연구를 진행하였으며, 특히 운행단계에서 온실가스 저감량을 분석해 본 결과 철도로의 승객이 증가하자 온실가스 저감효과가 나타나는 것이 확인되었고, 제작 단계, 건설 단계, 폐기 단계의 각 과정에서도 모두 온실가스 저감효과가 확인되었다.

(라) 이때, 각 수송시스템의 단계별 온실가스 배출 기여도를 살펴보면, 두 시스템 모두 초기건설 단계에서 가장 높았으며, 운영 및 유지보수 단계, 해체폐기 단계 순으로 높았다. 또한 실제 배출량 은 여객수송(1인/km당)에서는 도로가 105.6gCO_2e로 철도의 배출량인 29.8gCO_2e보다 약 3.5배 높았으며, 화물수송(톤/km당)에서는 도로가 299.6gCO_2e로 철도의 35.9gCO_2e보다 약 8배 높았다.

(마) 이에 여객 또는 화물의 장거리 운송에 있어 도로에서 철도로의 수송모드 전환인 Modal Shift가 환경적인 측면에서 부각되고 있다. 하지만 낮은 접근성과 이동성 등 비효율적인 요소가 많아 쉽지 않은 상황이다. 이에 교통시설을 체계적으로 구축하고 신규노선 및 신규차량을 도입하는 등의 전략적 추진방안이 필요할 것으로 보인다.

① (가) – (나) – (다) – (라) – (마)
② (가) – (나) – (라) – (마) – (다)
③ (나) – (가) – (다) – (라) – (마)
④ (나) – (가) – (라) – (마) – (다)
⑤ (나) – (다) – (가) – (라) – (마)

02 다음 글에서 언급되지 않은 내용은?

> 전 세계적인 과제로 탄소중립이 대두되자 친환경적 운송수단인 철도가 주목받고 있다. 특히 국제에너지기구는 철도를 에너지 효율이 가장 높은 운송 수단으로 꼽으며, 철도 수송을 확대하면 세계 수송부문에서 온실가스 배출량이 그렇지 않을 때보다 약 6억 톤이 줄어들 수 있다고 하였다.
> 특히 철도의 에너지 소비량은 도로의 22분의 1이고, 온실가스 배출량은 9분의 1에 불과해, 탄소배출이 높은 도로 운행의 수요를 친환경 수단인 철도로 전환한다면 수송부문 총 배출량이 획기적으로 감소될 것이라 전망하고 있다.
> 이와 같은 전망에 발맞춰 우리나라의 S철도공단도 '녹색교통'인 철도 중심 교통체계를 구축하기 위해 박차를 가하고 있으며, 정부 역시 '2050 탄소중립 실현' 목표에 발맞춰 저탄소 철도 인프라 건설・관리로 탄소를 지속적으로 감축하고자 노력하고 있다.
> S철도공단은 철도 인프라 생애주기 관점에서 탄소를 감축하기 위해 먼저 철도 건설 단계에서부터 친환경・저탄소 자재를 적용해 탄소 배출을 줄이고 있다. 실제로 중앙선 안동 ~ 영천 간 궤도 설계 당시 철근 대신에 저탄소 자재인 유리섬유 보강근을 콘크리트 궤도에 적용했으며, 이를 통한 탄소 감축효과는 약 6,000톤으로 추정된다. 이 밖에도 저탄소 철도 건축물 구축을 위해 2025년부터 모든 철도건축물을 에너지 자립률 60% 이상(3등급)으로 설계하기로 결정했으며, 도심의 철도 용지는 지자체와 협업을 통해 도심 속 철길 숲 등 탄소 흡수원이자 지역민의 휴식처로 철도부지 특성에 맞게 조성되고 있다.
> S철도공단은 이와 같은 철도로의 수송 전환으로 약 20%의 탄소 감축 목표를 내세웠으며, 이를 위해서는 정부의 노력도 필요하다고 강조하였다. 특히 수송 수단 간 공정한 가격 경쟁이 이루어질 수 있도록 도로 차량에 집중된 보조금 제도를 화물차의 탄소배출을 줄이기 위한 철도 전환교통 보조금으로 확대하는 등 실질적인 방안의 필요성을 제기하고 있다.

① 녹색교통으로 철도 수송이 대두된 배경
② 철도 수송 확대를 통해 기대할 수 있는 효과
③ 국내의 탄소 감축 방안이 적용된 건축물 사례
④ 정부의 철도 중심 교통체계 구축을 위해 시행된 조치
⑤ S철도공단의 철도 중심 교통체계 구축을 위한 방안

03 다음 글을 이해한 내용으로 가장 적절한 것은?

> 도심항공교통, UAM은 Urban Air Mobility의 약자로 전기 수직 이착륙기(eVTOL)를 활용해 지상에서 450m 정도 상공인 저고도 공중에서 사람이나 물건 등을 운송하는 항공 교통 수단 시스템을 지칭하는 용어로, 기체 개발부터 운항, 인프라 구축, 플랫폼 서비스 그리고 유지보수에 이르기까지 이와 관련된 모든 사업을 통틀어 일컫는 말이다.
> 도심항공교통은 전 세계적인 인구 증가와 대도시 인구 과밀화로 인해 도심의 지상교통수단이 교통체증 한계에 맞닥뜨리면서 이를 해결하고자 등장한 대안책이다. 특히 이 교통수단은 활주로가 필요한 비행기와 달리 로켓처럼 동체를 세운 상태로 이착륙이 가능한 수직이착륙 기술, 또 배터리와 모터로 운행되는 친환경적인 방식과 저소음 기술로 인해 탄소중립 시대에 새로운 교통수단으로 주목받고 있다.
> 이 때문에 많은 국가와 기업에서 도심항공교통 상용화 추진에 박차를 가하고 있으며 우리나라 역시 예외는 아니다. 현대자동차 등 국내기업들은 상용화를 목표로 기체 개발 중에 있으며, 또 핵심 인프라 중 하나인 플라잉카 공항 에어원 건설 중에 있다. 공기업 역시 미래모빌리티 토탈솔루션 구축 등의 UAM 생태계 조성 및 활성화를 추진 중에 있다.
> 실제로 강릉시는 강릉역 '미래형 복합환승센터'에 기차, 버스, 철도, 자율주행차뿐만 아니라 도심항공교통 UAM까지 한곳에서 승하차가 가능하도록 개발사업 기본 계획을 수립해 사업 추진에 나섰으며, 경기 고양시 역시 항공교통 상용화를 위한 UAM 이착륙장을 내년 완공을 목표로 진행 중에 있다.
> 이와 같은 각 단체와 시의 노력으로 도심항공교통이 상용화된다면 많은 기대효과를 가져올 수 있을 것이라 전망되는데, 특히 친환경적인 기술로 탄소배출 절감에 큰 역할을 할 것으로 판단된다. 이뿐만 아니라 도시권역 간 이동시간을 단축해 출퇴근 교통체증을 해소할 수 있고, 또 획기적인 운송서비스의 제공으로 사회적 비용을 감소시킬 수 있을 것으로 보인다.

① 도심항공교통 UAM은 상공을 통해 사람이나 물품 등의 이동이 가능하게 하는 모든 항공교통수단 시스템을 지칭한다.

② 도심항공교통수단은 지상교통수단의 이용이 불가능해짐에 따라 대체 방안으로 등장한 기술이다.

③ 도심항공교통은 수직이착륙 기술을 가지고 있어 별도의 활주로와 공항이 없이도 어디서든 운행이 가능하다.

④ 국내 공기업과 사기업, 그리고 정부와 각 시는 도심항공교통의 상용화를 위해 각 역할을 분담하여 추진 중에 있다.

⑤ 도심항공교통이 상용화된다면, 도심지상교통이 이전보다 원활하게 운행이 가능해질 것으로 예측된다.

04 다음 글의 주제로 가장 적절한 것은?

> 지난 5월 아이슬란드에 각종 파이프와 열교환기, 화학물질 저장탱크, 압축기로 이루어져 있는 '조지 올라 재생가능 메탄올 공장'이 등장했다. 이곳은 이산화탄소로 메탄올을 만드는 첨단 시설로, 과거 2011년 아이슬란드 기업 '카본리사이클링인터내셔널(CRI)'이 탄소 포집·활용(CCU) 기술의 실험을 위해서 지은 곳이다.
> 이곳에서는 인근 지열발전소에서 발생하는 적은 양의 이산화탄소(CO_2)를 포집한 뒤 물을 분해해 조달한 수소(H)와 결합시켜 재생 메탄올(CH_3OH)을 제조하였으며, 이때 필요한 열과 냉각수 역시 지역발전소의 부산물을 이용했다. 이렇게 만들어진 메탄올은 자동차, 선박, 항공 연료는 물론 플라스틱 제조 원료로 활용되는 등 여러 곳에서 활용이 되었다.
> 하지만 이렇게 메탄올을 만드는 것이 미래 원료 문제의 근본적인 해결책이 될 수는 없었다. 왜냐하면 메탄올이 만드는 에너지보다 메탄올을 만드는 데 들어가는 에너지가 더 필요하다는 문제점에 더하여 액화천연가스 LNG를 메탄올로 변환할 경우 이전보다 오히려 탄소배출량이 증가하고, 탄소배출량을 감소시키기 위해서는 태양광과 에너지 저장장치를 활용해 메탄올 제조에 필요한 에너지를 모두 조달해야만 하기 때문이다.
> 또한 탄소를 포집해 지하에 영구 저장하는 탄소포집 저장방식과 달리, 탄소를 포집해 만든 연료나 제품은 사용 중에 탄소를 다시 배출할 가능성이 있어 이에 대한 논의가 분분한 상황이다.

① 탄소 재활용의 득과 실
② 재생 에너지 메탄올의 다양한 활용
③ 지열발전소에서 탄생한 재활용 원료
④ 탄소 재활용을 통한 미래 원료의 개발
⑤ 미래의 에너지 원료로 주목받는 재활용 원료, 메탄올

05 다음 글과 같이 한자어 및 외래어를 순화한 내용으로 적절하지 않은 것은?

> 열차를 타다 보면 한 번쯤은 다음과 같은 안내방송을 들어 봤을 것이다.
> “○○역 인근 ‘공중사상사고’ 발생으로 KTX 열차가 지연되고 있습니다.”
> 이때 들리는 안내방송 중 한자어인 ‘공중사상사고’를 한 번에 알아듣기란 일반적으로 쉽지 않다. 실제로 코레일 관계자는 승객들로부터 안내방송 문구가 적절하지 않다는 지적을 받아 왔다고 밝혔으며, 이에 코레일은 국토교통부와 협의를 거쳐 보다 이해하기 쉬운 안내방송을 전달하기 위해 문구를 바꾸는 작업에 착수하기로 결정하였다고 전했다.
> 우선 가장 먼저 수정하기로 한 것이 한자어 및 외래어로 표기된 철도 용어이다. 그중 대표적인 것이 ‘공중사상사고’이다. 코레일 관계자는 ‘일반인의 사상사고’나 ‘열차 운행 중 인명사고’ 등과 같이 이해하기 쉬운 말로 바꿀 예정이라고 밝혔다. 이 외에도 열차 지연 예상 시간, 사고복구 현황 등 열차 내 안내 방송을 승객에게 좀 더 알기 쉽고 상세하게 전달할 것이라고 전했다.

① 열차시격 → 배차간격
② 전차선 단전 → 선로 전기 공급 중단
③ 우회수송 → 우측 선로로의 변경
④ 핸드레일(Handrail) → 안전손잡이
⑤ 키스 앤 라이드(Kiss and Ride) → 환승정차구역

06 다음은 A～C철도사의 2020～2022년 차량 수 및 연간 승차인원에 대한 자료이다. 이에 대한 설명으로 옳지 않은 것은?

〈3개년 간 철도사별 차량 수 및 승차 인원〉

구분	2020년			2021년			2022년		
철도사	A	B	C	A	B	C	A	B	C
차량 수(량)	2,751	103	185	2,731	111	185	2,710	113	185
승차인원(천 명/년)	775,386	26,350	35,650	768,776	24,736	33,130	755,376	23,686	34,179

① C철도사가 운영하는 차량 수는 변동이 없다.
② 3년간 전체 승차인원 중 A철도사의 철도를 이용하는 승차인원의 비율이 가장 높다.
③ A～C철도사 철도를 이용하는 전체 승차인원 수는 매년 감소하였다.
④ 3년간 차량 1량당 평균 승차인원 수는 B철도사가 가장 적다.
⑤ C철도사의 차량 1량당 승차인원 수는 200천 명 미만이다.

※ 다음은 2023년의 승차권 정기권의 거리비례용 종별 운임에 대한 자료이다. 이어지는 질문에 답하시오. [7~8]

〈거리비례용 종별 운임〉

종별	정기권 운임(원)	교통카드 기준 운임(원)	이용구간 초과 시 추가차감 기준	이용구간 14회 초과 시 추가비용 차감 후 정기권 잔액(원)
1단계	–	1,450	20km마다 1회	34,700
2단계	–	1,550	25km마다 1회	36,300
3단계	–	1,650	30km마다 1회	38,600
4단계	–	1,750	35km마다 1회	41,000
5단계	–	1,850	40km마다 1회	43,300
6단계	–	1,950	45km마다 1회	45,600
7단계	–	2,050	50km마다 1회	48,000
8단계	–	2,150	58km마다 1회	50,300
9단계	–	2,250	66km마다 1회	52,700
10단계	–	2,350	74km마다 1회	55,000
11단계	–	2,450	82km마다 1회	57,300
12단계	–	2,550	90km마다 1회	59,700
13단계	–	2,650	98km마다 1회	62,000
14단계	–	2,750	106km마다 1회	64,400
15단계	–	2,850	114km마다 1회	66,700
16단계	–	2,950	122km마다 1회	69,000
17단계	–	3,050	130km마다 1회	71,400
18단계	117,800	3,150	추가차감 없음	117,800

※ 원하는 종류의 정기권 운임을 충전하여 사용할 수 있으며, 사용 기간은 충전일로부터 30일 이내 60회이다.
※ 정기권 운임 가격에서 이용구간을 초과할 때마다 종별에 해당하는 교통카드 기준 운임이 차감된다.
※ 정기권 운임은 (교통카드 기준 운임)×44에 15%를 할인 후 10원 단위에서 반올림한다.
※ 승차권 사용 불가 구간 및 추가 차감 구간은 별도의 기준에 따른다.

07 다음 중 종별 정기권 운임 비용과 전 단계와의 정기권 운임 비용의 차이가 3,800원인 경우는 모두 몇 가지인가?

① 4가지
② 5가지
③ 6가지
④ 7가지
⑤ 8가지

08 서울에 사는 강대리는 지방에 있는 회사로 출퇴근하고자 4월 3일 월요일에 3단계 거리비례용 정기권을 구매하여 충전 후 바로 사용하였다. 다음 〈조건〉에 따를 때, 4월 말 강대리의 정기권 잔액은?

조건

- 강대리의 이용 거리는 편도 25km이다.
- 강대리가 근무하는 회사는 평일에만 근무하며, 강대리는 4월에 연차를 신청하지 않았다.
- 강대리는 출퇴근 모두 정기권을 사용하였으며, 출퇴근 외에는 정기권을 사용하지 않았다.
- 승차권 사용 불가 구간 및 추가 차감 구간은 없었다.

① 7,250원
② 7,600원
③ 7,950원
④ 8,300원
⑤ 8,650원

09 지방에서 서울에 있는 학교로 통학하는 대학생 S군은 교통비를 절약하고자 거리비례용 정기권을 구매하려 한다. 다음 〈조건〉에 따를 때, S군이 충전할 수 있는 정기권으로 옳은 것은?(단, 교통카드 기준 운임에 대한 종별 정기권 운임의 비는 모두 37이다)

조건

- S군의 이용거리는 편도 45km이다.
- S군은 교내 일정으로 한 달에 25일은 학교에 가는 것으로 계산한다.
- S군은 통학할 때에만 정기권을 사용하였으며, 통학 외에는 정기권을 사용하지 않았다.
- 승차권 사용 불가 구간 및 추가 차감 구간은 없었다.
- 정기권은 월 1회만 충전하는 것으로 가정한다.

① 7단계
② 9단계
③ 11단계
④ 13단계
⑤ 15단계

10 다음 〈보기〉의 맥킨지 7S 모델을 소프트웨어적 요소와 하드웨어적 요소로 바르게 구분한 것은?

> 보기
>
> ㉠ 스타일(Style) ㉡ 구성원(Staff)
> ㉢ 전략(Strategy) ㉣ 스킬(Skills)
> ㉤ 구조(Structure) ㉥ 공유가치(Shared Values)
> ㉦ 시스템(Systems)

	소프트웨어	하드웨어
①	㉠, ㉡, ㉢, ㉥	㉣, ㉤, ㉦
②	㉠, ㉡, ㉣, ㉥	㉢, ㉤, ㉦
③	㉡, ㉢, ㉥, ㉦	㉠, ㉣, ㉤
④	㉡, ㉣, ㉤, ㉦	㉠, ㉢, ㉥
⑤	㉢, ㉤, ㉥, ㉦	㉠, ㉡, ㉣

11 다음 C언어 프로그램을 실행하였을 때 출력되는 값은?

```
#include <stdio.h>
int power(int x, int y);
int main(void)
{    int a, b;
     a=6;
     b=4;
     printf("%d",power(a,b));
     return 0;
}int power(int x, int y)
{    if(y==0)
     return 1;
     return x*power(x,y-1);
}
```

① 24
② 64
③ 1,296
④ 6,543
⑤ 6,666

12 다음 중 음이 아닌 정수 n에 대하여 〈보기〉의 순서도의 출력값과 같은 것은?

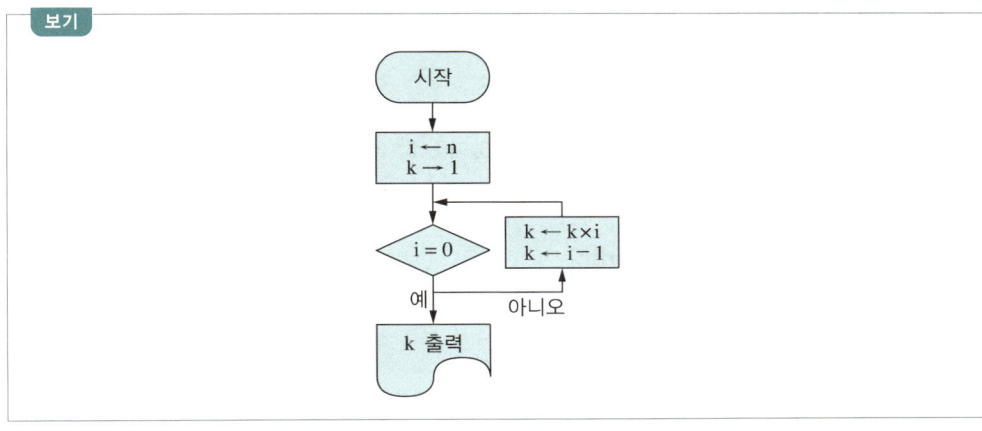

보기

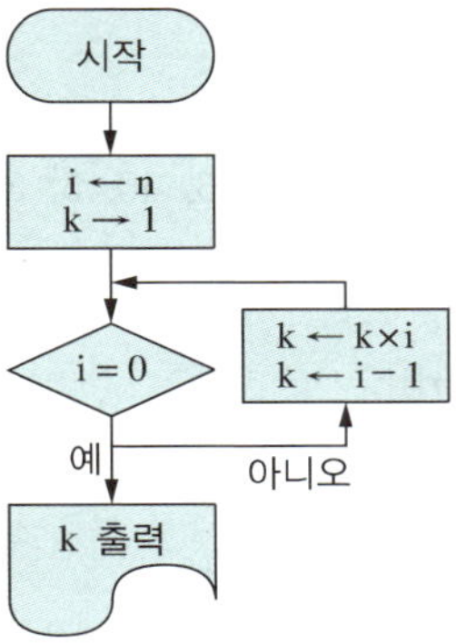

① 0　　② $\frac{n(n+1)}{2}$

③ $n!$　　④ n

⑤ 1

13 다음은 임의의 수 8개를 퀵 정렬 알고리즘을 통해 오름차순으로 나열하는 과정이다. 이 과정에서 나타난 퀵 정렬 과정으로 옳지 않은 것은?

	3	15	8	27	36	45	10	7
①	3	15	8	27	36	7	10	45
②	3	15	8	27	10	7	36	45
③	3	15	8	7	10	27	36	45
④	3	7	8	15	10	27	36	45
⑤	3	7	8	10	15	27	36	45

14 **다음은 임의의 수 8개에 대한 배열을 오름차순으로 나열하는 C언어 프로그램이다. 이를 내림차순으로 나열하고자 할 때 수정해야 하는 행과 그 내용으로 옳은 것은?**

```
#include 〈stdio.h〉
int main(){
        int arr[8] = {7, 59, 30, 1, 26, 40, 5, 39};
        int i, j, temp, index, min;
        for(i=0; i〈8;++i){
                min = arr[i];
                index = i;
                for(j=i+1;j〈8;++j){
                        if(min〉arr[j]){
                                min = arr[j];
                                index = j;
                        }
                }
                temp = arr[i];
                arr[i] = arr[index];
                arr[index] = temp;
    }
    for(i=0;i〈8;++i){
            printf("%d ", arr[i]);
    }
    return 0;
}
```

① 3번째 행의 'arr[8]'을 'arr[−8]'으로 수정한다.

② 8번째 행의 'for(j=i+1;j〈8;++j);'을 'for(j=8−i;j〈8;++j);'로 수정한다.

③ 9번째 행의 'if(min〉arr[j])'를 'if(min〈arr[j])'로 수정한다.

④ 19번째 행의 'printf("%d ", arr[i]);'를 'printf("%d ", arr[8−i]);'로 수정한다.

⑤ 21번째 행의 'return 0;'을 제거한다.

※ S대학교에 근무하는 K씨는 전자교탁 340개를 강의실에 설치하고자 한다. 다음 자료를 보고 이어지는 질문에 답하시오. [15~16]

- K씨는 전자교탁 340개를 2월 1일 수요일에 주문할 예정이다.
- 모든 업체는 주문을 확인한 다음날부터 전자교탁을 제작하기 시작한다.
- 2월 20일에 설치가 가능하도록 모든 업체가 2월 18일까지 전자교탁을 제작하여야 한다.
- 전자교탁 제작을 의뢰할 업체는 모두 5곳이며 각 업체에 대한 정보는 다음과 같다.

업체	1인 1개 제작 시간(시간)	제작 직원 수(명)	개당 가격(만 원)
A	4	7	50
B	5	10	50
C	4	3	40
D	2	5	40
E	6	6	30

- A, B, C업체는 월 ~ 토요일에 근무를 하고 D, E업체는 월 ~ 금요일에 근무를 하며, 모든 업체는 1일 8시간 근무를 시행한다.
- 모든 업체는 연장근무를 시행하지 않는다.

15

비용을 최소로 하여 각 업체에 전자교탁 제작을 의뢰한다고 할 때, 다음 중 E업체에 의뢰한 전자교탁의 수는?(단, 소수점 아래는 버린다)

① 24개
② 48개
③ 96개
④ 144개
⑤ 192개

16

교내 내부 일정이 촉박해져 전자교탁 제작이 기존 예정 완료일보다 이른 2월 9일까지 완료되어야 한다고 한다. 이에 따라 비용을 최소로 하여 제작을 다시 의뢰하고자 할 때, 필요한 비용은?(단, 소수점 아래는 버린다)

① 1억 2,460만 원
② 1억 4,420만 원
③ 1억 6,480만 원
④ 1억 8,820만 원
⑤ 1억 9,860만 원

17 다음 <조건>에 따라 A ~ F팀 중 회의실 대관료를 가장 적게 지불한 사람과 가장 많이 지불한 사람을 순서대로 바르게 나열한 것은?

> **조건**
> - 회의실은 평일 월요일부터 금요일까지 9:00 ~ 19:00에 개방한다.
> - 주말에는 토요일 9:00 ~ 12:00에 개방하며 그 외 시간 및 일요일, 공휴일에는 개방하지 않는다.
> - 회의실은 90분 단위로 대관할 수 있다.
> - 12:00 ~ 13:00은 점심시간으로, 회의실을 잠시 폐쇄한다.
> - 월요일 9:00 ~ 10:30, 금요일 17:30 ~ 19:00는 회의실 청소 일정으로 대관할 수 없다.
> - 회의실 대관료는 15,000원이며 평일 17:30 ~ 19:00 및 토요일에는 5,000원을 추가로 지불해야 한다.
> - 회의실은 두 팀 이상이 함께 사용할 수 없다.
> - A팀은 수요일, 금요일, 토요일 9:00 ~ 10:30에 대관하고자 하며, 금요일에는 12:00까지 대관한다.
> - B팀은 월요일, 수요일, 토요일 10:30 ~ 12:00에 대관하고자 하며, 어느 하루는 17:30 ~ 19:00에 대관하고자 한다.
> - C팀은 수요일 13:00 ~ 17:30에 대관하고자 하며, 어느 하루는 17:30 ~ 19:00에 대관하고자 한다.
> - D팀은 평일에 어느 하루는 종일 대관하려 한다.
> - E팀은 2일 연속으로 13:00 ~ 16:00에 대관하고자 한다.
> - F팀은 평일에 어느 하루는 9:00 ~ 12:00에 대관하고자 하며, 또 다른 어느 하루는 17:30 ~ 19:00에 대관하고자 한다.

① A팀, F팀
② B팀, A팀
③ C팀, B팀
④ D팀, C팀
⑤ D팀, F팀

18 다음 글의 빈칸 ㉠~㉢에 들어갈 말을 순서대로 바르게 나열한 것은?

> 4차 산업 혁명이란 인공지능, 클라우드 컴퓨터 등의 고도화된 정보통신기술이 사회, 산업 등 다양한 분야에 융합되어 기존과는 다른 혁신적인 변화를 이뤄 낸 21세기 산업혁명을 말한다.
> 무인항공기로도 불리는 ___㉠___은 원격 조종을 통해 기기를 제어하며 지정된 경로를 자율적으로 비행하거나 반자동으로 비행하곤 한다. 군사용으로 사용된 이것은 점차 민간 분야로 확대되어 농업, 수송 등 다양한 분야에서 쓰이고 있다. ___㉡___은 기기에 인터넷을 적용하여 사용자와의 커뮤니케이션은 물론 센서를 통해 환경 등을 감지하여 물체가 물체를 자동으로 제어하는 등 다양한 방식으로 적용되고 있다. ___㉢___는 이름 그대로 방대한 데이터이다. 크기(Volume), 속도(Velocity), 다양성(Variety)을 3대 중요요소로 꼽는다. 하지만 단순 방대한 데이터 자체만으로는 의미가 없고 이 방대한 데이터를 분석하여 원하는 정보를 추출하고 가공하여 결론을 도출하는 과정에서 의미가 있다.

	㉠	㉡	㉢
①	인공위성	광케이블	빅데이터
②	드론	광케이블	데이터베이스
③	인공위성	사물인터넷	데이터베이스
④	드론	사물인터넷	빅데이터
⑤	인공위성	사물인터넷	빅데이터

19 다음 중 제시된 글에서 S사원에게 필요한 능력으로 가장 적절한 것은?

> 신입사원인 S사원은 최근 고민이 생겼다. 충분히 해낼 수 있을 것으로 예상한 업무를 익숙하지 않은 업무조건으로 인해 제시간에 완료하지 못했고, 이를 A과장으로부터 문책을 당했기 때문이다. 이 사건 이후 S사원은 크게 위축되어 자신의 능력에 회의감을 가지게 되었고, 주어진 업무를 완수할 수 없을 것 같다는 불안감에 더욱 업무효율이 떨어지게 되었다.

① 자기관리
② 자아존중감
③ 경력개발
④ 강인성
⑤ 낙관주의

20 다음 〈보기〉 중 분배적 협상과 통합적 협상에 대한 설명이 바르게 연결된 것은?

보기

구분	분배적 협상	통합적 협상
㉠ 협상전략	협력적 문제해결전략	강압적 경쟁전략
㉡ 승패방식	Win – Win 방식	Win – Lose 방식
㉢ 이득증식	파이 자체의 증대	고정된 파이 분배
㉣ 정보공유	은밀한 정보	공개적 정보공유
㉤ 토론성격	실질적 이해관계 토론	입장 토론

① ㉠
② ㉡
③ ㉢
④ ㉣
⑤ ㉤

21 다음 〈보기〉의 빈칸 ㉠ ~ ㉢에 들어갈 용어를 순서대로 바르게 나열한 것은?

보기

- ___㉠___ : 인간관계를 지향하게 하고 사회적 행동을 유발하는 욕구
- ___㉡___ : 개인이 인간과 인간관계에 대해 가지고 있는 지적인 이해, 믿음
- ___㉢___ : 인간관계를 성공적으로 이끌어 갈 수 있는 사교적 능력

	㉠	㉡	㉢
①	대인신념	대인기술	대인동기
②	대인신념	대인동기	대인기술
③	대인동기	대인신념	대인기술
④	대인동기	대인기술	대인신념
⑤	대인기술	대인동기	대인신념

22 **다음 중 기업의 사회적 책임(CSR: Corporate Social Responsibility)의 등장 배경으로 적절하지 않은 것은?**

① 기업 영향력의 확대
② 지속가능성 이슈의 대두
③ 정보통신 기술의 발전
④ 사회의 획일화
⑤ 국제기구 및 비정부기구의 활동

23 **다음 중 도덕적 해이(Moral Hazard)의 특징으로 적절하지 않은 것은?**

① 결정을 내리고 책임지기보다 상급기관에 결정을 미루는 행동방식을 취한다.
② 법률 위반과 차이가 있어 적발과 입증이 어렵다.
③ 사익을 추구하지 않는 방만한 경영 행태는 도덕적 해이에 포함되지 않는다.
④ 조직의 틀에 어긋나는 개인의 이익실현 행위이다.
⑤ 신규업무에 관심을 갖지 않는 등 소극적인 모습을 보인다.

| 02 | 경영학

01 다음 〈보기〉를 참고할 때, A회사의 적정주가는?

> **보기**
> • A회사 유통주식 수 : 1,000만 주
> • A회사 당기순이익 : 300억 원
> • A회사 주가수익비율 : 8배

① 18,000원
② 20,000원
③ 24,000원
④ 30,000원
⑤ 32,000원

02 다음 중 공매도가 미치는 영향으로 옳지 않은 것은?

① 주가가 고평가되어 있다고 생각하는 투자자의 의견도 반영할 수 있어 효율성이 증대된다.
② 시장에 매도물량이 공급됨에 따라 시장 유동성이 증대된다.
③ 공매도에 따른 채무불이행 리스크가 발생할 수 있다.
④ 하락장에서도 수익을 낼 수 있어 수익의 변동성을 조정할 수 있다.
⑤ 공매도를 통해 기대수익과 기대손실을 자산 가격 내에서 운용할 수 있다.

03 다음 중 적대적 M&A에 대한 사전 방어 전략으로 적절하지 않은 것은?

① 포이즌 필(Poison Pill)
② 포이즌 풋(Poison Put)
③ 그린메일
④ 황금낙하산
⑤ 황금주

04 다음 중 기업 결합 형태에 대한 설명으로 옳지 않은 것은?

① 콘체른 : 대기업이 자본지배를 목적으로 여러 산업에 속한 중소기업의 주식을 보유하거나 자금을 대여하여 금융적으로 결합한 형태를 말한다.
② 카르텔 : 생산 및 판매에 있어 경쟁을 방지하고 수익을 확보하기 위해 동종 상품을 생산하는 기업 간 수평적으로 결합한 형태를 말한다.
③ 트러스트 : 시장을 지배할 목적으로 동종 혹은 이종 기업이 자본적 결합에 의해 완전히 하나의 기업으로 결합한 형태를 말한다.
④ 콤비나트 : 기술적으로 연관성이 높은 여러 생산부문을 근거리에 위치시켜 형성된 지역적 결합 형태를 말한다.
⑤ 콘글로머리트 : 사업내용이 같은 기업을 최대한 많이 흡수 또는 합병해서 지배하는 결합 형태를 말한다.

05 다음 중 대차대조표 항목상 성격이 다른 하나로 적절한 것은?

① 선수금
② 현금
③ 유가증권
④ 현금성자산
⑤ 미수금

06 다음 중 소품종 대량생산에 적합한 제품으로 옳은 것은?

① 차량용 충전기
② 메모리 반도체
③ 생활용품
④ 지하철 광고물
⑤ 발전기 부품

07 다음 중 〈보기〉에 해당하는 마케팅 STP 단계로 적절한 것은?

> **보기**
> • 서로 다른 욕구를 가지고 있는 다양한 고객들을 하나의 동질적인 고객집단으로 나눈다.
> • 인구, 지역, 사회, 심리 등을 기준으로 활용한다.
> • 전체시장을 동질적인 몇 개의 하위시장으로 구분하여 시장별 차별화된 마케팅을 실행한다.

① 시장 세분화 단계
② 시장 매력도 평가 단계
③ 표적시장 선정 단계
④ 포지셔닝 단계
⑤ 재포지셔닝 단계

08 다음 중 인사와 관련된 이론에 대한 설명으로 적절하지 않은 것은?

① 허즈버그는 욕구를 동기요인과 위생요인으로 나누었으며, 동기요인에서는 인정감, 성취, 성장 가능성, 승진, 책임감, 직무 자체를 하위요인으로 정의하고, 위생요인에서는 보수, 대인관계, 감독, 직무안정성, 근무환경, 회사의 정책 및 관리를 하위요인으로 정의하였다.
② 블룸은 동기 부여에 관해 기대이론을 적용하여, 기대감, 적합성, 신뢰성을 통해 구성원의 직무에 대한 동기 부여를 결정한다고 주장하였다.
③ 매슬로는 욕구의 위계를 생리적 욕구, 안전의 욕구, 애정과 공감의 욕구, 존경의 욕구, 자아실현의 욕구로 나누어 단계별로 욕구가 작용한다고 설명하였다.
④ 맥그리거는 인간의 본성을 부정적으로 바라보는 X이론과 긍정적으로 바라보는 Y이론이 있으며, 경영자는 조직목표 달성을 위해 근로자의 본성(X, Y)을 파악해야 한다고 주장하였다.
⑤ 로크는 인간이 합리적으로 행동한다는 가정하에 개인이 의식적으로 얻으려고 설정한 목표가 동기와 행동에 영향을 미친다고 주장하였다.

09 다음 중 벤치마킹 시 지켜야 하는 원칙으로 적절하지 않은 것은?

① 교환의 원칙
② 적법성의 원칙
③ 당사자 접촉의 원칙
④ 공개의 원칙
⑤ 사전준비의 원칙

10 다음 중 창업 시 기능별로 기업내부를 분석하려고 할 때 필요하지 않은 정보로 적절한 것은?

① 우선순위
② 기술개발
③ 인적자원
④ 마케팅
⑤ 재무/회계

11 다음 〈보기〉의 S씨가 얻게 되는 이익과 손실의 합은?

보기

- S씨는 땅을 빌려 배추 농사를 짓고 있으며, 1월 1일 10,000평에 해당하는 땅에 대해 1년간 농사를 짓기로 계약하고 평당 1,500원의 계약금을 주었다.
- 계약금을 제외한 잔금은 배추의 시장가격에 따라 지급하기로 하였는데 계약일 기준 6개월 이후 배추가격이 10% 이상 오를 경우, 계약금과 동일한 평당 1,500원을 잔금으로 지급하며, 0 ~ 10% 미만 오를 경우 1,200원, 하락한 경우에는 평당 800원을 잔금으로 지급한다.
- 1월 1일 기준 평당 배추가격은 6,000원이며, 7월 1일 기준 평당 배추가격은 5,500원 이다.

① 200만 원
② 600만 원
③ 1,000만 원
④ 2,400만 원
⑤ 3,200만 원

| 03 | 경제학

01 **다음 중 수요의 가격탄력성에 대한 설명으로 옳지 않은 것은?**

① 수요의 가격탄력성은 가격의 변화에 따른 수요의 변화를 의미한다.
② 분모는 상품가격의 변화량을 상품가격으로 나눈 값이다.
③ 수요의 가격탄력성은 대체재가 많을수록 탄력적이다.
④ 가격이 1% 상승할 때 수요가 2% 감소하였으면 수요의 가격탄력성은 2이다.
⑤ 가격탄력성이 0보다 크면 탄력적이라고 할 수 있다.

02 **다음 중 GDP 디플레이터를 구하는 계산식으로 옳은 것은?**

① (실질 GDP)÷(명목 GDP)×100
② (명목 GDP)÷(실질 GDP)×100
③ (실질 GDP)+(명목 GDP)÷2
④ (명목 GDP)−(실질 GDP)÷2
⑤ (실질 GDP)÷(명목 GDP)×2

03 다음 〈보기〉를 참고할 때, 한계소비성향(MPC) 변화에 따른 현재 소비자들의 소비 변화 폭은?

보기
- 기존 소비자들의 연간 소득은 3,000만 원이며, 한계소비성향은 0.6을 나타내었다.
- 현재 소비자들의 연간 소득은 4,000만 원이며, 한계소비성향은 0.7을 나타내었다.

① 700만 원
② 1,100만 원
③ 1,800만 원
④ 2,500만 원
⑤ 3,700만 원

04 다음 〈보기〉를 참고하여 계산할 때의 엥겔지수로 옳은 것은?

보기
- 독립적인 소비지출 : 100만 원
- 한계소비성향 : 0.6
- 가처분소득 : 300만 원
- 식비지출 : 70만 원

① 0.2
② 0.25
③ 0.3
④ 0.35
⑤ 0.4

| 04 | 기계

01 다음 중 길이가 a인 단위격자에 반지름이 R인 원자가 면심입방격자(FCC)를 이룰 때, 원자의 충진률(APF)과 a와 R의 관계를 바르게 짝지은 것은?

① $\dfrac{4\times\frac{4\pi}{3}R^3}{a^3}$, $\sqrt{2}\,a=4R$

② $\dfrac{4\times\frac{4\pi}{3}R^3}{a^3}$, $\sqrt{3}\,a=4R$

③ $\dfrac{4\times\frac{4\pi}{3}R^3}{(2a)^3}$, $\sqrt{2}\,a=4R$

④ $\dfrac{4\times\frac{4\pi}{3}R^3}{(2a)^3}$, $\sqrt{3}\,a=4R$

⑤ $\dfrac{5\times\frac{4\pi}{3}R^3}{a^3}$, $\sqrt{2}\,a=4R$

02 다음 중 냉간가공에 대한 특징으로 옳지 않은 것은?

① 재결정온도 이하에서 가공하는 소성가공이다.
② 제품의 치수를 정확하게 가공할 수 있다.
③ 가공방향에 따른 강도 변화가 거의 없다.
④ 재결정온도 이상으로 어닐링하여 변형응력을 제거하는 과정을 거쳐야 한다.
⑤ 가공면이 아름답다.

03 다음 중 대류 현상의 규모를 가장 작은 것부터 순서대로 바르게 나열한 것은?

ㄱ. 밤에 해안가 지방에서는 육지에서 바다 쪽으로 바람이 분다.
ㄴ. 북극에서 빙하가 녹은 물이 바다 밑으로 흘러 들어간다.
ㄷ. 물을 끓이면 수증기가 위로 올라간다.

① ㄱ－ㄷ－ㄴ
② ㄴ－ㄱ－ㄷ
③ ㄴ－ㄷ－ㄱ
④ ㄷ－ㄱ－ㄴ
⑤ ㄷ－ㄴ－ㄱ

04 다음 그림과 같이 길이가 $2R$인 보 위에 반지름이 R인 반원 모양인 물체가 있다. 이 물체의 단위하중이 w_0일 때 A로부터 R만큼 떨어진 곳과 $\frac{R}{2}$만큼 떨어진 곳에서의 전단력의 크기를 바르게 짝지은 것은?(단, 물체는 모든 곳이 동일한 재질로 고르게 이루어져 있다)

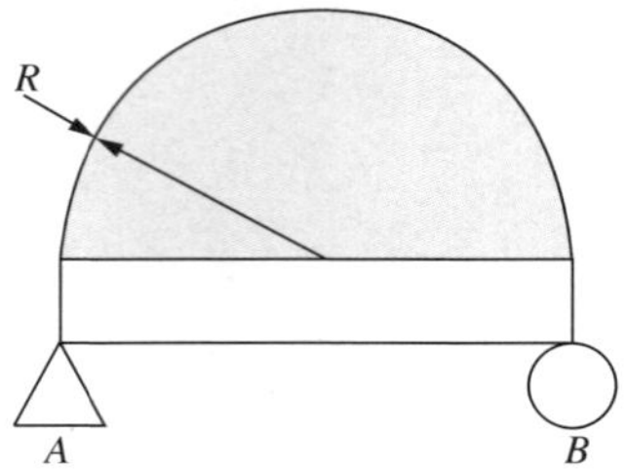

	R	$\frac{R}{2}$
①	0	$w_0R^2\left(-\frac{\pi}{12}+\frac{\sqrt{3}}{8}\right)$
②	0	$w_0R^2\left(\frac{\pi}{12}+\frac{\sqrt{3}}{8}\right)$
③	0	$w_0R^2\left(\frac{\pi}{6}+\frac{\sqrt{3}}{8}\right)$
④	$\frac{\pi R^2}{3}$	$w_0R^2\left(-\frac{\pi}{6}+\frac{\sqrt{3}}{8}\right)$
⑤	$\frac{\pi R^2}{3}$	$w_0R^2\left(\frac{\pi}{3}+\frac{\sqrt{3}}{8}\right)$

| 05 | 전기

01 **다음 중 리액터 기동에 대한 설명으로 옳지 않은 것은?**

① 기동 시 기동 전류를 작게 하는 만큼 기동 토크도 현저히 저하된다.
② 리액터는 병렬로 연결한다.
③ Y－△기동에서 가속이 불가능하거나 기동 시 쇼트를 방지할 때에도 리액터 기동을 사용한다.
④ 모터에 비해 기동 시 토크의 부족이 지속되면 모터에 무리가 갈 수 있다.
⑤ 기동 전류는 전압 강하 비율로 감소하며, 기동 토크는 전압 강하의 제곱 비율로 감소한다.

02 **다음 중 단상유도전압조정기에서 단락권선의 역할로 옳은 것은?**

① 철손 경감
② 절연 보호
③ 전압조정 용이
④ 전압강하 감소
⑤ 동손 경감

03 **다음 중 단권변압기의 특징으로 옳지 않은 것은?**

① 전압변동률이 높다.
② 동손이 감소하여 효율이 높다.
③ 3상에서는 사용할 수 없다.
④ 권선의 수가 1이므로 동량을 줄일 수 있어 경제적이다.
⑤ 공통권선을 가진다.

04 **다음 중 단락비가 큰 기기의 특성으로 옳지 않은 것은?**

① 동기 임피던스가 크다.
② %Z가 작다.
③ 전압강하가 작다.
④ 전압변동률이 작다.
⑤ 안정도가 좋다.

05 **다음 중 원자로의 제어재의 구비조건으로 옳지 않은 것은?**

① 중성자 흡수율이 작아야 한다.
② 열과 방사능에 대해 안정적이어야 한다.
③ 기계적 강도가 커야 한다.
④ 냉각제에 대하여 내식성이 있어야 한다.
⑤ 방사선 조사 및 방사능 열에 강해야 한다.

06 **직류기에서 사용하는 단중파권의 병렬회로의 수로 옳은 것은?**

① 극수와 같다.
② 2개
③ 4개
④ 6개
⑤ 8개

07 **다음 중 비례추이의 특징에 대한 설명으로 옳지 않은 것은?**

① 슬립은 2차 저항에 비례한다.
② 저항이 클수록 기동토크는 커지고 기동전류는 감소한다.
③ 권선형 유도전동기에서만 사용한다.
④ 슬립이 증가하면 최대토크도 변화한다.
⑤ 1, 2차 전류는 비례추이가 가능하다.

08 **다음 중 SF_6에 대한 설명으로 옳은 것은?**

① 소호능력이 작다.
② 가스가 누출될 수 있다.
③ 열적 안정성이 불안정하다.
④ 아크가 불안정하다.
⑤ 열전달선이 공기보다 불량하다.

09 다음 중 GIS에 대한 설명으로 옳지 않은 것은?

① 설치 면적을 소형화할 수 있다.
② 부싱 이외의 금속제 탱크는 대지와 접지되어 있으므로 안정성 확보가 가능하다.
③ 고도의 신뢰성을 가진다.
④ 설치비용이 고가이고 설치기간이 길다.
⑤ 염해 등 외부 환경에 의한 사고가 없다.

10 다음 중 직렬 콘덴서의 특징으로 옳지 않은 것은?

① 선로의 전압강하를 감소시킨다.
② 수전단 전압변동을 감소시킨다.
③ 송전전력을 증가시킨다.
④ 부하역률이 불량한 선로일수록 효과적이다.
⑤ 선로개폐기 고장이 발생하여도 이상현상을 발생시키지 않는다.

11 다음 중 제3고조파를 제거할 수 없는 결선으로 옳은 것은?

① Y－Y결선
② Y－V결선
③ △－Y결선
④ △－V결선
⑤ △－△결선

CHAPTER

02 2022년 기출복원문제

정답 및 해설 p.017

| 01 | 직업기초능력평가

01 다음 글의 제목으로 가장 적절한 것은?

> 서울교통공사가 유관기관과 손을 잡고 지하철역과 열차 내에서 임산부 배려문화 조성을 위한 캠페인을 펼쳤다.
> 서울교통공사는 5호선 여의도역과 열차에서 보건복지부 · 인구보건복지협회 · KBS아나운서협회와 함께 '임산부 배려 캠페인'을 진행했다. 서울교통공사 및 유관기관 관계자를 비롯해 KBS아나운서협회장 등 20여 명의 인사가 참여하여 임산부 배려문화 인식개선에 나섰다.
> 이번 캠페인은 임산부 체험, 퀴즈 이벤트, 임산부 배려석 및 엠블럼 인지 설문조사, 또타와 함께하는 포토존 등 시민들이 직접 참여할 수 있는 다채로운 내용으로 진행됐다. 행사에서는 서울교통공사 공식 캐릭터인 또타가 함께해 시민들과 사진 촬영을 진행했으며, 퀴즈 등 이벤트 경품으로 또타 피규어가 제공됐다.
> 서울교통공사는 매년 인구보건복지협회와 함께 임산부를 배려하는 문화 조성에 힘쓰고 있다. 임산부가 지하철을 이용할 시 먼저 배려 받을 수 있는 사회적 분위기 확산을 위해 30개 역사에서 자체 캠페인을 진행하는 등 홍보를 지속하고 있다.
> 서울교통공사는 캠페인 이외에도 임산부 배려 웹툰 공모전, 차내 안내방송 시행, 시인성 강화 홍보물 부착 등 임산부 배려문화 조성을 위해 노력 중이다.
> 지하철 내 임산부 배려석은 열차 중앙좌석 양 끝에 1칸당 2석씩 설치되어 있다. 임산부 배려석은 객실 의자가 분홍색이고, 의자 뒤쪽과 바닥에 엠블럼 및 배려 요청 표지가 부착되어 있어 이용객들이 임산부 배려석임을 쉽게 알아볼 수 있다.
> 서울교통공사 영업지원처장은 "지하철 및 대중교통에서 교통약자인 임산부를 배려하는 사회적 분위기가 무르익길 바란다."라며, "공사는 임산부 배려문화 인식개선을 위한 지속적인 홍보를 펼치는 등 교통약자 지하철 이용 편의 증진을 위해 힘쓰겠다."라고 밝혔다.

① 서울교통공사, 임산부 배려석 이용 실태 조사
② 서울교통공사, 임산부 배려 캠페인 진행
③ 서울교통공사, 또타와 함께하는 사진 촬영 이벤트 실시
④ 서울교통공사, 배려문화 정착 위해 웹툰 공모전 주최
⑤ 서울교통공사, 인구보건복지협회와 협약 체결

02 다음 글을 읽고 추론한 내용으로 적절하지 않은 것은?

> 미세먼지가 피부의 염증 반응을 악화시키고, 재생을 둔화시키는 등 피부의 적이라는 연구 결과가 지속적으로 발표되고 있다. 최근의 연구 결과에 따르면 초미세먼지 농도가 짙은 지역에 거주하는 사람은 공기가 가장 깨끗한 지역에 사는 사람보다 잡티나 주름이 생길 확률이 높았고, 고령일수록 그 확률은 증가했다.
> 그렇다면 미세먼지 차단 화장품은 효과가 있을까? 정답은 '제대로 된 제품을 고른다면 어느 정도 효과가 있다.'이다. 그러나 식품의약품안전처에서 발표한 내용에 따르면 미세먼지에 효과가 있다고 광고하는 제품 중 절반 이상이 효과가 없는 것으로 드러났다. 무엇보다 미세먼지 차단지수가 표준화되어 있지 않고, 나라와 회사별로 다른 지수를 제시하고 있어서 이를 검증하고 표준화시키는 데는 좀 더 시간이 걸릴 것으로 보고 있다.
> 미세먼지로부터 피부를 보호하는 방법은 애초에 건강한 피부를 유지하는 것이다. 미세먼지가 가장 많이 침투하는 부위를 살펴보면 피부가 얇거나 자주 갈라지는 눈 근처, 코 옆, 입술 등이다. 평소 세안을 깨끗이 하고, 보습제와 자외선 차단제를 잘 바르는 생활습관만으로도 피부를 보호할 수 있다. 특히, 메이크업을 즐겨하는 사람들은 색조 제품의 특성상 노폐물이 더 잘 붙을 수밖에 없으므로 주의해야 한다.
> 다음으로 체내 면역력을 높이는 것이다. 미세먼지는 체내의 면역체계를 약하게 만들어서 비염, 편도선염, 폐질환, 피부염 등을 유발할 수 있다. 이를 예방하기 위해서는 건강한 음식과 꾸준한 운동으로 체내의 면역력을 높여 미세먼지를 방어해야 한다.

① 나이가 많은 사람일수록 미세먼지에 취약하다.
② 국가별로 표준화된 미세먼지 차단지수를 발표했지만, 세계적으로 표준화하는 데는 시간이 걸릴 것이다.
③ 미세먼지는 피부가 약한 부위일수록 침투하기 쉽다.
④ 메이크업을 즐겨하는 사람은 그렇지 않은 사람보다 미세먼지에 더 많이 노출되어 있다.
⑤ 미세먼지는 피부질환뿐 아니라 폐질환의 원인도 된다.

03 다음 빈칸에 들어갈 접속어로 적절한 것은?

> 문학이 보여 주는 세상은 실제의 세상 그 자체가 아니며, 실제의 세상을 잘 반영하여 작품으로 빚어 놓은 것이다. ________ 문학 작품 안에 있는 세상이나 실제로 존재하는 세상이나 그 본질에 있어서는 다를 바가 없다.

① 그러나　② 그렇게
③ 그리고　④ 더구나
⑤ 게다가

04 다음 글을 이해한 내용으로 가장 적절한 것은?

2020년 11월 서울교통공사가 처음 선보인 지하철역 개인 창고 장기대여 서비스 '또타스토리지'가 9월 15일부터 서울 지하철 20개역 24개소로 확대 운영된다.
'또타스토리지'는 캠핑용품, 계절의류처럼 당장 사용하지 않는 물건부터 소형가전·가구까지 기간 제한 없이 이용자가 직접 물건을 보관하고 찾아갈 수 있는 일종의 '개인 창고(셀프 – 스토리지)' 서비스이다. 수요가 커지는 개인 창고를 지하철역에 조성해 시민 편의를 높이고자 서울교통공사는 2020년 11월, 또타스토리지 3개소를 개설했다. 서울교통공사는 생활물류 사업이 역사의 공간 효율성을 높이고, 신규 수익도 창출할 수 있을 것으로 기대하며 2021년에 10개소를 증설했다. 그리고 이번 11개역 11개소를 확장하며 또타스토리지는 총 20개역 24개소로 운영된다.
신규 조성되는 '또타스토리지'는 군자역(5호선), 안암역, 봉화산역, 마들역, 중계역, 하계역, 어린이대공원역, 논현역, 이수역, 남성역, 가락시장역 등 11개역 11개소이다. 서울교통공사는 기조성된 '또타스토리지'와 마찬가지로 1인·4인 가구의 주거 비율이 높은 지역을 우선 사업대상지로 선정했다.
9월 15일 또타스토리지 서비스를 확장하며 서울교통공사는 한층 더 넓은 선택의 폭을 제공하고자 0.15평형을 신규 모델로 추가했다. 0.15평형은 1인 가구 등 작은 짐 정도만 보관할 필요가 있는 이용층을 대상으로, 적당한 크기를 합리적인 가격에 제공하는 맞춤 상품이다. 특히 안암역·어린이대공원역 등 대학교 근처의 역에 조성돼, 자취하는 대학생들의 관심을 끌 수 있을 것으로 기대된다.
또타스토리지는 100% 비대면 무인시스템으로 운영되기에 지하철 물품보관함 전용 앱인 '또타라커'를 설치해야 한다. 앱을 통해 창고 접수부터 결제, 출입까지 원스톱으로 이용할 수 있다. 'T – locker 또타라커'는 서울교통공사가 자체 개발한 지하철역 물품보관·전달함 전용 앱이다. 앱에서 원하는 역사·창고·이용기간을 선택해 요금을 결제할 수 있고, 사용자 인증을 통해 출입도 가능하다. 또타스토리지 이용은 서울 지하철 운영시간인 평일(05:00 ~ 25:00), 주말 및 공휴일(05:00 ~ 24:00)에 가능하다. 보관은 1개월부터 가능하며, 6개월 이상 이용 시 추가 할인이 제공된다.
또타라커 앱 내에는 또타스토리지 정기구독 결제 서비스가 구축되어 있다. 이 기능을 통해 1년 이상 장기 보관을 원하는 이용객은 매월 직접 결제하지 않아도 구독이 자동 연장돼 편리하게 이용할 수 있다. 서울교통공사는 또타스토리지 이용 활성화를 위해 정기구독 서비스로 결제하는 이용자들에게 첫 달 7일의 추가 이용 기간을 주는 이벤트를 진행한다. 신규 오픈 개소에는 30일 무료 체험 서비스를 제공하는 이벤트도 진행할 예정이다.
창고 내부는 보온·보습 시설이 완비돼 최적의 상태로 짐을 보관할 수 있으며, 내부를 실시간으로 녹화하는 CCTV도 설치되어 있다. 보관물품에 문제가 생겼을 경우 보상해 줄 수 있는 영업배상책임보험에도 가입되어 있어, 이용객들은 안전하게 짐을 맡길 수 있다. 서울교통공사는 2024년까지 최대 50개소의 생활물류센터(또타스토리지, 또타러기지)를 조성할 계획이다. 지하철역의 인식을 바꾸고 새로운 변화에 대응할 수 있도록 운영 서비스 구조를 개선하겠다는 목표다.
서울교통공사 본부장은 "서울교통공사의 사업 다각화를 위해 '또타스토리지'와 같은 비운수사업을 추진하면서도, 시민 편의나 지역경제 활성화, 일자리 창출과 같은 공익적인 효과를 놓치지 않겠다."라며, "지하철 중심의 생활편의 서비스를 계속 확대해 나가겠다."라고 말했다.

① 또타스토리지 서비스가 확장되면서 1평형 신규 모델이 추가되었다.
② 보관은 3개월부터 가능하며, 6개월 이상 이용 시에는 추가 할인된다.
③ 또타스토리지는 연중무휴 24시간 내내 이용 가능하다.
④ 'T – locker 또타라커' 어플 정기구독 결제 서비스는 매월 직접 결제하지 않아도 구독이 자동 연장된다.
⑤ 서울교통공사는 또타스토리지를 정기구독하는 이용자들에게 첫 달 3일의 추가 이용 기간을 제공한다.

05 서울교통공사 기관사 체험안내문을 보고 다섯 사람이 대화를 나누었다. 다음 중 잘못 말한 사람은?

〈서울교통공사 기관사 체험안내문〉

1. 기관사 체험일정
   2022년 8월 24일(금) 13:00 ~ 16:40

2. 신청기간 및 방법
   • 신청기간 : 2022년 8월 1일(수) ~ 8월 5일(일)
   • 신청방법 : 서울교통공사 홈페이지에서 신청

3. 신청대상
   • 초등학생 및 청소년, 일반인

4. 체험인원 및 선정방법
   • 체험인원 : 30명
   • 선정방법 : 신청인원이 체험인원보다 많을 경우 신청자 중에서 전산 추첨

5. 선정자 발표 : 8월 7일(화) ~ 8월 10일(금)
   ※ 개인정보 제공 미동의 시 선정자에서 배제되며, 동의하신 개인정보는 여행자보험 가입 시 이용된 후 체험 행사 종료 시 파기됩니다.
   ※ 개별적으로 전화연락은 드리지 않으니 홈페이지에서 꼭 확인해주세요.

6. 체험프로그램 구성

진행시간	프로그램	장소
13:00 ~ 13:30	• 환영인사 • 행사일정 소개 및 안전교육 • 조별 담당자 소개	승무사업소 교양실
13:30 ~ 15:00	• 승무보고, 종료보고 체험 • 운전연습기 체험 • VR 체험	승무사업소 운용실 및 운전연습기실
15:00 ~ 15:08	• 임시열차 승차를 위해 이동	대림역 내선 승강장
15:08 ~ 16:40	• 기관사 및 차장 칸 운전실 조별 승차 – 전부운전실 및 터널 체험 – 후부운전실 방송 체험 • 기념품 증정 및 기념촬영 • 종료인사	2호선 임시열차

① 정혁 : 유치원에 다니는 조카가 지하철을 참 좋아하는데, 신청하지 못할 것 같아서 아쉽네요.
② 민우 : 신청자가 40명이면 전산 추첨 후 10명이 떨어지겠네요.
③ 동완 : 체험프로그램은 총 3시간 40분 동안 진행되네요.
④ 혜성 : 선정자는 문자로 개별 연락이 온다고 하니 발표기간에 잘 체크해야겠어요.
⑤ 선호 : 가장 궁금했던 지하철 방송을 체험할 수 있는 시간도 있으니 꼭 신청해야겠어요.

※ 다음 자료를 참고하여 이어지는 질문에 답하시오. [6~7]

S과장 : A대리, 이번 주 수요일에 각 지역본부에서 정기회의가 잡혀 있어요. 이번에는 중요한 업무가 있어 직접 가기 어려우니 대신 참여해 주길 바랍니다. 아직 지역본부별 회의시간이 정해지지 않았다고 하는데, 본사에서 제안하는 시간에 맞춰 정한다고 하더군요. 구체적인 일정은 A대리가 공유해 주세요. 참! 이번에 새로 들어온 B사원도 함께 다녀와요. 본사 앞에 있는 버스 정류장에서 버스를 타면, 서울역까지는 15분이면 도착해요. 우선 본사에 들러서 준비한 다음, 근무시작 시간인 오전 09:00에 출발하면 됩니다. 그리고 서울에 도착하면 회사에 올 필요 없이 바로 퇴근하세요. 시간 외 근무수당은 서울역에 도착하는 시간까지 계산됩니다. 영수증은 반드시 챙겨야 해요.

〈KTX 소요시간〉

구분	서울역 ↔ 대전역	대전역 ↔ 울산역	울산역 ↔ 부산역
소요시간	1시간	1시간 20분	30분

※ KTX는 각 역에서 매시 정각부터 20분 간격으로 출발한다(정각, 20분, 40분 출발).
※ 여러 역을 거칠 경우 총 소요시간은 해당 구간별 소요시간을 합산한 시간으로 한다.

〈직급별 시간 외 근무수당〉

구분	사원	주임	대리	과장
수당	15,000원/시간		20,000원/시간	30,000원/시간

※ 시간 외 근무수당 : 정규 근무시간을 초과하여 근로한 사람에게 지급하는 수당이다(정규 근무시간 : 주 40시간, 일 8시간, 점심시간 제외).
※ 수당은 시간 기준으로 정산하고, 잔여 근로시간이 30분을 초과할 경우 근무수당의 50%를 지급한다.

06 A대리는 S과장의 업무 지시에 따라 각 지역본부에 회의일정을 공유하려고 한다. 다음 〈조건〉에 따라 시간 외 근무수당이 가장 적게 드는 방법으로 다녀오고자 할 때, A대리와 B사원의 수당을 더하면?

조건

- 지역본부는 대전본부, 울산본부, 부산본부가 있으며, 회의는 모든 지역본부에서 진행된다.
- 각 역에서 지역본부까지 거리는 모두 10분이 걸린다.
- 회의는 매시 정각이나 30분에 시작하며, 90분 동안 진행된다.
- 지역별 회의는 정규 근무시간 내에 이뤄진다.
- 점심 및 저녁식사에 대한 시간은 고려하지 않는다.

① 105,000원
② 120,000원
③ 145,000원
④ 150,000원
⑤ 215,000원

07 A대리는 06번 문제에서 도출한 회의일정을 지역본부에 모두 공유하였다. 또한 지역별로 출장을 가는 김에 거래처도 함께 방문하고자 한다. 다음 〈조건〉에 따라 최대한 많은 거래처를 다녀오려고 할 때, 몇 곳을 다녀올 수 있는가?

조건

- 거래처는 지역별(대전・울산・부산)로 3곳이 있다.
- 지역별로 거래처 1곳 이상은 반드시 방문해야 한다.
- 역과 지역본부 및 거래처 간의 거리는 모두 10분이 걸린다.
- 거래처에 방문하여 업무를 보는 시간은 고려하지 않는다.
- 시간 외 근무수당은 앞 문제에서 도출한 금액으로 고정한다.
- 기타 조건은 앞에서 제시된 것과 동일하다.

① 2곳
② 3곳
③ 4곳
④ 5곳
⑤ 6곳

08 **다음 글의 핵심 내용으로 가장 적절한 것은?**

> BMO 금속 및 광업 관련 연구 보고서에 따르면 최근 가격 강세를 지속해 온 알루미늄, 구리, 니켈 등 산업금속들의 4분기 중 공급부족 심화와 가격 상승세가 전망된다. 산업금속이란 산업에 필수적으로 사용되는 금속들을 말하는데, 앞서 제시한 알루미늄, 구리, 니켈뿐만 아니라 비교적 단단한 금속에 속하는 은이나 금 등도 모두 산업에 많이 사용될 수 있는 금속이므로 산업금속의 카테고리에 속한다고 할 수 있다. 이러한 산업금속은 물품을 생산하는 기계의 부품으로서 필요하기도 하고, 전자제품 등의 소재로 쓰이기도 하기 때문에 특정 분야의 산업이 활성화되면 특정 금속의 가격이 뛰거나 심각한 공급난을 겪기도 한다.
> 금융투자업계에 따르면 최근 전 세계적인 경제 회복 조짐과 함께 탈탄소 트렌드, 즉 '그린 열풍'에 따른 수요 증가로 산업금속 가격이 초강세이다. 런던금속거래소에서 발표한 자료에 따르면 올해 들어 지난달까지 알루미늄은 20.7%, 구리는 47.8%, 니켈은 15.9% 가격이 상승했다. 구리 수요를 필두로 알루미늄, 니켈 등 전반적인 산업금속 섹터의 수요량이 증가한 것이다.
> 이는 전기자동차 산업의 확충과 관련이 있다. 전기자동차의 핵심적인 부품인 배터리를 만드는 데 구리와 니켈이 사용되기 때문이다. 배터리 소재 중 니켈의 비중을 높이면 배터리의 용량을 키울 수 있으나 배터리의 안정성이 저하된다. 기존의 전기자동차 배터리는 니켈의 사용량이 높았기 때문에 계속해서 안정성 문제가 제기되어 왔다. 그래서 연구 끝에 적정량의 구리를 배합하는 것이 배터리 성능과 안정성을 모두 향상시키기 위해서 중요하다는 것을 밝혀내었다. 즉, 구리가 전기자동차 산업의 핵심 금속인 셈이다.
> 이처럼 전기자동차와 배터리 등 친환경 산업에 필수적인 금속들의 수요는 증가하는 반면, 세계 각국의 환경 규제 강화로 인해 금속의 생산은 오히려 감소하고 있기 때문에 산업금속에 대한 공급난과 가격 인상이 우려되고 있다.

① 전기자동차의 배터리 성능을 향상시키는 기술
② 세계적인 '그린 열풍' 현상 발생의 원인
③ 필수적인 산업금속 공급난으로 인한 문제
④ 전기자동차 산업 확충에 따른 산업금속 수요의 증가
⑤ 탈탄소 산업의 대표 주자인 전기자동차 산업

09

S공사에 근무하는 C계장은 내일 오전 10시에 목포로 출장을 갈 예정이다. 출장 당일 오후 1시에 미팅이 예정되어 있어 늦지 않게 도착하고자 한다. 다음 제시된 교통편을 고려하였을 때, C계장이 선택할 경로로 가장 적절한 것은?(단, 1인당 출장지원 교통비 한도는 5만 원이며, 도보이동에 따른 소요시간은 고려하지 않는다)

• S공사에서 대전역까지의 비용

구분	소요시간	비용	비고
버스	30분	2,000원	-
택시	15분	6,000원	-

• 대전역에서 목포역까지 교통수단별 이용정보

구분	열차	출발시각	소요시간	비용	비고
직통	새마을호	10:00 / 10:50	2시간 10분	28,000원	-
직통	무궁화	10:20 / 10:40 10:50 / 11:00	2시간 40분	16,000원	-
환승	KTX	10:10 / 10:50	20분	6,000원	환승 10분 소요
	KTX	-	1시간 20분	34,000원	
환승	KTX	10:00 / 10:30	1시간	20,000원	환승 10분 소요
	새마을호	-	1시간	14,000원	

• 목포역에서 목포의 미팅장소까지의 비용

구분	소요시간	비용	비고
버스	40분	2,000원	-
택시	20분	9,000원	-

① 버스 – 새마을호(직통) – 버스
② 택시 – 무궁화(직통) – 택시
③ 버스 – KTX / KTX(환승) – 택시
④ 택시 – KTX / 새마을호(환승) – 택시
⑤ 택시 – KTX / KTX(환승) – 택시

10 다음은 S공사에 근무하는 M사원이 지난달의 초과근무일과 시간을 기록한 다이어리와 S공사의 초과근무수당 지급 규정이다. M사원의 월 통상임금이 4,493,500원이라고 할 때, 지난달 초과근무수당은?

〈M사원의 다이어리〉

일	월	화	수	목	금	토
	1	2	3	4	5 어린이날 9:00～18:00 (점심시간 1시간 포함)	6
7	8	9	10	11 18:00～ 20:00	12 18:00～ 20:00	13
14 10:00～ 15:00	15	16	17	18	19 18:00～ 20:00	20
21	22	23 18:00～ 22:00	24	25	26	27 10:00～ 19:00 (점심시간 1시간 포함)
28	29	30	31			

〈S공사 초과근무수당 지급 규정〉

1. 다음의 경우 초과근무를 한 것으로 인정한다.
   - 주중(월～금) 저녁 6시 이후 근무한 경우
   - 주말(토～일) 및 공휴일에 근무한 경우

2. 초과근무 시간의 계산
   - 주중은 '(시간당 통상임금)×1.5×(근무시간)'으로 계산한다.
   - 주말 및 공휴일은 '일당 통상임금×1.5'로 계산한다.
   - 주중 초과근무는 최대 3시간까지 1시간 단위로 인정한다.
   - 주말과 공휴일은 휴게시간을 제외하고 8시간을 근무해야 인정한다.
   - 통상임금의 계산은 다음과 같다.
     - (시간당 통상임금)=(직급별 월 통상임금)÷209시간
     - (일당 통상임금)=(시간당 통상임금)×8

① 725,750원　　② 806,250원

③ 836,750원　　④ 852,750원

⑤ 915,250원

11 다음은 도덕적 해이와 역선택에 대한 사례이다. 역선택에 해당하는 사례를 모두 고르면?

> ㉠ A사장으로부터 능력을 인정받아 대리인으로 고용된 B씨는 A사장이 운영에 대해 세밀한 보고를 받지 않는다는 것을 알게 되었고, 이후 보고서에 올려야 하는 중요한 사업만 신경을 쓰고 나머지 회사 업무는 신경을 쓰지 않았다.
> ㉡ C회사가 모든 사원에게 평균적으로 책정한 임금을 지급하기로 결정하자, 회사의 임금 정책에 만족하지 못한 우수 사원들이 퇴사하게 되었다. 결국 능력이 뛰어나지 않은 사람들만 C회사에 지원하게 되었고, 실제로 고용된 사원들이 우수 사원이 될 가능성은 낮아졌다.
> ㉢ 중고차를 구입하는 D업체는 판매되는 중고차의 상태를 확신할 수 없다고 판단하여 획일화된 가격으로 차를 구입하기로 하였다. 그러자 상태가 좋은 중고차를 가진 사람은 D업체에 차를 팔지 않게 되었고, 결국 D업체는 상태가 좋지 않은 중고차만 구입하게 되었다.
> ㉣ 공동생산체제의 E농장에서는 여러 명의 대리인이 함께 일하고, 그 성과도 함께 나누어 갖는다. E농장의 주인은 최종 결과물에만 관심을 갖고, 대리인 개개인이 얼마나 노력하였는지는 관심을 갖지 않았다. 시간이 지나자 열심히 일하지 않는 대리인이 나타났고, E농장의 주인은 최종 성과물의 분배에만 참여하기 시작하였다.

① ㉠
② ㉡
③ ㉠, ㉣
④ ㉡, ㉢
⑤ ㉢, ㉣

12 다음 〈보기〉의 ㉠~㉣을 비윤리적 행위 유형에 따라 순서대로 바르게 나열한 것은?

> **보기**
> ㉠ 제약회사에서 근무하는 A사원은 자신의 매출실적을 올리기 위하여 계속해서 병원에 금품을 제공하고 있다.
> ㉡ B건설회사는 완공일자를 맞추기에 급급하여 안전수칙을 제대로 지키지 않았고, 결국 커다란 인명사고가 발생하였다.
> ㉢ C가구업체는 제품 설계 시 안전상의 고려를 충분히 하지 않아, 제품을 구매한 소비자들에게 안전사고를 유발시켰다.
> ㉣ IT회사의 D팀장은 관련 업계의 회사 간 가격담합이 이루어지고 있음을 발견하였으나, 별다른 조치를 취하지 않았다.

	도덕적 타성	도덕적 태만
①	㉠, ㉡	㉢, ㉣
②	㉠, ㉢	㉡, ㉣
③	㉠, ㉣	㉡, ㉢
④	㉡, ㉢	㉠, ㉣
⑤	㉡, ㉣	㉠, ㉢

※ 다음 글을 읽고 이어지는 질문에 답하시오. [13~14]

〈더글러스와 보잉의 대결〉

항공기 제작회사인 더글러스사와 보잉사는 최초의 대형 제트 여객기를 이스턴 항공사에 팔기 위해 경합을 벌이고 있었다.

이스턴 항공사의 사장인 에디 레켄베커는 더글러스 사의 도날드 더글러스 사장에게 편지를 하여 더글러스사가 DC－8 항공기에 대해 작성한 설계 명세서나 요구 조건은 보잉사와 매우 흡사한 반면 소음방지 장치에 대한 부분은 미흡하다고 전했다. 그러고 나서 레켄베커는 더글러스사가 보잉사보다 더 우수한 소음방지 장치를 달아 주겠다는 약속을 할 수가 있는지 물어보았다.

이에 대해 더글러스 씨는 다음과 같은 편지를 보냈다.

To. 이스턴 항공사의 에디 레켄베커 씨

우리 회사의 기술자들에게 조회해 본 결과, 소음방지 장치에 대한 약속은 할 수 없음을 알려드립니다.

From. 더글러스사의 도날드 더글러스

이에 레켄베커 씨는 다음과 같은 내용의 답신을 보냈다.

To. 더글러스사의 도날드 더글러스 씨

나는 당신이 그 약속을 할 수 없다는 것을 알고 있었습니다.
나는 당신이 얼마나 정직한지를 알고 싶었을 뿐입니다.
이제 1억 3천5백만 달러 상당의 항공기를 주문하겠습니다.
마음 놓고 소음을 최대한 줄일 수 있도록 노력해 주십시오.

13 더글러스 씨가 만약 레켄베커 씨의 요청에 대해 기술적으로 불가능함을 알고도 할 수 있다고 답장을 보냈다면, 직업윤리 덕목 중 어떤 덕목에 어긋난 행동인가?

① 책임의식, 전문가의식
② 소명의식, 전문가의식
③ 직분의식, 천직의식
④ 천직의식, 소명의식
⑤ 봉사의식, 직분의식

14 더글러스 씨가 윗글처럼 답장을 함으로써 얻을 수 있는 가치는?

① 눈앞의 단기적 이익
② 명예로움과 양심
③ 매출 커미션
④ 주위의 부러움
⑤ 승리감

15 다음은 직장생활에서 나타나는 근면의 사례이다. A ~ E씨의 사례 중 근면의 성격이 다른 것은?

① A씨는 자기 계발을 위해 퇴근 후 컴퓨터 학원에 다니고 있다.

② B씨는 아침 일찍 출근하여 업무 계획을 세우는 것을 좋아한다.

③ C씨는 같은 부서 사원들의 업무 경감을 위해 적극적으로 프로그램을 개발하고 있다.

④ D씨는 다가오는 휴가를 대비하여 프로젝트 마무리에 최선을 다하고 있다.

⑤ E씨는 상사의 지시로 신제품 출시를 위한 설문조사를 계획하고 있다.

16 다음은 고객 불만처리 프로세스 8단계를 나타낸 것이다. 밑줄 친 (가) ~ (마)에 대한 설명으로 옳지 않은 것은?

〈고객 불만처리 프로세스〉

경청 → (가) 감사와 공감 표시 → (나) 사과 → (다) 해결 약속
↓
(라) 정보 파악 → 신속 처리 → 처리 확인과 사과 → (마) 피드백

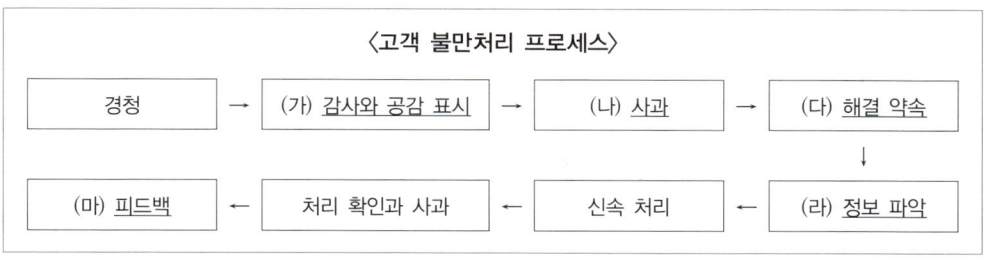

① (가)의 경우 고객이 일부러 시간을 내서 해결의 기회를 준 것에 대한 감사를 표시한다.

② (나)의 경우 고객의 이야기를 듣고 문제점에 대한 인정과 잘못된 부분에 대해 사과한다.

③ (다)의 경우 고객이 납득할 수 있도록 신중하고 천천히 문제를 해결할 것임을 약속한다.

④ (라)의 경우 문제해결을 위해 꼭 필요한 질문만 하여 정보를 얻는다.

⑤ (마)의 경우 고객 불만 사례를 회사 및 전 직원에게 알려 다시는 동일한 문제가 발생하지 않도록 한다.

17 다음은 S공사의 성과급 지급 기준에 대한 자료이다. K대리가 받은 성과평가 등급이 다음과 같을 때, K대리가 받게 될 성과급은?

〈S공사 성과급 지급 기준〉

■ 개인 성과평가 점수

(단위 : 점)

실적	난이도평가	중요도평가	신속성	합계
30	20	30	20	100

■ 각 성과평가 항목에 대한 등급별 가중치

구분	실적	난이도평가	중요도평가	신속성
A등급(매우 우수)	1	1	1	1
B등급(우수)	0.8	0.8	0.8	0.8
C등급(보통)	0.6	0.6	0.6	0.6
D등급(미흡)	0.4	0.4	0.4	0.4

■ 성과평가 결과에 따른 성과급 지급액

구분	성과급 지급액
85점 이상	120만 원
75점 이상 85점 미만	100만 원
65점 이상 75점 미만	80만 원
55점 이상 65점 미만	60만 원
55점 미만	40만 원

〈K대리 성과평가 등급〉

실적	난이도평가	중요도평가	신속성
A등급	B등급	D등급	B등급

① 40만 원

② 60만 원

③ 80만 원

④ 100만 원

⑤ 120만 원

18 S공사의 K대리는 지사 4곳을 방문하여 재무건전성을 조사하려고 한다. 다음 〈조건〉에 따라 이동한다고 할 때, K대리가 방문할 지사를 순서대로 바르게 나열한 것은?

조건

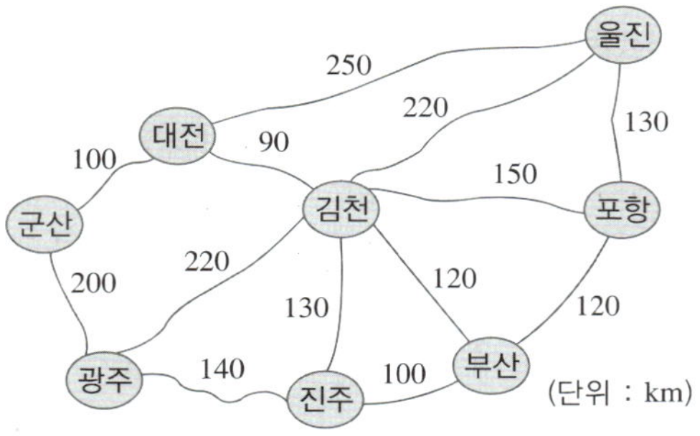

- K대리는 방금 대전 지사에서 재무조사를 마쳤다.
- 대전을 포함하여 이미 방문한 도시는 재방문하지 않는다.
- 이동 방법은 디스크 스케줄링 기법인 SSTF(Shortest Seek Time First)를 활용한다.

※ SSTF : 현 위치에서 가장 짧은 거리를 우선 탐색하는 기법

① 군산 – 광주 – 김천
② 군산 – 광주 – 진주
③ 김천 – 부산 – 진주
④ 김천 – 부산 – 포항
⑤ 울진 – 김천 – 광주

19 **S공사는 유럽의 P회사와 체결한 수출계약 건으로 물품을 20ft 컨테이너의 내부에 가득 채워 보내려고 한다. 물품은 A와 B로 구성되어 있으며, A와 B는 개별 포장된다. 물품 A 2박스와 물품 B 1박스가 결합했을 때 완제품이 되는데, 이를 정확히 파악하기 위해서 컨테이너에는 한 세트를 이루도록 넣고자 한다. 20ft 컨테이너 내부규격과 물품 A와 B의 포장규격이 다음과 같다면, 총 몇 박스의 제품이 실리겠는가?**

- 20ft 컨테이너 내부규격 : (L) 6,000mm×(W) 2,400mm×(H) 2,400mm
- 물품 A의 포장규격 : (L) 200mm×(W) 200mm×(H) 400mm
- 물품 B의 포장규격 : (L) 400mm×(W) 200mm×(H) 400mm

① 1,440박스
② 1,470박스
③ 1,530박스
④ 1,580박스
⑤ 1,620박스

20 다음은 연령계층별 경제활동 인구를 보여 주는 자료이다. 경제활동 참가율이 가장 높은 연령대와 가장 낮은 연령대의 차이는?(단, 경제활동 참가율은 소수점 둘째 자리에서 반올림한다)

〈연령계층별 경제활동 인구〉

(단위 : 천 명)

구분	전체 인구	경제활동 인구	취업자	실업자	비경제활동 인구	실업률(%)
15 ~ 19세	2,944	265	242	23	2,679	8.7
20 ~ 29세	6,435	4,066	3,724	342	2,369	8.3
30 ~ 39세	7,519	5,831	5,655	176	1,688	3
40 ~ 49세	8,351	6,749	6,619	130	1,602	1.9
50 ~ 59세	8,220	6,238	6,124	114	1,982	1.8
60세 이상	10,093	3,885	3,804	81	6,208	2.1
합계	43,562	27,034	26,168	866	16,528	25.8

※ $[\text{경제활동 참가율}(\%)]=\frac{(\text{경제활동 인구})}{(\text{전체 인구})}\times 100$

① 54.2%p

② 66.9%p

③ 68.6%p

④ 71.8%p

⑤ 80.8%p

PART 1 서울교통공사 기출복원문제

※ 다음은 S공사 직원 250명을 대상으로 조사한 자료이다. 이를 참고하여 이어지는 질문에 답하시오. [21~22]

〈2021년 독감 예방접종 여부〉

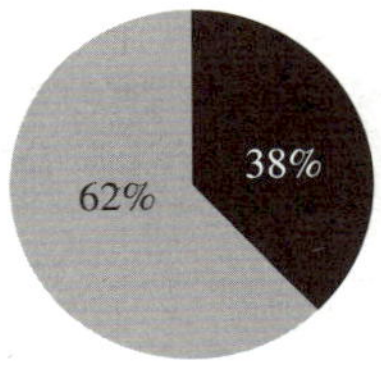

〈2022년 독감 예방접종 여부〉

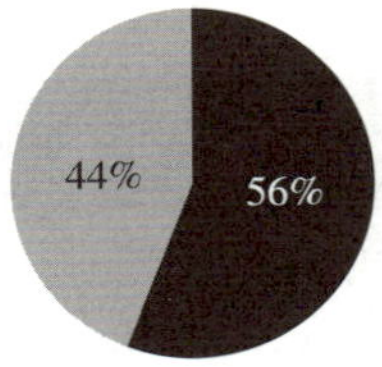

〈부서별 직원 현황〉

구분	총무부서	회계부서	영업부서	제조부서	합계
비율	16%	12%	28%	44%	100%

※ 제시된 것 외의 부서는 없다.

※ 2021년과 2022년 부서별 직원 현황은 변동이 없다.

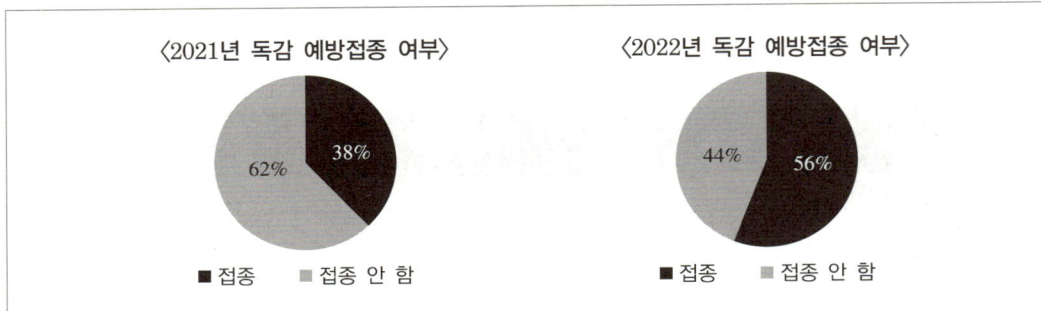

21 다음 중 자료에 대한 설명으로 옳은 것은?(단, 소수점 첫째 자리에서 버림한다)

① 2021년의 독감 예방접종자가 2022년에도 예방접종했다면, 2021년에는 예방접종을 하지 않았지만 2022년에는 예방접종을 한 직원은 총 54명이다.

② 2021년 대비 2022년에 예방접종을 한 직원의 수는 49%p 이상 증가했다.

③ 2021년에 예방접종을 하지 않은 직원들을 대상으로 2022년의 독감 예방접종 여부를 조사한 자료라고 한다면, 2021년과 2022년 모두 예방접종을 하지 않은 직원은 총 65명이다.

④ 2022년에 제조부서를 제외한 모든 부서 직원들이 예방접종을 했다고 할 때, 제조부서 중 예방접종을 한 직원의 비율은 2%이다.

⑤ 2021년과 2022년의 독감 예방접종 여부가 총무부서에 대한 자료라고 할 때, 총무부서 직원 중 예방접종을 한 직원은 2021년 대비 2022년에 7명 증가했다.

22 제조부서를 제외한 모든 부서 직원들의 절반이 2021년에 예방접종을 했다고 할 때, 제조부서 직원 중 2021년에 예방접종을 한 직원의 비율은?(단, 소수점 첫째 자리에서 버림한다)

① 18%
② 20%
③ 22%
④ 24%
⑤ 26%

23 다음 사례에 나타난 K씨의 현재 경력개발 단계는?

K씨는 33세에 건축회사에 취업하여 20년 가까이 직장생활을 하다가 문득 직장생활을 되돌아보고 창업을 결심하였고 지난달 퇴사하였다. 현재는 창업 관련 서적을 구입하기도 하고, 관련 박람회를 찾아가기도 하며 많은 노력을 기울이고 있다.

① 경력 초기 단계
② 경력 말기 단계
③ 경력 중기 단계
④ 직업 선택 단계
⑤ 조직 입사 단계

24 다음 중 리더와 관리자를 비교한 내용으로 적절하지 않은 것은?

	리더	관리자
①	계산된 리스크(위험)를 수용한다.	리스크(위험)를 최대한 피한다.
②	'어떻게 할까'를 생각한다.	'무엇을 할까'를 생각한다.
③	사람을 중시한다.	체제·기구를 중시한다.
④	새로운 상황을 만든다.	현재 상황에 집중한다.
⑤	내일에 초점을 둔다.	오늘에 초점을 둔다.

25 다음 중 임파워먼트의 장애요인과 그에 대한 내용으로 적절하지 않은 것은?

① 개인 차원 : 주어진 일을 해내는 역량의 결여, 대응성, 동기 결여, 결의 부족, 책임감 부족 등
② 대인 차원 : 다른 사람과의 성실성 결여, 약속 불이행, 성과를 제한하는 조직의 규범(Norm) 등
③ 관리 차원 : 효과적 리더십 발휘능력 결여, 경험 부족, 정책 및 기획의 실행능력 결여 등
④ 조직 차원 : 공감대 형성이 없는 구조와 시스템, 제한된 정책과 절차 등
⑤ 업무 차원 : 새로운 동기부여에 도움이 되는 시스템, 환경 변화에 따라 변화하는 업무 실적 등

| 02 | 기계

01 구름접촉에 의해 마찰을 적게 하여 고속운전을 돕는 베어링으로, 마찰에 의한 에너지 손실을 줄이므로 마찰 저항이 작아 가벼운 하중에 유용한 베어링으로 적절한 것은?

① 니들 롤러 베어링(Needle Roller Bearing)
② 슬라이드 베어링 (Sliding Bearing)
③ 볼 베어링(Ball Bearing)
④ 슬리브 베어링(Sleeve Bearing)
⑤ 스러스트 베어링 (Thrust Bearing)

02 다음 중 철(Fe)에 니켈(Ni) 35%, 코발트(Co) 0.1 ~ 0.3%, 망간(Mn) 0.4%가 합금된 불변강의 일종으로, 상온 부근에서 열팽창계수가 매우 작아서 길이 변화가 거의 없는 재료로 옳은 것은?

① 인바
② 인코넬
③ 두랄루민
④ 하이드로날륨
⑤ 퍼멀로이

03 열전달 이론에서 사용되는 무차원 파라미터로, 자유대류 내 유체에 작용하는 점성력에 대한 부력의 비로 정의되는 무차원 수로 옳은 것은?

① 레일리 수
② 그라쇼프 수
③ 넛셀 수
④ 레이놀즈 수
⑤ 프란틀 수

04 다음 〈보기〉 중 피복 아크 용접봉에서의 피복제의 역할은 모두 몇 개인가?

보기

㉠ 아크를 안정하게 한다.
㉡ 융착 금속의 유동성을 좋게 한다.
㉢ 융착 금속에 필요한 합금 원소를 보충한다.
㉣ 용적을 미세화하고, 융착 효율을 높인다.
㉤ 모재 표면의 산화물을 제거한다.

① 1개
② 2개
③ 3개
④ 4개
⑤ 5개

05 다음 〈보기〉 중 이상기체의 교축과정에 대한 설명으로 옳지 않은 것을 모두 고르면?

보기

㉠ 비가역 단열과정이다.
㉡ 온도의 변화가 없다.
㉢ 엔탈피 변화가 없다.
㉣ 엔트로피 변화가 없다.

① ㉠
② ㉣
③ ㉠, ㉡
④ ㉡, ㉣
⑤ ㉢, ㉣

06 다음 밑줄 친 이것은 무엇인가?

열전달률과 열전도율의 비로, 유체 흐름 속에 있는 물체의 표면을 통해 열이 출입하는 비율을 나타낸다. <u>이것</u>이 크다는 것은 유체로 열전달이 잘된다는 것을 의미한다.

① 리처드슨 수
② 레이놀즈 수
③ 프란틀 수
④ 스탠턴 수
⑤ 넛셀 수

| 03 | 전기

01 다음 중 변압기유의 구비조건으로 옳지 않은 것은?

① 냉각효과가 커야 한다.
② 응고점이 높아야 한다.
③ 절연내력이 커야 한다.
④ 고온에서 화학반응이 없어야 한다.
⑤ 발화점이 높아야 한다.

02 $R-C$ 직렬회로에 직류전압 100V를 연결하였다. 이때, 커패시터의 정전용량이 $1\mu F$이라면 시정수를 1초로 만들기 위한 저항값은?

① 0.1MΩ
② 1MΩ
③ 10MΩ
④ 100MΩ
⑤ 1,000MΩ

03 3,300/200V, 10kVA인 단상 변압기의 2차를 단락하여 1차 측에 300V를 가하니 2차에 120A가 흘렀다. 이 변압기의 임피던스 전압과 백분율 임피던스 강하를 바르게 짝지은 것은?(단, 소수점 둘째 자리에서 반올림한다)

① 125V, 3.8%
② 200V, 4%
③ 125V, 3.5%
④ 200V, 4.2%
⑤ 125V, 3.2%

04 전부하로 운전 중인 출력 4kW, 전압 100V, 회전수 1,500rpm인 분권 발전기의 여자 전류를 일정하게 유지하고 회전수를 1,200rpm으로 할 때, 단자 전압과 부하 전류를 바르게 짝지은 것은?(단, 전기자 저항은 0.15Ω이며, 전기자 반작용은 무시한다)

① 80V, 32A
② 85V, 32A
③ 80V, 30A
④ 106V, 40A
⑤ 85V, 40A

05 정격 용량 100kVA인 변압기에서 지상 역률 60%의 부하에 100kVA를 공급역률 90%로 개선하여 변압기의 전용량까지 부하에 공급하고자 할 때, 소요되는 전력용 콘덴서의 용량은?(단, 소수점 둘째 자리에서 버림한다)

① 34.8kVA
② 36.2kVA
③ 36.4kVA
④ 37.4kVA
⑤ 38.2kVA

06 다음 중 전선의 구비조건으로 옳지 않은 것은?

① 저렴한 가격
② 도전율이 커야 한다.
③ 내식성과 내열성이 커야 한다.
④ 기계적 강도 및 인장강도가 작아야 한다.
⑤ 전압강하 및 전력손실이 작아야 한다.

CHAPTER

03 2021년 기출복원문제

정답 및 해설 p.027

| 01 | 직업기초능력평가

※ S대리는 봄을 맞아 가족들과 1박 2일로 가평 펜션에 여행을 가기로 하였다. 다음은 가평에 가기 위한 대중교통수단별 운행요금 및 소요시간과 자가용 이용 시 현황에 대한 자료이다. 이를 참고하여 이어지는 질문에 답하시오. **[1~3]**

〈대중교통수단별 운행요금 및 소요시간〉

구분	운행요금			소요시간		
	수원역 ~ 서울역	서울역 ~ 청량리역	청량리역 ~ 가평역	수원역 ~ 서울역	서울역 ~ 청량리역	청량리역 ~ 가평역
기차	2,700원	-	4,800원	32분	-	38분
버스	2,500원	1,200원	3,000원	1시간 16분	40분	2시간 44분
지하철	1,850원	1,250원	2,150원	1시간 03분	18분	1시간 17분

※ 운행요금은 어른 기준이다.

〈자가용 이용 시 현황〉

구분	통행료	소요시간	거리
A길	4,500원	1시간 49분	98.28km
B길	4,400원	1시간 50분	97.08km
C길	6,600원	1시간 49분	102.35km

※ 거리에 따른 주유비는 124원/km이다.

조건

- H대리 가족은 어른 2명, 아이 2명이다.
- 아이 2명은 각각 만 12세, 만 4세이다.
- 어린이 기차 요금(만 13세 미만)은 어른 요금의 50%로 할인 적용하고, 만 4세 미만은 무료이다.
- 어린이 버스 요금(만 13세 미만)은 어른 요금의 20%로 할인 적용하고, 만 5세 미만은 무료이다.
- 어린이 지하철 요금(만 6세 ~ 만 12세)은 어른 요금의 40%로 할인 적용하고, 만 6세 미만은 무료이다.

01 수원역 가까이에 사는 S대리는 가족과 함께 가평 펜션에 가기 위한 대중교통편을 여러 방면으로 생각해 보고 있다. 수원역에서 가평까지 가는 데 걸리는 소요시간은 고려하지 않으며, 반드시 세 구간 중 한 구간만 기차를 탑승한다고 할 때, 다음 중 최소비용으로 가는 방법과 그 비용을 순서대로 바르게 나열한 것은?

	교통수단	비용
①	지하철 → 지하철 → 기차	15,850원
②	버스 → 지하철 → 기차	15,800원
③	지하철 → 버스 → 기차	16,060원
④	기차 → 버스 → 지하철	15,900원
⑤	기차 → 지하철 → 버스	17,700원

02 S대리는 수원역에서 가평역까지 기차를 반드시 한 번만 탑승하기로 결정했다. 가평역까지 총소요시간을 2시간 20분 이내로 잡을 때, 다음 중 최소비용으로 가는 교통수단 순서로 옳은 것은?(단, 환승시간은 무시한다)

① 지하철 → 지하철 → 기차
② 버스 → 지하철 → 기차
③ 지하철 → 버스 → 기차
④ 기차 → 지하철 → 지하철
⑤ 기차 → 지하철 → 버스

03 S대리는 가족과 상의한 후 자가용으로 편하게 가평까지 가기로 하였다. 가평까지 가는 방법이 A ~ C길 세 가지가 있을 때, 최대비용과 최소비용의 차이는?(단, 자가용 이용 시 비용은 통행료 및 총 주유비이며 비용은 일의 자리에서 반올림한다)

① 2,750원
② 2,800원
③ 2,850원
④ 2,900원
⑤ 3,000원

※ S공사에 근무하고 있는 L사원은 구매관리를 위해 서울로 외근을 나가 지하철을 타고 A ~ E업체를 모두 방문해야 한다. 이어지는 질문에 답하시오. [4~5]

〈지하철 노선도〉

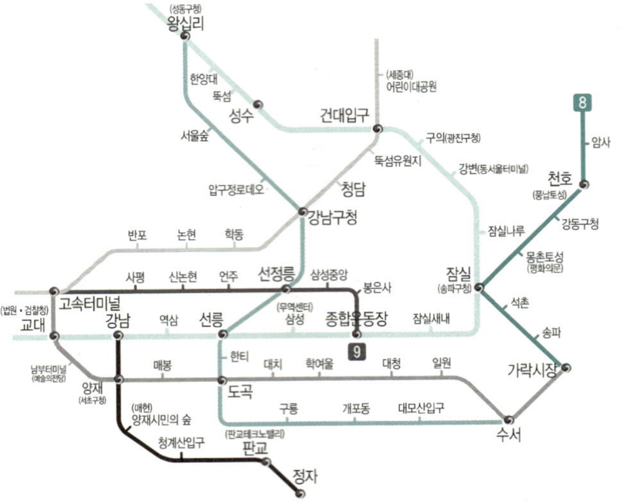

〈L사원의 방문 업체 목록〉

방문 업체	지하철역
A전선	강남역
B방재	삼성역
C전기모터	양재역
D화학	천호역
E상사	건대입구역

※ 지하철 한 정거장을 이동할 때 3분이 소요되며, 환승 시 6분이 소요된다.

※ 업체와 역 간 이동시간은 고려하지 않는다.

※ 업체에 들러 업무를 보는 시간은 고려하지 않는다.

04 L사원이 E상사에서 업무를 마치고 출발했을 때, 나머지 A～D업체에 가장 효율적으로 방문할 수 있는 순서로 옳은 것은?

① E상사 – C전기모터 – A전선 – B방재 – D화학
② E상사 – D화학 – B방재 – A전선 – C전기모터
③ E상사 – B방재 – A전선 – C전기모터 – D화학
④ E상사 – A전선 – C전기모터 – B방재 – D화학
⑤ E상사 – D화학 – C전기모터 – B방재 – A전선

05 04번 문제에서 구한 순서로 이동할 때 최소 몇 분이 소요되는가?

① 56분
② 60분
③ 62분
④ 68분
⑤ 72분

06 다음 〈보기〉 중 일터에서의 예절에 대한 내용으로 적절하지 않은 것을 모두 고르면?

보기

㉠ 업무적인 만남에서 가장 일반적인 인사법은 악수이며, 악수 시에는 상대방에게 예의를 표하기 위해 가벼운 목례를 하여야 한다.
㉡ 상대방과의 만남에 있어 가장 기본적인 인사법 중 하나인 악수는 상대방에게 예의를 표하는 방법 중 하나이므로, 아랫사람이 윗사람에게 청하는 것이 일반적이다.
㉢ 직장 내에서의 예의는 서로 간의 관계에 영향을 미칠 뿐 아니라 업무 성과에까지 영향을 미치게 된다.
㉣ 이메일·SNS 등과 같이 상대방의 표정 및 음성 등의 비언어적인 요소를 확인할 수 없는 통신상에서의 대화에서는 상대방에게 혼란 또는 오해를 일으키게 할 수 있는 내용을 자제하여야 한다.

① ㉠, ㉡
② ㉠, ㉢
③ ㉡, ㉢
④ ㉡, ㉣
⑤ ㉢, ㉣

07 **다음 사례에서 S씨가 자신의 목표를 달성하지 못한 이유로 적절한 것은?**

> 극장에서 미소지기로 근무하는 S씨는 친절 사원으로 선발된 다른 직원들을 보면서 자신도 이달의 '친절왕'이 되겠다는 목표를 설정하고, 여러 정보들을 수집하여 구체적인 계획을 세웠다. 그러나 S씨의 무뚝뚝한 표정과 말투로 인해 '친절왕'은커녕 고객들의 불평・불만만 쌓여 갔다. 사실 S씨는 오래전부터 사람을 대하는 서비스업이 자신에게 적합하지 않다고 생각하고 있었다.

① 자신감이 부족하여 자기개발과 관련된 결정을 제대로 하지 못하였다.
② 회사 내의 경력기회 및 직무 가능성 등에 대해 충분히 알아보지 않았다.
③ 다른 직업이나 회사 밖의 기회에 대해 충분히 알아보지 않았다.
④ 자신의 흥미, 적성 등을 제대로 파악하지 못하였다.
⑤ 자신을 둘러싼 주변상황의 제약으로 인해 어려움을 겪었다.

08 **S공사 총무부에 근무하는 A팀장은 최근 몇 년 동안 반복되는 업무로 지루함을 느끼는 팀원들 때문에 고민에 빠져 있다. 팀원들은 반복되는 업무로 인해 업무에 대한 흥미를 잃어 가고 있으며, 이는 업무의 효율성에 막대한 손해를 가져올 것으로 예상된다. 이러한 상황에서 귀하가 A팀장에게 할 수 있는 조언으로 가장 적절한 것은?**

① 팀원들을 책임감으로 철저히 무장시켜야 한다.
② 팀원들의 업무에 대해 코칭해야 한다.
③ 팀원들을 지속적으로 교육해야 한다.
④ 팀원들에게 새로운 업무의 기회를 부여해야 한다.
⑤ 팀원들을 칭찬하고 격려해야 한다.

09 **다음 〈보기〉에서 설명하는 멤버십 유형은?**

> 보기
> • 자아상 – 사건을 균형 잡힌 시각으로 봄
> • 동료 / 리더의 시각 – 적당한 열의와 평범한 수완으로 업무 수행
> • 조직에 대한 자신의 느낌 – 리더와 부하 간의 비인간적 풍토

① 소외형
② 순응형
③ 실무형
④ 수동형
⑤ 통합형

10 다음 중 성찰에 대해 잘못 알고 있는 사람을 모두 고르면?

㉠ 준석 : 우리는 성찰을 통해 자신이 잘하는 일과 못하는 일을 구분할 수 있는 변별력을 기를 수 있어. 이를 통해 우리가 추후에 직장을 선택할 때도, 자신이 못하는 업무를 수행하는 회사는 배제하고, 자신이 잘하는 업무를 수행하는 회사로의 취직을 결정할 수 있도록 도움을 받을 수 있어.

㉡ 유안 : 우리는 성찰이라는 과정을 통해 현재 내가 가진 부족한 부분을 찾아내어 개선할 수 있어. 이를 통해 우리는 현재 내가 가진 부족한 부분으로 인해 미래에 발생할 수 있는 실수의 가능성을 줄일 수 있어.

㉢ 하정 : 사람은 누구나 실수를 할 수 있어. 하지만 자신이 실수를 했음에도 불구하고 이러한 부분들에 대해 개선하지 않아 동일한 실수를 저지르는 사람에 대해서는 신뢰감이 생기지 않아. 따라서 우리는 성찰의 과정을 통해 타인에게 신뢰감을 줄 수 있도록 해야 해.

㉣ 시후 : 사람마다 가지고 태어난 창의성의 정도는 차이가 있기 때문에, 우리는 끊임없이 생각하고 도전하여야 해. 이와 같은 도전들로 인해 우리는 여러 실수를 일으킬 수도 있을 거야. 하지만 그런 때에도 생각을 멈추지 말고 이러한 실수들에 대해 성찰의 과정을 가져 같은 실수가 반복되지 않도록 해야 해.

① ㉠, ㉡
② ㉠, ㉢
③ ㉠, ㉣
④ ㉡, ㉢
⑤ ㉡, ㉣

11 다음 중 업무수행 성과를 향상시키기 위한 전략으로 적절하지 않은 것은?

① 가장 긴급한 일을 먼저 수행하도록 한다.
② 유사한 성격의 업무는 함께 처리하도록 한다.
③ 업무수행은 독자적으로 하되, 자신이 소속된 공동체의 규율은 지킨다.
④ 기존 업무방식에 얽매이지 않고 독창적인 방식으로 업무를 수행한다.
⑤ 자신보다 뛰어난 업무처리 능력을 가진 사람을 역할 모델로 선정하여 업무를 수행한다.

12 **다음은 각 경력개발 단계에서의 질문이다. 단계별로 분류했을 때 질문의 시기가 다른 것은?**

① 직업 선택 단계 : 당신이 선택하고 준비하는 이 직업에 대해 어느 정도 만족하고 있는가?
② 조직 입사 단계 : 당신이 이 조직에 입사하기까지 겪은 경험에 대해 어떻게 생각하는가?
③ 경력 초기 단계 : 당신의 이 조직에 대한 이해도와 업무 숙달도는 어떻게 평가할 수 있는가?
④ 경력 중기 단계 : 당신이 업무에 숙달한 이후 계획은 무엇이고 이를 위해 무엇을 준비하는가?
⑤ 경력 말기 단계 : 당신이 계획 중인 퇴직 이후의 삶에 대해 얼마만큼 준비하고 있는가?

13 **다음은 고객 불만처리 프로세스를 도식화한 것이다. 각 단계에 대한 설명으로 가장 적절한 것은?**

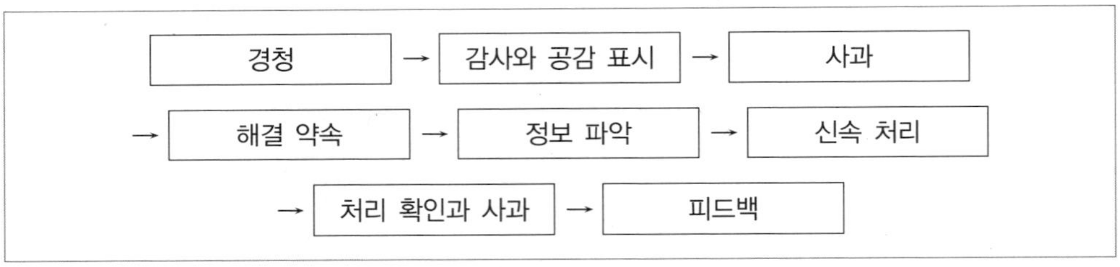

① 경청 : 고객이 항의를 할 경우 이에 대해 직접 대응하지 말고 담당부서로 즉각 연결하도록 하며, 기존에도 빈번하게 항의를 한 고객에 대해서는 대응하지 않는다.
② 감사와 공감 표시 : 고객이 항의를 할 경우 이에 자신도 공감하고 있음을 표현하고, 고객이 항의하지 않을 경우 이에 자신이 감사하고 있음을 표현한다.
③ 정보 파악 : 고객의 항의를 해결하기 위해 자사가 알아야 할 정보를 수집하여 최선의 방법으로 해결하되, 방법이 마땅치 않다면 직접 해당 고객에게 해결방법을 제시받는다.
④ 처리 확인과 사과 : 고객항의에 대한 처리내역을 상급자에게 보고하여 확인받고, 해당 문제가 발생한 데에 대한 사과와 함께 동일한 문제가 재발되지 않도록 주의할 것을 약속한다.
⑤ 피드백 : 고객의 항의에 대해 자사가 어떠한 방식으로 처리했는지 그 내역을 해당 고객에게 알리고, 자사 홈페이지에도 이와 관련된 처리내역을 게시한다.

| 02 | 기계

01 다음 중 분자량이 30인 에탄의 기체상수는 몇 kJ/kg · K인가?(단, 소수점 아래는 버린다)

① 0.027kJ/kg · K
② 0.277kJ/kg · K
③ 2.771kJ/kg · K
④ 27.713kJ/kg · K
⑤ 277.1kJ/kg · K

02 어떤 물리적인 계에서는 관성력, 점성력, 중력, 표면장력이 중요하다. 다음 중 이 시스템과 관련된 무차원 수로 옳지 않은 것은?

① 오일러 수
② 레이놀즈 수
③ 프루드 수
④ 웨버 수
⑤ 리처드슨 수

03 다음 중 황 성분이 적은 선철을 용해로, 전기로에서 용해한 후 주형에 주입 전 마그네슘, 세륨, 칼슘 등을 첨가시켜 흑연을 구상화한 것은?

① 합금 주철
② 구상 흑연 주철
③ 칠드 주철
④ 가단 주철
⑤ 백주철

04 **다음 중 각종 기계의 회전이나 동력을 전달하는 부분에 사용되는 기어(Gear)에 대한 설명으로 옳은 것은?**

① 모듈 $m=4$이고, 잇수 $Z_1=30$, $Z_2=45$인 한 쌍의 평 기어(Spur Gear)에서 두 축 사이의 중심 거리는 300mm이다.
② 전위 기어(Profile Shifted Gear)는 표준 기어에 비해 최소 잇수를 적게 할 수 있다.
③ 간섭이 일어나는 한 쌍의 기어를 회전시킬 때 발생하는 기어의 언더컷(Under－cut)은 압력각이 클 때 발생하기 쉽다.
④ 페이스 기어(Face Gear)는 베벨기어의 축을 엇갈리게 한 것으로서, 자동차의 차동 기어장치의 감속기어로 사용된다.
⑤ 전위 기어(Profile Shifted Gear)는 래크공구의 기준 피치선이 기어의 기준 피치원에 접하는 기어이다.

05 **수면에 떠 있는 선체의 저항 측정시험과 풍동실험을 통해 자동차 공기저항 측정시험을 하고자 한다. 이때 모형과 원형 사이에 서로 역학적 상사를 이루려면 두 시험에서 공통적으로 고려해야 하는 무차원 수는?**

① 마하 수(Ma)
② 레이놀즈 수(Re)
③ 오일러 수(Eu)
④ 프루드 수(Fr)
⑤ 웨버 수(We)

06 **다음 중 헬리컬 기어(Helical Gear)의 특징으로 옳지 않은 것은?**

① 원통 기어의 하나이다.
② 스퍼 기어(평 기어)보다 큰 힘을 전달한다.
③ 기어 제작이 쉽다.
④ 주로 동력 전달 장치나 감속기에 사용한다.
⑤ 2중 헬리컬 기어는 서로 방향이 다른 기어를 조합한 것을 말한다.

07 안지름이 d_1, 바깥지름이 d_2, 지름비가 $x=\frac{d_1}{d_2}$인 중공축이 정하중을 받아 굽힘모멘트(Bending Moment) M이 발생하였다. 허용굽힘응력을 σ_a라 할 때, 바깥지름 d_2를 구하는 식은?

① $d_2=\sqrt[3]{\frac{64M}{\pi(1-x^4)\sigma_a}}$

② $d_2=\sqrt[3]{\frac{32M}{\pi(1-x^4)\sigma_a}}$

③ $d_2=\sqrt[3]{\frac{64M}{\pi(1-x^3)\sigma_a}}$

④ $d_2=\sqrt[3]{\frac{32M}{\pi(1-x^3)\sigma_a}}$

⑤ $d_2=\sqrt[3]{\frac{64M}{\pi(1-x^2)\sigma_a}}$

08 다음 중 재료 시험방법에 대한 설명으로 옳지 않은 것은?

① 인장 시험은 축 방향으로 잡아당기는 힘에 대한 재료의 저항성을 측정하는 시험이다.
② 경도 시험은 일정한 온도에서 하중을 가하여 시간에 따른 변형을 측정하는 시험이다.
③ 충격 시험은 고속으로 가해지는 하중에 대한 재료의 저항성을 측정하는 시험이다.
④ 굽힘 시험은 시험편에 굽힘하중을 가하여 재료의 손상이나 저항성 등을 측정하는 시험이다.
⑤ 굽힘 시험은 금속 재료의 변형 성능을 조사하기 위한 시험의 하나이다.

| 03 | 전기

01 $R=90\Omega$, $L=32mH$, $C=5\mu F$의 직렬회로에 전원전압 $v(t)=750\cos(5{,}000-30°)V$를 인가했을 때 회로의 리액턴스는?

① 40Ω
② 90Ω
③ 120Ω
④ 160Ω
⑤ 180Ω

02 1차 전압이 2,200V, 무부하 전류가 0.088A, 철손이 110W인 단상 변압기의 자화 전류는?

① 0.05A
② 0.038A
③ 0.072A
④ 0.088A
⑤ 0.092A

03 다음 중 부흐홀츠 계전기의 설치 위치로 가장 적절한 곳은?

① 콘서베이터 내부
② 변압기 고압측 부싱
③ 변압기 주 탱크 내부
④ 변압기 주 탱크와 콘서베이터 사이
⑤ 변압기 저압측 부싱

04 비유전율 2.5의 유전체 내부의 전속밀도가 $2\times10^{-6}C/m^2$인 점의 전기장의 세기는 약 몇 V/m인가?

① $18\times10^4V/m$
② $9\times10^4V/m$
③ $6\times10^4V/m$
④ $3.6\times10^4V/m$
⑤ $4\times10^4V/m$

05 다음 평판 커패시터의 극판 사이에 서로 다른 유전체를 평판과 평행하게 각각 d_1, d_2의 두께로 채웠다. 각각의 정전용량을 C_1과 C_2라 할 때, $C_1 \div C_2$의 값은?(단, $V_1 = V_2$이고, $d_1 = 2d_2$이다)

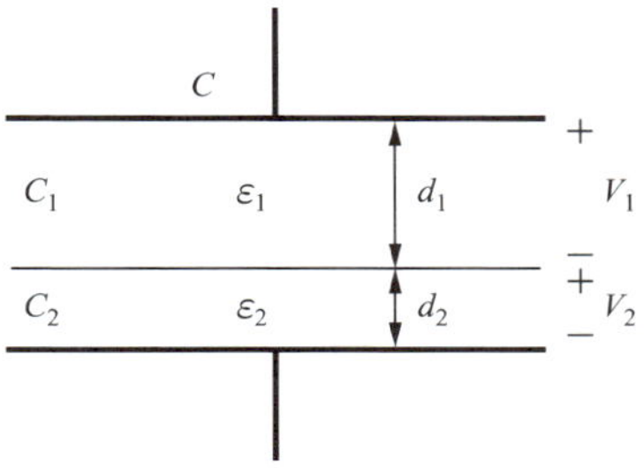

① 0.5
② 1
③ 2
④ 4
⑤ 6

06 다음 중 교류 전기철도 급전시스템의 접촉전압을 감소시키기 위해 고려해야 하는 방법으로 적절하지 않은 것은?

① 귀선도체의 보강
② 등전위본딩
③ 전자기적 커플링을 고려한 귀선로의 강화
④ 전압제한소자 적용
⑤ 보행 표면의 절연

07 사용전압 66kV 가공전선과 6kV 가공전선을 동일 지지물에 시설하는 경우, 특고압 가공전선은 케이블인 경우를 제외하고는 단면적이 몇 mm^2인 경동연선 또는 이와 동등하거나 그 이상의 세기 및 굵기의 연선이어야 하는가?

① $22mm^2$
② $38mm^2$
③ $50mm^2$
④ $100mm^2$
⑤ $126mm^2$

08 전위 함수가 $V = 3x + 2y^2$[V]로 주어질 때, 점(2, −1, 3)에서 전계의 세기는?

① 5V/m
② 6V/m
③ 8V/m
④ 12V/m
⑤ 14V/m

CHAPTER

04 2020년 기출복원문제

정답 및 해설 p.035

| 01 | 직업기초능력평가

※ 다음은 철도국의 2020년 예산안이다. 이를 읽고 이어지는 질문에 답하시오. [1~2]

〈철도국 2020년 예산안〉

국토교통부는 철도망 확충을 통한 지역 균형 발전과 촘촘한 철도안전 기반 조성을 위해 2020년 철도국 예산 정부안을 지난해(5.3조 원) 대비 19.3% 증가한 6.3조 원으로 편성하였다.

철도국 2020년 예산안은 고속·일반 철도 등 6개 분야(프로그램) 총 68개 세부사업으로 구성하였으며, 이 중 철도 부문 5개 분야 예산은 건설공사 설계, 착수 및 본격 추진, 안전 강화 등을 위한 필수 소요를 반영하여 증액 편성하였다. 특히 노후화된 철도시설 개량, 부족한 안전·편의시설에 대한 수요 증가 등으로 철도안전 분야 예산을 큰 폭으로 증액(10,360억 원 → 15,501억 원)하였다. 한편 예비타당성 조사 면제사업의 조속한 추진 등을 위해 9개 사업을 신규로 선정하여 775억 원을 편성하였으며, 2020년에는 익산 ~ 대야 복선전철 등 5개 노선을 개통할 계획이다.

철도국 2020년 예산안의 주요 특징을 살펴보면, 먼저 수도권 교통 혼잡 해소를 위한 GTX - A·B·C 등의 노선을 본격 추진할 예정이다. 수도권 내 만성적인 교통난으로 인한 시민 불편을 획기적으로 개선하기 위해 수도권광역급행철도(GTX) 및 신안산선 등 광역철도 건설사업의 차질 없는 추진을 위한 적정 소요를 반영하여 관련 예산을 3,650억 원에서 4,405억 원으로 증액하였다. GTX는 지하 40m 이하의 대심도로 건설하여 평균 약 100km/h로 운행하는 신개념 고속전철 서비스로, 수도권 외곽지역에서 서울 도심까지 30분 내로 이동이 가능하다. 경기 서북부와 서울 도심, 경기 동남부를 가로지르는 GTX - A노선(파주 운정 ~ 동탄)의 경우 착공 후 현장 공사 추진 중으로, 2020년 공사 본격 추진을 위한 보상비, 건설보조금 등으로 1,350억 원을 편성하였다. 수도권 동북부와 남부지역을 잇는 GTX - C노선(양주 덕정 ~ 수원)은 예비타당성 조사 통과 후 기본계획 수립 중으로, 2020년 민간투자시설사업기본계획(RFP) 수립 등을 위해 10억 원이 신규 반영되었다. 아울러 지난 8월 서부 수도권과 동부 수도권을 횡으로 연결하는 GTX - B노선(송도 ~ 남양주 마석)의 예비타당성 조사 통과로 GTX 3개 노선의 사업 추진이 확정됨에 따라 신·구 도심 간 균형 발전 촉진뿐만 아니라 수도권 교통지도 개편 및 노선 간 네트워크 효과를 기대하고 있다.

다음으로 노후시설 개량, 안전시설 확충 등을 위한 철도안전 투자가 강화되었다. 노후 철도시설 개량을 확대하고 시설 안전관리 및 생활 안전지원을 강화하기 위해 10,360억 원에서 15,501억 원으로 안전투자를 확장 편성하였다. 이를 통해 시설 노후화로 각종 안전사고가 빈발하는 도시철도(서울·부산)의 노후 시설물 개량 지원을 414억 원에서 566억 원으로 확대하고, 이용객 편의를 도모하기 위해 노후 철도역사(282억 원, 신규)의 개량을 지원할 예정이다. 또한 시설물을 안전하게 관리하고 장애 발생 시 보다 신속히 대처할 수 있도록 IoT 기반 원격제어, 센서 등을 활용한 스마트 기술도 도입된다. 철도 이용객 안전을 위한 스크린도어 등 승강장 안전시설, 건널목 안전설비, 선로 무단횡단 사고 예방을 위한 방호 울타리 설치 등 생활 안전시설의 확충을 지원할 예정이다. 한편 철도차량 및 철도시설 이력 관리 정보시스템 구축에 대한 지원도 41억 원에서

94억 원으로 확대했다. 철도차량 고장으로 인한 운행장애 건수 감소를 위해 철도차량의 전 생애주기 관리를 위한 정보망을 구축하고, 철도시설물의 이력, 상태, 속성 정보 등을 통합 관리함으로써 적정 유지보수 및 교체 주기 등을 산출하여 시설물 안전 및 유지관리의 최적화를 구현할 예정이다.
국토교통부 철도국장은 "철도국 2020년 예산은 ______________________ 철도안전에 집중·확대 투자했으며, 예비타당성 조사 면제사업, GTX 등 철도 네트워크 확충을 위한 예산도 적정 소요를 반영했다."라고 밝혔다.

01 윗글의 내용으로 적절하지 않은 것은?

① 철도국의 2020년 예산은 지난해보다 1조 원이 증가하였다.
② 철도국 2020년 예산안에서는 철도안전 분야 예산이 약 49.6%p 증가하였다.
③ 철도국 2020년 예산안에서는 GTX－C노선의 RFP 수립을 위해 예산을 새로 편성하였다.
④ 철도국 2020년 예산안에서는 노후 시설물 개량을 위한 예산을 새로 편성하였다.
⑤ 철도국 2020년 예산안에서는 철도차량 및 철도시설 이력 관리 정보시스템을 구축하기 위해 예산을 확대 편성하였다.

02 윗글의 빈칸에 들어갈 내용으로 가장 적절한 것은?

① 지역의 균형적인 발전을 위해
② 수도권의 교통난을 개선하기 위해
③ 노선 확장 공사의 차질 없는 추진을 위해
④ 잦은 열차 지연으로 낮아진 고객의 신뢰도 향상을 위해
⑤ 예상치 못한 철도안전 사고 등을 선제적으로 예방하기 위해

※ 다음은 지점이동을 원하는 직원들에 대한 자료이다. 이를 보고 이어지는 질문에 답하시오. [3~4]

〈직원 기록〉

성명	1차 희망지역	보직	경력	성명	1차 희망지역	보직	경력
A	대구	시내운전	3년	H	부산	연료주입	3년
B	대전	차량관리	5년	I	서울	시내운전	6년
C	서울	연료주입	4년	J	대구	차량관리	5년
D	경기	차량관리	2년	K	광주	연료주입	1년
E	서울	시내운전	6년	L	경기	연료주입	2년
F	부산	연료주입	7년	M	부산	시내운전	8년
G	경기	차량관리	1년	N	대구	차량관리	7년

조건

- 지역마다 희망지역을 신청한 사람 중 2명까지 이동할 수 있다.
- 같은 희망지역을 신청한 사람이 3명 이상이면 경력이 높은 사람이 우선한다.
- 1차 희망지역에 가지 못한 사람들은 다음의 방법으로 2차 희망지역이 선정된다.
  - 보직 우선순위 '시내운전>차량관리>연료주입' 순이다.
  - 보직이 같을 경우 경력이 낮은 사람이 우선한다.
- 희망지역은 3차까지 신청 가능하다.
- 3차 희망지역까지 안 될 경우 지점이동을 하지 못한다.

03 다음 중 1차 희망지역인 서울과 경기 지역으로 이동할 직원들을 바르게 짝지은 것은?

①

서울
E, I
경기
G, L

②

서울
C, I
경기
D, L

③

서울
E, I
경기
D, L

④

서울
C, E
경기
D, G

⑤

서울
C, I
경기
D, G

04 다음은 지점이동을 지원한 직원들의 희망지역을 정리한 표이다. 어느 지역으로도 지점이동을 하지 못하는 직원은?

〈희망지역 신청표〉

성명	1차 희망지역	2차 희망지역	3차 희망지역	성명	1차 희망지역	2차 희망지역	3차 희망지역
A	대구	울산	부산	H	부산	광주	울산
B	대전	광주	경기	I	서울	경기	–
C	서울	경기	대구	J	대구	부산	울산
D	경기	대전	–	K	광주	대전	–
E	서울	부산	–	L	경기	서울	–
F	부산	대구	포항	M	부산	대전	대구
G	경기	광주	서울	N	대구	포항	–

① A
② C
③ G
④ H
⑤ N

05 다음 중 〈보기〉와 관련된 자기인식에 대한 설명으로 옳지 않은 것은?

보기

㉠ 이력서에 적힌 개인정보를 바탕으로 보직이 정해졌다.
㉡ 일을 하면서 몰랐던 적성을 찾았다.
㉢ 지시에 따라 적성에 맞지 않은 일을 계속하였다.
㉣ 상사가 나에게 일에 대한 피드백을 주었다.
㉤ 친한 동료와 식사를 하면서 나의 꿈을 이야기했다.
㉥ 나의 평판에 대해 직장 동료나 상사에게 물어본다.

① ㉣은 눈먼 자아와 연결된다.
② ㉡은 아무도 모르는 자아와 연결된다.
③ ㉠은 공개된 자아와 연결된다.
④ ㉥은 숨겨진 자아와 연결된다.
⑤ 조셉과 해리, 두 심리학자가 고안한 '조해리의 창' 이론과 관련된 내용이다.

※ 다음은 스마트 스테이션에 대한 자료이다. 이를 보고 이어지는 질문에 답하시오. [6~8]

서울 지하철 2호선에 '스마트 스테이션'이 본격 도입된다. 서울교통공사는 현재 분산되어 있는 분야별 역사 관리 정보를 정보통신기술(ICT)을 기반으로 통합・관리할 수 있는 '스마트 스테이션'을 내년(2021년) 3월까지 2호선 50개 전 역사에 구축한다고 밝혔다.

스마트 스테이션은 올해 4월 지하철 5호선 군자역에서 시범 운영됐다. 그 결과 순회 시간이 평균 28분에서 10분으로 줄고, 돌발 상황 시 대응 시간이 평균 11분에서 3분으로 단축되는 등 안전과 보안, 운영 효율이 향상된 것으로 나타났다.

스마트 스테이션이 도입되면 3D맵, IoT센서, 지능형 CCTV 등이 유기적으로 기능하면서 하나의 시스템을 통해 보안, 재난, 시설물, 고객서비스 등 통합적인 역사 관리가 가능해진다. 3D맵은 역 직원이 역사 내부를 3D 지도로 한눈에 볼 수 있어 화재 등의 긴급 상황이 발생했을 때 신속 대응에 도움을 준다. 지능형 CCTV는 화질이 200만 화소 이상으로 높고, 객체 인식 기능이 탑재되어 있어 제한구역의 무단침입이나 역사 화재 등이 발생했을 때 실시간으로 알려 준다. 지하철 역사 내부를 3차원으로 표현함으로써 위치별 CCTV 화면을 통한 가상순찰도 가능하다.

서울교통공사는 기존 통합 모니터링 시스템을 개량하는 방식으로 2호선 내 스마트 스테이션의 도입을 추진한다. 이와 관련해 서울교통공사는 지난달 L통신사 컨소시엄과 계약을 체결하였다. 이번 계약에는 군자역에 적용된 스마트 스테이션 기능을 보완하는 내용도 들어 있다. 휠체어를 자동으로 감지하여 역 직원에게 통보해 주는 기능을 추가하는 등 교통약자 서비스를 강화하고, 직원이 역무실 밖에서도 역사를 모니터링할 수 있도록 모바일 버전을 구축하는 것이 주요 개선사항이다.

서울교통공사는 2호선을 시작으로 점진적으로 전 호선에 스마트 스테이션 도입을 확대해 나갈 예정이다. 또 스마트 스테이션을 미래형 도시철도 역사 관리 시스템의 표준으로 정립하고, 향후 해외에 수출할 수 있도록 기회를 모색해 나갈 계획이라고 밝혔다.

〈스마트 스테이션의 특징〉

- 역무실 공백 상태가 줄어든다.
- 상황 대응이 정확하고 빨라진다.
- 출입 관리가 강화된다.

〈일반형 CCTV와 지능형 CCTV의 특징〉

구분	일반형 CCTV	지능형 CCTV
특징	• 사람이 영상을 항시 감시・식별	• 영상분석 장치를 통해 특정 사람, 사물, 행위 등을 인식
장단점	• 유지보수가 용이함 • 24시간 모니터링 필요 • 모니터링 요원에 의해 사건・사고 인지	• 정확한 식별을 통한 관리의 용이성 • 자동화된 영상분석 장치를 통해 특정 상황 발생 시 알람 등을 이용해 관제요원에게 통보 • 개발이 어려움

06 윗글의 내용으로 가장 적절한 것은?

① 스마트 스테이션은 2020년 말까지 2호선 전 역사에 구축될 예정이다.
② 스마트 스테이션은 2019년 4월에 처음으로 시범 운영되었다.
③ 현재 5호선 군자역에서는 분야별 역사 관리 정보를 통합하여 관리한다.
④ 현재 군자역의 직원은 역무실 밖에서도 모바일을 통해 역사를 모니터링할 수 있다.
⑤ 2호선에 도입될 스마트 스테이션에는 새롭게 개발된 통합 모니터링 시스템이 적용된다.

07 다음 중 일반 역(스테이션)의 특징으로 옳지 않은 것은?

① 스마트 스테이션에 비해 순찰 시간이 짧다.
② 스마트 스테이션에 비해 운영비용이 많이 든다.
③ 스마트 스테이션에 비해 돌발 상황에 대한 대응 시간이 길다.
④ 스마트 스테이션에 비해 더 많은 인력이 필요하다.
⑤ 스마트 스테이션에 비해 사건・사고 등을 실시간으로 인지하기 어렵다.

08 다음 중 스마트 스테이션의 3D맵을 보고 판단한 내용으로 옳지 않은 것은?

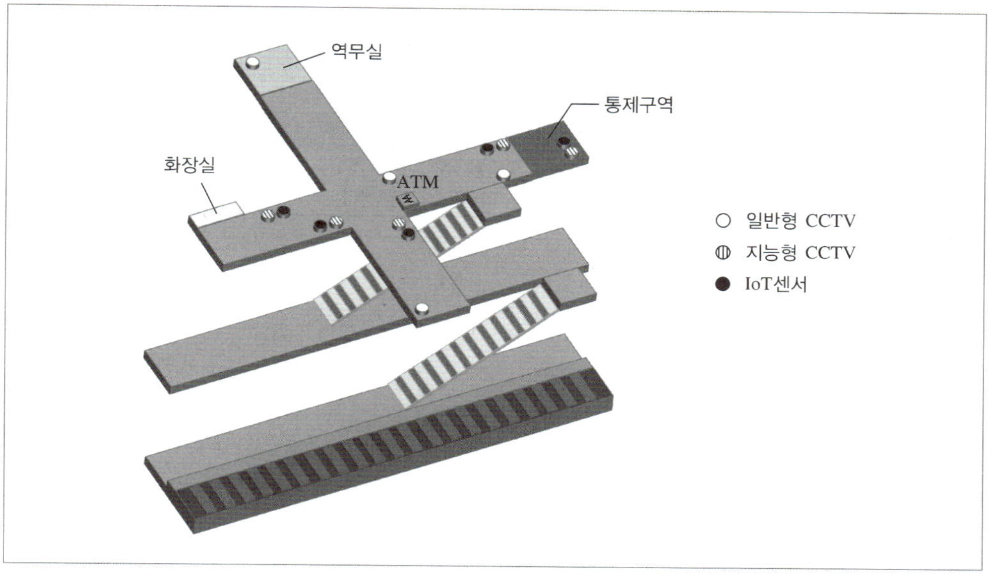

① 역무실의 CCTV는 고장이 나더라도 유지보수가 용이하다.
② ATM기에서 화장실 방향으로 설치된 CCTV보다 통제구역 방향으로 설치된 CCTV를 통해 범죄자의 얼굴을 쉽게 파악할 수 있다.
③ 역 내에는 지능형 CCTV와 IoT센서가 같이 설치되어 있다.
④ 통제구역의 CCTV는 침입자를 실시간으로 알려 준다.
⑤ 역무실에서는 역 내의 화장실 주변에 대한 가상순찰이 가능하다.

09 다음 〈보기〉 중 고객 접점 서비스에 대한 설명으로 옳은 것을 모두 고르면?

보기

㉠ 덧셈 법칙이 적용된다.
㉡ 처음 만났을 때의 15초가 중요하다.
㉢ 서비스 요원이 책임을 지고 고객을 만족시킨다.
㉣ 서비스 요원의 용모와 복장이 중요하다.
㉤ 고객 접점 서비스를 강화하기 위해서는 서비스 요원의 권한을 약화시켜야 한다.

① ㉠, ㉡, ㉢
② ㉡, ㉢, ㉣
③ ㉢, ㉣, ㉤
④ ㉠, ㉢, ㉣, ㉤
⑤ ㉠, ㉡, ㉢, ㉣, ㉤

10 다음 중 거절에 대한 설명으로 옳지 않은 것은?

S공사	입사를	축하합니다.
응할 수 없는 이유를 설명한다.	거절은 되도록 늦게 해야 한다.	모호하지 않고 단호하게 거절한다.
여러분	환영합니다.	–
정색하지 않는다.	도움을 주지 못한 것에는 아쉬움을 표현한다.	–

① S공사
② 입사를
③ 축하합니다.
④ 여러분
⑤ 환영합니다.

11 다음 중 우리나라 직장인에게 요구되는 직업윤리와 가장 거리가 먼 것은?

① 전문성
② 성실성
③ 신뢰성
④ 창의성
⑤ 협조성

12 다음 중 감정은행계좌에 대한 설명으로 적절하지 않은 것은?

〈감정은행계좌〉

1. 감정은행계좌란?
인간관계에서 구축하는 신뢰의 정도를 은유적으로 표현한 것으로, 만약 우리가 다른 사람에 대해 공손하고 친절하며 정직하고 약속을 지킨다면 우리는 감정을 저축하는 것이 되고, 무례하고 불친절한 행동 등을 한다면 감정을 인출하는 것이 된다.

2. 감정은행계좌 주요 예입수단

내용	사례
상대방에 대한 이해심	여섯 살 아이는 벌레를 좋아하였지만, 아이의 행동을 이해하지 못한 부모는 벌레를 잡아 내쫓았다. 결국 아이는 크게 울고 말았다.
사소한 일에 대한 관심	두 아들과 여행을 간 아버지는 막내아들이 추워하자 입고 있던 자신의 코트를 벗어 막내아들에게 입혔다. 여행에서 돌아온 뒤 표정이 좋지 않은 큰아들과 이야기를 나누어 보니 동생만 챙긴다고 서운해하고 있었다.
약속의 이행	A군과 B군이 오전에 만나기로 약속하였으나, B군은 오후가 다 되어서야 약속장소에 나왔다. A군은 앞으로 B군과 만나기로 약속할 경우 약속시간보다 늦게 나가야겠다고 생각하였다.
기대의 명확화	이번에 결혼한 신혼부부는 결혼생활에 대한 막연한 기대감을 품고 있었다. 그러나 결혼 후의 생활이 각자 생각하던 것과 달라 둘 다 서로에게 실망하였다.
언행일치	야구선수 C는 이번 시즌에서 20개 이상의 홈런과 도루를 성공하겠다고 이야기하였다. 실제 이번 시즌에서 C가 그 이상을 해내자 사람들은 C의 능력을 확실히 믿게 되었다.
진지한 사과	D사원은 작업 수행 중 실수가 발생하면 자신의 잘못을 인정하고 사과하였다. 처음에는 상사도 이를 이해하고 진행하였으나, 같은 실수와 사과가 반복되자 이제 D사원을 신뢰하지 않게 되었다.

① 상대방을 제대로 이해하지 못하면 감정이 인출될 수 있다.
② 분명한 기대치를 제시하지 않아 오해가 생기면 감정이 인출될 수 있다.
③ 말과 행동을 일치시키거나 약속을 지키면 신뢰의 감정이 저축된다.
④ 내게 사소한 것이 남에게는 사소하지 않을 수 있다.
⑤ 잘못한 것에 대해 사과를 하면 항상 신뢰의 감정이 저축된다.

※ 다음은 통돌이 세탁기에 대한 사용설명서이다. 이를 읽고 이어지는 질문에 답하시오. [13~15]

〈통돌이 세탁기 사용설명서〉

1. 기능 조작부 설명

- 예약 세탁을 하고 싶을 때 사용하세요.
- 예약을 취소할 때는 전원 버튼을 누르세요.

- 세탁 진행상태를 나타내는 문자가 표시됩니다.

- 세탁 종료까지 남은 시간, 예약 시간, 에러 표시가 나타납니다.
- 탈수 중 남은 시간 표시는 배수 및 정기 시간을 포함한 시간이므로 선택한 시간보다 많이 표시됩니다.

- 제품을 켜거나 끌 때 사용하십시오.
- 세탁이 완료되면 약 10초 후에 자동으로 전원이 꺼집니다.

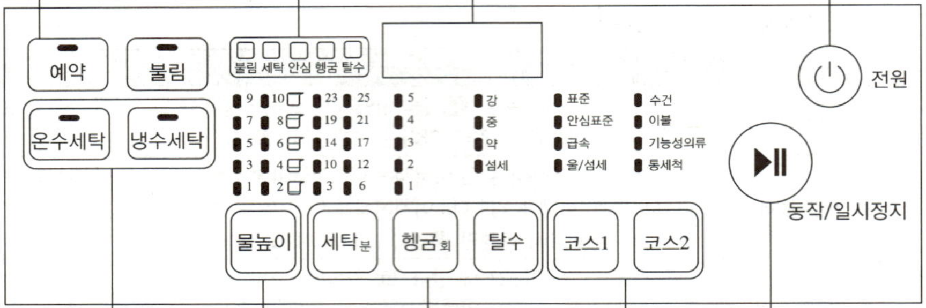

- 온수, 냉수를 선택할 때 사용하세요.
- 울/섬세, 통세척 코스에는 냉수만 선택됩니다.

- 물높이를 조절하고 싶을 때 사용하세요.
- 표시된 물높이 옆의 세제량 만큼 세제를 넣으면 됩니다.
- 급속 코스에는 4 이상의 물높이가 선택되지 않습니다.

- 세탁시간, 헹굼횟수, 탈수 세기를 변경할 때 사용하세요.
- 기능성 의류 코스에는 탈수기가 선택되지 않습니다.

- 세탁물의 종류와 오염 상태에 따라 세탁 코스를 선택할 수 있습니다.
- 코스 버튼을 누르면 해당되는 코스명에 불이 들어옵니다.

- 제품을 시작 또는 정지시킬 때 사용하십시오.
- 제품이 정지된 상태에서 약 60분이 지나면 전원이 자동으로 꺼집니다.
- 작동 중 세탁기 문을 열고자 할 때는 동작/일시정지 버튼을 눌러 제품이 정지한 후 세탁기 문을 여십시오.

2. 제품 사용하기

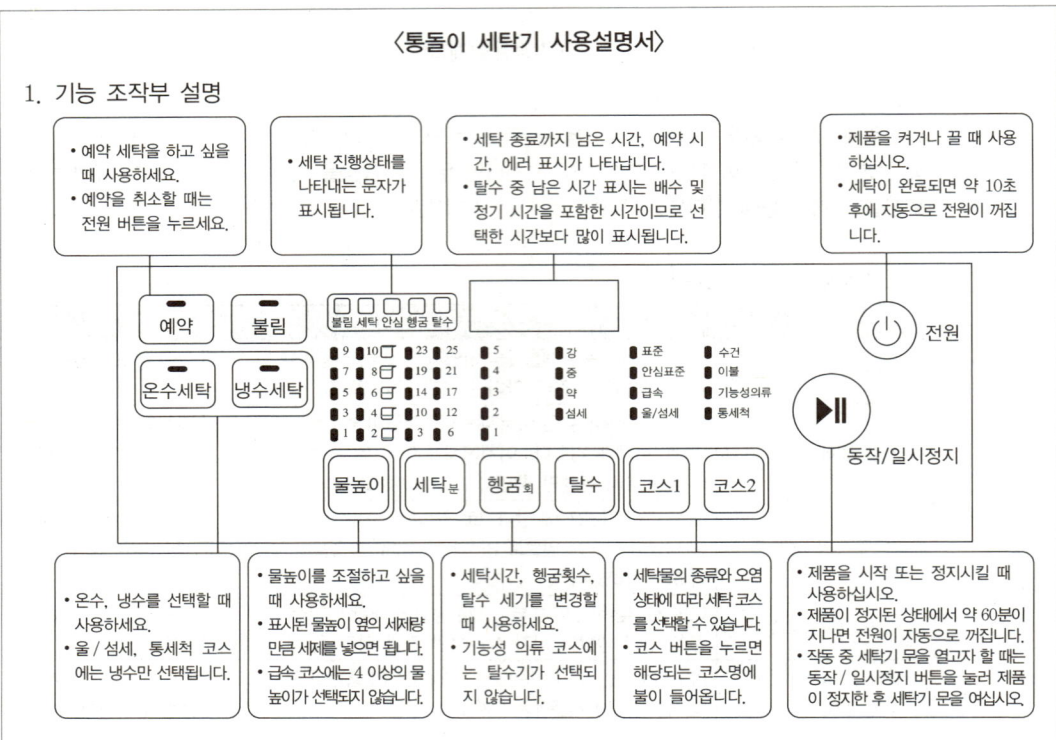

1) 세탁통에 세탁물을 넣고, 전원 버튼을 누르십시오.
2) 원하는 세탁 코스를 선택하십시오.
3) 표시된 물높이 옆의 세제량만큼 세제를 넣고 도어를 닫아 주십시오.
4) 동작/일시정지 버튼을 누르면 급수 후 세탁이 시작됩니다.

3. 기능별 소요 시간

구분		소요 시간
세탁	냉수세탁	12분
	온수세탁	14분
헹굼		10분/회
탈수	강	15분
	중	13분
	약	10분
	섬세	8분
불림		10분
통세척		5분

4. 세탁 코스 사용하기

구분	설명
표준	– '냉수세탁 10분 – 헹굼 2회 – 탈수(중)'의 일반적인 세탁을 해주는 코스입니다.
안심표준	– 표준 코스보다 세탁물을 깨끗하게 헹궈 주는 코스입니다.
급속	– 소량의 의류를 빠른 시간 내에 세탁할 수 있는 코스입니다. – 급속 코스의 적정 세탁량은 5.5kg 이하입니다.
울 / 섬세	– 수축이나 변형되기 쉬운 섬유, 속옷 등 섬세한 의류를 세탁해 주는 코스입니다.
수건	– 손세탁 표시가 있는 수건을 세탁해 주는 코스입니다. – 다른 의류와 분리해서 세탁하십시오.
이불	– 손세탁 표시가 있는 담요 또는 이불을 세탁해 주는 코스입니다. – 이불은 일반 세탁물과 분리하여 한 장씩 세탁하십시오.
기능성 의류	– 등산복, 운동복 등 레저용 의류를 세탁해 주는 코스입니다.
통세척	– 세탁통 청소 시 사용합니다.

5. 옵션 사용하기

• 예약 : 원하는 시간에 세탁을 마치고 싶을 때 사용하십시오.

1) 전원 버튼을 누르십시오.

2) 원하는 코스를 선택하십시오.

3) 예약 버튼을 눌러 예약 시간을 맞추십시오.

예 현재 오후 1시이며 오후 7시에 세탁을 끝내고 싶을 경우 6시간 설정(7－1＝6)

– 예약 버튼에 불이 들어오고 '3:00'가 표시됩니다.

– 지금부터 세탁을 끝내고 싶은 시간(6:00)이 될 때까지 예약 버튼을 누르십시오.

4) 동작 / 일시정지 버튼을 누르십시오.

– 예약 시간 후에 세탁이 끝납니다.

– 예약을 취소할 때는 전원 버튼을 누르거나 예약이 취소될 때까지 예약 버튼을 반복해서 누르십시오.

※ 알아 두기

– 3～18시간까지 예약이 가능하며, 3시간 미만은 예약되지 않습니다.

– 3～12시간까지는 1시간, 12～18시간까지는 2시간 단위로 예약이 가능합니다.

– 울 / 섬세, 통세척 코스는 예약이 되지 않습니다.

• 세탁 : 세탁 시간을 변경하고자 할 때 선택하는 옵션입니다.

– 세탁 버튼을 누르면 3분, 6분 순서로 변경됩니다.

– 세탁이 완료된 후 배수가 되지 않습니다. 배수가 필요할 경우 탈수 버튼을 누른 후 동작 / 일시정지 버튼을 누르십시오.

• 헹굼 : 헹굼 횟수를 변경하고자 할 때 선택하는 옵션입니다.

– 헹굼 버튼을 누르면 헹굼 1회, 헹굼 2회 순서로 변경됩니다.

– 헹굼이 완료된 후 배수가 되지 않습니다. 배수가 필요할 경우 탈수 버튼을 누른 후 동작 / 일시정지 버튼을 누르십시오.

• 탈수 : 탈수의 세기를 변경하고자 할 때 선택하는 옵션입니다.

– 탈수 버튼을 누르면 섬세, 약, 중, 강의 순서로 변경됩니다.

13 **다음 중 통돌이 세탁기의 사용법을 잘못 이해한 사람은?**

① A : 이미 작동 중인 세탁기에 세탁물을 추가로 넣으려면 먼저 동작 / 일시정지 버튼을 눌러야 하는군.

② B : 세제를 얼마나 넣어야 하나 걱정했었는데 물높이에 따른 적정 세제량이 표시되어 있어서 다행이야.

③ C : 급속 코스는 세탁물의 용량이 5.5kg 이하여야 하고, 물높이도 4 이상으로 선택할 수 없군.

④ D : 따뜻한 물로 세탁통을 청소하려면 통세척 코스를 선택한 뒤에 온수세탁을 누르면 되겠군.

⑤ E : 지금부터 2시간 뒤에 세탁이 끝나도록 예약하려고 했는데 아쉽게도 2시간은 예약 시간으로 설정할 수 없군.

14 **S씨가 다음과 같은 방법으로 통돌이 세탁기를 사용한다고 할 때, 세탁기 조작부의 버튼을 총 몇 번 눌러야 하는가?**

> S씨 : 정해진 세탁 코스를 선택하지 않고, 수동으로 세탁 방법을 설정해야겠어. 먼저 19분 동안 온수세탁이 진행되도록 설정하고, 헹굼은 표준 코스보다 한 번 더 진행되도록 추가해야겠어. 마지막으로 탈수 세기가 너무 강하면 옷감이 손상될 수 있으니까 세기를 '약'으로 설정해야겠다. 아! 병원진료를 예약해 둔 걸 잊어버릴 뻔 했네. 진료 시간을 생각해서 지금부터 4시간 뒤에 세탁이 끝나도록 예약 시간을 설정해야겠다.

① 13번　　② 14번

③ 15번　　④ 16번

⑤ 17번

15 다음 통돌이 세탁기 기능 조작부의 표시 중 세탁 시간이 가장 오래 걸리는 것은?(단, 배수 및 정지 시간은 고려하지 않으며, 선택한 기능을 ⬭로 표시한다)

①
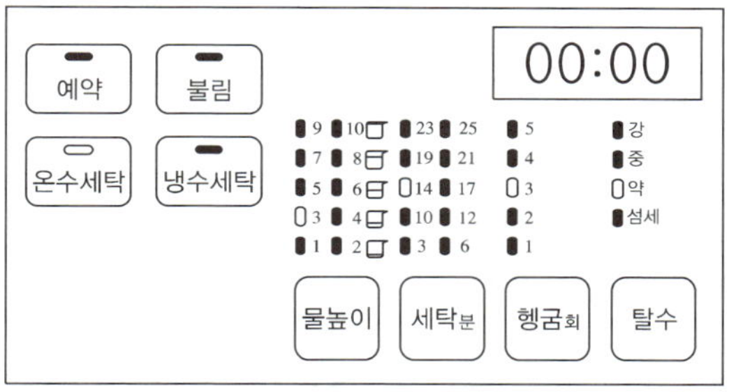

②
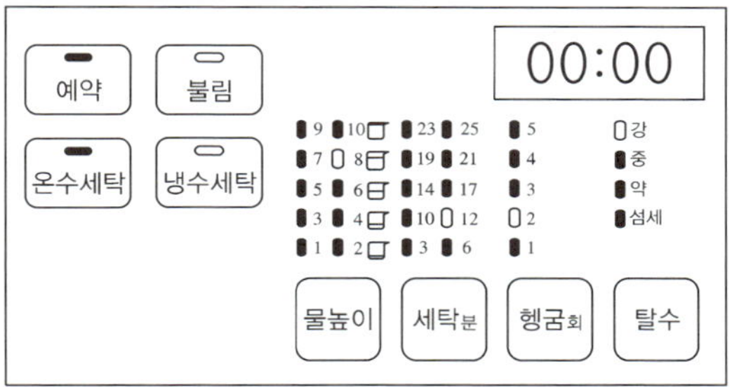

③
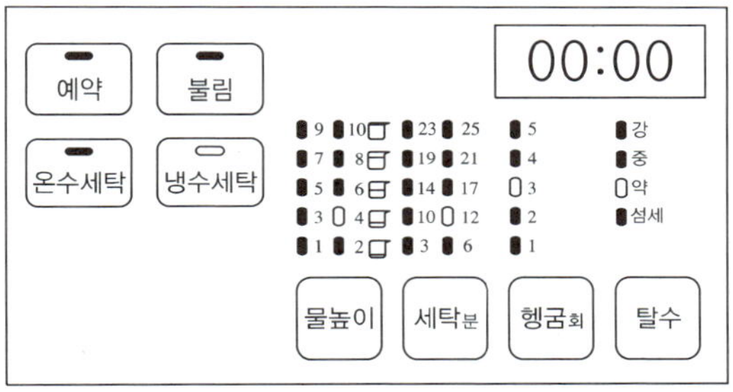

④
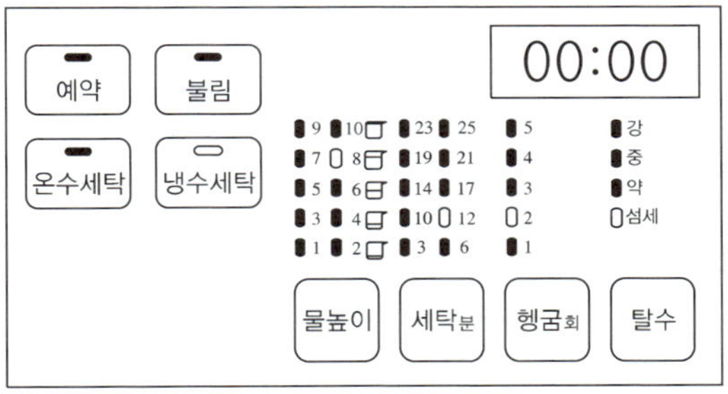

⑤
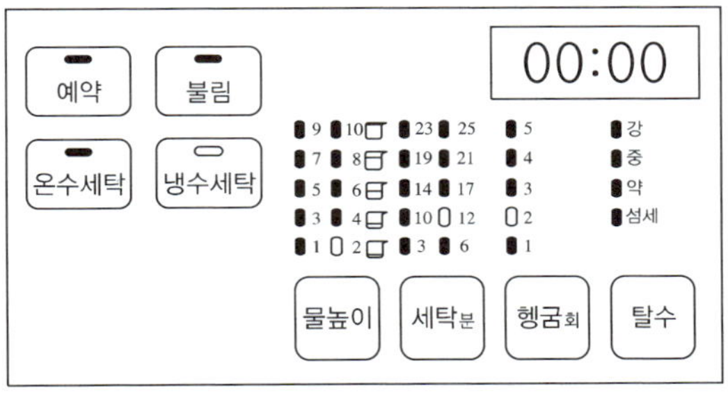

※ 다음 글을 읽고 이어지는 질문에 답하시오. [16~17]

철도사고 및 각종 장애를 선제적으로 예방하고자 기존의 사후 검사제도와 함께 앞으로 사전 수시검사를 추가로 실시한다.

한국교통안전공단은 지난달 18일부터 철도안전관리체계 수시검사에 예방적 수시검사를 추가 도입하고, 철도안전 확보에 더욱 박차를 가하겠다고 밝혔다.

현재 철도안전법 제8조 제2항, 동법 시행규칙 제6조, 그리고 철도안전체계 승인 및 검사 시행지침 제25조(철도안전관리체계의 유지) 등에 따라 철도사고 및 운행장애를 발생시키거나 발생시킬 우려가 있는 철도 기관을 대상으로 사고 및 장애 재발을 방지하고자 한국교통안전공단이 주관해 철도안전관리체계 수시검사를 시행하고 있다.

한국교통안전공단은 사고 및 장애 발생 시 철도안전관리체계 위반 여부를 검사하는 기존 사후적 수시검사에 사전 점검인 예방적 수시검사를 추가로 실시하게 된다. 이번에 추가로 도입하는 예방적 수시검사를 통해 최근 5년간 철도사고 및 운행장애 DB와 수시검사자료를 바탕으로 위험도가 높은 사례를 선정하고 이를 비교·집중 검사하게 된다.

〈최근 5년간 철도사고 및 운행장애 발생 현황〉

(단위 : 건, 명)

구분		2015년	2016년	2017년	2018년	2019년	합계
사고 및 운행장애 발생건수	철도사고	138	124	105	98	72	537
	운행장애	255	246	257	233	349	1,340
사상자	사망자 수	76	62	51	44	33	266
	부상자 수	70	60	46	50	25	251
	합계	146	122	97	94	58	517

한국교통안전공단에서 2015년부터 최근 5년간 철도사고 및 운행장애 발생 현황을 분석한 자료에 따르면 ㉠ 철도사고와 사상자 수는 감소하는 추세이지만 운행장애는 오히려 증가했다. 특히 2019년에는 전년 대비 49.8%가 증가한 것으로 나타났다.

㉡ 운행장애의 대부분인 97.3%는 지연운행으로 조사됐다. 특히 ㉢ 지연운행 중 60.4%가 시설장비결함으로 나타났으며, ㉣ 시설장비결함 전체 936건 중 차량결함이 74.3%, 신호결함이 15.4%로 파악됐다. 이와 같은 상황에서 '예방적 수시검사'는 시설장비결함을 요인으로 하는 사고 및 장애 감소에 큰 영향을 줄 것으로 기대된다.

〈최근 5년간 운행장애 현황〉

(단위 : 건)

구분	2015년	2016년	2017년	2018년	2019년	합계	비율
위험사건	2	1	4	2	1	10	____
지연운행	253	245	253	231	348	1,330	____
합계	255	246	257	233	349	1,340	–

최근 5년간의 사고 및 장애를 분석하여 주요 취약점을 도출한 결과 시설장비결함 비중이 높은 만큼 '예방적 수시검사'를 통해 더욱 자세한 분석과 대응이 가능하게 되었다. 분석된 주요 취약점을 토대로 유사 운영 환경을 보유한 철도 기관을 선제적으로 검사해 개선사항은 시정 권고하고 우수사례는 전 철도 기관에 공유할 수 있다. 이를 통해 철도 사고 및 운행장애 발생 감소와 함께 유지관리 안전성도 확보할 수 있을 것으로 기대된다.

〈최근 5년간 지연운행 현황〉

(단위 : 건)

구분			2015년	2016년	2017년	2018년	2019년	합계
합계			253	245	253	231	348	1,330
발생원인	시설장비결함	차량결함	142	115	140	111	187	695
		신호결함	21	22	34	25	42	144
		전철결함	3	9	9	4	13	38
		시설결함	2	6	5	11	5	29
		차량 / 신호IF	2	1	2	6	6	17
		차량 / 전철IF	–	2	–	–	–	2
		차량 / 시설IF	1	–	–	1	–	2
		기타	2	1	–	1	5	9
	취급(관리)부주의		20	31	18	15	27	111
	외부요인		56	43	38	43	48	228
	기타		4	15	7	14	15	55

한국교통안전공단 이사장은 “철도안전관리체계 수시검사에 예방적 수시검사를 도입함으로써 기존의 사후적 수시검사를 보완하여 철도사고 및 운행장애를 감소시킬 수 있을 것으로 기대한다.”라며 “제2의 강릉선 KTX 탈선사고, 오송역 단전사고 등 대형 철도사고가 발생하지 않도록 한국교통안전공단의 역할을 다해 철도 이용자의 안전을 지키겠다.”라고 밝혔다.

16 윗글에 대한 내용으로 적절한 것은?

① 다음 달부터 철도안전관리체계 수시검사는 예방적 수시검사를 도입하기로 하였으며, 아직 시행 전이다.

② 예방적 수시검사는 사고 및 장애가 발생할 경우 철도안전관리체계 위반 여부를 검사하는 것이다.

③ 운행장애는 위험사건과 지연운행으로 구분되고, 2016 ~ 2019년의 전년 대비 운행장애 건수는 증감을 반복하고 있다.

④ 지연운행의 원인 중 가장 많은 원인 2가지는 매년 시설장비결함과 취급부주의이다.

⑤ 지연운행의 원인 중 시설장비결함의 차량 / 전철IF와 차량 / 시설IF의 발생건수가 없는 해는 2017년도뿐이다.

17 윗글의 밑줄 친 ㉠ ~ ㉣ 중 자료에 대한 해석으로 옳지 않은 것을 모두 고르면?(단, 소수점 둘째 자리에서 반올림한다)

① ㉠, ㉡
② ㉡, ㉣
③ ㉠, ㉢
④ ㉠, ㉣
⑤ ㉡, ㉢

| 02 | 기계

01 **다음 중 금속재료를 냉간 가공하여 부품을 생산할 때 소재에서 일어나는 변화로 옳지 않은 것은?**

① 결정립의 변형으로 인한 단류선(Grain Flow Line)이 형성된다.
② 전위의 집적으로 인한 가공경화가 발생한다.
③ 불균질한 응력을 받음으로써 잔류응력이 발생한다.
④ 풀림효과에 의해 연성이 증대된다.
⑤ 가공경화로 강도가 증가한다.

02 **다음 중 재료의 재결정온도보다 높은 온도에서 가공하는 열간가공의 특징으로 옳은 것은?**

① 치수 정밀도 저하
② 큰 변형응력 요구
③ 정밀한 치수
④ 가공경화로 인한 강도 상승
⑤ 우수한 표면거칠기 정도

03 **다음 설명에 해당하는 주철은?**

- 주철의 인성과 연성을 현저히 개선시킨 것으로 자동차의 크랭크축, 캠축 및 브레이크 드럼 등에 사용된다.
- 용융 상태의 주철에 마그네슘(Mg)합금, 세륨(Ce), 칼슘(Ca) 등을 첨가한다.

① 선철 용도 주철
② 백심 가단 주철
③ 흑심 가단 주철
④ 칠드 주철
⑤ 구상 흑연 주철

04 **다음 중 주철을 600℃ 이상의 온도에서 가열과 냉각을 반복하였을 때 발생하는 주철의 성장 원인이 아닌 것은?**

① 시멘타이트의 흑연화에 의한 팽창
② 망간(Mn)의 함유량 증가에 따른 팽창
③ 흡수되는 가스에 의하여 생기는 팽창
④ 불균일한 가열로 생기는 균열에 의한 팽창
⑤ 페라이트 중 고용된 규소의 산화에 의한 팽창

05 다음 〈보기〉 중 주철에 대한 설명으로 옳은 것을 모두 고르면?

보기

㉠ 주철은 탄소강보다 용융점이 높고 유동성이 커 복잡한 형상의 부품을 제작하기 쉽다.
㉡ 주철은 탄소강에 비하여 충격에 약하며 고온에서도 소성가공이 되지 않는다.
㉢ 회주철은 진동을 잘 흡수하므로 진동을 많이 받는 기계 몸체 등의 재료로 많이 쓰인다.
㉣ 가단 주철은 보통 주철의 쇳물을 금형에 넣고 표면만 급랭시켜 단단하게 만든 주철이다.
㉤ 많이 사용되는 주철의 탄소 함유량은 보통 2.5～4.5% 정도이다.

① ㉠, ㉡, ㉢
② ㉡, ㉢, ㉤
③ ㉠, ㉡, ㉣
④ ㉡, ㉣, ㉤
⑤ ㉢, ㉣, ㉤

06 단면이 원형이고 직경이 d인 막대의 길이(축)방향으로 인장하중이 작용하여 막대에 인장응력 σ가 생길 때, 직경의 감소량을 나타내는 식은?[단, v는 푸아송의 비(Poisson's Ratio)이고, G는 전단 탄성계수(Shear Modulus)이고, E는 영의 계수(Young's Modulus)이다]

① $\dfrac{vdG}{\sigma}$
② $\dfrac{v\sigma G}{d}$
③ $\dfrac{v\sigma d}{E}$
④ $\dfrac{v\sigma E}{d}$
⑤ $\dfrac{vdE}{\sigma}$

07 다음 중 이상적인 오토사이클의 효율을 증가시키는 방안을 순서대로 바르게 나열한 것은?

	최고온도(T)	압축비(ϵ)	비열비(k)
①	증가	증가	증가
②	증가	감소	증가
③	증가	증가	감소
④	감소	증가	감소
⑤	감소	감소	감소

08 6냉동톤 냉동기의 성적계수가 3일 때, 필요한 동력은 몇 kW인가?(단, 1냉동톤은 3.85kW이다)

① 7.7kW
② 8.7kW
③ 9.7kW
④ 10.7kW
⑤ 11.7kW

| 03 | 전기

01 5분 동안 600C의 전기량이 이동했다면, 이때 전류의 크기는?

① 2A
② 50A
③ 100A
④ 150A
⑤ 200A

02 전기설비기술기준의 판단기준에 의한 고압 가공전선로 철탑의 경간은 몇 m 이하로 제한해야 하는가?

① 150m
② 250m
③ 500m
④ 600m
⑤ 700m

03 어떤 인덕터에 전류 $i = 3 + 10\sqrt{2}\sin 50t + 4\sqrt{2}\sin 100t$[A]가 흐르고 있을 때, 인덕터에 축적되는 자기 에너지는 125J이다. 이 인덕터의 인덕턴스는?

① 1H
② 2H
③ 3H
④ 4H
⑤ 5H

04 3,300V에 60Hz인 Y결선의 3상 유도 전동기가 있고 철손이 1,020W라고 할 때, 1상의 여자 콘덕턴스는?

① $4.38 \times 10^{-5}\,\Omega$
② $6.12 \times 10^{-5}\,\Omega$
③ $9.37 \times 10^{-5}\,\Omega$
④ $18.7 \times 10^{-5}\,\Omega$
⑤ $56.1 \times 10^{-5}\,\Omega$

05 $Y-\Delta$ 결선의 3상 변압기군 A와 $\Delta-Y$결선의 3상 변압기군 B를 병렬로 사용할 때, A군의 변압기 권수비가 30이라면 B군 변압기의 권수비는?

① 30
② 60
③ 90
④ 120
⑤ 150

06 성형 결선에서 상전압이 120V인 대칭 3상 교류의 선간전압은?

① 약 105V
② 약 150V
③ 약 208V
④ 약 225V
⑤ 약 230V

07 점 A에 정지해 있던 질량 1kg, 전하량 1C의 물체가 점 A보다 전위가 2V 낮은 점 B로 전위차에 의해서 가속되었을 때, 점 B에 도달하는 순간 이 물체가 갖는 속도는?

① 1m/s
② 2m/s
③ 3m/s
④ 4m/s
⑤ 5m/s

08 단상 유도 전동기의 정회전 슬립이 s일 때, 역회전 슬립은?

① 1－s
② 1＋s
③ 2－s
④ 2＋s
⑤ 3－s

| 04 | 토목

01 길이가 20m인 단순보 위를 하나의 집중 하중 8t이 통과할 때, 최대 전단력 S와 최대 휨 모멘트 M의 값을 바르게 짝지은 것은?

① S=4t, M=40t · m

② S=4t, M=80t · m

③ S=8t, M=40t · m

④ S=8t, M=80t · m

⑤ S=8t, M=120t · m

02 다음 중 구하고자 하는 미지점에 평판을 세우고, 3개의 기지점을 이용하여 도상에서 그 위치를 결정하는 방법은?

① 방사법
② 계선법
③ 전방교회법
④ 후방교회법
⑤ 삼변법

03 길이가 7m인 양단 연속보에서 처짐을 계산하지 않는 경우 보의 최소두께는?(단, $f_{ck}=28$MPa, $f_y=400$MPa이다)

① 약 275mm
② 약 334mm
③ 약 379mm
④ 약 438mm
⑤ 약 524mm

04 다음 중 1방향 슬래브에 대한 설명으로 옳지 않은 것은?

① 1방향 슬래브의 두께는 최소 80mm 이상으로 하여야 한다.
② 4변에 의해 지지되는 2방향 슬래브 중에서 단변에 대한 장변의 비가 2배를 넘으면 1방향 슬래브로 해석한다.
③ 슬래브의 정모멘트 철근 및 부모멘트 철근의 중심간격은 위험단면에서는 슬래브 두께의 2배 이하여야 하고, 또한 300mm 이하로 하여야 한다.
④ 슬래브의 정모멘트 철근 및 부모멘트 철근의 중심간격은 위험단면을 제외한 단면에서는 슬래브 두께의 3배 이하여야 하고, 또한 450mm 이하로 하여야 한다.
⑤ 1방향 슬래브에서는 정모멘트 철근 및 부모멘트 철근에 직각방향으로 수축, 온도철근을 배치하여야 한다.

05 정착구와 커플러의 위치에서 프리스트레스 도입 직후의 포스트텐션 긴장재의 응력은 얼마 이하여야 하는가?(단, f_{pu}는 긴장재의 설계기준 인장강도이다)

① $0.6f_{pu}$
② $0.74f_{pu}$
③ $0.70f_{pu}$
④ $0.85f_{pu}$
⑤ $0.95f_{pu}$

06 다음 중 포스트텐션 방식에서 나타나는 프리스트레스의 손실을 초래하는 원인으로 옳은 것은?

① 콘크리트의 탄성수축
② 강재와 시스의 마찰
③ 콘크리트의 크리프
④ 콘크리트의 건조수축
⑤ 콘크리트의 수화반응

CHAPTER

05 2019년 기출복원문제

정답 및 해설 p.045

※ 다음은 철도차량 개조에 대한 자료이다. 이를 보고 이어지는 질문에 답하시오. [1~2]

〈철도차량의 개조〉

• 개요

철도차량을 소유하거나 운영하는 자가 철도차량을 개조하여 운행하려면 국토교통부 장관의 개조승인을 받아야 한다.

• 내용

철도차량 개조승인의 신청 등(철도안전법 시행규칙 제75조의3)

① 철도차량을 소유하거나 운영하는 자(이하 "소유자 등"이라 한다)는 철도차량 개조승인을 받으려면 별지 제45호 서식에 따른 철도차량 개조승인 신청서에 다음 각 호의 서류를 첨부하여 국토교통부 장관에게 제출하여야 한다.

1. 개조 대상 철도차량 및 수량에 관한 서류
2. 개조의 범위, 사유 및 작업 일정에 관한 서류
3. 개조 전·후 사양 대비표
4. 개조에 필요한 인력, 장비, 시설 및 부품 또는 장치에 관한 서류
5. 개조작업수행 예정자의 조직·인력 및 장비 등에 관한 현황과 개조작업수행에 필요한 부품, 구성품 및 용역의 내용에 관한 서류. 다만, 개조작업수행 예정자를 선정하기 전인 경우에는 개조작업수행 예정자 선정기준에 관한 서류
6. 개조작업 지시서
7. 개조하고자 하는 사항이 철도차량기술기준에 적합함을 입증하는 기술문서

② 국토교통부 장관은 제1항에 따라 철도차량 개조승인 신청을 받은 경우에는 그 신청서를 받은 날부터 15일 이내에 개조승인에 필요한 검사내용, 시기, 방법 및 절차 등을 적은 개조검사 계획서를 신청인에게 통지하여야 한다.

철도차량 개조능력이 있다고 인정되는 자(철도안전법 시행규칙 제75조의5)

국토교통부령으로 정하는 적정 개조능력이 있다고 인정되는 자란 다음 각 호의 어느 하나에 해당하는 자를 말한다.

1. 개조 대상 철도차량 또는 그와 유사한 성능의 철도차량을 제작한 경험이 있는 자
2. 개조 대상 부품 또는 장치 등을 제작하여 납품한 실적이 있는 자
3. 개조 대상 부품·장치 또는 그와 유사한 성능의 부품·장치 등을 1년 이상 정비한 실적이 있는 자
4. 법 제38조의7 제2항에 따른 인증정비조직
5. 개조 전의 부품 또는 장치 등과 동등 수준 이상의 성능을 확보할 수 있는 부품 또는 장치 등의 신기술을 개발하여 해당 부품 또는 장치를 철도차량에 설치 또는 개량하는 자

개조승인 검사 등(철도안전법 시행규칙 제75조의6)

① 개조승인 검사는 다음 각 호의 구분에 따라 실시한다.
  1. 개조 적합성 검사 : 철도차량의 개조가 철도차량기술기준에 적합한지 여부에 대한 기술문서 검사
  2. 개조 합치성 검사 : 해당 철도차량의 대표편성에 대한 개조작업이 제1호에 따른 기술문서와 합치하게 시행되었는지 여부에 대한 검사
  3. 개조형식시험 : 철도차량의 개조가 부품 단계, 구성품 단계, 완성차 단계, 시운전 단계에서 철도차량기술기준에 적합한지 여부에 대한 시험

② 국토교통부 장관은 제1항에 따른 개조승인 검사 결과 철도차량기술기준에 적합하다고 인정하는 경우에는 별지 제45호의 4 서식에 따른 철도차량 개조승인 증명서에 철도차량 개조승인 자료집을 첨부하여 신청인에게 발급하여야 한다.

③ 제1항 및 제2항에서 정한 사항 외에 개조승인의 절차 및 방법 등에 관한 세부사항은 국토교통부 장관이 정하여 고시한다.

01 **다음 중 철도차량 개조 순서를 바르게 나열한 것은?**

① 개조신청 – 사전기술 검토 – 개조승인
② 개조신청 – 개조승인 – 사전기술 검토
③ 사전기술 검토 – 개조신청 – 개조승인
④ 사전기술 검토 – 개조승인 – 개조신청
⑤ 개조승인 – 사전기술 검토 – 개조신청

02 **다음 중 철도차량 개조를 신청하기 위해 위 자료를 살펴보았을 때 알 수 없는 것은?**

① 신청 시 구비 서류
② 개조승인 검사 종류
③ 개조승인 검사 기간
④ 신청서 처리 기간
⑤ 차량 개조 자격

03 다음은 의약품 종류별 상자 수에 따른 가격표이다. 종류별 상자 수를 가중치로 적용하여 가격에 대한 가중평균을 구하면 66만 원이라고 할 때, 빈칸에 들어갈 가격으로 옳은 것은?

〈의약품 종류별 가격 및 상자 수〉

(단위 : 만 원, 개)

구분	A	B	C	D
가격		70	60	65
상자 수	30	20	30	20

① 60만 원
② 65만 원
③ 70만 원
④ 75만 원
⑤ 80만 원

04 농도가 12%인 A설탕물 200g, 15%인 B설탕물 300g, 17%인 C설탕물 100g이 있다. A설탕물과 B설탕물을 합친 후 300g만 남기고 버린 다음, 여기에 C설탕물을 합친 후 다시 300g만 남기고 버렸다. 이때, 마지막 설탕물 300g에 녹아 있는 설탕의 양은?

① 41.5g
② 42.7g
③ 43.8g
④ 44.6g
⑤ 45.1g

05 매년 수입이 4,000만 원인 S씨의 소득 공제 금액이 작년에는 수입의 5%였고, 올해는 수입의 10%로 늘었다. 작년 대비 증가한 S씨의 올해의 소비 금액은?(단, 소비 금액은 천 원 단위에서 반올림한다)

〈소비 금액별 소득 공제 비율〉

소비 금액	공제 적용 비율
1,200만 원 이하	6%
1,200만 원 초과 4,600만 원	(72만 원+1,200만 원 초과금)×15%

① 1,333만 원
② 1,350만 원
③ 1,412만 원
④ 1,436만 원
⑤ 1,455만 원

06 A기차와 B기차가 36m/s의 일정한 속력으로 달리고 있다. A기차가 25초, B기차가 20초에 600m 길이의 터널을 완전히 지났을 때, A기차와 B기차의 길이를 바르게 짝지은 것은?(단, A기차와 B기차는 반대 방향으로 달리고 있다)

	A기차	B기차
①	200m	150m
②	300m	100m
③	150m	120m
④	200m	130m
⑤	300m	120m

07 다음 중 S부장의 질문에 대한 대답으로 옳지 않은 말을 한 사원을 모두 고르면?

S부장 : 10진수 21을 2, 8, 16진수로 각각 바꾸면 어떻게 되는가?
A사원 : 2진수로 바꾸면 10101입니다.
B사원 : 8진수로 바꾸면 25입니다.
C사원 : 16진수로 바꾸면 16입니다.

① A사원
② B사원
③ C사원
④ A사원, B사원
⑤ B사원, C사원

08 다음은 자아효능감에 대한 자료이다. 빈칸 ㉠～㉣에 들어갈 말을 순서대로 바르게 나열한 것은?

〈자아효능감〉

반두라(Bandura)의 이론에 따르면 자아효능감(Self – efficacy)이란 자신이 어떤 일을 성공적으로 수행할 수 있는 능력이 있다고 믿는 개인적 기대와 신념을 의미한다. 반두라는 자아효능감이 ___㉠___ 경험을 통해 결정된다고 보았다. 이를 위해서는 실제 성공할 수 있는 수준부터 일을 시작하여 단계별로 수준을 높여 나가며 목표를 달성하도록 해야 한다. 스스로 해낼 수 있다는 긍정적인 신념은 성공 경험이 쌓임으로써 발생하기 때문이다.
또한, 반두라는 실제 자신의 ___㉠___보다는 약하지만, 성공한 사람들의 경험을 간접적으로 학습하는 ___㉡___ 역시 자아효능감 형성에 영향을 미치는 요인으로 보았다. 다른 사람의 성공 사례를 통해 '저 사람이 할 수 있다면 나도 할 수 있다.'는 생각을 가질 수 있다는 것이다. 즉, 반두라는 개인의 행동과 반응이 다른 사람의 행동에 영향을 받는 ___㉢___ 경험의 역할을 강조하였다.
한편, 자신의 능력에 대한 의심이나 과제에 대한 불안은 자아효능감 형성에 좋지 않은 영향을 미친다고 보았으며, 오히려 적당한 ___㉣___ 상태에서 온전한 능력을 발휘할 수 있다고 보았다.

	㉠	㉡	㉢	㉣
①	모델링	정서적 각성	수행성취	사회적
②	모델링	수행성취	정서적 각성	사회적
③	정서적 각성	수행성취	모델링	정서적 각성
④	수행성취	모델링	사회적	정서적 각성
⑤	수행성취	모델링	정서적 각성	사회적

CHAPTER

06 2018년 기출복원문제

정답 및 해설 p.047

01 다음은 셀리그먼 박사가 개발한 PERMA 모델이다. PERMA 모델 중 'E'에 해당하는 설명으로 적절한 것은?

〈PERMA 모델〉

P	긍정적인 감정(Positive Emotion)
E	
R	인간관계(Relationship)
M	의미(Meaning & Purpose)
A	성취(Accomplishment & Achievement)

① 사람은 고립되면 세상을 바라보는 균형이 깨지고, 고통도 혼자 감내하게 된다.
② 목표를 세우고 성공하게 되는 과정은 우리에게 기대감을 심어 준다.
③ 현재를 즐기며, 미래에 대한 낙관적인 생각을 갖는다.
④ 무엇인가에 참여하게 되면 우리는 빠져들게 되고, 집중하게 된다.
⑤ 자신이 가치 있다고 생각하는 것을 찾고, 그 가치를 인식해야 한다.

02 S공사는 지난주 월요일부터 금요일까지 행사를 위해 매일 회의실을 대여했다. 회의실은 501 ~ 505호까지 마주 보는 회의실 없이 차례대로 위치해 있으며, 하루에 하나 이상의 회의실을 대여할 수 있지만, 전날 사용한 회의실은 다음날 바로 사용할 수 없다. 또한, 바로 붙어 있는 회의실들은 동시에 사용할 수 없지만, 월요일에는 예외적으로 붙어 있는 두 개의 회의실을 사용했다. 다음의 자료를 토대로 수요일에 2개의 회의실을 대여했다고 할 때, 대여한 회의실은 몇 호와 몇 호인가?

〈회의실 사용 현황〉

구분	월요일	화요일	수요일	목요일	금요일
회의실	501호	504호		505호	

① 501호, 502호
② 501호, 503호
③ 502호, 503호
④ 504호, 505호
⑤ 501호, 505호

03 다음 〈조건〉에 따라 추론한 을의 나이로 가장 적절한 것은?

조건

- 갑과 을은 부부이다. a는 갑의 동생, b, c는 갑의 아들과 딸이다.
- 갑은 을과 동갑이거나 나이가 많다.
- a, b, c 나이의 곱은 2,450이다.
- a, b, c 나이의 합은 46이다.
- a는 19 ~ 34세이다.
- 갑과 을의 나이 합은 아들과 딸의 나이 합의 4배이다.

① 42세
② 43세
③ 44세
④ 45세
⑤ 46세

04 A1 인쇄용지의 크기가 한 단위 작아질 경우 가로 길이의 절반이 A2 용지의 세로 길이가 되고, A1 용지의 세로 길이는 A2 용지의 가로 길이가 된다. 용지가 작아질 때마다 같은 비율로 적용된다고 할 때, A4에서 A5로 축소할 경우 길이의 축소율은?(단, $\sqrt{2}=1.4$, $\sqrt{3}=1.7$이다)

① 20%
② 30%
③ 40%
④ 50%
⑤ 60%

05 다음 사례에서 나타난 문제의 원인으로 가장 적절한 것은?

러시아에 공산주의 경제가 유지되던 시절, 나는 모스크바에 방문했다가 이상한 장면을 보게 되었다. 어떤 한 사람이 계속 땅을 파고 있고, 또 다른 사람은 그 뒤를 쫓으며 계속 그 구멍을 덮고 있었던 것이다. 의아했던 나는 그들에게 이러한 행동의 이유를 물어보았고, 그들이 말하는 이유는 단순했다. 그들은 나무를 심는 사람들인데 오늘 나무를 심는 사람이 오지 않아 한 사람이 땅을 판 후, 그대로 다음 사람이 그 구멍을 메우고 있었다는 것이다.

① 과도한 분업화
② 체력 저하
③ 체계화되지 않은 체제
④ 복잡한 업무
⑤ 리더의 부재

06 다음 글을 읽고 파악할 수 있는 오프라 윈프리의 설득 비결로 적절한 것은?

1954년 1월 29일, 미시시피주에서 사생아로 태어난 오프라 윈프리는 어릴 적 사촌에게 강간과 학대를 당하고 14살에 미혼모가 되었으나, 2주 후에 아기가 죽는 등 불우한 어린 시절을 보냈다. 그 후 고등학생 때 한 라디오 프로에서 일하게 되었고, 19살에는 지역의 저녁 뉴스에서 공동뉴스 캐스터를 맡게 되었다. 그러나 곧 특기인 즉흥적 감정 전달 덕분에 뉴스 캐스터가 아닌 낮 시간대의 토크쇼에서 진행자로 활동하게 되었다.
에이엠 시카고(AM Chicago)는 시카고에서 낮은 시청률을 가진 30분짜리 아침 토크쇼였지만 오프라 윈프리가 맡은 이후, 시카고에서 가장 인기 있는 토크쇼였던 '도나휴'를 능가하게 되었다. 그리고 그 쇼가 바로 전국적으로 방영되었던 '오프라 윈프리 쇼'의 시초였다.
이렇듯 그녀가 토크쇼의 진행자로서 크게 성공할 수 있었던 요인은 무엇이었을까? 얼마 전 우리나라에서 방송되었던 한 프로그램에서는 그 이유에 대해 '말하기와 듣기'라고 밝혔다. 실제로 그녀는 방송에서 자신의 아픈 과거를 고백함으로써 게스트들의 진심을 이끌어 냈으며, 재밌는 이야기에 함께 웃고 슬픈 이야기를 할 때는 함께 눈물을 흘리는 등 그녀의 공감 능력을 통해 상대방의 닫힌 마음을 열었다. 친숙한 고백적 형태의 미디어 커뮤니케이션이라는 관계 형성 토크의 새로운 영역을 개척한 것이다.
오프라 윈프리는 상대방의 설득을 얻어 내기 위한 방법으로 다섯 가지를 들었다. 첫째, 항상 진솔한 자세로 말하여 상대방의 마음을 열어야 한다. 둘째, 아픔을 함께 하는 자세로 말하여 상대방의 공감을 얻어야 한다. 셋째, 항상 긍정적으로 말한다. 넷째, 사랑스럽고 따뜻한 표정으로 대화한다. 다섯째, 말할 때는 상대방을 위한다는 생각으로 정성을 들여 말해야 한다. 또한, 그녀는 '바위 같은 고집쟁이도 정성을 다해 말하면 꼼짝없이 마음의 문을 열고 설득당할 것이다.'라고도 말했다.

① 자신감 있는 태도
② 화려한 경력
③ 공감의 화법
④ 상대방에 대한 사전 조사
⑤ 사실적 근거

07 다음 중 밑줄 친 조직의 성격으로 적절한 것은?

국가 등의 책무(제4조)
① <u>국가와 지방자치단체</u>는 국민의 생명 · 신체 및 재산을 보호하기 위하여 철도안전시책을 마련하여 성실히 추진하여야 한다.
② 철도운영자 및 철도시설관리자(이하 '철도운영자 등'이라 한다)는 철도운영이나 철도시설관리를 할 때에는 법령에서 정하는 바에 따라 철도안전을 위하여 필요한 조치를 하고, 국가나 지방자치단체가 시행하는 철도안전시책에 적극 협조하여야 한다.

① 관리적 · 정치적 조직
② 호혜 조직
③ 체제유지 목적 조직
④ 봉사 조직
⑤ 경제적 조직

08 다음 사례에서 갑에게 나타난 인지적 오류 유형으로 가장 적절한 것은?

을과 함께 있던 갑은 새로 들어온 신입사원이 자신의 옆을 지나가면서 웃는 것을 보고 분명히 자신을 비웃는 것이라고 생각하였다. 을은 과민한 생각이 아니냐며 다른 재밌는 일이 있는 것이라고 이야기했지만, 갑은 을의 이야기를 듣지 않고 자괴감에 빠졌다.

① 정신적 여과
② 개인화
③ 과잉 일반화
④ 이분법적 사고
⑤ 예언자적 사고

09 다음 사례에서 A대리에게 나타난 증상의 원인으로 가장 적절한 것은?

S공사 A대리는 공사 내 유능한 인재로 인정받고 있다. 하지만 S공사에서는 적자 해소를 위해 인력을 축소하고 신규인력 채용을 연기하였고 A대리는 기존에 여러 사원과 하던 업무를 점점 홀로 떠맡게 되었다. 일 처리가 빠르기로 소문난 A대리였지만, 일이 A대리에게만 집중되자 A대리의 능력으로도 소화해 내기 힘들어졌다. A대리는 모든 일에 무기력해졌고, 현재 퇴사를 고려하고 있다.

① 대인관계가 원활하지 않아서이다.
② 일의 난이도가 낮아서이다.
③ 민원 업무 때문이다.
④ 일의 양이 많아서이다.
⑤ 업무에 비해 연봉이 적어서이다.

10 다음 글에 나타난 유비의 리더십 유형으로 가장 적절한 것은?

‘모난 돌이 정 맞는다.’, ‘갈대는 휘지만 절대 부러지지 않는다.’라는 말이 있다. 직장 생활을 하다 보면 정에 맞거나, 부러져야 할 위기의 순간이 찾아온다. 그때 겉모습은 그리 아름답지 않겠지만 휘거나 굽히는 모양새가 필요하다. 그러나 사실 자존감을 잃지 않는 범위 내에서 겸손과 굽힘의 유연함을 갖추기는 매우 어렵다. 우리가 주목해야 할 것은 유비가 제갈량을 얻기 위해 갖춘 겸손의 태도이다. 당시 유비는 47세로, 27세의 제갈량보다 무려 스무 살이나 연상이었다. 그럼에도 불구하고, 유비는 제갈량을 세 번이나 찾아가 머리를 굽혔다. 마지막 세 번째에는 낮잠을 자는 제갈량을 무려 몇 시간이나 밖에 서서 기다리는 모습을 보이면서 제갈량의 마음을 얻은 것으로 알려져 있다. 또한, 유비는 나이, 신분, 부, 출신 지역 등을 가리지 않고 인재를 등용했으며, 인재를 얻기 위해서는 자신을 낮추는 데 주저함이 없었다. 당시 유비의 책사였던 서서가 어쩔 수 없는 상황으로 유비를 떠나면서 제갈량을 추천했던 것도 유비의 진심에 탄복했기 때문이다.

① 서번트 리더십
② 카리스마 리더십
③ 거래적 리더십
④ 민주적 리더십
⑤ 방임적 리더십

11 다음 중 밑줄 친 ㉠～㉡의 한자를 바르게 짝지은 것은?

> 현행 수입화물의 프로세스는 ㉠ 적하목록 제출, 입항, 하선, 보세운송, 보세구역 반입, 수입신고, 수입신고 수리, 반출의 절차를 이행하고 있다. 입항 전 수입신고는 5% 내외에 머무르고, 대부분의 수입신고가 보세구역 반입 후에 행해짐에 따라 보세운송 절차와 보세구역 반입 절차가 반드시 수반되어야 했다. 하지만 새로운 제도가 도입되면 해상화물의 적하목록 제출시기가 적재 24시간 전(근거리 출항 전)으로 앞당겨져 입항 전 수입신고가 일반화될 수 있는 여건이 ㉡ 조성될 것이다. 따라서 수입화물 프로세스가 적하목록 제출, 수입신고, 수입신고 수리, 입항, 반출의 절차를 거침에 따라 화물반출을 위한 세관 절차가 입항 전에 종료되므로 보세운송, 보세구역 반입이 생략되어 수입화물을 신속하게 화주에게 인도할 수 있게 된다.

① 積下 – 調聲
② 積下 – 組成
③ 積荷 – 潮聲
④ 積荷 – 造成
⑤ 責任 – 造成

12 S사에 근무하는 A대리는 한글 2014로 작성된 보고서에 동영상 파일을 삽입하려고 한다. 다음 중 한글 2014에 삽입 가능한 동영상 파일의 파일 형식으로 적절하지 않은 것은?

① mpg
② avi
③ asf
④ mp4
⑤ tiff

13 다음 글에서 하고자 하는 이야기로 가장 적절한 것은?

어느 법정에서 선정된 12명의 배심원이 한 소년의 살인죄에 대한 유·무죄를 가린다. 배심원들의 의견이 만장일치가 되어야만 소년의 형량이 결정되는데, 12명의 배심원은 학교의 빈 강당으로 수용되고 이들은 모든 외부 세계와 단절된다. 혹시라도 있을 수 있는 편견과 잘못된 판단을 방지하기 위해서이다. 이들은 서로 이름도 모르고 아무런 연계성이 없는 사람들로 이들 중 대표 한 사람을 뽑아서 회의를 연다. 이들은 모두 어차피 수사가 다 끝났고 증인도 있으니 이 불쌍한 소년이 유죄라 생각하며 빨리 결정을 내고 해산하려는 생각뿐이다. 그러나 그중 단 한 사람이 무죄를 선언하자 야단법석이 일어난다.
"정말로 무죄라고 생각하시나요?"
"꼭 저런 사람들이 있지."
"저 소년과 아는 사이 아닌가!"
하지만 그 한 명의 배심원은 그들의 압력에 동조하지 않고 말했다.
"나까지 저 소년이 유죄라고 하면, 저 소년은 진짜로 죽을 것 아니오?"
결국 비밀 투표가 시행되고, 한 사람이 더 무죄에 투표하게 된다. 배심원들 사이에서 분분한 논쟁이 이어지면서 하나둘씩 소년의 무죄를 느낀다. 결정적으로 이 살인사건의 증인이었던 옆집 여자의 증언이 위증으로 판명되면서 배심원 모두가 소년의 무죄를 선언하게 된다.

① 다수의 의결에 따라야 한다.
② 범죄를 저질렀으면 벌을 받아야 한다.
③ 결정을 내리기 전에는 다른 의견도 들어 봐야 한다.
④ 다수의 의견이 항상 옳은 것은 아니다.
⑤ 소수의 의견은 다수의 의견에 앞선다.

14 전통적인 회식비 분담 방식은 회식비 총액을 인원수로 나누는 방식이다. 하지만 최근에는 자신이 주문한 만큼 부담하는 거래내역 방식을 사용하기도 한다. 다음 중 전통적인 방식으로 회식비를 분담할 때보다 거래내역 방식으로 회식비를 분담할 때 부담이 덜어지는 사람은?

〈주문내역〉

구분	메인요리	샐러드	디저트
병수	12,000원	–	3,000원
다인	15,000원	5,000원	3,000원, 5,000원
한별	13,000원	5,000원	7,000원
미진	15,000원	3,000원	6,000원, 5,000원
건우	12,000원	4,000원	5,000원, 5,000원

① 병수
② 다인
③ 한별
④ 미진
⑤ 건우

15 다음 중 벤치마킹의 종류와 그 특징이 잘못 연결된 것은?

① 내부적 벤치마킹 : 자사 내 타 부서와 비교하는 방법이다.
② 경쟁적 벤치마킹 : 경쟁사와 비교하여 유사 업무 처리 과정을 비교하는 방법이다.
③ 기능적 벤치마킹 : 동일한 산업의 동일한 기능을 비교하는 방법이다.
④ 전략적 벤치마킹 : 최우수 기업의 전략과 방법을 조사하는 방법이다.
⑤ 본원적 벤치마킹 : 동일한 제품을 판매하는 경쟁사의 사업 과정을 비교하는 방법이다.

16 S씨의 가족은 서울에서 거리가 140km 떨어진 곳으로 여행을 가려고 한다. 가족 구성원은 총 4명이며, 모두가 탈 수 있는 차를 렌트하려고 한다. 다음 A ~ E자동차의 성능을 비교한 자료를 참고할 때, 어떤 자동차를 이용하는 것이 가장 비용이 적게 드는가?(단, 비용은 일의 자리에서 반올림한다)

〈자동차 성능 현황〉

구분	종류	연료	연비
A자동차	하이브리드	일반 휘발유	25km/L
B자동차	전기	전기	6km/kW
C자동차	가솔린 자동차	고급 휘발유	19km/L
D자동차	가솔린 자동차	일반 휘발유	20km/L
E자동차	가솔린 자동차	고급 휘발유	22km/L

〈연료별 비용〉

구분	비용
전기	500원/kW
일반 휘발유	1,640원/L
고급 휘발유	1,870원/L

〈자동차 인원〉

구분	인원
A자동차	5인승
B자동차	2인승
C자동차	4인승
D자동차	6인승
E자동차	4인승

① A자동차
② B자동차
③ C자동차
④ D자동차
⑤ E자동차

17 **다음 중 A, B의 태도와 관련 깊은 직업윤리 덕목을 순서대로 바르게 나열한 것은?**

> A : 내가 하는 일은 내가 가장 잘할 수 있는 일이고, 나는 내게 주어진 사회적 역할과 책무를 충실히 하여 사회에 기여하고 공동체를 발전시켜 나간다.
> B : 내가 하는 일은 기업의 이익을 넘어 사회에 기여할 수 있는 일이라고 생각한다. 나는 이런 중요한 일을 하므로 내 직업에 있어서 성실히 임해야 한다.

	A의 직업윤리	B의 직업윤리
①	봉사의식	소명의식
②	책임의식	직분의식
③	천직의식	소명의식
④	전문가의식	직분의식
⑤	봉사의식	책임의식

18 **다음은 철도종사자 등의 신체검사에 대한 지침의 일부이다. 밑줄 친 정보에 해당하는 것은?**

> **〈철도종사자 등의 신체검사에 관한 지침〉**
>
> **기록보존 등(제9조)**
>
> ① 신체검사의료기관은 신체검사 판정서를 발급한 경우에는 별지 제2호 서식의 신체검사 판정서 관리대장에 기록하고, 다음 각 호의 서류를 신체검사 판정서를 발급한 날부터 5년 동안 보존하여야 한다.
> 1. 신체검사판정서 및 관련 검사자료
> 2. 신체검사판정서 교부대장
>
> ② 제1항 각 호에 따른 자료에 대하여는 교육생의 경우에는 교육훈련기관이, 철도종사자의 경우에는 철도운영기관이, 운전면허시험・관제자격증명 응시자의 경우에는 교통안전공단이 각각 철도안전정보망에 입력하여야 하며, 교통안전공단 이사장은 그 자료를 보관・관리하여야 한다.
>
> ③ 신체검사의료기관의 장은 신체검사 판정서 및 신체검사의 기록 등 신체검사를 시행하는 과정에서 알게 된 <u>정보</u>에 관하여는 누설하지 말아야 한다.

① 시력
② 면허발급일자
③ 근속기간
④ 주소지
⑤ 연봉

19 다음 사례에서 나타난 박과장의 부적응적 인간관계 유형은?

> 박과장은 모든 사내 인간관계에서 다툼과 대립을 반복하여 팀 내에서 늘 갈등의 중심으로 여겨진다. 사내에는 박과장과 친한 사람도 있지만, 자주 갈등을 일으키는 탓에 박과장을 싫어하는 사람도 많다. 김대리는 이과장과의 면담에서 박과장이 팀 내에서 늘 갈등을 일으키는 것을 이야기하며, 박과장의 언행으로 인해 감정이 상했다고 털어 놓았다. 그러나 박과장과 친한 이과장은 박과장이 사실은 두려움이 많은 친구라고 이야기했다.

① 불안형
② 실리형
③ 소외형
④ 반목형
⑤ 의존형

20 다음 중 어미 '–지'의 쓰임이 잘못 연결된 것은?

> ㉠ 상반되는 사실을 서로 대조적으로 나타내는 연결 어미
> ㉡ (용언 어간이나 어미 '–으시–', '–었–', '–겠–' 뒤에 붙어) 해할 자리에 쓰여, 어떤 사실을 긍정적으로 서술하거나 묻거나 명령하거나 제안하는 따위의 뜻을 나타내는 종결 어미. 서술, 의문, 명령, 제안 따위로 두루 쓰인다.
> ㉢ (용언의 어간이나 어미 '–으시–', '–었–' 뒤에 붙어) 그 움직임이나 상태를 부정하거나 금지하려 할 때 쓰이는 연결 어미. '않다', '못하다', '말다' 따위가 뒤따른다.

① ㉠ : 콩을 심으면 콩이 나지 팥이 날 수는 없다.
② ㉡ : 그는 이름난 효자이지.
③ ㉡ : 그는 어떤 사람이지?
④ ㉢ : 쓰레기를 버리지 마시오.
⑤ ㉢ : 그는 얼마나 부지런한지 세 사람 몫의 일을 해낸다.

21 **다음 중 안드라고지(Andragogy)에 대한 설명으로 옳지 않은 것은?**

① 성과 중심, 문제해결 중심, 생활 중심의 성향을 보인다.
② 교수자는 지원자의 안내자 역할을 한다.
③ 교사 중심 교육이며 교과 중심적인 성향을 갖는다.
④ 학습의 책임이 학생에게 있다고 본다.
⑤ 학습자가 스스로 배우고 주도해 나가는 과정을 의미한다.

22 **다음 철도안전법과 동법 시행령에 근거할 때, 철도 운전면허를 취득할 수 있는 사람은?**

〈철도안전법〉

결격사유(제11조)
다음 각 호의 어느 하나에 해당하는 사람은 운전면허를 받을 수 없다.
1. 19세 미만인 사람
2. 철도차량 운전상의 위험과 장해를 일으킬 수 있는 정신질환자 또는 뇌전증환자로서 대통령령으로 정하는 사람
3. 철도차량 운전상의 위험과 장해를 일으킬 수 있는 약물(마약류 관리에 관한 법률 제2조 제1호에 따른 마약류 및 화학물질관리법 제22조 제1항에 따른 환각물질을 말한다. 이하 같다) 또는 알코올 중독자로서 대통령령으로 정하는 사람
4. 두 귀의 청력 또는 두 눈의 시력을 완전히 상실한 사람

〈철도안전법 시행령〉

운전면허를 받을 수 없는 사람(제12조)
① 법 제11조 제2호 및 제3호에서 '대통령령으로 정하는 사람'이란 해당 분야 전문의가 정상적인 운전을 할 수 없다고 인정하는 사람을 말한다.
② 법 제11조 제4호에서 '대통령령으로 정하는 신체장애인'이란 다음 각 호의 어느 하나에 해당하는 사람을 말한다.
1. 말을 하지 못하는 사람
2. 한쪽 다리의 발목 이상을 잃은 사람
3. 한쪽 팔 또는 한쪽 다리 이상을 쓸 수 없는 사람
4. 다리・머리・척추 또는 그 밖의 신체장애로 인하여 걷지 못하거나 앉아 있을 수 없는 사람
5. 한쪽 손 이상의 엄지손가락을 잃었거나 엄지손가락을 제외한 손가락을 3개 이상 잃은 사람

① 전문의가 뇌전증 환자로서 정상적인 운전을 할 수 없다고 인정한 사람
② 전문의가 알코올 중독자로서 정상적인 운전을 할 수 없다고 인정한 사람
③ 교통사고로 두 다리를 잃어 걷지 못하는 사람
④ 태어날 때부터 두 눈의 시력을 완전히 상실한 사람
⑤ 사고로 한쪽 손의 새끼손가락을 잃은 사람

23 S공사의 업무는 전 세계에서 이루어진다. 런던지사에 있는 A대리는 11월 1일 오전 9시에 업무를 시작하여 오후 10시에 마치고 시애틀에 있는 B대리에게 송부하였다. B대리는 11월 2일 오후 3시부터 작업하여 끝내고 바로 서울에 있는 C대리에게 자료를 송부하였다. C대리는 자료를 받자마자 11월 3일 오전 9시부터 자정까지 작업을 하고 최종 보고하였다. 다음 중 세 명이 업무를 마무리하는 데 걸린 시간은 총 몇 시간인가?

위치	시차
런던	GMT+0
시애틀	GMT−7
서울	GMT+9

① 25시간
② 30시간
③ 35시간
④ 40시간
⑤ 45시간

24 다음 A사원과 B사원의 대화 중 빈칸에 들어갈 단축키로 적절한 것은?

A사원 : 오늘 야근 예정이네. 이걸 다 언제하지?
B사원 : 무슨 일인데 그래?
A사원 : 아니 부장님이 오늘 가입한 회원들 중 30대의 데이터만 모두 추출하라고 하시잖아. 오늘 가입한 사람들만 1,000명이 넘는데…
B사원 : 엑셀의 자동필터 기능을 사용하면 되잖아. 단축키는 ___________야.
A사원 : 이런 기능이 있었구나! 덕분에 오늘 일찍 퇴근할 수 있겠군. 고마워!

① 〈Ctrl〉+〈Shift〉+〈L〉
② 〈Ctrl〉+〈Shift〉+〈5〉
③ 〈Ctrl〉+〈Shift〉+〈7〉
④ 〈Ctrl〉+〈Shift〉+〈;〉
⑤ 〈Ctrl〉+〈Shift〉+〈F〉

25 A ~ E사의 올해 영업이익 결과에 대해 직원들이 이야기하고 있다. 이 중 한 직원만 거짓을 말할 때, 다음 중 항상 참인 것은?(단, 영업이익은 올라갔거나 내려갔다)

> 철수 : A사는 영업이익이 올라갔다.
> 영희 : B사는 D사보다 영업이익이 더 올라갔다.
> 수인 : E사의 영업이익은 내려갔고, C사의 영업이익도 내려갔다.
> 희재 : E사는 영업이익은 올라갔다.
> 연미 : A사는 D사보다 영업이익이 덜 올라갔다.

① E사는 영업이익이 올라갔다.
② B사는 A사보다 영업이익이 더 올라갔다.
③ C사의 영업이익이 내려갔다.
④ D사는 E사보다 영업이익이 덜 올라갔다.
⑤ E사는 B사보다 영업이익이 덜 올라갔다.

26 다음 표가 A, B 두 회사에 광고를 투입할 경우 얻을 수 있는 회사별 수입을 나타낼 때, 이를 이해한 내용으로 옳지 않은 것은?

구분	B회사는 광고를 한다.	B회사는 광고를 하지 않는다.
A회사는 광고를 한다.	A회사 매출 70% 상승, B회사 매출 70% 상승	A회사 매출 100% 상승, B회사 매출 30% 하락
A회사는 광고를 하지 않는다.	A회사 매출 30% 하락, B회사 매출 100% 상승	A회사 매출 30% 상승, B회사 매출 30% 상승

① 두 회사 모두 광고를 하는 것이 이 문제의 우월전략균형이다.
② 두 회사 모두 광고를 하지 않는 것이 이 문제의 내쉬균형이다.
③ 이 상황이 반복되면 두 회사는 광고를 계속하게 될 것이다.
④ 광고를 하는 것이 우월전략이고, 하지 않는 것이 열등전략이다.
⑤ 두 회사는 상대방이 광고유무에 상관없이 광고를 하는 것이 최적의 전략이다.

27 다음은 권력과 복종을 기준으로 조직을 구분한 에치오니(Etzioni)의 조직 유형이다. 조직 유형 ㉠ ~ ㉢에 대한 설명으로 옳지 않은 것은?

구분	소외적 몰입	타산적 몰입	도덕적 몰입
강제적 권력	㉠	–	–
보상적 권력	–	㉡	–
규범적 권력	–	–	㉢

① ㉠ : 강제적 통제 권력이 사용되며, 구성원은 조직의 목적에 매우 부정적인 태도를 취한다.
② ㉠ : 교도소나 군대 등이 이에 속한다.
③ ㉡ : 물질적 보상체제를 사용하여 구성원을 통제하고, 구성원은 보상에 따라 타산적으로 조직에 참여한다.
④ ㉢ : 종교 단체나 전문직 단체 등이 이에 속한다.
⑤ ㉢ : 구성원은 반대급부에 대한 계산을 따져 보고 그만큼만 조직에 몰입한다.

28 협상과정은 '협상 시작 단계 → 상호 이해 단계 → 실질 이해 단계 → 해결 대안 단계 → 합의 문서 단계' 5단계로 구분할 수 있다. 다음 〈보기〉의 내용을 협상과정 순서에 따라 바르게 나열한 것은?

보기
㉠ 최선의 대안에 대해 합의하고 이를 선택한다.
㉡ 겉으로 주장하는 것과 실제로 원하는 것을 구분하여 실제로 원하는 바를 찾아낸다.
㉢ 협상 진행을 위한 체제를 구축한다.
㉣ 갈등 문제의 진행 상황 및 현재 상황을 점검한다.
㉤ 합의문의 합의 내용, 용어 등을 재점검한다.

① ㉠ → ㉡ → ㉣ → ㉢ → ㉤
② ㉠ → ㉣ → ㉡ → ㉢ → ㉤
③ ㉢ → ㉣ → ㉡ → ㉠ → ㉤
④ ㉢ → ㉡ → ㉣ → ㉠ → ㉤
⑤ ㉢ → ㉡ → ㉣ → ㉤ → ㉠

※ 다음은 철도안전법과 철도안전법 시행령 · 시행규칙의 일부이다. 이어지는 질문에 답하시오. [29~30]

〈철도안전법〉

철도안전 종합계획(제5조)

① 국토교통부장관은 5년마다 철도안전에 관한 종합계획(이하 '철도안전 종합계획'이라 한다)을 수립하여야 한다.

③ 국토교통부장관은 철도안전 종합계획을 수립할 때에는 미리 관계 중앙행정기관의 장 및 철도운영자 등과 협의한 후 기본법 제6조 제1항에 따른 철도산업위원회의 심의를 거쳐야 한다. 수립된 철도안전 종합계획을 변경(대통령령으로 정하는 경미한 사항의 변경은 제외한다)할 때에도 또한 같다.

④ 국토교통부장관은 철도안전 종합계획을 수립하거나 변경하기 위하여 필요하다고 인정하면 관계 중앙행정기관의 장 또는 특별시장 · 광역시장 · 특별자치시장 · 도지사 · 특별자치도지사(이하 '시 · 도지사'라 한다)에게 관련 자료의 제출을 요구할 수 있다. 자료 제출 요구를 받은 관계 중앙행정기관의 장 또는 시 · 도지사는 특별한 사유가 없으면 이에 따라야 한다.

시행계획(제6조)

① 국토교통부장관, 시 · 도지사 및 철도운영자 등은 철도안전 종합계획에 따라 소관별로 철도안전 종합계획의 단계적 시행에 필요한 연차별 시행계획(이하 '시행계획'이라 한다)을 수립 · 추진하여야 한다.

안전관리체계의 승인(제7조)

① 철도운영자 등(전용철도의 운영자는 제외한다. 이하 이 조 및 제8조에서 같다)은 철도운영을 하거나 철도시설을 관리하려는 경우에는 인력, 시설, 차량, 장비, 운영절차, 교육훈련 및 비상대응계획 등 철도 및 철도시설의 안전관리에 관한 유기적 체계(이하 '안전관리체계'라 한다)를 갖추어 국토교통부장관의 승인을 받아야 한다.

② 전용철도의 운영자는 자체적으로 안전관리체계를 갖추고 지속적으로 유지하여야 한다.

③ 철도운영자 등은 제1항에 따라 승인받은 안전관리체계를 변경(제5항에 따른 안전관리기준의 변경에 따른 안전관리체계의 변경을 포함한다. 이하 이 조에서 같다)하려는 경우에는 국토교통부장관의 변경승인을 받아야 한다. 다만, 국토교통부령으로 정하는 경미한 사항을 변경하려는 경우에는 국토교통부장관에게 신고하여야 한다.

⑤ 국토교통부장관은 철도안전경영, 위험관리, 사고 조사 및 보고, 내부점검, 비상대응계획, 비상대응훈련, 교육훈련, 안전정보관리, 운행안전관리, 차량 · 시설의 유지관리(차량의 기대수명에 관한 사항을 포함한다) 등 철도운영 및 철도시설의 안전관리에 필요한 기술기준을 정하여 고시하여야 한다.

안전관리체계의 유지 등(제8조)

① 철도운영자 등은 철도운영을 하거나 철도시설을 관리하는 경우에는 제7조에 따라 승인받은 안전관리체계를 지속적으로 유지하여야 한다.

② 국토교통부장관은 안전관리체계 위반 여부 확인 및 철도사고 예방 등을 위하여 철도운영자 등이 제1항에 따른 안전관리체계를 지속적으로 유지하는지 다음 각 호의 검사를 통해 국토교통부령으로 정하는 바에 따라 점검 · 확인할 수 있다.

승인의 취소 등(제9조)

① 국토교통부장관은 안전관리체계의 승인을 받은 철도운영자 등이 다음 각 호의 어느 하나에 해당하는 경우에는 그 승인을 취소하거나 6개월 이내의 기간을 정하여 업무의 제한이나 정지를 명할 수 있다. 다만, 제1호에 해당하는 경우에는 그 승인을 취소하여야 한다.

1. 거짓이나 그 밖의 부정한 방법으로 승인을 받은 경우
2. 제7조 제3항을 위반하여 변경승인을 받지 아니하거나 변경신고를 하지 아니하고 안전관리체계를 변경한 경우

3. 제8조 제1항을 위반하여 안전관리체계를 지속적으로 유지하지 아니하여 철도운영이나 철도시설의 관리에 중대한 지장을 초래한 경우
4. 제8조 제3항에 따른 시정조치명령을 정당한 사유 없이 이행하지 아니한 경우

철도사고 등 의무보고(제61조)

① 철도운영자 등은 사상자가 많은 사고 등 대통령령으로 정하는 철도사고 등이 발생하였을 때에는 국토교통부령으로 정하는 바에 따라 즉시 국토교통부장관에게 보고하여야 한다.

② 철도운영자 등은 제1항에 따른 철도사고 등을 제외한 철도사고 등이 발생하였을 때에는 국토교통부령으로 정하는 바에 따라 사고 내용을 조사하여 그 결과를 국토교통부장관에게 보고하여야 한다.

〈철도안전법 시행령〉

시행계획 수립절차 등(제5조)

① 법 제6조에 따라 특별시장·광역시장·특별자치시장·도지사 또는 특별자치도지사(이하 '시·도지사'라 한다)와 철도운영자 및 철도시설관리자(이하 '철도운영자 등'이라 한다)는 다음 연도의 시행계획을 매년 10월 말까지 국토교통부장관에게 제출하여야 한다.

② 시·도지사 및 철도운영자 등은 전년도 시행계획의 추진실적을 매년 2월 말까지 국토교통부장관에게 제출하여야 한다.

국토교통부장관에게 즉시 보고하여야 하는 철도사고 등(제57조)

법 제61조 제1항에서 '사상자가 많은 사고 등 대통령령으로 정하는 철도사고 등'이란 다음 각 호의 어느 하나에 해당하는 사고를 말한다.

1. 열차의 충돌이나 탈선사고
2. 철도차량이나 열차에서 화재가 발생하여 운행을 중지시킨 사고
3. 철도차량이나 열차의 운행과 관련하여 3명 이상 사상자가 발생한 사고
4. 철도차량이나 열차의 운행과 관련하여 5천만 원 이상의 재산피해가 발생한 사고

〈철도안전법 시행규칙〉

철도사고 등의 의무보고(제86조)

① 철도운영자 등은 법 제61조 제1항에 따른 철도사고 등이 발생한 때에는 다음 각 호의 사항을 국토교통부장관에게 즉시 보고하여야 한다.
   1. 사고 발생 일시 및 장소
   2. 사상자 등 피해사항
   3. 사고 발생 경위
   4. 사고 수습 및 복구 계획 등

② 철도운영자 등은 법 제61조 제2항에 따른 철도사고 등이 발생한 때에는 다음 각 호의 구분에 따라 국토교통부장관에게 이를 보고하여야 한다.
   1. 초기보고 : 사고발생현황 등
   2. 중간보고 : 사고수습·복구상황 등
   3. 종결보고 : 사고수습·복구결과 등

③ 제1항 및 제2항에 따른 보고의 절차 및 방법 등에 관한 세부적인 사항은 국토교통부장관이 정하여 고시한다.

29 윗글을 이해한 내용으로 적절하지 않은 것은?

① 국토교통부장관은 철도운영 및 철도시설의 안전관리에 필요한 기술기준을 정하여 고시하여야 한다.

② 국토교통부장관은 5년마다 철도안전에 관한 종합계획을 수립하여야 하는데, 이때에는 미리 관계 중앙행정기관의 장 및 철도운영자와 협의한 후 철도산업위원회의 심의를 거쳐야 한다.

③ 이미 수립된 철도안전 종합계획을 변경하려는 경우에 국토교통부장관의 변경승인을 받아야 하지만, 경미한 변경 사항의 경우는 국토교통부장관에게 신고하여야 한다.

④ 철도운영자가 부정한 방법으로 안전관리체계에 대한 승인을 받은 경우 국토교통부장관은 6개월 이내의 기간을 정하여 업무의 제한이나 정지를 명할 수 있다.

⑤ 철도안전 종합계획을 수립하거나 변경하기 위하여 자료가 필요한 경우 국토교통부장관은 관계 중앙행정기관의 장 또는 시·도지사에게 관련 자료의 제출을 요구할 수 있다.

30 다음 중 철도운영자의 임무에 대한 설명으로 옳지 않은 것은?

① 철도운영자는 철도운영을 하거나 철도시설을 관리하려는 경우 안전관리에 관한 유기적 체계를 갖추어 국토교통부장관의 승인을 받아야 한다.

② 철도운영자가 안전관리체계를 변경하려는 경우 국토교통부장관의 변경승인을 받아야 한다.

③ 3명 이상의 사상자가 발생한 철도사고의 경우 철도운영자는 즉시 국토교통부장관에게 사고 발생 일시 및 장소, 사고발생 경위 등을 보고하여야 한다.

④ 열차의 탈선으로 사고가 발생한 경우 철도운영자는 국토교통부장관에게 최소 3번 이상 보고해야 한다.

⑤ 철도운영자는 다음 연도의 시행계획을 매년 10월 말까지 국토교통부장관에게 제출하여야 한다.

31 다음 중 면접관의 질문에 적절한 대답을 한 면접자를 모두 고르면?

> 면접관 : 선호하지 않는 일을 한다고 하면 그것도 직업이라고 할 수 있습니까?
> 갑 : 보수를 받지 않는다면 그것은 직업이 아니라고 생각합니다.
> 면접관 : 최근에 직업을 가진 적이 있습니까?
> 을 : 네. 지난 여름에 해외로 자원봉사를 반년간 다녀왔습니다.
> 면접관 : 마지막에 가진 직업이 무엇입니까?
> 병 : 1개월 동안 아르바이트를 한 것이 마지막 직업이었습니다.
> 면접관 : 중요한 미팅에 나가는데 길에 할머니가 쓰러져 있으면 어떻게 하시겠습니까?
> 정 : 119에 도움을 요청한 후, 미팅에 나가겠습니다.
> 면접관 : 입사를 한다면 입사 후에 어떠한 활동을 하실 계획입니까?
> 무 : 입사 후에 저의 경력관리를 위해 직무와 관련된 공부를 할 계획입니다.

① 갑, 병
② 갑, 정
③ 을, 병
④ 병, 정
⑤ 정, 무

32 다음 상황에서 나타난 갑과 을의 행위 원인을 순서대로 바르게 나열한 것은?

> • 갑은 철도안전법상 열차 내에서 물건을 매매할 수 없다는 것을 알고 있었지만, 생계가 어려워지자 가족들을 먹여 살리기 위해 열차 내에서 물건을 판매하였다.
> • 을은 술을 한 잔만 마시려고 했으나 술자리 분위기가 너무 좋아 만취 상태에 이르렀고, 만취 상태에서 판단능력을 상실하고 운전업무를 수행 중인 병을 폭행하였다.

	갑	을
①	무관심	무절제
②	무절제	무지
③	무관심	무지
④	무지	무절제
⑤	무절제	무관심

33 S공사의 A대리는 제품 시연회를 준비하고 있다. 다음 중 5W1H에 해당하는 정보로 옳지 않은 것은?

> **〈환경개선 특수차 시연회 시행계획〉**
>
> 안전점검의 날을 맞이하여 시민고객에게 우리 공사의 환경안전정책 및 지하철 환경개선 노력을 홍보하고, 시민고객과의 소통으로 시민고객과 함께하는 지하철 환경개선 사업으로 도약하고자 한다.
>
> 1. 추진개요
>   - 행사명 : 시민과 함께하는 환경개선 특수차 시연회 개최
>   - 시행일시 : 2017. 12. 4.(월) 10:00 ~ 12:00
>   - 장소 : 차량기지 장비유치선
>   - 시연장비 : 고압살수차
>   - 참석대상
>   - 환경개선 특수차 시연회 일반인 신청자 : 20명
>   - 우리 공사 : 장비관리단장 외 20명
>
>   ※ 시민참여 인원 등 행사일정은 현장여건에 따라 변동될 수 있음
>
> 2. 행사내용
>   - 우리 공사 지하철 환경관리정책 홍보 및 특수차 소개
>   - 시민과 함께하는 지하철 화재예방 영상 교육
>   - 2017년 환경개선 특수장비 운영에 따른 환경개선 활동 및 시연
>   - 차량검수고 견학(차량사업소 협조)
>   - 지하철 환경개선에 대한 시민고객의 의견수렴(설문지)

① When : 2017년 12월 4일

② Where : 차량기지 장비유치선

③ What : 지하철 환경개선 특수차 시연회

④ How : 환경개선 특수차 시연 및 차량검수고 견학

⑤ Why : 시민참여 인원 등 행사일정 변동 가능

34 다음 대화와 이메일을 읽고, C회원에게 필요한 네티켓 원칙으로 가장 적절한 것을 고르면?

A대리 : 카페 운영이 쉽지 않아요.
B과장 : 어떤 점에서 쉽지 않나요?
A대리 : 정보공유를 위한 카페를 만들었는데 질문만 많고 정보공유는 잘되지 않아요. 질문 글이 전체 신규 글의 절반이 넘기도 한다니까요.
B과장 : 카페 운영원칙을 잘 세워서 문화를 만들어야 하지 않을까요?
A대리 : 원칙을 세우는 것도 문제예요. 질문을 했다는 이유로 이용을 제재하기는 애매하고 반발이 심하니 원칙을 강제할 수 없거든요. 특히, 반말이나 줄임말을 쓰지 않는 원칙을 만들었더니 잘 지키지 않는 분들도 많고, 제재를 가하면 반발을 하는 분들이 많아서 힘들어요.
B과장 : 참 큰일이군요.

받는 이 : 카페 운영자
보낸 이 : C회원
제목 : 쥔장 보시오!
내용 : 내가 질문한 게 뭐 그리 큰 잘못이라고 이용 제재씩이나 하슈? 그리고 인터넷상에서 줄임말도 쓸 수 있고 반말할 수도 있지. 이런 걸로 불편하게 제재를 하면 카페 이용은 어떻게 하라는 거요?

① 당신의 권력을 남용하지 말라.
② 카페의 환경에 어울리게 행동하라.
③ 논쟁은 절제된 감정 아래 행하라.
④ 전문적인 지식을 공유하라.
⑤ 실제생활과 똑같은 기준과 행동을 고수하라.

CHAPTER

07 2017년 기출복원문제

정답 및 해설 p.055

01 **서울교통공사의 캐릭터인 또타를 보고 다섯 사람이 대화를 나누었다. 다음 중 또타의 특성에 대해 잘못 말한 사람은?**

① 수민 : 또타는 시민과 늘 함께하는 지하철의 모습을 밝고 유쾌한 이미지로 표현한 것 같아.

② 영찬 : 캐릭터의 개구진 표정을 통해 지하철이 자꾸 타고 싶은 즐겁고 행복한 공간임을 강조한 것 같아.

③ 애진 : 서울교통공사의 기업 브랜드에 즐겁고 유쾌한 이미지를 부여하는 커뮤니케이션 수단이 될 것 같아.

④ 경태 : 전동차 정면 모양으로 캐릭터 얼굴을 디자인해서 일상적으로 이용하는 대중교통 수단의 모습을 참신한 느낌으로 표현한 것 같아.

⑤ 보라 : 메인 컬러로 사용한 파란색은 시민과 공사 간의 두터운 신뢰를 상징하고 있어.

02 다음 설명에 해당하는 협정은?

> 2개 이상의 국가가 서로 상품이나 서비스를 사고팔 때 매기는 관세나 각종 수입제한을 철폐하여 교역을 자유화하려는 협정이다. 모든 품목의 관세를 없애는 것이 원칙이나, 당사자 간 협상에 따라 일부 품목에만 관세를 부과하도록 예외를 정하기도 한다.

① WTO
② IMF
③ FTA
④ WHO
⑤ SOFA

03 마케팅팀의 S사원은 아침마다 마케팅 관련 기사를 찾아본다. 다음 기사를 읽고 ㉠의 사례로 적절한 것을 고르면?

> 뉴메릭 마케팅이란, 숫자를 뜻하는 'Numeric'과 'Marketing'을 합한 단어로, 브랜드나 상품의 특성을 나타내는 숫자를 통해 사람들에게 인지도를 높이는 마케팅 전략을 말한다. 숫자는 모든 연령대 그리고 국경을 초월하여 공통으로 사용하는 기호이기 때문에 이미지 전달이 빠르고 제품의 특징을 함축적으로 전달할 수 있다는 장점이 있다. 또한, 숫자 정보를 제시하여 소비자들이 신빙성 있게 받아들이게 되는 효과도 있다. 뉴메릭 마케팅은 크게 세 가지 방법으로 구분할 수 있는데, 기업 혹은 상품의 역사를 나타낼 때, ㉠ 특정 소비자를 한정 지을 때, 제품의 특성을 반영할 때이다.

① 한 병에 비타민C 500mg이 들어 있는 '비타 500'
② 13세에서 18세 청소년들을 위한 CGV의 '1318 클럽'
③ 46cm 내에서 친밀한 대화가 가능하도록 한 '페리오 46cm'
④ 1955년 당시 판매했던 버거의 레시피를 그대로 재현해 낸 '1955 버거'
⑤ 1974년 GS슈퍼 1호점 창립 연도 때의 초심 그대로를 담아낸 '1974 떡갈비'

04 ■, ▲, ♥의 무게가 다음과 같을 때, ■+▲의 무게는 100원짜리로 얼마인가?

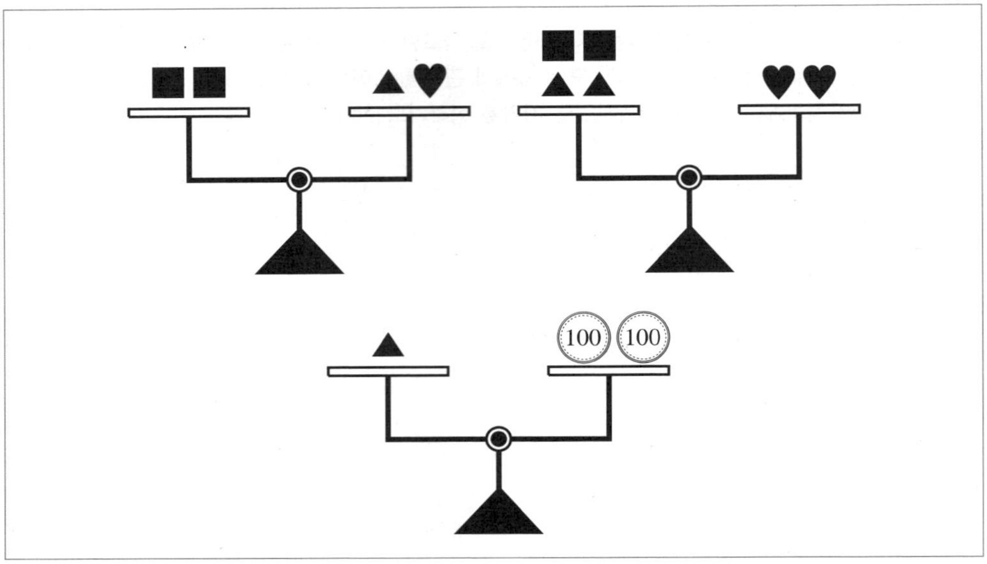

① 300원
② 400원
③ 500원
④ 600원
⑤ 700원

05

S공사 홍보실에 근무하는 A사원은 12일부터 15일까지 워크숍을 가게 되었다. 워크숍을 떠나기 직전 A사원은 자신의 스마트폰 날씨예보 어플을 통해 워크숍 장소인 춘천의 날씨를 확인해 보았다. 다음 중 A사원이 확인한 날씨예보의 내용으로 적절한 것은?

① 워크숍 기간 중 오늘이 일교차가 가장 크므로 감기에 유의해야 한다.

② 내일 춘천지역의 미세먼지가 심하므로 주의해야 한다.

③ 워크숍 기간 중 비를 동반한 낙뢰가 예보된 날이 있다.

④ 모레 춘천지역의 최고・최저기온이 모두 영하이므로 야외활동 시 옷을 잘 챙겨 입어야 한다.

⑤ 글피엔 비는 오지 않지만 최저기온이 영하이다.

06

진실마을 사람은 진실만을 말하고, 거짓마을 사람은 거짓만을 말한다. 주형이와 윤희는 진실마을과 거짓마을 중 한 곳에 살고 있다고 할 때, 다음 윤희가 한 말을 통해 주형이와 윤희가 각각 어느 마을에 사는지 적절하게 유추하면?

윤희 : 적어도 우리 둘 중에 한 사람은 거짓마을 사람이다.

① 윤희는 거짓마을 사람이고, 주형이는 진실마을 사람이다.

② 윤희는 진실마을 사람이고, 주형이는 거짓마을 사람이다.

③ 윤희와 주형이 모두 진실마을 사람이다.

④ 윤희와 주형이 모두 거짓마을 사람이다.

⑤ 윤희의 말만으로는 알 수 없다.

07 다음 중 한글 프로그램에서 파일을 다른 이름으로 저장할 때 사용하는 단축키는 무엇인가?

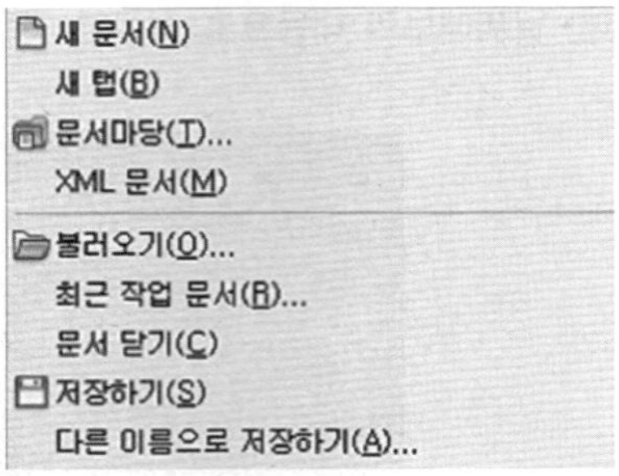

① 〈Alt〉+〈N〉

② 〈Ctrl〉+〈N〉, 〈P〉

③ 〈Alt〉+〈S〉

④ 〈Alt〉+〈P〉

⑤ 〈Alt〉+〈V〉

08 다음 막대들을 사용해 서로 다른 길이를 잴 수 있는 경우의 수는 모두 몇 가지인가?

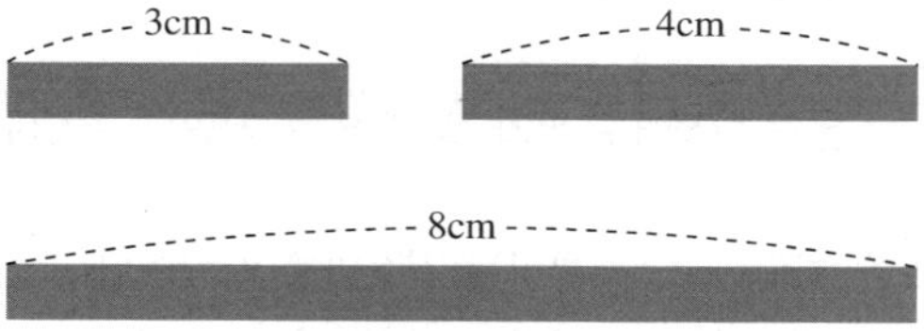

① 6가지

② 7가지

③ 8가지

④ 9가지

⑤ 10가지

09 자동차 제조 회사에서 근무하는 황대리는 S중형차 매출현황에 대한 보고서를 작성 중이었다. 그런데 실수로 커피를 쏟아 월별 매출 일부분과 평균 매출 부분이 얼룩지게 되었다. 황대리가 기억하는 연 매출액은 246억 원이고, 3분기까지의 평균 매출은 22억 원이었다. 다음 중 남아 있는 매출현황을 통해 4분기의 평균 매출을 바르게 구한 것은?

〈월별 매출현황〉

(단위 : 억 원)

1월	2월	3월	4월	5월	6월	7월	8월	9월	10월	11월	12월	평균
–	–	–	16	–	–	12	–	18	–	20	–	–

① 14억 원
② 16억 원
③ 18억 원
④ 20억 원
⑤ 22억 원

10 S공사 전산팀의 팀원들은 회의를 위해 회의실에 모였다. 회의실의 테이블은 원형이고, 다음 〈조건〉에 근거하여 자리배치를 하려고 할 때, 김팀장을 기준으로 왼쪽 방향으로 앉은 사람을 순서대로 나열한 것은?

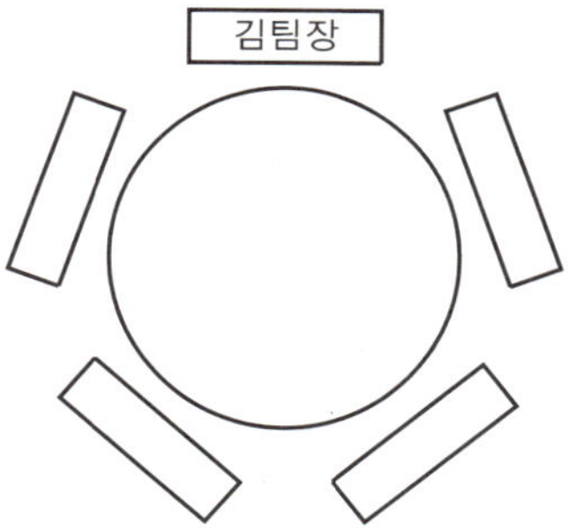

조건

- 정차장과 오과장은 서로 사이가 좋지 않아서 나란히 앉지 않는다.
- 김팀장은 정차장이 바로 오른쪽에 앉기를 바란다.
- 한대리는 오른쪽 귀가 좋지 않아서 양사원이 왼쪽에 앉기를 바란다.

① 정차장 – 양사원 – 한대리 – 오과장
② 한대리 – 오과장 – 정차장 – 양사원
③ 양사원 – 정차장 – 오과장 – 한대리
④ 오과장 – 양사원 – 한대리 – 정차장
⑤ 오과장 – 한대리 – 양사원 – 정차장

11 다음과 같은 규칙으로 수를 나열할 때, 11행 3열에 오는 숫자는?

	1열	2열	3열
1행	1	4	5
2행	2	3	6
3행	9	8	7
4행	10	…	…
…			

① 118
② 119
③ 120
④ 121
⑤ 122

12 다음 중 동영상 파일 포맷의 확장자로 옳은 것은?

① TIFF
② GIF
③ PNG
④ JPG
⑤ MPEG

13 다음은 S씨가 1월부터 4월까지 지출한 교통비 내역이다. 1월부터 5월까지의 평균 교통비가 49,000원 이상 50,000원 이하가 되게 하려고 할 때, S씨가 5월에 최대로 사용할 수 있는 교통비는?

〈월별 교통비 내역〉

(단위 : 원)

1월	2월	3월	4월	5월
45,000	54,000	61,000	39,000	

① 48,000원
② 49,000원
③ 50,000원
④ 51,000원
⑤ 52,000원

14 다음은 18개 지역의 날씨에 대한 자료이다. 이를 보고 날씨의 평균값과 중앙값의 차를 구하면?

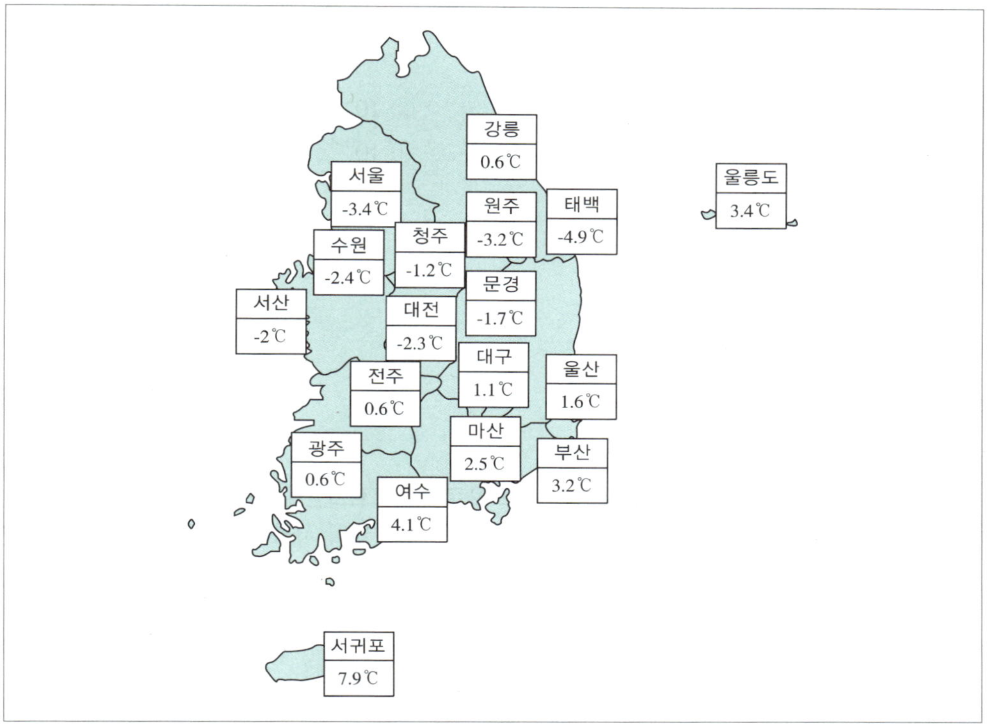

① 0.38
② 0.35
③ 0.26
④ 0.22
⑤ 0.17

15 S제약회사는 이번에 개발한 신약의 약효실험을 한 결과 약효 S와 약물의 양 Ag, 시간 t분 사이에 $S=A^{1-0.02t}$의 관계가 성립함을 밝혔다. 약물을 10g 투입하고 5분 뒤의 약효를 S_1, 35분 뒤의 약효를 S_2라 할 때, $S_1 \div S_2$의 값은?

① $10^{0.3}$
② $10^{0.4}$
③ $10^{0.5}$
④ $10^{0.6}$
⑤ $10^{0.7}$

16 S공사 총무부에서 근무하는 A사원은 워드프로세서 프로그램을 사용해 결재 문서를 작성해야 한다. 결재란을 페이지마다 넣는다고 할 때, 다음 중 A사원이 사용해야 하는 워드프로세서 기능은?

① 스타일
② 쪽 번호
③ 미주
④ 머리말
⑤ 글자겹치기

17 다음 A～E의 NCS 직업기초능력평가 점수에 대한 자료를 보고 표준편차가 가장 큰 순서대로 나열한 것은?

〈NCS 직업기초능력평가 점수〉

(단위 : 점)

구분	의사소통능력	수리능력	문제해결능력	조직이해능력	직업윤리
A	60	70	75	65	80
B	50	90	80	60	70
C	70	70	70	70	70
D	70	50	90	100	40
E	85	60	70	75	60

① B>D>A>E>C
② B>D>C>E>A
③ D>B>E>C>A
④ D>B>E>A>C
⑤ E>B>D>A>C

18 여러 온도계 종류 중 자주 사용되는 온도계에는 섭씨온도계와 화씨온도계가 있다. 화씨 32°F는 섭씨 0℃이고, 화씨 212°F는 섭씨 100℃일 때, 화씨 92°F를 섭씨온도로 바르게 환산한 것은?(단, 소수점 둘째 자리에서 반올림한다)

① 29.8℃
② 31.2℃
③ 33.3℃
④ 35.7℃
⑤ 37.6℃

19 직장인 S씨는 자기계발을 위해 집 근처 문화센터 프로그램에 수강신청을 하려고 한다. 다음 문화센터 프로그램 안내표를 보고 적절하지 않은 설명을 고르면?(단, 시간이 겹치는 프로그램은 수강할 수 없다)

〈문화센터 프로그램 안내표〉

프로그램	수강료(3달 기준)	강좌시간
중국어 회화	60,000원	11:00 ~ 12:30
영어 회화	60,000원	10:00 ~ 11:30
지르박	180,000원	13:00 ~ 16:00
차차차	150,000원	12:30 ~ 14:30
자이브	195,000원	14:30 ~ 18:00

① 시간상 S씨가 선택할 수 있는 과목은 최대 2개이다.
② 자이브의 강좌시간이 가장 길다.
③ 중국어 회화와 차차차를 수강할 때 한 달 수강료는 7만 원이다.
④ 차차차와 자이브를 둘 다 수강할 수 있다.
⑤ 회화 중 하나를 들으면 최소 2과목을 수강할 수 있다.

20 의사소통능력은 다음과 같이 구분할 수 있다. 다음 중 ㉠에 들어갈 말로 적절한 것은?

말하기	듣기	㉠
쓰기	읽기	문자
산출	수용	

① 음성
② 표현
③ 상징
④ 의미
⑤ 해석

21 12층에 살고 있는 수진이는 출근하려고 나왔다가 중요한 서류를 깜빡한 것이 생각나 다시 집에 다녀오려고 한다. 엘리베이터 고장으로 계단을 이용해야 하는데, 1층부터 6층까지 쉬지 않고 올라갈 때 35초가 걸리고, 7층부터는 한 층씩 올라갈 때마다 5초씩 쉬려고 한다. 이때, 수진이가 1층부터 12층까지 올라가는 데 걸리는 시간은?(단, 6층에서는 쉬지 않는다)

① 102초
② 107초
③ 109초
④ 112초
⑤ 114초

22 여행을 가는 지완이는 주유소에 들러 9만 원어치의 연료를 주유했다. 주유 전과 주유 후의 연료 게이지는 다음과 같고 주유소와 목적지까지의 거리가 350km일 때, 목적지에 도착한 후 남은 연료의 양은?(단, 연료 가격은 리터당 1,000원이며, 연비는 7km/L이다)

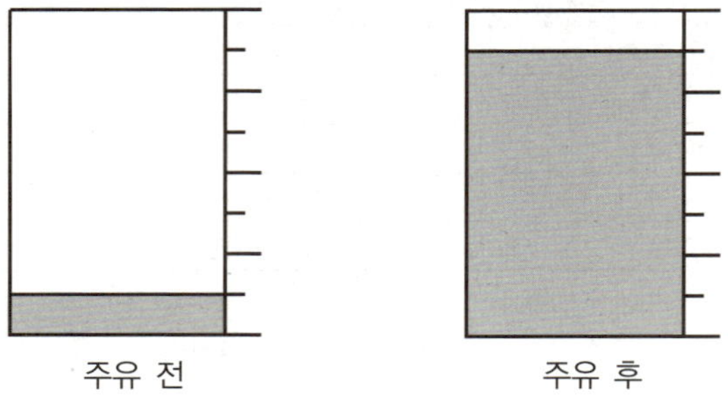

① 45L
② 50L
③ 55L
④ 60L
⑤ 65L

23 1 ~ 9 자연수 중에서 A, 2, 5, 6, 9가 하나씩 적힌 5장의 카드가 있다. 이 중 2장의 카드를 골라서 십의 자리 수와 일의 자리 수에 놓아 만든 가장 큰 수와 가장 작은 수의 합이 108이 된다고 했을 때, A의 값은?

① 1 ② 3
③ 4 ④ 7
⑤ 8

24 다음 그림과 같이 교대로 개수를 늘려가며 검은색 바둑돌과 흰색 바둑돌을 삼각형 모양으로 배열할 때, 37번째에 배열되는 바둑돌 중 개수가 많은 바둑돌의 색깔과 바둑돌 개수 간 차이를 순서대로 나열한 것은?

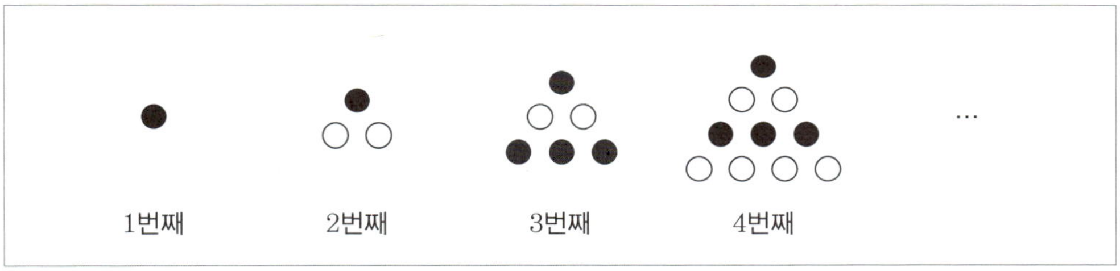

	바둑돌	차이		바둑돌	차이
①	검은색	18개	②	검은색	19개
③	검은색	20개	④	흰색	18개
⑤	흰색	19개			

25 독서실 총무인 소연이는 독서실의 시계가 4시간마다 6분씩 늦어진다는 것을 확인하여 오전 8시 정각에 시계를 맞춰 놓았다. 다음날 아침 오전 9시 30분까지 서울역에 가야 하는 소연이는 오전 8시에 독서실을 나서야 하는데, 이때 독서실 시계가 가리키고 있는 시각은?

① 오전 7시 21분 ② 오전 7시 24분
③ 오전 7시 27분 ④ 오전 7시 30분
⑤ 오전 7시 33분

26 S씨는 이번에 새로 산 노트북의 사양을 알아보기 위해 [제어판]의 [시스템]을 열어 보았다. 다음 중 S씨의 노트북 사양에 대한 내용으로 옳지 않은 것은?

시스템
제어판 > 모든 제어판 항목 > 시스템
제어판 홈
장치 관리자
원격 설정
시스템 보호
고급 시스템 설정
컴퓨터에 대한 기본 정보 보기
Windows 버전
Windows 10 Home
© 2017 Microsoft Corporation. All rights reserved.
시스템
프로세서: Intel(R) Core(TM) i7-7700HQ CPU @ 2.80GHz 2.80 GHz
설치된 메모리(RAM): 16.0GB(15.8GB 사용 가능)
시스템 종류: 64비트 운영 체제, x64 기반 프로세서
펜 및 터치: 이 디스플레이에 사용할 수 있는 펜 또는 터치식 입력이 없습니다.
컴퓨터 이름, 도메인 및 작업 그룹 설정
컴퓨터 이름: DESKTOP-M9INL3K
전체 컴퓨터 이름: DESKTOP-M9INL3K
컴퓨터 설명:
작업 그룹: WORKGROUP

① 그래픽카드는 i7 – 7700HQ 모델이 설치되어 있다.
② OS는 Windows 10 Home이 설치되어 있다.
③ 설치된 RAM의 용량은 16GB이다.
④ Windows 운영체제는 64비트 시스템이 설치되어 있다.
⑤ 컴퓨터의 이름은 DESKTOP – M9INL3K로 설정되어 있다.

27 S회사에 재직 중인 A대리는 9월에 결혼을 앞두고 있다. 다음 〈조건〉을 참고할 때, A대리의 결혼 날짜로 가능한 날은?

조건

- 9월은 1일부터 30일까지이며, 9월 1일은 금요일이다.
- 9월 30일부터 추석연휴가 시작되고 추석연휴 이틀 전엔 A대리가 주관하는 회의가 있다.
- A대리는 결혼식을 한 다음 날 8박 9일간 신혼여행을 간다.
- 회사에서 신혼여행으로 주는 휴가는 5일이다.
- A대리는 신혼여행과 겹치지 않도록 수요일 3주 연속 치과 진료가 예약되어 있다.
- 신혼여행에서 돌아오는 날 부모님 댁에서 하루 자고, 다음날 출근할 예정이다.

① 1일 ② 2일
③ 22일 ④ 23일
⑤ 29일

PART II

주요 공기업 기출복원문제

CHAPTER

01 2023년 상반기 주요 공기업 NCS 기출복원문제

정답 및 해설 p.062

| 코레일 한국철도공사 / 의사소통능력

01 다음 글을 읽고 보인 반응으로 적절하지 않은 것은?

> 열차 내에서의 범죄가 급격하게 증가함에 따라 한국철도공사는 열차 내에서의 범죄 예방과 안전 확보를 위해 2023년까지 현재 운행하고 있는 열차의 모든 객실에 CCTV를 설치하고, 모든 열차 승무원에게 바디 캠을 지급하겠다고 밝혔다.
> CCTV는 열차 종류에 따라 운전실에서 비상시 실시간으로 상황을 파악할 수 있는 '네트워크 방식'과 각 객실에서의 영상을 저장하는 '개별 독립 방식'이라는 2가지 방식으로 사용 및 설치가 진행될 예정이며, 객실에는 사각지대를 없애기 위해 4대 가량의 CCTV가 설치된다. 이 중 2대는 휴대 물품 도난 방지 등을 위해 휴대 물품 보관대 주변에 위치하게 된다.
> 이에 따라 한국철도공사는 CCTV 제품 품평회를 가져 제품의 형태와 색상, 재질 등에 대한 의견을 나누고 각 제품이 실제로 열차 운행 시 진동과 충격 등에 적합한지 시험을 거친 후 도입할 예정이다.

① 현재는 모든 열차에 CCTV가 설치되어 있진 않을 것이다.
② 과거에 비해 승무원에 대한 승객의 범죄행위 증거 취득이 유리해질 것이다.
③ CCTV의 설치를 통해 인적 피해와 물적 피해 모두 예방할 수 있을 것이다.
④ CCTV의 설치를 통해 실시간으로 모든 객실을 모니터링할 수 있을 것이다.
⑤ CCTV의 내구성뿐만 아니라 외적인 디자인도 제품 선택에 영향을 줄 수 있을 것이다.

02 다음 중 빈칸 (가) ~ (다)에 들어갈 접속사를 순서대로 바르게 나열한 것은?

> 무더운 여름 기차나 지하철을 타면 "실내가 춥다는 민원이 있어 냉방을 줄인다."라는 안내방송을 손쉽게 들을 수 있을 정도로 우리는 쾌적한 기차와 지하철을 이용할 수 있는 시대에 살고 있다.
> ___(가)___ 이러한 쾌적한 환경을 누리기 시작한 것은 그리 오래되지 않은 일이다. 1825년에 세계 최초로 영국의 증기기관차가 시속 16km로 첫 주행을 시작하였을 때, 이 당시까지만 해도 열차 내의 유일한 냉방 수단은 창문뿐이었다. 열차에 에어컨이 설치되기 시작된 것은 100년이 더 지난 1930년대 초반 미국에서였고, 우리나라는 이보다 훨씬 후인 1969년에 지금의 새마을호라 불리는 '관광호'에서였다. 이는 국내에 최초로 철도가 개통된 1899년 이후 70년 만으로, '관광호' 이후 국내에 도입된 특급열차들은 대부분 전기 냉난방시설을 갖추게 되었다.
> ___(나)___ 지하철의 에어컨 도입은 열차보다 훨씬 늦었는데, 이는 우리나라뿐만 아니라 해외도 마찬가지였으며, 실제로 영국의 경우에는 아직도 지하철에 에어컨이 없다.
> 우리나라는 1974년에 서울에서 지하철이 개통되었는데, 이 당시 객실에는 천장에 달린 선풍기가 전부였기 때문에 한여름에는 땀 냄새가 가득한 찜통 지하철이 되었다. ___(다)___ 1983년이 되어서야 에어컨이 설치된 지하철이 등장하기 시작하였고, 기존에 에어컨이 설치되지 않았던 지하철들은 1989년이 되어서야 선풍기를 떼어 내고 에어컨으로 교체하기 시작하였다.

	(가)	(나)	(다)
①	따라서	그래서	마침내
②	하지만	반면	마침내
③	하지만	왜냐하면	그래서
④	왜냐하면	반면	마침내
⑤	반면	왜냐하면	그래서

03 다음 글의 내용으로 가장 적절한 것은?

> 한국철도공사는 철도시설물 점검 자동화에 '스마트글라스'를 활용하겠다고 밝혔다. 스마트글라스란 안경처럼 착용하는 스마트 기기로 검사와 판독, 데이터 송수신과 보고서 작성까지 모든 동작이 음성인식을 바탕으로 작동한다. 이를 활용하여 작업자는 스마트글라스 액정에 표시된 내용에 따라 철도시설물을 점검하고, 음성 명령을 통해 시설물의 사진을 촬영한 후 해당 정보와 검사 결과를 전송해 보고서로 작성한다.
>
> 작업자들은 스마트글라스의 사용으로 직접 자료를 조사하고 측정한 내용을 바탕으로 시스템 속에서 여러 단계를 거쳐 수기 입력하던 기존 방식으로부터 벗어날 수 있게 되었고, 이 일련의 과정들을 중앙 서버를 통해 한 번에 처리할 수 있게 되었다.
>
> 이와 같은 스마트 기기의 도입은 중앙 서버의 효율적 종합 관리를 가능하게 할 뿐만 아니라 작업자의 안전도 향상에도 크게 기여하였다. 이는 작업자들이 음성인식이 가능한 스마트글라스를 사용함으로써 두 손이 자유로워져 추락 사고를 방지할 수 있게 되었기 때문이며, 또 스마트글라스 내부 센서가 충격과 기울기를 감지할 수 있어 작업자에게 위험한 상황이 발생하면 지정된 컴퓨터로 바로 통보되는 시스템을 갖추었기 때문이다.
>
> 한국철도공사는 주요 거점 현장을 시작으로 스마트글라스를 보급하여 성과 분석을 거치고 내년부터는 보급 현장을 확대하겠다고 밝혔으며, 국내 철도 환경에 맞춰 스마트글라스 시스템을 개선하기 위해 현장 검증을 진행하고 스마트글라스를 통해 측정된 데이터를 총괄 제어할 수 있도록 안전점검 플랫폼 망도 마련할 예정이다.
>
> 더불어 스마트글라스를 통해 기존의 인력 중심 시설점검을 간소화하여 효율성과 안전성을 향상시키고 나아가 철도에 맞춤형 스마트 기술을 도입하여 시설물 점검뿐만 아니라 유지보수 작업도 가능하도록 철도기술 고도화에 힘쓰겠다고 전했다.

① 작업자의 음성인식을 통해 철도시설물의 점검 및 보수 작업이 가능해졌다.
② 스마트글라스의 도입으로 철도시설물 점검의 무인작업이 가능해졌다.
③ 스마트글라스의 도입으로 철도시설물 점검 작업 시 안전사고 발생 횟수가 감소하였다.
④ 스마트글라스의 도입으로 철도시설물 작업 시간 및 인력이 감소하고 있다.
⑤ 스마트글라스의 도입으로 작업자의 안전사고 발생을 바로 파악할 수 있게 되었다.

04 다음 글에 대한 설명으로 적절하지 않은 것은?

> 2016년 4월 27일 오전 7시 20분경 임실역에서 익산으로 향하던 열차가 전기 공급 중단으로 멈추는 사고가 발생해 약 50여 분간 열차 운행이 중단되었다. 바로 전차선에 지은 까치집 때문이었는데, 까치가 집을 지을 때 사용하는 젖은 나뭇가지나 철사 등이 전선과 닿거나 차로에 떨어져 합선과 단전을 일으킨 것이다.
>
> 비록 이번 사고는 단전에서 끝났지만, 고압 전류가 흐르는 전차선인 만큼 철사와 젖은 나뭇가지만으로도 자칫하면 폭발사고로 이어질 우려가 있다. 지난 5년간 까치집으로 인한 단전사고는 한 해 평균 3 ~ 4건이 발생하고 있으며, 한국철도공사는 사고방지를 위해 까치집 방지 설비를 설치하고 설비가 없는 구간은 작업자가 육안으로 까치집 생성 여부를 확인해 제거하고 있는데, 이렇게 제거해 온 까치집 수가 연평균 8,000개에 달하고 있다. 하지만 까치집은 빠르면 불과 4시간 만에 완성되어 작업자들에게 큰 곤욕을 주고 있다.
>
> 이에 한국철도공사는 전차선로 주변 까치집 제거의 효율성과 신속성을 높이기 위해 인공지능(AI)과 사물인터넷(IoT) 등 첨단 기술을 활용하기에 이르렀다. 열차 운전실에 영상 장비를 설치해 달리는 열차에서 전차선을 촬영한 화상 정보를 인공지능으로 분석해 까치집 등의 위험 요인을 찾아 해당 위치와 현장 이미지를 작업자에게 실시간으로 전송하는 '실시간 까치집 자동 검출 시스템'을 개발한 것이다. 하지만 시속 150km로 빠르게 달리는 열차에서 까치집 등의 위험 요인을 실시간으로 판단해 전송하는 것이다 보니 그 정확도는 65%에 불과했다.
>
> 이에 한국철도공사는 전차선과 까치집을 정확하게 식별하기 위해 인공지능이 스스로 학습하는 '딥러닝' 방식을 도입했고, 전차선을 구성하는 복잡한 구조 및 까치집과 유사한 형태를 빅데이터로 분석해 이미지를 구분하는 학습을 실시한 결과 까치집 검출 정확도는 95%까지 상승했다. 또한 해당 이미지를 실시간 문자메시지로 작업자에게 전송해 위험 요소와 위치를 인지시켜 현장에 적용할 수 있다는 사실도 확인했다. 현재는 이와 더불어 정기열차가 운행하지 않거나 작업자가 접근하기 쉽지 않은 차량 정비 시설 등에 드론을 띄워 전차선의 까치집을 발견 및 제거하는 기술도 시범 운영하고 있다.

① 인공지능도 학습을 통해 그 정확도를 향상시킬 수 있다.
② 빠른 속도에서 인공지능의 사물 식별 정확도는 낮아진다.
③ 사람의 접근이 불가능한 곳에 위치한 까치집의 제거도 가능해졌다.
④ 까치집 자동 검출 시스템을 통해 실시간으로 까치집 제거가 가능해졌다.
⑤ 인공지능 등의 스마트 기술 도입으로 까치집 생성의 감소를 기대할 수 있다.

| 코레일 한국철도공사 / 수리능력

05

K인터넷카페의 4월 회원 수는 260명 미만이었고, 남녀의 비는 2 : 3이었다. 5월에는 남자 회원보다 여자 회원이 2배 더 가입하여 남녀의 비는 5 : 8이 되었고, 전체 회원 수는 320명을 넘었다. 다음 중 5월 전체 회원 수는?

① 322명
② 323명
③ 324명
④ 325명
⑤ 326명

| 코레일 한국철도공사 / 문제해결능력

06

다음은 철도운임의 공공할인 제도에 대한 내용이다. 심하지 않은 장애를 가진 A씨가 보호자 1명과 함께 열차를 이용하여 주말여행을 다녀왔다. 두 사람은 왕복 운임의 몇 %를 할인받았는가?(단, 열차의 종류와 노선 길이가 동일한 경우 요일에 따른 요금 차이는 없다고 가정한다)

- A씨와 보호자의 여행 일정
  - 2023년 3월 11일(토) 서울 → 부산 : KTX
  - 2023년 3월 13일(월) 부산 → 서울 : KTX
- 장애인 공공할인 제도(장애의 정도가 심한 장애인은 보호자 포함)

구분	KTX	새마을호	무궁화호 이하
장애의 정도가 심한 장애인	50%	50%	50%
장애의 정도가 심하지 않은 장애인	30% (토・일・공휴일 제외)	30% (토・일・공휴일 제외)	

① 7.5%
② 12.5%
③ 15%
④ 25%
⑤ 30%

07 다음 자료에 대한 설명으로 가장 적절한 것은?

• KTX 마일리지 적립
- KTX 이용 시 결제금액의 5%가 기본 마일리지로 적립됩니다.
- 더블적립(×2) 열차로 지정된 열차는 추가로 5%가 적립(결제금액의 총 10%)됩니다.
  ※ 더블적립 열차는 홈페이지 및 코레일톡 애플리케이션에서만 승차권 구매 가능
- 선불형 교통카드 Rail+(레일플러스)로 승차권을 결제하는 경우 1% 보너스 적립도 제공되어 최대 11% 적립이 가능합니다.
- 마일리지를 적립받고자 하는 회원은 승차권을 발급받기 전에 코레일 멤버십카드 제시 또는 회원번호 및 비밀번호 등을 입력해야 합니다.
- 해당 열차 출발 후에는 마일리지를 적립받을 수 없습니다.

• 회원 등급 구분

구분	등급 조건	제공 혜택
VVIP	• 반기별 승차권 구입 시 적립하는 마일리지가 8만 점 이상인 고객 또는 기준일부터 1년간 16만 점 이상 고객 중 매년 반기 익월 선정	• 비즈니스 회원 혜택 기본 제공 • KTX 특실 무료 업그레이드 쿠폰 6매 제공 • 승차권 나중에 결제하기 서비스 (열차 출발 3시간 전까지)
VIP	• 반기별 승차권 구입 시 적립하는 마일리지가 4만 점 이상인 고객 또는 기준일부터 1년간 8만 점 이상 고객 중 매년 반기 익월 선정	• 비즈니스 회원 혜택 기본 제공 • KTX 특실 무료 업그레이드 쿠폰 2매 제공
비즈니스	• 철도 회원으로 가입한 고객 중 최근 1년간 온라인에서 로그인한 기록이 있거나, 회원으로 구매실적이 있는 고객	• 마일리지 적립 및 사용 가능 • 회원 전용 프로모션 참가 가능 • 열차 할인상품 이용 등 기본서비스와 멤버십 제휴서비스 등 부가서비스 이용
패밀리	• 철도 회원으로 가입한 고객 중 최근 1년간 온라인에서 로그인한 기록이 없거나, 회원으로 구매실적이 없는 고객	• 멤버십 제휴서비스 및 코레일 멤버십 라운지 이용 등의 부가서비스 이용 제한 • 휴면 회원으로 분류 시 별도 관리하며, 본인 인증 절차로 비즈니스 회원으로 전환 가능

- 마일리지는 열차 승차 다음날 적립되며, 지연료를 마일리지로 적립하신 실적은 등급 산정에 포함되지 않습니다.
- KTX 특실 무료 업그레이드 쿠폰 유효기간은 6개월이며, 반기별 익월 10일 이내에 지급됩니다.
- 실적의 연간 적립 기준일은 7월 지급의 경우 전년도 7월 1일부터 당해 연도 6월 30일까지 실적이며, 1월 지급은 전년도 1월 1일부터 전년도 12월 31일까지의 실적입니다.
- 코레일에서 지정한 추석 및 설 명절 특별수송기간의 승차권은 실적 적립 대상에서 제외됩니다.
- 회원 등급 기준 및 혜택은 사전 공지 없이 변경될 수 있습니다.
- 승차권 나중에 결제하기 서비스는 총 편도 2건 이내에서 제공되며, 3회 자동 취소 발생(열차 출발 전 3시간 내 미결재) 시 서비스가 중지됩니다. 리무진+승차권 결합 발권은 2건으로 간주되며, 정기권, 특가상품 등은 나중에 결제하기 서비스 대상에서 제외됩니다.

① 코레일에서 운행하는 모든 열차는 이용 때마다 결제금액의 최소 5%가 KTX 마일리지로 적립된다.
② 회원 등급이 높아져도 열차 탑승 시 적립되는 마일리지는 동일하다.
③ 비즈니스 등급은 기업회원을 구분하는 명칭이다.
④ 6개월간 마일리지 4만 점을 적립하더라도 VIP 등급을 부여받지 못할 수 있다.
⑤ 회원 등급이 높아도 승차권을 정가보다 저렴하게 구매할 수 있는 방법은 없다.

※ 다음 자료를 읽고 이어지는 질문에 답하시오. [8~10]

〈2023 한국의 국립공원 기념주화 예약 접수〉

• 우리나라 자연환경의 아름다움과 생태 보전의 중요성을 널리 알리기 위해 K은행은 한국의 국립공원 기념주화 3종(설악산, 치악산, 월출산)을 발행할 예정임
• 예약 접수일 : 3월 2일(목) ~ 3월 17일(금)
• 배부 시기 : 2023년 4월 28일(금)부터 예약자가 신청한 방법으로 배부
• 기념주화 상세

화종	앞면	뒷면
은화 I – 설악산		
은화 II – 치악산		
은화 III – 월출산		

• 발행량 : 화종별 10,000장씩 총 30,000장
• 신청 수량 : 단품 및 3종 세트로 구분되며 단품과 세트에 중복신청 가능
  – 단품 : 1인당 화종별 최대 3장
  – 3종 세트 : 1인당 최대 3세트
• 판매 가격 : 액면금액에 판매 부대비용(케이스, 포장비, 위탁판매수수료 등)을 부가한 가격
  – 단품 : 각 63,000원(액면가 50,000원+케이스 등 부대비용 13,000원)
  – 3종 세트 : 186,000원(액면가 150,000원+케이스 등 부대비용 36,000원)
• 접수 기관 : 우리은행, 농협은행, 한국조폐공사
• 예약 방법 : 창구 및 인터넷 접수
  – 창구 접수
    신분증[주민등록증, 운전면허증, 여권(내국인), 외국인등록증(외국인)]을 지참하고 우리·농협은행 영업점을 방문하여 신청
  – 인터넷 접수
    ① 우리·농협은행의 계좌를 보유한 고객은 개시일 9시부터 마감일 23시까지 홈페이지에서 신청
    ② 한국조폐공사 온라인 쇼핑몰에서는 가상계좌 방식으로 개시일 9시부터 마감일 23시까지 신청
• 구입 시 유의사항
  – 수령자 및 수령지 등 접수 정보가 중복될 경우 단품별 10장, 3종 세트 10세트만 추첨 명단에 등록
  – 비정상적인 경로나 방법으로 접수할 경우 당첨을 취소하거나 배송을 제한

| 코레일 한국철도공사 / 문제해결능력

08 다음 중 한국의 국립공원 기념주화 발행 사업의 내용으로 옳은 것은?

① 국민들을 대상으로 예약 판매를 실시하며, 외국인에게는 판매하지 않는다.
② 1인당 구매 가능한 최대 주화 수는 10장이다.
③ 기념주화를 구입하기 위해서는 우리·농협은행 계좌를 사전에 개설해 두어야 한다.
④ 사전예약을 받은 뒤, 예약 주문량에 맞추어 제한된 수량만 생산한다.
⑤ 한국조폐공사를 통한 예약 접수는 온라인에서만 가능하다.

| 코레일 한국철도공사 / 문제해결능력

09 외국인 A씨는 이번에 발행되는 기념주화를 예약 주문하려고 한다. 다음 상황을 참고하여 A씨가 기념주화 구매 예약을 할 수 있는 방법으로 옳은 것은?

〈외국인 A씨의 상황〉

- A씨는 국내 거주 외국인으로 등록된 사람이다.
- A씨의 명의로 국내은행에 개설된 계좌는 총 2개로, 신한은행, 한국씨티은행에 1개씩이다.
- A씨는 우리은행이나 농협은행과는 거래이력이 없다.

① 여권을 지참하고 우리은행이나 농협은행 지점을 방문한다.
② 한국조폐공사 온라인 쇼핑몰에서 신용카드를 사용한다.
③ 계좌를 보유한 신한은행이나 한국씨티은행의 홈페이지를 통해 신청한다.
④ 외국인등록증을 지참하고 우리은행이나 농협은행 지점을 방문한다.
⑤ 우리은행이나 농협은행의 홈페이지에서 신청한다.

| 코레일 한국철도공사 / 문제해결능력

10 다음은 기념주화를 예약한 5명의 신청내역이다. 이 중 가장 많은 금액을 지불한 사람의 구매 금액은?

(단위 : 세트, 장)

구매자	3종 세트	단품		
		은화Ⅰ - 설악산	은화Ⅱ - 치악산	은화Ⅲ - 월출산
A	2	1	-	-
B	-	2	3	3
C	2	1	1	-
D	3	-	-	-
E	1	-	2	2

① 558,000원
② 561,000원
③ 563,000원
④ 564,000원
⑤ 567,000원

| 한국가스기술공사 / 수리능력

11 다음 중 $1^2-2^2+3^2-4^2+\cdots+199^2$의 값은?

① 17,500
② 19,900
③ 21,300
④ 23,400
⑤ 25,700

| 한국가스기술공사 / 수리능력

12 어떤 학급에서 이어달리기 대회 대표로 A～E학생 5명 중 3명을 순서와 상관없이 뽑을 수 있는 경우의 수는?

① 5가지
② 10가지
③ 20가지
④ 60가지
⑤ 120가지

| 한국가스기술공사 / 수리능력

13 X커피 300g은 A원두와 B원두의 양을 1 : 2 비율로 배합하여 만들고, Y커피 300g은 A원두와 B원두의 양을 2 : 1 비율로 배합하여 만든다. X커피와 Y커피 300g의 판매 가격이 각각 3,000원, 2,850원일 때, B원두의 100g당 원가는?(단, 판매가격은 원가의 합의 1.5배이다)

① 500원
② 600원
③ 700원
④ 800원
⑤ 1,000원

※ 다음 글을 읽고 이어지는 질문에 답하시오. [14~15]

코로나19는 2019년 중국 우한에서 처음 발생한 감염병으로 전 세계적으로 확산되어 대규모의 유행을 일으켰다. 코로나19는 주로 호흡기를 통해 전파되며 기침, 인후통, 발열 등의 경미한 증상에서 심각한 호흡곤란 같이 치명적인 증상을 일으키기도 한다.
코로나19의 유행은 공공의료체계에 큰 영향을 주었다. 대부분의 국가는 코로나19 감염환자의 대량 입원으로 병상부족 문제를 겪었으며 의료진의 업무부담 또한 매우 증가되었다. 또한 예방을 위한 검사 및 검체 채취, 밀접 접촉자 추적, 격리 및 치료 등의 과정에서 많은 인력과 시간이 ___㉠___ 되었다.
국가 및 지역 사회에서 모든 사람들에게 평등하고 접근 가능한 의료 서비스를 제공하기 위한 공공의료는 전염병의 대유행 상황에서 매우 중요한 역할을 담당한다. 공공의료는 환자의 치료와 예방, 감염병 관리에서 필수적인 역할을 수행하며 코로나19 대유행 당시 검사, 진단, 치료, 백신 접종 등 다양한 서비스를 국민에게 제공하여 사회 전체의 건강보호를 담당하였다.
공공의료는 국가와 지역 단위에서의 재난 대응 체계와 밀접하게 연계되어 있다. 정부는 공공의료 시스템을 효과적으로 운영하여 감염병의 확산을 억제하고, 병원 부족 문제를 해결하며, 의료진의 안전과 보호를 보장해야 한다. 이를 위해 예방 접종 캠페인, 감염병 관리 및 예방 교육, 의료 인력과 시설의 지원 등 다양한 조치를 취하고 있다.
코로나19 대유행은 공공의료의 중요성과 필요성을 다시 한 번 강조하였다. 강력한 공공의료 체계는 전염병과의 싸움에서 핵심적인 역할을 수행하며, 국가와 지역 사회의 건강을 보호하는 데 필수적이다. 이를 위해서는 지속적인 투자와 개선이 이루어져야 하며, 협력과 혁신을 통해 미래의 감염병에 대비할 수 있는 강력한 공공의료 시스템을 구축해야 한다.

| 건강보험심사평가원 / 의사소통능력

14 다음 중 윗글에 대한 주제로 가장 적절한 것은?

① 코로나19 유행과 지역사회 전파 방지를 위한 노력
② 감염병과 백신의 중요성
③ 코로나19 격리 과정
④ 코로나19 유행과 공공의료의 중요성
⑤ 코로나19의 대표적 증상

| 건강보험심사평가원 / 의사소통능력

15 다음 중 밑줄 친 ㉠에 들어갈 단어로 가장 적절한 것은?

① 대비
② 대체
③ 제공
④ 초과
⑤ 소요

| 건강보험심사평가원 / 수리능력

16 5개의 임의의 양수 $a \sim e$에 대해 서로 다른 2개를 골라 더한 값 10개가 다음과 같을 때, 5개의 양수 $a \sim e$의 평균과 분산은?

8	10	11	13	12	13	15	15	17	18

	평균	분산
①	6.6	5.84
②	9.6	5.84
③	6.6	8.84
④	9.6	8.84
⑤	6.6	12.84

| 건강보험심사평가원 / 수리능력

17 어느 날 민수가 사탕 바구니에 있는 사탕의 $\frac{1}{3}$을 먹었다. 그다음 날 남은 사탕의 $\frac{1}{2}$을 먹고 또 그다음 날 남은 사탕의 $\frac{1}{4}$을 먹었다. 현재 남은 사탕의 개수가 18개일 때, 처음 사탕 바구니에 들어있던 사탕의 개수는?

① 48개
② 60개
③ 72개
④ 84개
⑤ 96개

| 건강보험심사평가원 / 수리능력

18 다음은 K중학교 재학생의 2013년과 2023년의 평균 신장 변화에 대한 자료이다. 2013년 대비 2023년 신장 증가율이 큰 순서대로 바르게 나열한 것은?(단, 소수점 셋째 자리에서 반올림한다)

〈K중학교 재학생 평균 신장 변화〉

(단위 : cm)

구분	2013년	2023년
1학년	160.2	162.5
2학년	163.5	168.7
3학년	168.7	171.5

① 1학년 – 2학년 – 3학년
② 1학년 – 3학년 – 2학년
③ 2학년 – 1학년 – 3학년
④ 2학년 – 3학년 – 1학년
⑤ 3학년 – 2학년 – 1학년

| 건강보험심사평가원 / 문제해결능력

19 A는 K공사 사내 여행 동아리의 회원으로 이번 주말에 가는 여행에 반드시 참가할 계획이다. 다음 〈조건〉에 따라 여행에 참가한다고 할 때, 여행에 참가하는 사람을 모두 고르면?

조건

- C가 여행에 참가하지 않으면, A도 여행에 참가하지 않는다.
- E가 여행에 참가하지 않으면, B는 여행에 참가한다.
- D가 여행에 참가하지 않으면, B도 여행에 참가하지 않는다.
- E가 여행에 참가하면, C는 여행에 참가하지 않는다.

① A, B
② A, B, C
③ A, B, D
④ A, B, C, D
⑤ A, C, D, E

| 건강보험심사평가원 / 정보능력

20 다음은 K중학교 2학년 1반 국어, 수학, 영어, 사회, 과학에 대한 학생 9명의 성적표이다. 학생들의 평균 점수를 가장 높은 순서대로 구하고자 할 때, [H2] 셀에 들어갈 함수로 옳은 것은?(단, G열의 평균 점수는 구한 것으로 가정한다)

〈2학년 1반 성적표〉

	A	B	C	D	E	F	G	H
1		국어	수학	영어	사회	과학	평균 점수	평균 점수 순위
2	강○○	80	77	92	81	75		
3	권○○	70	80	87	65	88		
4	김○○	90	88	76	86	87		
5	김△△	60	38	66	40	44		
6	신○○	88	66	70	58	60		
7	장○○	95	98	77	70	90		
8	전○○	76	75	73	72	80		
9	현○○	30	60	50	44	27		
10	황○○	76	85	88	87	92		

① =RANK(G2,G$2:G$10,0)
② =RANK(G2,$G2$:G10,0)
③ =RANK(G2,$B2$:G10,0)
④ =RANK(G2,$B$2:$G$10,0)
⑤ =RANK(G2,B2$:$F$F10,0)

| 건강보험심사평가원 / 정보능력

21 K유통사는 창고 내 자재의 보안 강화와 원활한 관리를 위해 국가별, 제품별로 자재를 분류하고자 9자리 상품코드 및 바코드를 제작하였다. 상품코드 및 바코드 규칙이 다음과 같을 때 8자리 상품코드와 수입 국가, 전체 9자리 바코드가 바르게 연결된 것은?

〈K유통사 상품코드 및 바코드 규칙〉

1. 상품코드의 첫 세 자릿수는 수입한 국가를 나타낸다.

첫 세 자리	000 ~ 099	100 ~ 249	250 ~ 399	400 ~ 549	550 ~ 699	700 ~ 849	850 ~ 899	900 ~ 999
국가	한국	독일	일본	미국	캐나다	호주	중국	기타 국가

2. 상품코드의 아홉 번째 수는 바코드의 진위 여부를 판단하는 수로, 앞선 여덟 자릿수를 다음 규칙에 따라 계산하여 생성한다.
   ① 홀수 번째 수에는 2를, 짝수 번째 수에는 5를 곱한 다음 여덟 자릿수를 모두 합한다.
   ② 모두 합한 값을 10으로 나누었을 때, 그 나머지 수가 아홉 번째 수가 된다.

3. 바코드는 각 자리의 숫자에 대응시켜 생성한다.

구분	코드	구분	코드
0		5	
1		6	
2		7	
3		8	
4		9	

	8자리 상품코드	수입 국가	9자리 바코드
①	07538627	한국	
②	23978527	일본	
③	51227532	미국	
④	73524612	호주	
⑤	93754161	기타 국가	

| K-water 한국수자원공사 / 의사소통능력

22 다음 〈보기〉의 단어들의 관계를 토대로 할 때, 빈칸 ㉠에 들어갈 단어로 옳은 것은?

보기

- 치르다 – 지불하다
- 가쁘다 – 벅차다
- 연약 – 나약
- 가뭄 – ___㉠___

① 갈근
② 해수
③ 한발
④ 안건

※ 다음 글을 읽고 이어지는 질문에 답하시오. [23~24]

(가) 경영학 측면에서도 메기 효과는 한국, 중국 등 고도 경쟁사회인 동아시아 지역에서만 제한적으로 사용되며 영미권에서는 거의 사용되지 않는다. 기획재정부의 조사에 따르면 메기에 해당하는 해외 대형 가구업체인 이케아(IKEA)가 국내에 들어오면서 청어에 해당하는 중소 가구업체의 입지가 더욱 좁아졌다고 한다. 이처럼 경영학 측면에서도 메기 효과는 제한적으로 파악될 뿐 과학적으로는 검증되지 않은 가설이다.

(나) 결국 과학적으로 증명되진 않았지만 메기 효과는 '경쟁'의 양면성을 보여 주는 가설이다. 기업의 경영에서 위협이 발생하였을 때, 위기감에 의한 성장 동력을 발현시킬 수는 있을 것이다. 그러나 무한 경쟁사회에서 규제 등의 방법으로 적정 수준을 유지하지 못한다면 거미의 등장으로 인해 폐사한 메뚜기와 토양처럼, 거대한 위협이 기업과 사회를 항상 좋은 방향으로 이끌어 나가지는 않을 것이다.

(다) 그러나 메기 효과가 전혀 시사점이 없는 것은 아니다. 이케아가 국내에 들어오면서 도산할 것으로 예상되었던 일부 국내 가구 업체들이 오히려 성장하는 현상 또한 관찰되고 있다. 강자의 등장으로 약자의 성장 동력이 어느 정도는 발현되었다는 것을 보여 주는 사례라고 할 수 있다.

(라) 그러나 최근에는 메기 효과가 과학적으로 검증되지 않았고 과장되어 사용되고 있으며 심지어 거짓이라고 주장하는 사람들이 있다. 먼저 메기 효과의 기원부터 의문점이 있다. 메기는 민물고기로 바닷물고기인 청어는 메기와 관련이 없으며, 실제로 북유럽의 어부들이 수조에 메기를 넣었을 때 청어에게 효과가 있었는지 검증되지 않았다. 이와 비슷한 사례인 메뚜기와 거미의 경우는 과학적으로 검증된 바 있다. 2012년 『사이언스』에서 제한된 공간에 메뚜기와 거미를 두었을 때 메뚜기들은 포식자인 거미로 인해 스트레스의 수치가 증가하고 체내 질소 함량이 줄어들었으며, 죽은 메뚜기에 포함된 질소 함량이 줄어들면서 토양 미생물도 줄어들고 토양은 황폐화되었다.

(마) 우리나라에서 '경쟁'과 관련된 이론 중 가장 유명한 것은 영국의 역사가 아놀드 토인비가 주장했다고 하는 '메기 효과(Catfish Effect)'이다. 메기 효과란 냉장시설이 없었던 과거에 북유럽의 어부들이 잡은 청어를 싱싱하게 운반하기 위하여 수조 속에 천적인 메기를 넣어 끊임없이 움직이게 했다는 것이다. 이 가설은 경영학계에서 비유적으로 사용된다. 다시 말해 기업의 경쟁력을 키우기 위해서는 적절한 위협과 자극이 필요하다는 것이다.

| K-water 한국수자원공사 / 의사소통능력

23 윗글의 문단을 논리적 순서대로 바르게 나열한 것은?

① (가) – (라) – (나) – (다) – (마)
② (다) – (마) – (가) – (나) – (라)
③ (마) – (가) – (라) – (다) – (나)
④ (마) – (라) – (가) – (다) – (나)

| K-water 한국수자원공사 / 의사소통능력

24 다음 중 윗글을 이해한 내용으로 적절하지 않은 것은?

① 거대 기업의 출현은 해당 시장의 생태계를 파괴할 수도 있다.
② 메기 효과는 과학적으로 검증되지 않았으므로 낭설에 불과하다.
③ 발전을 위해서는 기업 간 경쟁을 적정 수준으로 유지해야 한다.
④ 메기 효과는 경쟁을 장려하는 사회에서 널리 사용되고 있다.

| K-water 한국수자원공사 / 수리능력

25 어느 회사에 입사하는 사원 수를 조사하니 올해 남자 사원 수는 작년에 비하여 8% 증가하고 여자 사원 수는 10% 감소했다. 작년의 전체 사원 수는 820명이고, 올해는 작년에 비하여 10명이 감소하였다고 할 때, 올해의 여자 사원 수는?

① 378명
② 379명
③ 380명
④ 381명

| K-water 한국수자원공사 / 수리능력

26 철호는 50만 원으로 K가구점에서 식탁 1개와 의자 2개를 사고, 남은 돈은 모두 장미꽃을 구매하는 데 쓰려고 한다. 판매하는 가구의 가격이 다음과 같을 때, 구매할 수 있는 장미꽃의 수는?(단, 장미꽃은 한 송이당 6,500원이다)

〈K가구점 가격표〉

종류	책상	식탁	침대	의자	옷장
가격	25만 원	20만 원	30만 원	10만 원	40만 원

※ 30만 원 이상 구매 시 10% 할인

① 20송이
② 21송이
③ 22송이
④ 23송이

| K-water 한국수자원공사 / 문제해결능력

27 다음 〈보기〉의 전제 1에서 항상 참인 결론을 이끌어 내기 위한 전제 2로 옳은 것은?

보기

- 전제 1 : 흰색 공을 가지고 있는 사람은 모두 검은색 공을 가지고 있지 않다.
- 전제 2 : ______________________________
- 결론 : 흰색 공을 가지고 있는 사람은 모두 파란색 공을 가지고 있다.

① 검은색 공을 가지고 있는 사람은 모두 파란색 공을 가지고 있다.
② 파란색 공을 가지고 있지 않은 사람은 모두 검은색 공도 가지고 있지 않다.
③ 파란색 공을 가지고 있지 않은 사람은 모두 검은색 공을 가지고 있다.
④ 파란색 공을 가지고 있는 사람은 모두 검은색 공을 가지고 있다.

※ 다음은 보조배터리를 생산하는 K사의 시리얼 넘버에 대한 자료이다. 이어지는 질문에 답하시오. **[28~29]**

〈시리얼 넘버 부여 방식〉

시리얼 넘버는 [제품 분류] – [배터리 형태][배터리 용량][최대 출력] – [고속충전 규격] – [생산날짜] 순서로 부여한다.

〈시리얼 넘버 세부사항〉

제품 분류	배터리 형태	배터리 용량	최대 출력
NBP : 일반형 보조배터리 CBP : 케이스 보조배터리 PBP : 설치형 보조배터리	LC : 유선 분리형 LO : 유선 일체형 DK : 도킹형 WL : 무선형 LW : 유선+무선	4 : 40,000mAH 이상 3 : 30,000mAH 이상 2 : 20,000mAH 이상 1 : 10,000mAH 이상	A : 100W 이상 B : 60W 이상 C : 30W 이상 D : 20W 이상 E : 10W 이상

고속충전 규격		생산날짜	
P31 : USB – PD3.1 P30 : USB – PD3.0 P20 : USB – PD2.0	B3 : 2023년 B2 : 2022년 … A1 : 2011년	1 : 1월 2 : 2월 … 0 : 10월 A : 11월 B : 12월	01 : 1일 02 : 2일 … 30 : 30일 31 : 31일

| K-water 한국수자원공사 / 문제해결능력

28 다음 〈보기〉 중 시리얼 넘버가 잘못 부여된 제품은 모두 몇 개인가?

보기

- NBP – LC4A – P20 – B2102
- CBP – WK4A – P31 – B0803
- NBP – LC3B – P31 – B3230
- CNP – LW4E – P20 – A7A29
- PBP – WL3D – P31 – B0515
- CBP – LO3E – P30 – A9002
- PBP – DK1E – P21 – A8B12
- PBP – DK2D – P30 – B0331
- NBP – LO3B – P31 – B2203
- CBP – LC4A – P31 – B3104

① 2개 ② 3개
③ 4개 ④ 5개

| K-water 한국수자원공사 / 문제해결능력

29 K사 고객지원팀에 재직 중인 S주임은 보조배터리를 구매한 고객으로부터 다음과 같은 전화를 받았다. 해당 제품을 회사 데이터베이스에서 검색하기 위해 시리얼 넘버를 입력할 때, 고객이 보유 중인 제품의 시리얼 넘버로 가장 적절한 것은?

> S주임 : 안녕하세요. K사 고객지원팀 S입니다. 무엇을 도와드릴까요?
> 고객 : 안녕하세요. 지난번에 구매한 보조배터리가 작동을 하지 않아서요.
> S주임 : 네, 고객님. 해당 제품 확인을 위해 시리얼 넘버를 알려 주시기 바랍니다.
> 고객 : 제품을 들고 다니면서 시리얼 넘버가 적혀 있는 부분이 지워졌네요. 어떻게 하면 되죠?
> S주임 : 고객님 혹시 구매하셨을때 동봉된 제품설명서를 가지고 계실까요?
> 고객 : 네, 가지고 있어요.
> S주임 : 제품설명서 맨 뒤에 제품 정보가 적혀 있는데요. 순서대로 불러 주시기 바랍니다.
> 고객 : 설치형 보조배터리에 70W, 24,000mAH의 도킹형 배터리이고, 규격은 USB-PD3.0이고, 생산날짜는 2022년 10월 12일이네요.
> S주임 : 확인 감사합니다. 고객님 잠시만 기다려 주세요.

① PBP-DK2B-P30-B1012
② PBP-DK2B-P30-B2012
③ PBP-DK3B-P30-B1012
④ PBP-DK3B-P30-B2012

| K-water 한국수자원공사 / 자원관리능력

30 K하수처리장은 오수 1탱크를 정수로 정화하는 데 A~E 5가지 공정을 거친다고 한다. 공정당 소요시간이 다음과 같을 때 30탱크 분량의 오수를 정화하는 데 소요되는 최소 시간은?(단, 공정별 소요시간에는 정비시간이 포함되어 있다)

〈K하수처리장 공정별 소요시간〉

공정	A	B	C	D	E
소요시간	4시간	6시간	5시간	4시간	6시간

① 181시간
② 187시간
③ 193시간
④ 199시간

| 한국중부발전 / 기술능력

31 **다음 중 스마트 팩토리(Smart Factory)에 대한 설명으로 옳지 않은 것은?**

① 공장 내 설비에 사물인터넷(IoT)을 적용한다.
② 기획 및 설계는 사람이 하고, 이를 바탕으로 인공지능(AI)이 전반적인 공정을 진행한다.
③ 정부에서는 4차 산업혁명의 시대에 맞추어 제조업 전반의 혁신 및 발전을 위해 이를 꾸준히 지원하고 있다.
④ 구체적인 전략은 국가별 제조업 특성 및 강점, 산업 구조 등에 따라 다양한 형태를 갖춘다.

| 한국중부발전 / 기술능력

32 **다음 중 그래핀과 탄소 나노 튜브를 비교한 내용으로 옳은 것은?**

① 그래핀과 탄소 나노 튜브 모두 2차원 평면 구조를 가지고 있다.
② 그래핀과 탄소 나노 튜브 모두 탄소로 이루어져 있으므로 인장강도는 약하다.
③ 그래핀과 탄소 나노 튜브 모두 격자 형태로 불규칙적인 형태를 가지고 있다.
④ 그래핀과 탄소 나노 튜브 모두 그 두께가 1μm보다 얇다.

| SH 서울주택도시공사 / 수리능력

33 **다음은 1g당 80원인 A회사 우유와 1g당 50원인 B회사 우유를 100g씩 섭취했을 때 얻을 수 있는 열량과 단백질의 양을 나타낸 표이다. 우유 A, B를 합하여 300g을 만들어 열량 490kcal 이상과 단백질 29g 이상을 얻으면서 우유를 가장 저렴하게 구입했다고 할 때, 그 가격은 얼마인가?**

〈A, B회사 우유의 100g당 열량과 단백질의 양〉

성분 식품	열량(kcal)	단백질(g)
A회사 우유	150	12
B회사 우유	200	5

① 20,000원
② 21,000원
③ 22,000원
④ 23,000원
⑤ 24,000원

| SH 서울주택도시공사 / 수리능력

34 다음은 S헬스클럽의 회원들이 하루 동안 운동하는 시간을 조사하여 나타낸 도수분포표이다. 하루 동안 운동하는 시간이 80분 미만인 회원이 전체의 80%일 때, $A-B$의 값은?

〈S헬스클럽 회원 운동시간 도수분포표〉

시간(분)	회원 수(명)
0 이상 20 미만	1
20 이상 40 미만	3
40 이상 60 미만	8
60 이상 80 미만	A
80 이상 100 미만	B
합계	30

① 2
② 4
③ 6
④ 8
⑤ 10

| SH 서울주택도시공사 / 수리능력

35 A가게와 B가게에서의 연필 1자루당 가격과 배송비가 다음과 같을 때, 연필을 몇 자루 이상 구매해야 B가게에서 주문하는 것이 유리한가?

〈연필 구매정보〉

구분	가격	배송비
A가게	500원/자루	무료
B가게	420원/자루	2,500원/건

① 30자루
② 32자루
③ 34자루
④ 36자루
⑤ 38자루

| SH 서울주택도시공사 / 수리능력

36 S마스크 회사에서는 지난달에 제품 A, B를 합하여 총 6,000개를 생산하였다. 이번 달의 생산량은 지난달에 비하여 제품 A는 6% 증가하고, 제품 B는 4% 감소하여 전체 생산량은 2% 증가하였다고 한다. 이번 달 두 제품 A, B의 생산량의 차이는?

① 1,500개
② 1,512개
③ 1,524개
④ 1,536개
⑤ 1,548개

| SH 서울주택도시공사 / 조직이해능력

37 다음 중 기계적 조직의 특징으로 적절한 것을 〈보기〉에서 모두 고르면?

보기

㉠ 변화에 맞춰 쉽게 변할 수 있다.
㉡ 상하 간 의사소통이 공식적인 경로를 통해 이루어진다.
㉢ 대표적으로 사내벤처팀, 프로젝트팀이 있다.
㉣ 구성원의 업무가 분명하게 규정되어 있다.
㉤ 많은 규칙과 규제가 있다.

① ㉠, ㉡, ㉢
② ㉠, ㉣, ㉤
③ ㉡, ㉢, ㉣
④ ㉡, ㉣, ㉤
⑤ ㉢, ㉣, ㉤

| SH 서울주택도시공사 / 조직이해능력

38 다음 중 글로벌화에 대한 설명으로 적절하지 않은 것은?

① 범지구적 시스템과 네트워크 안에서 기업 활동이 이루어지는 국제경영이 중요시된다.
② 글로벌화가 이루어지면 시장이 확대되어 상대적으로 기업 경쟁이 완화된다.
③ 경제나 산업에서 벗어나 문화, 정치 등 다른 영역까지 확대되고 있다.
④ 조직의 활동 범위가 세계로 확대되는 것을 의미한다.
⑤ 글로벌화에 따른 다국적 기업의 증가에 따라 국가 간 경제통합이 강화되었다.

| SH 서울주택도시공사 / 대인관계능력

39 다음 중 팀워크에 대한 설명으로 적절하지 않은 것은?

① 조직에 대한 이해 부족은 팀워크를 저해하는 요소이다.
② 팀워크를 유지하기 위해 구성원은 공동의 목표의식과 강한 도전의식을 가져야 한다.
③ 공동의 목적을 달성하기 위해 상호관계성을 가지고 협력하여 업무를 수행하는 것이다.
④ 사람들이 집단에 머물도록 만들고, 집단의 멤버로서 계속 남아 있기를 원하게 만드는 힘이다.
⑤ 효과적인 팀은 갈등을 인정하고 상호신뢰를 바탕으로 건설적으로 문제를 해결한다.

| SH 서울주택도시공사 / 대인관계능력

40 다음은 협상과정 단계별 세부 수행 내용이다. 협상과정의 단계를 순서대로 바르게 나열한 것은?

㉠ 겉으로 주장하는 것과 실제로 원하는 것을 구분하여 실제로 원하는 것을 찾아낸다. ㉡ 합의문을 작성하고 이에 서명한다. ㉢ 갈등문제의 진행상황과 현재의 상황을 점검한다. ㉣ 상대방의 협상의지를 확인한다. ㉤ 대안 이행을 위한 실행계획을 수립한다.

① ㉠－㉢－㉤－㉣－㉡
② ㉠－㉤－㉢－㉣－㉡
③ ㉢－㉠－㉤－㉣－㉡
④ ㉣－㉠－㉢－㉤－㉡
⑤ ㉣－㉢－㉠－㉤－㉡

| SH 서울주택도시공사 / 대인관계능력

41 다음 중 Win－Win 전략에 의거한 갈등 해결 단계에 포함되지 않는 것은?

① 비판적인 패러다임을 전환하는 등 사전 준비를 충실히 한다.
② 갈등 당사자의 입장을 명확히 한다.
③ 서로가 받아들일 수 있도록 중간지점에서 타협적으로 입장을 주고받아 해결점을 찾는다.
④ 서로의 입장을 명확히 한다.
⑤ 상호 간에 중요한 기준을 명확히 말한다.

| SH 서울주택도시공사 / 직업윤리

42 다음 중 직업이 갖추어야 할 속성과 그 의미가 옳지 않은 것은?

① 계속성 : 주기적으로 일을 하거나 계절 또는 명확한 주기가 없어도 계속 행해지며, 현재 하고 있는 일을 계속할 의지와 가능성이 있어야 한다.
② 경제성 : 직업은 경제적 거래 관계가 성립되는 활동이어야 한다.
③ 윤리성 : 노력이 전제되지 않는 자연발생적인 이득 활동은 직업으로 볼 수 없다.
④ 사회성 : 모든 직업 활동이 사회 공동체적 맥락에서 의미 있는 활동이어야 한다.
⑤ 자발성 : 속박된 상태에서의 제반 활동은 직업으로 볼 수 없다.

| SH 서울주택도시공사 / 직업윤리

43 다음 중 근로윤리의 판단 기준으로 적절한 것을 〈보기〉에서 모두 고르면?

보기

㉠ 예절
㉡ 준법
㉢ 정직한 행동
㉣ 봉사와 책임
㉤ 근면한 자세
㉥ 성실한 태도

① ㉠, ㉡, ㉢
② ㉠, ㉡, ㉣
③ ㉡, ㉢, ㉤
④ ㉢, ㉤, ㉥
⑤ ㉣, ㉤, ㉥

| SH 서울주택도시공사 / 직업윤리

44 다음 중 직장에서의 예절로 적절한 것을 〈보기〉에서 모두 고르면?

보기

㉠ 악수는 상급자가 먼저 청한다.
㉡ 명함을 받았을 때는 곧바로 집어넣는다.
㉢ 상급자가 운전하는 차량에 단 둘이 탑승한다면 조수석에 탑승해야 한다.
㉣ 엘리베이터에서 상사나 손님이 탑승하고 내릴 때는 문열림 버튼을 누르고 있어야 한다.

① ㉠, ㉡
② ㉠, ㉣
③ ㉠, ㉢, ㉣
④ ㉡, ㉢, ㉣
⑤ ㉠, ㉡, ㉢, ㉣

| 강원랜드 / 수리능력

45 K빌딩 시설관리팀에서 건물 화단 보수를 위해 인원을 두 팀으로 나누었다. 한 팀은 작업 하나를 마치는 데 15분이 걸리지만 작업을 마치면 도구 교체를 위해 5분이 걸리고, 다른 한 팀은 작업 하나를 마치는 데 30분이 걸리지만 한 작업을 마치면 도구 교체 없이 바로 다른 작업을 시작한다고 한다. 오후 1시부터 두 팀이 쉬지 않고 작업한다고 할 때, 두 팀이 세 번째로 동시에 작업을 시작하는 시각은?

① 오후 3시 30분
② 오후 4시
③ 오후 4시 30분
④ 오후 5시

※ 다음은 2019년부터 2022년까지의 K농장 귤 매출액의 증감률에 대한 자료이다. 이를 읽고 이어지는 질문에 답하시오. **[46~47]**

〈K농장 귤 매출액 증감률 추이〉

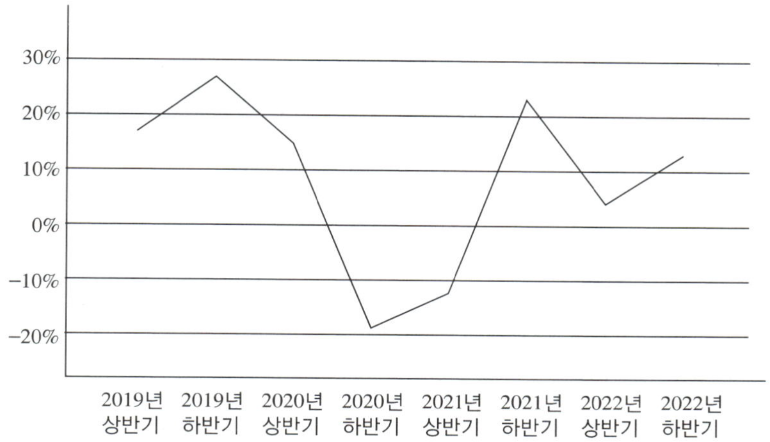

| 한국관광공사 / 수리능력

46 다음 중 자료에 대한 설명으로 옳지 않은 것은?

① 매출액은 2021년 하반기부터 꾸준히 증가하였다.
② 2019년 하반기의 매출 성장 폭이 가장 크다.
③ 2020년 하반기 매출액은 2018년 하반기 매출액보다 적다.
④ 2019년 상반기부터 2022년 하반기까지 매출액이 가장 적은 때는 2021년 상반기이다.

| 한국관광공사 / 수리능력

47 다음은 신문에 실린 어떤 기사의 일부이다. 이 기사의 작성 시기로 가장 적절한 것은?

… (중략) …

이 병해충에 감염되면 식물의 엽록소가 파괴되어 잎에 반점이 생기고 광합성 능력이 저하되며 결국 고사(枯死)하게 된다. 피해 지역 농민들은 감염된 농작물을 전량 땅에 묻으며 생계에 대한 걱정에 눈물을 보이고 있다. 실제로 병충해로 인해 피해 농가의 매출액이 감염 전에 비해 큰 폭으로 떨어지고 있다. 현재 피해 지역이 전국적으로 확산되고 있으며 수확을 앞둔 다른 농가에서도 이 병해충에 대한 걱정에 잠을 못 이루고 있다.

… (후략) …

① 2019년 상반기 ~ 2019년 하반기
② 2020년 하반기 ~ 2021년 상반기
③ 2021년 하반기 ~ 2022년 상반기
④ 2022년 상반기 ~ 2022년 하반기

48 연도별 1분기 K국립공원 방문객 수가 다음과 같을 때, 2022년 1분기 K국립공원 방문객 수와 방문객 수 비율을 바르게 나열한 것은?(단, 방문객 수는 천의 자리에서 반올림하고, 방문객 수 비율은 소수점 아래는 버리며, 증감률은 소수점 둘째 자리에서 반올림한다)

〈연도별 1분기 K국립공원 방문객 수〉

구분	방문객 수(명)	방문객 수 비율	증감률
2018년	1,580,000	90	-
2019년	1,680,000	96	6.3%
2020년	1,750,000	100	4.2%
2021년	1,810,000	103	3.4%
2022년			−2.8%

※ 방문객 수 비율은 2020년을 100으로 한다.

	방문객 수	방문객 수 비율
①	1,760,000	103
②	1,760,000	100
③	1,780,000	101
④	1,780,000	100

※ 다음은 M공사 정보보안팀에서 배포한 사내 메신저 계정의 비밀번호 설정 규칙이다. 이를 읽고 이어지는 질문에 답하시오. [49~50]

〈비밀번호 설정 규칙〉

- 오름차순 또는 내림차순으로 3회 이상 연이은 숫자, 알파벳은 사용할 수 없다.
  (예 123, 876, abc, jih, …)
- 쿼티 키보드에서 자판이 3개 이상 나열된 문자는 사용할 수 없다.
- 특수문자를 반드시 포함하되 같은 특수문자를 연속하여 2회 이상 사용할 수 없다.
- 숫자, 특수문자, 알파벳 소문자와 대문자를 구별하여 8자 이상으로 설정한다.
  (단, 알파벳 대문자는 반드시 1개 이상 넣는다)
- 3자 이상 알파벳을 연이어 사용할 경우 단어가 만들어지면 안 된다.
  (단, 이니셜 및 약어까지는 허용한다)

〈불가능한 비밀번호 예시〉

- 3756#DefG99
- xcv@cL779
- UnfkCKdR$$7576
- eXtra2@CL377
- ksn3567#38cA
  ⋮

| 한국마사회 / 정보능력

49 M공사에 근무하는 B사원은 비밀번호 설정 규칙에 따라 사내 메신저 계정 비밀번호를 새로 설정하였으나 규칙에 어긋났다고 한다. 재설정한 비밀번호가 다음과 같을 때, 어떤 규칙에 위배되었는가?

qdfk#9685@21ck

① 숫자가 내림차순으로 3회 연달아 배치되어서는 안 된다.
② 같은 특수문자가 2회 이상 연속되어서는 안 된다.
③ 알파벳 대문자가 1개 이상 들어가야 한다.
④ 특정 영단어가 형성되어서는 안 된다.

| 한국마사회 / 정보능력

50 B사원이 비밀번호 설정 규칙에 따라 사내 메신저 계정 비밀번호를 다시 설정할 때, 다음 중 가장 적절한 것은?

① Im#S367
② asDf#3689!
③ C8&hOUse100%ck
④ 735%#Kmpkd2R6

CHAPTER

02 2023년 상반기 주요 공기업 전공 기출복원문제

정답 및 해설 p.074

| 01 | 경영학

| K-water 한국수자원공사

01 다음 중 매슬로(Maslow)의 욕구체계 이론과 앨더퍼(Alderfer)의 ERG 이론의 차이점으로 옳지 않은 것은?

① 욕구체계 이론은 욕구를 얼마나 절실하며 기초적인가에 따라 구분하였지만, ERG 이론은 그 욕구를 충족하기 위한 행동의 추상성에 따라 분류하였다.

② 욕구체계 이론은 가장 우세한 하나의 욕구에 의해 행동이 유발된다고 보았지만, ERG 이론은 두 가지 이상의 욕구가 복합적으로 작용하여 행동을 유발한다고 보았다.

③ 욕구체계 이론은 인간의 욕구를 동기부여 요인의 대상으로 삼아 왔지만, ERG 이론은 다양한 요인으로서의 인간의 욕구를 동시에 고려한다.

④ 욕구체계 이론은 인간이 처한 상태에 따라 단 하나의 욕구를 추구하는 것으로 보는 것과 달리, ERG 이론은 어떤 시점에 있어서나 한 가지 이상의 욕구가 작동한다는 사실을 주장하고 있다.

| K-water 한국수자원공사

02 다음 중 직무분석에 대한 설명으로 옳은 것은?

① 연공급 제도를 실시하기 위해서는 직무분석이 선행되어야 한다.

② 직무기술서와 직무명세서는 직무분석의 2차적 결과물이다.

③ 직무명세서에는 직무의 명칭, 책임과 권한, 직무에 요구되는 육체적 능력이 기술되어 있다.

④ 직무명세서란 직무분석의 결과를 통해 얻은 직무정보를 정리한 문서이다.

| 코레일 한국철도공사

03 **다음 중 식스 시그마(6 – sigma)에 대한 설명으로 옳지 않은 것은?**

① 프로세스에서 불량과 변동성을 최소화하면서 기업의 성과를 최대화하려는 종합적이고 유연한 시스템이다.
② 프로그램의 최고 단계 훈련을 마치고, 프로젝트 팀 지도를 전담하는 직원은 마스터 블랙벨트이다.
③ 통계적 프로세스 관리에 크게 의존하며, '정의 – 측정 – 분석 – 개선 – 통제(DMAIC)'의 단계를 걸쳐 추진된다.
④ 제조 프로세스에서 기원하여 판매, 인적자원, 고객서비스, 재무서비스 부문까지 확대되고 있다.
⑤ 사무부분을 포함한 모든 프로세스의 질을 높이고 업무 비용을 획기적으로 절감함으로써 경쟁력을 향상시키는 것을 목표로 한다.

| 코레일 한국철도공사

04 **다음 중 소비자에게 제품의 가격이 낮게 책정되었다는 인식을 심어 주기 위해 이용하는 가격설정방법은?**

① 단수가격(Odd Pricing)
② 준거가격(Reference Pricing)
③ 명성가격(Prestige Pricing)
④ 관습가격(Customary Pricing)
⑤ 기점가격(Basing – Point Pricing)

| 코레일 한국철도공사

05 **다음 중 경제적 주문량(EOQ) 모형이 성립하기 위한 가정으로 옳지 않은 것은?**

① 구입단가는 주문량과 관계없이 일정하다.
② 주문량은 한 번에 모두 도착한다.
③ 연간 재고 수요량을 정확히 파악하고 있다.
④ 단위당 재고 유지비용과 1회당 재고 주문비용은 주문량과 관계없이 일정하다.
⑤ 재고 부족현상이 발생할 수 있으며, 주문 시 정확한 리드타임이 적용된다.

| 코레일 한국철도공사

06 다음 중 마케팅에 대한 설명으로 옳지 않은 것은?

① 마케팅이란 소비자의 필요와 욕구를 충족시키기 위해 시장에서 교환이 일어날 수 있도록 계획하고 실행하는 과정이다.

② 미시적 마케팅이란 개별 기업이 기업의 목표를 달성하기 위한 수단으로 수행하는 마케팅 활동을 의미한다.

③ 선행적 마케팅이란 생산이 이루어지기 이전의 마케팅 활동을 의미하는 것으로, 대표적인 활동으로는 경로, 가격, 판촉 등이 해당한다.

④ 거시적 마케팅이란 사회적 입장에서 유통기구와 기능을 분석하는 마케팅 활동을 의미한다.

⑤ 고압적 마케팅이란 소비자의 욕구에 관계없이 기업의 입장에서 생산 가능한 제품을 강압적으로 판매하는 형태를 의미한다.

| 코레일 한국철도공사

07 다음 수요예측기법 중 성격이 다른 것은?

① 델파이 기법
② 역사적 유추법
③ 시계열 분석 방법
④ 시장조사법
⑤ 라이프사이클 유추법

| 코레일 한국철도공사

08 다음 중 JIT(Just In Time) 시스템의 특징으로 옳지 않은 것은?

① 푸시(Push) 방식이다.

② 필요한 만큼의 자재만을 생산한다.

③ 공급자와 긴밀한 관계를 유지한다.

④ 가능한 소량의 로트(Lot) 크기를 사용하여 재고를 관리한다.

⑤ 생산지시와 자재이동을 가시적으로 통제하기 위한 방법으로 칸반(Kanban)을 사용한다.

| 코레일 한국철도공사

09 다음 〈보기〉의 설명에 해당하는 지각 오류는?

> **보기**
> 사람들은 자신의 성공에 대해서는 자신의 능력 때문이라고 생각하는 반면에, 실패에 대해서는 상황이나 운 때문이라고 생각한다.

① 자존적 편견
② 후광 효과
③ 투사
④ 통제의 환상
⑤ 대비 효과

| 코레일 한국철도공사

10 다음 중 비슷한 성향을 지닌 소비자들과 다른 성향을 가진 소비자들을 분리해 하나의 그룹으로 묶는 과정은?

① 프로모션
② 타겟팅
③ 포지셔닝
④ 시장세분화
⑤ 이벤트

| 한국관광공사

11 다음 중 BCG 매트릭스에 대한 설명으로 옳은 것은?

① 횡축은 시장성장률, 종축은 상대적 시장점유율이다.
② 물음표 영역은 시장성장률이 높고, 상대적 시장점유율은 낮아 계속적인 투자가 필요하다.
③ 별 영역은 시장성장률이 낮고, 상대적 시장점유율은 높아 현상유지를 해야 한다.
④ 자금젖소 영역은 현금창출이 많지만, 상대적 시장점유율이 낮아 많은 투자가 필요하다.
⑤ 개 영역은 시장지배적인 위치를 구축하여 성숙기에 접어든 경우이다.

| 한국관광공사

12 다음 〈보기〉에서 가격책정 방법에 대한 설명으로 옳은 것을 모두 고르면?

보기

㉠ 준거가격이란 구매자가 어떤 상품에 대해 지불할 용의가 있는 최고가격을 의미한다.
㉡ 명성가격이란 가격 – 품질 연상관계를 이용한 가격책정 방법이다.
㉢ 단수가격이란 판매가격을 단수로 표시하여 가격이 저렴하다는 인상을 소비자에게 심어 줌으로써 판매를 증대시키는 방법이다.
㉣ 최저수용가격이란 심리적으로 적당하다고 생각하는 가격 수준을 의미한다.

① ㉠, ㉡
② ㉠, ㉢
③ ㉡, ㉢
④ ㉡, ㉣
⑤ ㉢, ㉣

| 한국관광공사

13 다음 중 STP 전략의 목표시장선정(Targeting) 단계에서 집중화 전략에 대한 설명으로 옳지 않은 것은?

① 단일제품으로 단일화된 세부시장을 공략하여 니치마켓에서 경쟁력을 가질 수 있는 창업 기업에 적합한 전략이다.
② 자원이 한정되어 있을 때 자원을 집중화하고 시장 안에서의 강력한 위치를 점유할 수 있다.
③ 대기업 경쟁사의 진입이 쉬우며 위험이 분산되지 않을 경우 시장의 불확실성으로 높은 위험을 감수해야 한다.
④ 세분시장 내 소비자욕구의 변화에 민감하게 반응하여야 위험부담을 줄일 수 있다.
⑤ 대량생산 및 대량유통, 대량광고 등을 통해 규모의 경제로 비용을 최소화할 수 있다.

| 한국중부발전

14 **다음 중 재무제표에 대한 설명으로 옳지 않은 것은?**

① 재무제표는 재무상태표, 포괄손익계산서, 자본변동표, 현금흐름표, 그리고 주석으로 구성된다.
② 재무제표는 적어도 1년에 한 번씩은 작성한다.
③ 현금흐름에 대한 정보를 제외하고는 발생기준의 가정하에 작성한다.
④ 기업이 경영활동을 청산 또는 중단할 의도가 있더라도, 재무제표는 계속기업의 가정하에 작성한다.

| 한국중부발전

15 **민츠버그(Mintzberg)는 조직의 구조가 조직의 전략 수행, 조직 주변의 환경, 조직의 구조 그 자체의 역할에 의해 좌우된다는 조직구성론을 제시하였다. 다음 중 다섯 가지 조직 형태에 해당하지 않는 것은?**

① 단순구조 조직
② 기계적 관료제 조직
③ 전문적 관료제 조직
④ 매트릭스 조직

| 한국서부발전

16 **다음 중 테일러(Taylor)의 과학적 관리법(Scientific Management)에 대한 설명으로 옳지 않은 것은?**

① 테일러리즘(Taylorism)이라고도 불리며, 20세기 초부터 주목받은 과업수행의 분석과 혼합에 대한 관리 이론이다.
② 이론의 핵심 목표는 경제적 효율성, 특히 노동생산성 증진에 있다.
③ 이론의 목적은 모든 관계자에게 과학적인 경영 활동의 조직적 협력으로 조직의 생산성을 높여 높은 임금을 실현할 수 있다는 인식을 갖게 하는 데 있다.
④ 테일러의 과학적 관리법은 전문적인 지식과 역량이 요구되는 일에 적합하며, 노동자들의 자율성과 창의성을 고려하며 생산성을 높인다는 장점이 있다.

| 한국마사회

17 **다음 중 자기자본비용에 대한 설명으로 옳은 것은?**

① 자기자본비용은 기업이 조달한 자기자본의 가치를 유지하기 위해 최대한 벌어들어야 하는 수익률이다.

② 새로운 투자안의 선택에 있어서도 투자수익률이 자기자본비용을 넘어서는 안 된다.

③ 기업이 주식발생을 통해 자금조달을 할 경우 자본이용의 대가로 얼마의 이용 지급료를 산정해야 하는지는 명확하다.

④ 위험프리미엄을 포함한 자기자본비용 계산 시 보통 자본자산가격결정 모형(CAPM)을 이용한다.

| 한국마사회

18 **A회사는 B회사를 합병하고 합병대가로 30,000,000원의 현금을 지급하였다. 합병 시점의 B회사의 재무상태표상 자산총액은 20,000,000원이었고 부채총액은 11,000,000원이었다. B회사의 재무상태표상 장부금액은 토지를 제외하고는 공정가치와 같다. 토지는 장부상 10,000,000원으로 기록되어 있으나, 공정가치는 합병 시점에 18,000,000원인 것으로 평가되었다. 이 합병으로 A회사가 인식할 영업권은?**

① 9,000,000원
② 10,000,000원
③ 13,000,000원
④ 21,000,000원

| 한국가스기술공사

19 **다음 중 맥그리거의 XY이론을 나누는 기준에 해당하는 것은?**

① 조직구조
② 조직문화
③ 조직규모
④ 인간관
⑤ 리더십

20 다음은 K기업의 균형성과평가제도를 적용한 평가기준표이다. (A) ~ (D)에 들어갈 용어를 순서대로 바르게 나열한 것은?

구분	전략목표	주요 성공요인	주요 평가지표	목표	실행계획
(A) 관점	매출 확대	경쟁사 대비 가격 및 납기 우위	평균 분기별 총매출, 전년 대비 총매출	평균 분기 10억 원 이상, 전년 대비 20% 이상	영업 인원 증원
(B) 관점	부담 없는 가격, 충실한 A/S	생산성 향상, 높은 서비스 품질	전년 대비 재구매 비율, 고객 만족도	전년 대비 10포인트 향상, 만족도 80% 이상	작업 순서 준수, 서비스 품질 향상
(C) 관점	작업 순서 표준화 개선 제안 및 실행	매뉴얼 작성 및 준수	매뉴얼 체크 회수 개선 제안 수 및 실행횟수	1일 1회 연 100개 이상	매뉴얼 교육 강좌 개선, 보고회의 실시
(D) 관점	경험이 부족한 사원 교육	실천적 교육 커리큘럼 충실	사내 스터디 실시 횟수, 스터디 참여율	연 30회, 80% 이상	스터디 모임의 중요성 및 참여 촉진

	(A)	(B)	(C)	(D)
①	고객	업무 프로세스	학습 및 성장	재무
②	재무	학습 및 성장	업무 프로세스	고객
③	재무	고객	업무 프로세스	학습 및 성장
④	학습 및 성장	고객	재무	업무 프로세스
⑤	업무 프로세스	재무	고객	학습 및 성장

| 02 | 법학

| 건강보험심사평가원

01 다음 중 민법상 채권을 몇 년 동안 행사하지 아니하면 소멸시효가 완성하는가?

① 2년 ② 5년
③ 10년 ④ 15년
⑤ 20년

| 건강보험심사평가원

02 다음 중 헌법재판소의 역할로 옳지 않은 것은?

① 행정청의 처분의 효력 유무 또는 존재 여부 심판
② 탄핵의 심판
③ 국가기관 상호 간, 국가기간과 지방자치단체간 및 지방자치단체 상호 간의 권한쟁의에 관한 심판
④ 정당의 해산 심판
⑤ 법원의 제청에 의한 법률의 위헌여부 심판

| 건강보험심사평가원

03 다음 중 국민에게만 적용되는 기본 의무로 옳지 않은 것은?

① 근로의 의무 ② 납세의 의무
③ 교육의 의무 ④ 환경보전의 의무
⑤ 국방의 의무

| 건강보험심사평가원

04 다음 <보기>의 빈칸 ㉠, ㉡에 들어갈 연령을 순서대로 바르게 나열한 것은?

보기

- 촉법소년 : 형벌 법령에 저촉되는 행위를 한 10세 이상 ___㉠___ 미만인 소년
- 우범소년 : 성격이나 환경에 비추어 앞으로 형벌 법령에 저촉되는 행위를 할 우려가 있는 10세 이상 ___㉡___ 미만인 소년

	㉠	㉡
①	13세	13세
②	13세	14세
③	14세	14세
④	14세	19세
⑤	19세	19세

| 03 | 경제학

01 다음 중 명목GDP가 120이고 GDP 디플레이터가 150일 경우 실질GDP는?

| 한국중부발전

① 80
② 100
③ 140
④ 160

02 다음 그래프는 A재 시장과 A재 생산에 특화된 노동시장의 상황을 나타낸 것이다. 〈보기〉 중 이에 대한 분석으로 옳은 것을 모두 고르면?

| 한국서부발전

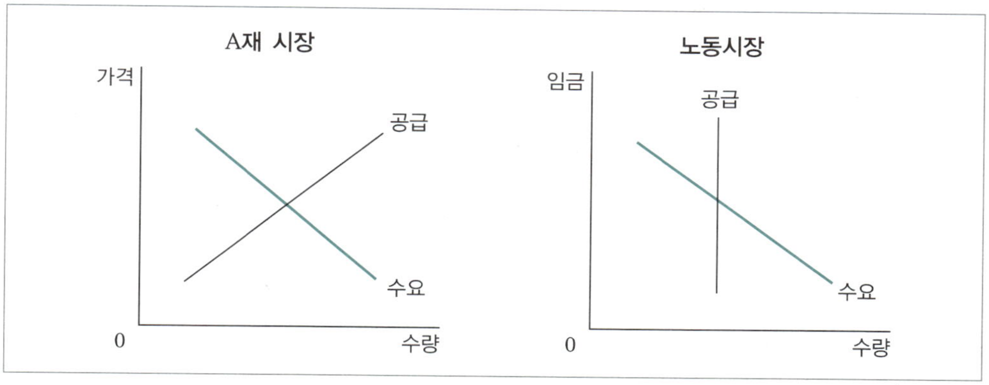

보기

가. A재에 대한 수요가 증가하면 고용량이 늘어난다.
나. A재에 대한 수요가 증가하면 임금이 상승한다.
다. 노동공급이 증가하면 A재 가격이 상승한다.
라. 노동공급이 증가하면 A재 거래량이 증가한다.
마. 노동공급이 감소하면 A재 수요곡선이 이동한다.

① 가, 다
② 나, 라
③ 가, 나, 라
④ 가, 라, 마

| 한국서부발전

03 중국과 인도 근로자 한 사람의 시간당 의복과 자동차 생산량은 다음과 같다. 리카도(D. Ricardo)의 비교우위이론에 따르면 양국은 어떤 제품을 수출해야 하는가?

구분	중국	인도
의복(벌)	40	30
자동차(대)	20	10

① 중국 : 의복, 인도 : 자동차
② 중국 : 자동차, 인도 : 의복
③ 중국 : 의복과 자동차, 인도 : 수출하지 않음
④ 중국 : 수출하지 않음, 인도 : 자동차와 의복

| 한국서부발전

04 다음 중 실업과 실업률에 대한 설명으로 옳은 것은?

① 주부는 실업자에 포함된다.
② 실업률은 실업자의 수를 생산가능인구로 나눈 비율이다.
③ 마찰적 실업은 사업구조의 변화나 기술의 발달로 인해 특정한 기능을 가진 노동자에 대한 수요가 감소함에 따라 발생하는 실업이다.
④ 마찰적 실업은 자발적 실업의 성격을, 구조적 실업과 경기적 실업은 비자발적 실업의 성격을 갖는다.

| 한국서부발전

05 영국의 경제주간지에서는 각국의 빅맥 가격을 비교하여 빅맥 지수를 발표하고 있다. 다음은 2023년 1월 각국의 빅맥 가격과 환율에 대한 자료이다. 2023년 1월 미국의 빅맥 가격이 5.66달러라고 할 때, 빅맥 지수에 근거하여 화폐가치가 적정 수준보다 과소평가된 국가를 모두 고르면?

〈2023년 1월 각국의 빅맥 가격과 환율〉

국가	빅맥 가격	환율
한국	4,500원	1,097원/달러
일본	390엔	104.30엔/달러
노르웨이	52노르웨이 크로네	8.54노르웨이 크로네/달러
스위스	6.5스위스프랑	0.89스위스프랑/달러

① 한국
② 한국, 일본
③ 한국, 노르웨이
④ 일본, 스위스

| 한국가스기술공사

06 다음 〈보기〉에서 독점적 경쟁기업에 대한 설명으로 옳은 것을 모두 고르면?

보기
가. 제품차별화의 정도가 클수록 수요의 가격탄력도는 작아진다.
나. 제품차별화의 정도가 클수록 초과설비규모가 작아진다.
다. 경쟁이 심하기 때문에 기술혁신이 가장 잘 이루어지는 시장이다.
라. 독점적 경쟁의 경우 장기에는 생산자잉여와 이윤이 모두 0이다.
마. 제품차별화를 위해 기업들은 광고 등을 이용해 자사 제품의 브랜드화를 추구할 수 있다.

① 가, 나
② 가, 라
③ 나, 마
④ 가, 라, 마
⑤ 나, 다, 라

| 한국가스기술공사

07 다음 중 가치의 역설(Paradox of Value)에 대한 설명으로 옳은 것은?

① 다이아몬드의 한계효용은 물의 한계효용보다 크다.
② 다이아몬드는 필수재이고, 물은 사치재이다.
③ 물은 항상 다이아몬드보다 가격이 낮다.
④ 상품의 가격은 총 효용에 의해 결정된다.
⑤ 총 효용이 낮아지면 상품의 가격도 낮아진다.

| 한국가스기술공사

08 **다음 중 고전학파와 케인즈학파의 거시경제관에 대한 설명으로 옳지 않은 것은?**

① 고전학파는 공급이 수요를 창출한다고 보는 반면, 케인즈학파는 수요가 공급을 창출한다고 본다.
② 고전학파는 화폐가 베일(Veil)에 불과하다고 보는 반면, 케인즈학파는 화폐가 실물경제에 영향을 미친다고 본다.
③ 고전학파는 저축과 투자가 같아지는 과정에서 이자율이 중심적인 역할을 한다고 보는 반면, 케인즈학파는 국민소득이 중심적인 역할을 한다고 본다.
④ 고전학파는 케인즈학파와 동일하게 실업문제 해소에 대해 재정정책이 금융정책보다 더 효과적이라고 본다.
⑤ 고전학파는 자발적인 실업만 존재한다고 보는 반면, 케인즈학파는 비자발적 실업이 존재한다고 본다.

| 한국가스기술공사

09 **H국의 전체 인구 중에서 15세 이상의 인구가 200만 명, 경제활동인구가 160만 명, 취업자가 140만 명이라고 할 때, H국의 실업률은?**

① 10.5%
② 11.5%
③ 12.5%
④ 13.5%
④ 14.5%

| 한국가스기술공사

10 **다음 중 환율(원/미국달러 환율)에 대한 설명으로 옳지 않은 것은?**

① 환율이 올라간다는 것은 원화 가치가 미국달러화의 가치에 비해 상대적으로 하락함을 의미한다.
② 장기에서 우리나라의 물가상승률이 미국의 물가상승률보다 더 높은 경우 환율은 올라간다.
③ 환율이 내려가면 국내 대미 수출기업들의 수출은 증가한다.
④ 환율이 내려가면 미국에 유학생 자녀를 둔 부모들의 학비 송금에 대한 부담이 줄어든다.
⑤ 미국인의 주식투자자금이 국내에 유입되면 환율은 내려간다.

| 04 | 기계

| 한국중부발전

01 **다음 중 단면 1차 모멘트에 대한 설명으로 옳지 않은 것은?**

① 단면 1차 모멘트의 차원은 L^3이다.
② 임의 형상에 대한 단면 1차 모멘트는 미소 면적에 대한 단면 1차 모멘트를 전체 면적에 대해 적분하여 구한다.
③ 중공형 단면의 1차 모멘트는 전체 형상의 단면 1차 모멘트에서 뚫린 형상의 단면 1차 모멘트를 제하여 구한다.
④ 단면 1차 모멘트의 값은 항상 양수이다.

| 한국중부발전

02 **다음 중 알루미늄 호일을 뭉치면 물에 가라앉지만 같은 양의 호일로 배 형상을 만들면 물에 뜨는 이유로 옳은 것은?**

① 부력은 물체의 밀도와 관련이 있기 때문이다.
② 부력은 유체에 잠기는 영역의 부피와 관련이 있기 때문이다.
③ 부력은 중력과 관련이 있기 때문이다.
④ 부력은 유체와 물체 간 마찰력과 관련이 있기 때문이다.

| 한국중부발전

03 **다음 중 백주철을 열처리한 것으로서 강도, 인성, 내식성 등이 우수하여 유니버설 조인트 등에 사용되는 주철은?**

① 회주철 ② 가단 주철
③ 칠드 주철 ④ 구상 흑연 주철

| 한국중부발전

04 다음 화학식을 참고할 때, 탄소 6kg 연소 시 필요한 공기의 양은?(단, 공기 내 산소는 20%이다)

$$C + O_2 = CO_2$$

① 30kg ② 45kg
③ 60kg ④ 80kg

| 한국중부발전

05 다음 중 하중의 종류와 그 하중이 적용하는 방식에 대한 설명으로 옳지 않은 것은?

① 압축하중의 하중 방향은 축 방향과 평행으로 작용한다.
② 인장하중의 하중 방향은 축 방향과 평행으로 작용한다.
③ 전단하중의 하중 방향은 축 방향과 수직으로 작용한다.
④ 교번하중은 일정한 크기와 일정한 방향을 가진 하중이 반복적으로 작용하는 하중이다.

| 한국서부발전

06 단면이 원이고 탄성계수가 250,000Mpa인 철강 3m가 있다. 이 철강에 100kN의 인장하중이 작용하여 1.5mm가 늘어날 때, 이 철강의 직경은?

① 약 2.3cm ② 약 3.2cm
③ 약 4.5cm ④ 약 4.8cm

| 한국서부발전

07 단면이 직사각형인 단순보에 다음과 같은 등분포하중이 작용할 때, 이 단순보의 최대 처짐량은?(단, E$C+ O_2 = CO_2$240Gpa이다)

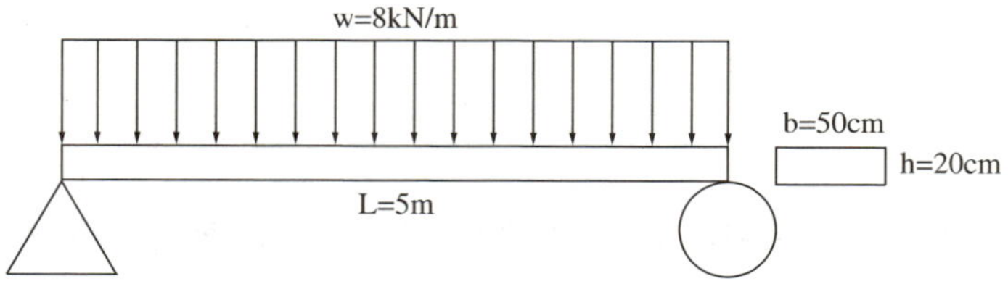

① 약 0.13mm ② 약 0.32mm
③ 약 0.65mm ④ 약 0.81mm

| 한국서부발전

08 다음과 같은 외팔보에 등분포하중이 작용할 때, 처짐각은?(단, $EI = 10{,}000\text{kN} \cdot \text{m}^2$ 이다)

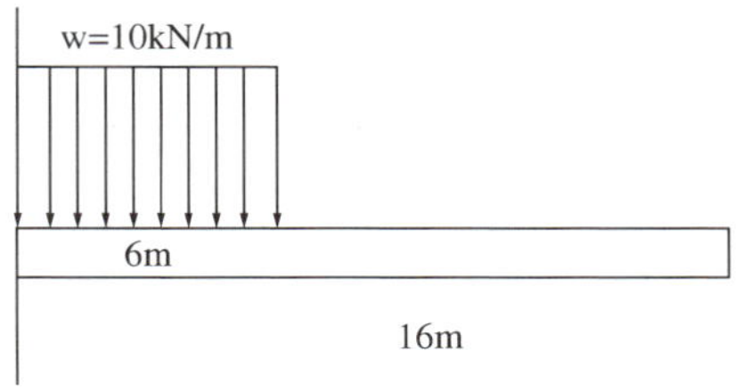

① 0.9×10^{-2}rad ② 1.8×10^{-2}rad
③ 2.7×10^{-2}rad ④ 3.6×10^{-2}rad

| 한국서부발전

09 다음 중 프루드(Fr) 수에 대한 정의로 옳은 것은?

① 관성력과 점성력의 비를 나타낸다.
② 관성력과 탄성력의 비를 나타낸다.
③ 중력과 점성력의 비를 나타낸다.
④ 관성력과 중력의 비를 나타낸다.

| 한국서부발전

10 다음 〈보기〉의 원소들을 체심입방격자와 면심입방격자의 순서대로 바르게 나열한 것은?

보기

ㄱ. 알루미늄(Al)
ㄴ. 크로뮴(Cr)
ㄷ. 몰리브데넘(Mo)
ㄹ. 구리(Cu)
ㅁ. 바나듐(V)
ㅂ. 은(Ag)

	체심입방격자	면심입방격자
①	ㄱ, ㄷ, ㄹ	ㄴ, ㅁ, ㅂ
②	ㄱ, ㄹ, ㅂ	ㄴ, ㄷ, ㅁ
③	ㄴ, ㄷ, ㄹ	ㄱ, ㅁ, ㅂ
④	ㄴ, ㄷ, ㅁ	ㄱ, ㄹ, ㅂ

| 코레일 한국철도공사

11 **저탄소 저유황 강제품에 규소를 확산침투시켜 내마멸성, 내열성을 증가시킴으로써 펌프축, 실린더 내벽, 밸브 등에 이용하는 표면처리 방법은?**

① 세라다이징
② 실리코나이징
③ 칼로라이징
④ 브로나이징
⑤ 크로나이징

| 코레일 한국철도공사

12 **다음 중 기계재료의 정적시험 방법이 아닌 것을 〈보기〉에서 모두 고르면?**

보기

ㄱ. 인장시험
ㄴ. 피로시험
ㄷ. 비틀림시험
ㄹ. 충격시험
ㅁ. 마멸시험

① ㄱ, ㄷ, ㄹ
② ㄱ, ㄷ, ㅁ
③ ㄴ, ㄷ, ㄹ
④ ㄴ, ㄹ, ㅁ
⑤ ㄷ, ㄹ, ㅁ

| 코레일 한국철도공사

13 **다음 중 Tr 20×4 나사에 대한 설명으로 옳지 않은 것은?**

① 미터계가 30도인 사다리꼴 나사이다.
② 피치는 4mm이다.
③ 바깥지름은 20mm이다.
④ 안지름은 12mm이다.
⑤ 접촉 높이는 2mm이다.

| 코레일 한국철도공사

14 다음과 같은 외팔보에 2개의 집중하중이 작용하며 평형 상태에 있다. 이 외팔보에서 굽힘 모멘트의 값이 가장 큰 지점이 A로부터 떨어진 거리와 최대 굽힘 모멘트를 순서대로 바르게 나열한 것은? (단, 보의 무게는 고려하지 않는다)

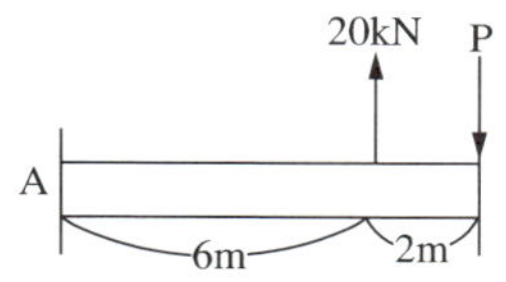

	A로부터 떨어진 거리	최대 굽힘 모멘트
①	6m	30N · m
②	6m	45N · m
③	6m	60N · m
④	8m	30N · m
⑤	8m	60N · m

| 코레일 한국철도공사

15 다음 중 구름 베어링과 미끄럼 베어링을 비교한 내용으로 옳지 않은 것은?

① 구름 베어링은 미끄럼 베어링과는 달리 호환성이 높다.
② 구름 베어링은 미끄럼 베어링에 비해 가격이 비싸다.
③ 구름 베어링은 미끄럼 베어링과 마찬가지로 윤활 장치가 필요하다.
④ 구름 베어링은 미끄럼 베어링과는 달리 소음이 발생할 수 있다.
⑤ 구름 베어링은 미끄럼 베어링에 비해 마찰이 적다.

| 코레일 한국철도공사

16 어떤 탱크에 물이 3,000kg 저장되어 있다. 탱크 안 물의 온도를 10℃ 올리기 위해 필요한 열량은? (단, 탱크 내부 기압은 대기압과 같다)

① 126,000kJ
② 136,000kJ
③ 146,000kJ
④ 156,000kJ
⑤ 166,000kJ

| 코레일 한국철도공사

17 다음 중 동력을 직접적으로 전달하는 기계요소를 〈보기〉에서 모두 고르면?

> 보기
>
> ㄱ. 체인　　　　ㄴ. 레크와 피니언
>
> ㄷ. V홈 마찰차　　　　ㄹ. 벨트와 풀리

① ㄱ, ㄴ
② ㄱ, ㄷ
③ ㄴ, ㄷ
④ ㄴ, ㄹ
⑤ ㄷ, ㄹ

| 코레일 한국철도공사

18 다음 중 열량의 단위로 옳지 않은 것은?

① kcal
② BTU
③ CHU
④ kJ
⑤ slug

| 코레일 한국철도공사

19 안지름이 5cm인 어떤 관에 동점성계수가 $0.804 \times 10^{-4} cm^2/s$인 유체가 0.03L/s의 유량으로 흐르고 있다. 이 유체의 레이놀즈 수는?

① 약 17,600
② 약 18,400
③ 약 19,000
④ 약 19,600
⑤ 약 21,500

코레일 한국철도공사

20 반지름이 3mm이고 길이가 5m인 강봉에 하중이 30kN이 작용할 때, 이 강봉의 변형률은?(단, 강봉의 탄성계수는 350GPa이다)

① 약 0.009
② 약 0.012
③ 약 0.015
④ 약 0.018
⑤ 약 0.021

강원랜드

21 $G=80\times10^3\text{N/mm}^2$이고 유효권수가 100인 스프링에 300N의 외력을 가하였더니 길이가 30cm 변하였다. 이 스프링의 평균 반지름의 길이는?(단, 스프링지수는 10이다)

① 80mm
② 90mm
③ 100mm
④ 110mm

강원랜드

22 다음은 어떤 냉동사이클의 T－S 선도이다. 이 냉동사이클의 성능계수는?

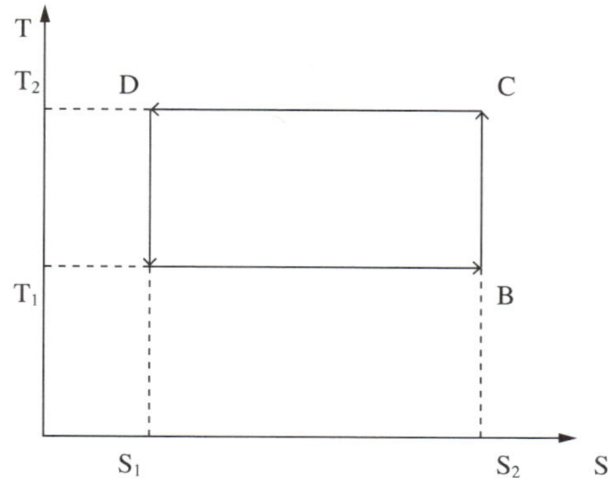

① $\dfrac{T_2-T_1}{T_1}$
② $\dfrac{T_1}{T_2-T_1}$
③ $\dfrac{S_2-S_1}{S_1}$
④ $\dfrac{S_1}{S_2-S_1}$

한국마사회

23 다음 중 열 교환기의 사용 목적으로 옳지 않은 것은?

① 유체 가열
② 증기 응축
③ 유체 증발
④ 유체 응고

한국마사회

24 다음 중 주철과 강재의 비교에 대한 내용으로 옳지 않은 것은?

① 주철은 강재에 비해 융점이 낮다.
② 주철은 강재에 비해 내부식성이 강하다.
③ 주철은 강재에 비해 단단하고 잘 부서지지 않는다.
④ 주철은 강재에 비해 연신율이 떨어진다.

한국마사회

25 다음 중 소성가공에 대한 설명으로 옳은 것은?

① 제품에 손상이 가지 않도록 탄성한도보다 작은 외력을 가해야 한다.
② 소성가공 완류 후 잔류응력은 자연스럽게 제거된다.
③ 주물에 비해 치수가 부정확하다.
④ 절삭가공에 비해 낭비되는 재료가 적다.

| 05 | 전기

| 코레일 한국철도공사

01 다음 중 단상 유도 전동기에서 기동토크가 가장 큰 것과 작은 것을 바르게 짝지은 것은?

① 반발 기동형, 콘덴서 기동형
② 반발 기동형, 셰이딩 코일형
③ 셰이딩 코일형, 콘덴서 기동형
④ 분상 기동형, 반발 기동형
⑤ 콘덴서 기동형, 셰이딩 코일형

| 코레일 한국철도공사

02 역률이 0.8, 출력이 300kW인 3상 평형유도부하가 3상 배전선로에 접속되어 있다. 부하단의 수전전압이 6,000V이고 배전선 1조의 저항 및 리액턴스가 각각 5Ω, 4Ω일 때, 송전단 전압은?

① 6,100V
② 6,200V
③ 6,300V
④ 6,400V
⑤ 6,500V

| 코레일 한국철도공사

03 1,000회의 코일을 감은 환상 철심 솔레노이드의 단면적이 4cm^2에 평균 길이가 $4\pi\text{cm}$이고 철심의 비투자율이 600일 때, 자기 인덕턴스의 크기는?

① 0.24H
② 1.2H
③ 2.4H
④ 12H
⑤ 24H

| 코레일 한국철도공사

04 길이가 30cm, 단면적의 반지름이 10cm인 원통이 길이 방향으로 균일하게 자화되어 자화의 세기가 300Wb/m^2일 때, 원통 양단에서의 전자극의 세기는?

① πWb
② 2πWb
③ 3πWb
④ 4πWb
⑤ 5πWb

| 코레일 한국철도공사

05 3Ω 저항과 4Ω 유도 리액턴스가 직렬로 연결된 회로에 50V인 전압을 가했을 때, 전류의 세기는?

① 8A
② 10A
③ 11A
④ 13A
⑤ 15A

| 코레일 한국철도공사

06 3Ω 저항과 4Ω 유도 리액턴스가 직렬로 연결된 회로에 $v=10\sqrt{2}\,\sin\omega t$V인 전압을 가했을 때, 무효전력은?

① 13Var
② 14Var
③ 15Var
④ 16Var
⑤ 17Var

| 코레일 한국철도공사

07 다음은 연가에 대한 설명이다. 빈칸 ㉠, ㉡에 들어갈 말을 순서대로 바르게 나열한 것은?

> 연가란 전선로 각 상의 ___㉠___ 이/가 되도록 선로 전체의 길이를 ___㉡___ 등분하여 각 상의 위치를 개폐소나 연가철탑을 통하여 바꾸어주는 것이다. 3상 3선식 송전선을 연가할 경우 일반적으로 ___㉡___ 배수의 구간으로 등분하여 연가한다.

	㉠	㉡
①	선로정수를 평형	3
②	선로정수를 평형	4
③	선로정수를 평형	6
④	대지정전용량이 감소	3
⑤	대지정전용량이 감소	6

| 코레일 한국철도공사

08 어떤 변압기의 단락시험에서 %저항강하 3.8%와 %리액턴스강하 4.9%를 얻었다. 부하역률이 80% 일 때, 뒤진 경우의 전압변동률은?

① 5.98%
② 6.12%
③ 7.09%
④ −5.98%
⑤ −6.12%

| 코레일 한국철도공사

09 다음 중 같은 함수를 〈보기〉에서 모두 고르면?

보기

ㄱ. 임펄스 함수
ㄴ. 단위계단 함수
ㄷ. 단위포물선응답
ㄹ. 하중 함수

① ㄱ, ㄴ
② ㄴ, ㄷ
③ ㄱ, ㄹ
④ ㄴ, ㄹ
⑤ ㄷ, ㄹ

| 한국마사회

10 다음 중 전압을 가했을 때, 축적되는 전하량의 비율은?

① 인덕턴스
② 어드미턴스
③ 임피던스
④ 커패시턴스

| 한국마사회

11 다음 중 이상적인 연산증폭기 모델에 대한 설명으로 옳지 않은 것은?

① 개루프 전압이득은 무한대(∞)이다.
② 입력 임피던스는 0이다.
③ 출력 전압 범위는 무한대(∞)이다.
④ 주파수 범위 폭의 제한이 없다.

| 한국마사회

12 다음 중 엔진 내부를 진공상태로 만들어 공기의 유입을 통해 터빈을 작동시켜 전기를 생산하는 발전기는?

① 공기식 발전기
② 풍력 발전기
③ 조력 발전기
④ 수소 발전기

| 한국마사회

13 다음 중 발전기의 형식 중 하나인 회전 계자형에 대한 설명으로 옳지 않은 것은?

① 자석이 회전하여 전기에너지를 생산하는 방식이다.
② 회전 전기자형에 비해 절연에 유리하다.
③ 브러시 사용량이 감소한다.
④ 회전 전기자형에 비해 권선의 배열 및 결선이 불리하다.

| 한국마사회

14 다음 중 발전기에서 생산된 교류 전원을 직류 전원으로 바꿔주는 부품으로 옳은 것은?

① 슬립링
② 브러시
③ 전기자
④ 정류자

| 한국마사회

15 자극당 유효자속이 0.8Wb인 4극 중권 직류 전동기가 1,800rpm의 속도로 회전할 때, 전기자 도체 1개에 유도되는 기전력의 크기는?

① 24V
② 48V
③ 240V
④ 480V

| 06 | 토목

| 한국서부발전

01 다음 중 DAD 해석에 관련된 요소를 바르게 짝지은 것은?

① 강우량, 유수단면적, 최대수심
② 적설량, 분포면적, 적설일수
③ 강우깊이, 유역면적, 최대수심
④ 강우깊이, 유역면적, 지속기간

| 한국서부발전

02 단면적이 같은 정사각형과 원의 단면계수비는?(단, 정사각형 단면의 일변은 h이고 단면의 지름은 D이다)

① 1 : 0.46
② 1 : 0.85
③ 1 : 1.18
④ 1 : 2.24

| 한국서부발전

03 펌프는 흡입실양정 및 토출량을 고려하여 전양정에 따라 선정하여야 한다. 전양정이 5m 이하일 때 표준이며 비교회전도(N_s)가 1,100 ~ 2,000 정도인 펌프 형식은?

① 축류펌프
② 사류펌프
③ 원심사류펌프
④ 원심펌프

| 한국서부발전

04 구경이 400mm인 모터의 직결펌프에서 양수량은 10m^3/min, 전양정은 50m, 회전수는 1,100rpm 일 때 비교회전도(N_s)는?

① 약 148
② 약 168
③ 약 185
④ 약 194

| 한국서부발전

05 엘리데이드 고저측량에서 수평거리 34m, 분획 차는 8.4, 측표의 높이는 2.0m, 시준공까지의 높이는 1.2m일 때 두 점 간의 높이차는?

① 1.856m
② 1.956m
③ 2.056m
④ 2.156m

| 한국서부발전

06 다음 중 사진측량의 특징에 대한 설명으로 옳지 않은 것은?

① 측량의 정확도가 균일하다.
② 정성적 관측이 가능하다.
③ 정량적 관측이 가능하다.
④ 기상의 제약 없이 측량이 가능하다.

| 한국서부발전

07 그림과 같이 어떤 유체가 원형 직관을 통하여 정상 상태로 흐를 때, 관의 축소부로 인한 수두 손실은?(단, $V_1=0.5\text{m/s}$, $D_1=0.2\text{m}$, $D_2=0.1\text{m}$, $f_c=0.36$이다)

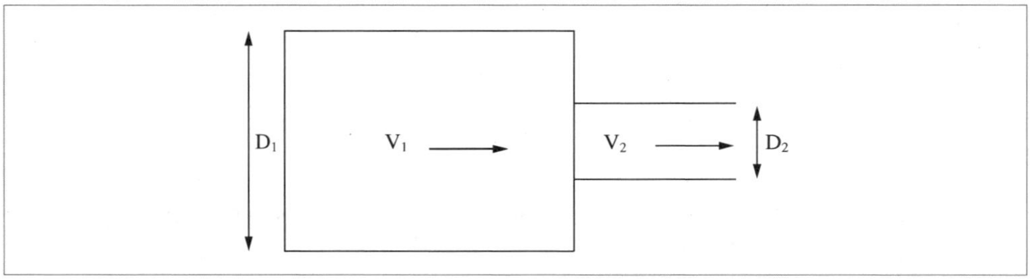

① 약 0.92cm
② 약 3.65cm
③ 약 5.6cm
④ 약 7.3cm

| 한국서부발전

08 그림과 같이 x, y축에 대칭인 단면에 비틀림응력이 550kN · m가 작용할 때, 최대전단응력은?

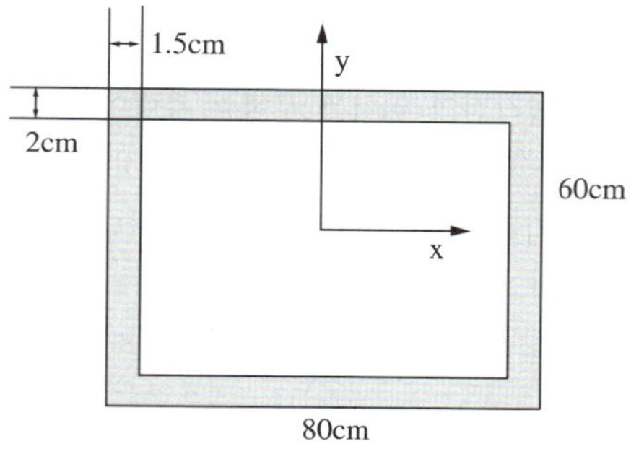

① 30.2MPa
② 40.27MPa
③ 60.4MPa
④ 80.53MPa

| 코레일 한국철도공사

09 토립자의 비중이 2.60인 흙의 전체단위중량이 $2.0t/m^3$이고, 함수비가 20%라고 할 때, 이 흙의 포화도는?

① 약 66.79%
② 약 72.41%
③ 약 73.44%
④ 약 81.23%
⑤ 약 92.85%

| 코레일 한국철도공사

10 반지름이 25cm인 원형단면을 가지는 단주에서 핵의 면적은 얼마인가?

① 약 $122.7cm^2$
② 약 $168.7cm^2$
③ 약 $245.4cm^2$
④ 약 $335.4cm^2$
⑤ 약 $421.7cm^2$

| 코레일 한국철도공사

11 다음 중 삼변측량에 대한 설명으로 옳지 않은 것은?

① 전자파거리측량기(E.D.M)의 출현으로 그 이용이 활성화되었다.
② 관측값의 수에 비해 조건식이 많은 것이 장점이다.
③ 변 길이를 관측하여 삼각점의 위치를 구하는 측량이다.
④ 조정 방법에는 조건방정식에 의한 조정과 관측방정식에 의한 조정 방법이 있다.
⑤ 코사인 제2법칙과 반각공식을 이용하여 각을 구한다.

| 코레일 한국철도공사

12 다음 중 블레이드를 상하로 20 ~ 30도 기울일 수 있어 블레이드 한쪽 끝 부분에 힘을 집중시킬 수 있는 도저는?

① 레이크 도저
② 스트레이트 도저
③ 앵글 도저
④ 틸트 도저
⑤ 습지 도저

| 코레일 한국철도공사

13 다음 중 콘크리트의 건조수축에 대한 설명으로 옳은 것은?

① 콘크리트 부재 표면에는 압축 응력이 발생한다.
② 건조수축의 진행속도는 외부 상대습도와 무관하다.
③ 물과 시멘트의 비율이 클수록 크리프는 작게 발생한다.
④ 잔골재의 사용량을 줄이고 굵은 골재의 사용량을 늘려 건조수축을 억제한다.
⑤ 흡수율이 높은 골재를 사용하여 건조수축을 억제할 수 있다.

| 코레일 한국철도공사

14 다음과 같이 포물선형 아치에 집중하중이 작용하고 있다. C지점에서의 수평반력의 크기는?

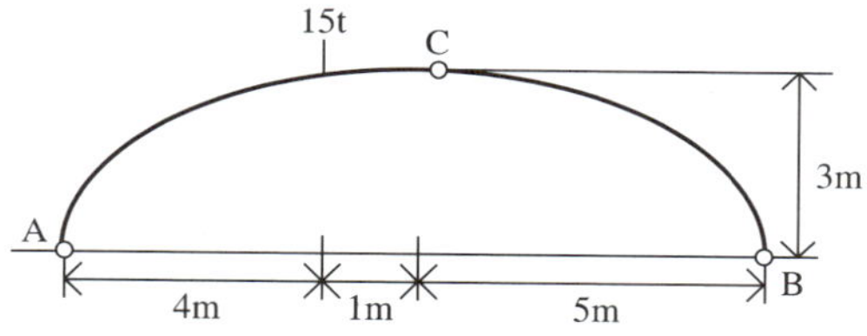

① 5t
② 7.5t
③ 10t
④ 12.5t
⑤ 15t

| 코레일 한국철도공사

15 한 변의 길이가 a인 정삼각형 모양의 보에서 축을 기준으로 T의 크기만큼 토크가 발생하였다. 이때 단면의 중심으로부터 발생한 전단응력의 크기는?

① $\dfrac{288T}{21b^3}$
② $\dfrac{144T}{21b^3}$
③ $\dfrac{288T}{7b^3}$
④ $\dfrac{144T}{7b^3}$
⑤ $\dfrac{288T}{3b^3}$

| 코레일 한국철도공사

16 어떤 직선 도로를 최대 10m까지 측정 가능한 줄자로 360m를 측정하였다. 한 번 측정할 때마다 1cm의 오차가 발생하고 ±7.5mm의 우연오차가 발생할 때, 이 도로의 정확한 길이의 범위는?

① 360±0.45m
② 360.36±0.45m
③ 360±0.075m
④ 360.36±0.075m
⑤ 360±1.62m

| K-water 한국수자원공사

17 다음 중 수문곡선에 대한 설명으로 옳지 않은 것은?

① 하천유로상의 임의의 한 점에서의 수문량의 시간에 대한 유량의 관계곡선이다.

② 초기에는 지하수에 의한 기저유출만이 하천에 존재한다.

③ 시간이 경과함에 따라 지수분포형의 감수곡선이 된다.

④ 강우로 인한 표면유출은 점차적으로 수문곡선을 하강시킨다.

| K-water 한국수자원공사

18 지름이 30cm이고 길이가 1m인 관의 손실수두가 30cm일 때, 관 벽면에 작용하는 마찰력 τ_0는?

① 150N/m^2

② 175N/m^2

③ 200N/m^2

④ 225N/m^2

| K-water 한국수자원공사

19 다음 중 에너지 보정계수(α)와 운동량 보정계수(β)에 대한 설명으로 옳지 않은 것은?

① α는 속도수두를 보정하기 위한 무차원 상수이다.

② β는 운동량을 보정하기 위한 무차원 상수이다.

③ α, β값은 흐름이 난류일 때보다 층류일 때가 크다.

④ 실제유체 흐름에서는 $\beta > \alpha > 1$이다.

| K-water 한국수자원공사

20 다음 중 잔골재와 굵은 골재에 대한 설명으로 옳지 않은 것은?

① 잔골재는 0.074mm 이상, 굵은 골재는 4.76mm 이상인 것을 말한다.
② 잔골재의 비중은 2.50 ~ 2.65, 굵은 골재의 비중은 2.55 ~ 2.70의 값을 표준으로 하고 있다.
③ 잔골재는 입도가 클수록 단위무게가 크다.
④ 콘크리트용 골재의 조립율은 잔골재에서 6.0 ~ 8.0, 굵은 골재에서 2.3 ~ 3.1 정도가 적당하다.

| K-water 한국수자원공사

21 현장에서 다짐된 사질토의 상대다짐도가 95%이고 최대 및 최소 건조단위중량이 각각 $1.76t/m^3$, $1.5t/m^3$일 때, 현장시료의 상대밀도는?

① 약 59%　　② 약 64%
③ 약 69%　　④ 약 74%

| K-water 한국수자원공사

22 다음 중 보강토 공법의 특징으로 옳지 않은 것은?

① 시공이 신속하다.
② 지진피해에 약하다.
③ 시공관리에 용이하며 건설공해가 적다.
④ 부등침하에 어느 정도 유연하게 대처 가능하다.

| K-water 한국수자원공사

23 다음 중 하천에 오수가 유입될 때, 하천의 자정작용 중 최초의 분해지대에서 BOD가 증가하는 주요 원인은?

① 온도의 변화
② 탁도의 감소
③ 미생물의 번식
④ 유기물의 침전

| K-water 한국수자원공사

24 지름이 2m이고, 영향권의 반지름이 1,000m이며, 원지하수의 수위 $H=7\text{m}$, 집수정의 수위 $h_0=5\text{m}$인 심정에서의 양수량은?(단, $K=0.0038\text{m/s}$이고 $\ln 10=2.3$이다)

① 약 $0.0415\text{m}^3/\text{s}$
② 약 $0.0461\text{m}^3/\text{s}$
③ 약 $0.083\text{m}^3/\text{s}$
④ 약 $0.145\text{m}^3/\text{s}$

| K-water 한국수자원공사

25 다음 중 유수는 원활하지만 관거의 매설 깊이가 증가하여 보공비가 많이 들고, 펌프 배수 시 펌프양정을 증가시키는 단점이 있는 하수관거의 접합 방법은?

① 수면접합
② 관중심접합
③ 관저접합
④ 관정접합

현재 나의 실력을 객관적으로 파악해 보자!

모바일 OMR
답안채점 / 성적분석 서비스

도서에 수록된 모의고사에 대한 객관적인 결과(정답률, 순위)를 종합적으로 분석하여 제공합니다.

OMR 입력

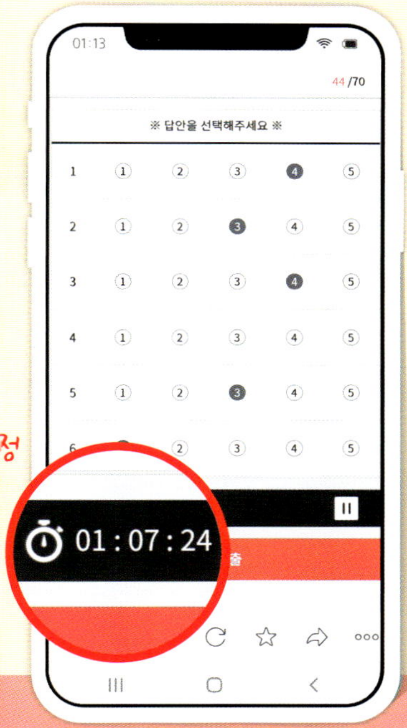

성적분석

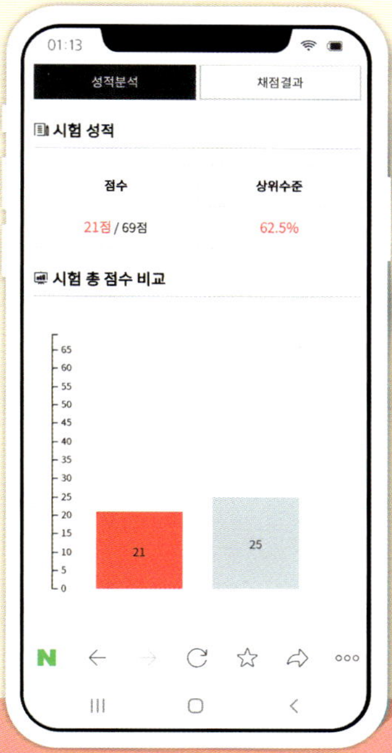

채점결과

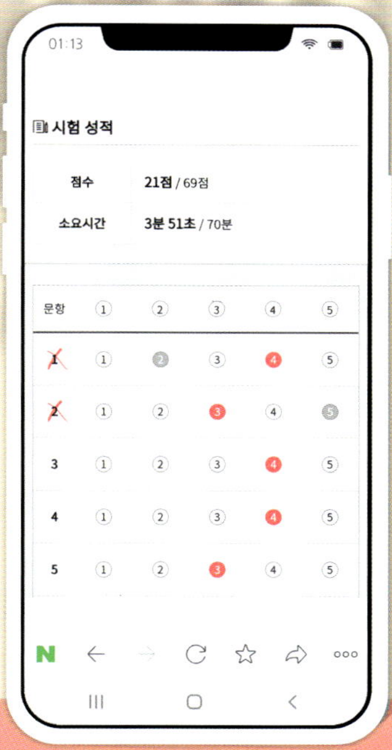

※OMR 답안채점 / 성적분석 서비스는 등록 후 30일간 사용 가능합니다.

참여 방법

도서 내 모의고사 우측 상단에 위치한 QR코드 찍기 → 로그인 하기 → '시작하기' 클릭 → '응시하기' 클릭 → 나의 답안을 모바일 OMR 카드에 입력 → '성적분석 & 채점결과' 클릭 → 현재 내 실력 확인하기

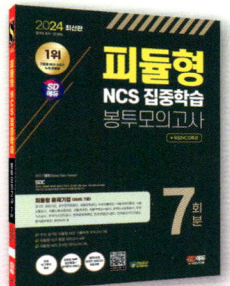

2023 하반기

All-New 전면개정판

SD에듀

누적 판매량 1위 기업별 NCS 시리즈

기출이 답이다

서울 교통공사

NCS & 전공 7개년 기출복원문제 + 무료서교공특강

정답 및 해설

SD에듀
(주)시대고시기획

PART I

서울교통공사 기출복원문제 정답 및 해설

CHAPTER

01 2023년 상반기 기출복원문제

| 01 | 직업기초능력평가

01	02	03	04	05	06	07	08	09	10	11	12	13	14	15	16	17	18	19	20
④	④	⑤	①	③	④	③	①	②	②	③	③	④	③	③	②	⑤	④	②	④
21	22	23																	
③	④	③																	

01 정답 ④

목차의 내용과 보기의 논문 내용을 연결하면 다음과 같다. 먼저 (가) 문단은 도로와 철도 수송시스템의 구성과 수송시스템의 환경영향을 저감시키는 방법에 대해 언급하고 있으므로 목차의 '2. 수송시스템'의 (1)과 (2)에 해당하는 내용이고, (나) 문단은 우리나라의 온실가스 배출량에 대한 통계치를 제시하며 왜 이 연구를 진행하게 되었는지에 대한 배경을 다루고 있으므로 목차의 '1. 서론'에 해당하는 내용임을 알 수 있다. 다음으로 (다) 문단은 본 연구를 각 단계로 나누어 분석해 본 결과 Modal Shift를 통해 효과가 확인되었다는 내용이므로 목차의 '4. 사례연구'에 해당하는 내용이고, (라) 문단은 도로와 철도의 온실가스배출이 어느 과정에서 어떠한 수치를 보이는지에 대한 구체적인 수치자료이므로 목차의 '2. 수송시스템'의 (3)에 해당하는 내용이다. 마지막으로 (마) 문단은 Modal Shift가 무엇이며 이를 활성화하기 위해 어떻게 해야 하는지에 대해 언급하고 있으므로 목차의 '3. Modal Shift(전환교통)'에 해당하는 내용이다. 따라서 보기의 (가)~(마) 문단을 논리적 순서대로 바르게 나열한 것은 (나) – (가) – (라) – (마) – (다)이다.

02 정답 ④

세 번째 문단을 통해 정부가 철도 중심 교통체계 구축을 위해 노력하고 있음을 알 수는 있으나, 구체적으로 시행된 조치는 언급되지 않았다.

오답분석

① 첫 번째 문단을 통해 전 세계적으로 탄소중립이 주목받자 이에 대한 방안으로 등장한 것이 철도 수송임을 알 수 있다.
② 첫 번째 문단과 두 번째 문단을 통해 철도 수송의 확대가 온실가스 배출량의 획기적인 감축을 가져올 것임을 알 수 있다.
③ 네 번째 문단을 통해 '중앙선 안동~영천 간 궤도' 설계 시 탄소 감축 방안으로 저탄소 자재인 유리섬유 보강근이 철근 대신 사용되었음을 알 수 있다.
⑤ 네 번째 문단을 통해 S철도공단은 철도 중심 교통체계 구축을 위해 건설 단계에서부터 친환경·저탄소 자재를 적용하였고, 또 탄소 감축을 위해 2025년부터는 모든 철도건축물을 일정한 등급 이상으로 설계하기로 결정하였음을 알 수 있다.

03 정답 ⑤

다섯 번째 문단의 '도시권역 간 이동시간을 단축해 출퇴근 교통체증을 해소할 수 있고'라는 내용을 통해 도심항공교통의 상용화를 통해 도심지상교통이 이전보다 원활해질 것임을 예측할 수 있다.

오답분석

① 첫 번째 문단과 두 번째 문단의 내용을 통해 알 수 있듯이, 도심항공교통 UAM은 비행기와 달리 '저고도 상공'에서 사람이나 물품 등을 운송하는 교통수단, 또는 이와 관련된 모든 사업을 통틀어 말하는 용어로 모든 항공교통수단 시스템을 지칭한다고 보기는 어렵다.

② 도심항공교통은 지상교통수단의 이용이 불가능해진 것이 아니라, 인구 증가와 인구 과밀화 등 여러 요인으로 인해 지상교통수단만으로는 한계에 다다라 이에 대한 해결책으로 등장한 기술이다.
③ 두 번째 문단의 내용을 통해 알 수 있듯이 도심항공교통은 수직이착륙 기술을 가지고 있어 활주로의 필요성이 없는 것은 맞지만, 세 번째 문단의 '핵심 인프라 중 하나인 플라잉카 공항 에어원 건설 중에 있다.'라는 내용을 통해 해당 교통수단을 위한 별도의 공항이 필요함을 짐작할 수 있다.
④ 제시문에서 공기업과 사기업, 그리고 각 시가 도심항공교통의 상용화를 목표로 박차를 가하고 있음은 알 수 있으나, 그들이 역할을 분담하여 공동의 목표를 향한다는 내용은 찾을 수 없다.

04 정답 ①

제시문을 살펴보면, 먼저 첫 번째 문단에서는 이산화탄소로 메탄올을 만드는 곳이 있다며 관심을 유도하고, 두 번째 문단에서 메탄올을 어떻게 만드는지 어디에서 사용하는지 구체적으로 설명함으로써 탄소 재활용의 긍정적인 측면을 부각하고 있다. 하지만 세 번째 문단에서는 앞선 내용과 달리 이렇게 만들어진 메탄올의 부정적인 측면을 설명하고, 네 번째 문단에서는 이와 같은 이유로 탄소 재활용에 대한 결론이 나지 않았다며 글이 마무리되고 있다. 따라서 글의 주제로 가장 적절한 것은 탄소 재활용의 장점과 이면을 모두 포함하는 내용은 ①이다.

오답분석

② 두 번째 문단에 한정된 내용이므로 제시문 전체를 다루는 주제로 보기에는 적절하지 않다.
③ 지열발전소의 부산물을 통해 메탄올이 만들어진 것은 맞지만, 새롭게 탄생된 연료로 보기는 어려우며, 글의 전체를 다루는 주제로 보기에도 적절하지 않다.
④·⑤ 제시문의 첫 번째 문단과 두 번째 문단에서는 버려진 이산화탄소 및 부산물의 재활용을 통해 '메탄올'을 제조함으로써 미래 원료를 해결할 수 있을 것처럼 보이지만, 이어지는 세 번째 문단과 네 번째 문단에서는 이렇게 만들어진 '메탄올'이 과연 미래 원료로 적합한지 의문점이 제시되고 있다. 따라서 글의 주제로 보기에는 적절하지 않다.

05 정답 ③

'우회수송'은 사고 등의 이유로 직통이 아닌 다른 경로로 우회하여 수송한다는 뜻이기 때문에 '우측 선로로의 변경'은 순화로 적절하지 않다.

오답분석

① '열차시격'에서 '시격'이란 '사이에 뜬 시간'이라는 뜻의 한자어로 열차와 열차 사이의 간격, 즉 '배차간격'으로 순화할 수 있다.
② '전차선'이란 철로를 의미하고, '단전'은 전기의 공급이 중단됨을 말한다. 따라서 바르게 순화되었다.
④ '핸드레일'(Handrail)은 난간을 뜻하는 영어 단어로 우리말로는 '안전손잡이'로 순화할 수 있다.
⑤ '키스 앤 라이드'(Kiss and Ride)는 헤어질 때 키스를 하는 영미권 문화에서 비롯된 이름으로 환승정차구역을 지칭한다.

06 정답 ④

A～C철도사의 차량 1량당 승차인원 수는 다음과 같다.

• 2020년

– A철도사 : $\frac{775,386}{2,751}$ ≒281.86천 명/년/1량

– B철도사 : $\frac{26,350}{103}$ ≒255.83천 명/년/1량

– C철도사 : $\frac{35,650}{185}$ ≒192.7천 명/년/1량

• 2021년

– A철도사 : $\frac{768,776}{2,731}$ ≒281.5천 명/년/1량

– B철도사 : $\frac{24,736}{111}$ ≒222.85천 명/년/1량

– C철도사 : $\frac{33,130}{185}$ ≒ 179.08천 명/년/1량

• 2022년

– A철도사 : $\frac{755,376}{2,710}$ ≒ 278.74천 명/년/1량

– B철도사 : $\frac{23,686}{113}$ ≒ 209.61천 명/년/1량

– C철도사 : $\frac{34,179}{185}$ ≒ 184.75천 명/년/1량

따라서 2020 ~ 2022년의 차량 1량당 승차인원 수는 C철도사가 가장 적으므로 3년간 차량 1량당 평균 승차인원 수 또한 C철도사가 가장 적다.

오답분석

① 2020 ~ 2022년의 C철도사의 차량 수는 185량으로 변동이 없다.

② 2020 ~ 2022년의 승차인원의 비율은 모두 A철도사가 가장 높다.

③ A ~ C철도사의 2020년의 전체 승차인원 수는 775,386+26,350+35,650=837,386천 명, 2021년의 전체 승차 인원 수는 768,776+24,736+33,130=826,642천 명, 2022년의 전체 승차인원 수는 755,376+23,686+34,179=813,241천 명으로 매년 감소하였다.

⑤ 2020 ~ 2022년의 C철도사의 차량 1량당 연간 승차인원 수는 각각 192.7천 명, 179.08천 명, 184.75천 명이므로 모두 200천 명 미만이다.

07 정답 ③

종별의 (교통카드 기준 운임)×44×0.85를 계산한 후 십의 자리에서 반올림하여도 되지만 종별 교통카드 기준 운임 비용이 100원 차이이므로 1단계의 교통카드의 14회 운임 비용을 계산한 후 1,400원씩 더하여 모든 종별 이용구간 14회 초과 시 차감 비용을 구한 후에 종별 정기권 잔액과 합해야 정기권 금액이 나올 것이다.

종별	정기권 운임(원)	전 종과의 정기권 금액 차이(원)	교통카드 기준 운임(원)	14회 초과 시 차감 금액(원)	정기권 잔액(원)
1단계	20,300+34,700=55,000	–	1,450	1,450×14=20,300	34,700
2단계	21,700+36,300=58,000	3,000	1,550	20,300+1,400=21,700	36,300
3단계	23,100+38,600=61,700	3,700	1,650	21,700+1,400=23,100	38,600
4단계	24,500+41,000=65,500	3,800	1,750	23,100+1,400=24,500	41,000
5단계	25,900+43,300=69,200	3,700	1,850	24,500+1,400=25,900	43,300
6단계	27,300+45,600=72,900	3,700	1,950	25,900+1,400=27,300	45,600
7단계	28,700+48,000=76,700	3,800	2,050	27,300+1,400=28,700	48,000
8단계	30,100+50,300=80,400	3,700	2,150	28,700+1,400=30,100	50,300
9단계	31,500+52,700=84,200	3,800	2,250	30,100+1,400=31,500	52,700
10단계	32,900+55,000=87,900	3,700	2,350	31,500+1,400=32,900	55,000
11단계	34,300+57,300=91,600	3,700	2,450	32,900+1,400=34,300	57,300
12단계	35,700+59,700=95,400	3,800	2,550	34,300+1,400=35,700	59,700
13단계	37,100+62,000=99,100	3,700	2,650	35,700+1,400=37,100	62,000
14단계	38,500+64,400=102,900	3,800	2,750	37,100+1,400=38,500	64,400
15단계	39,900+66,700=106,600	3,700	2,850	38,500+1,400=39,900	66,700
16단계	41,300+69,000=110,300	3,700	2,950	39,900+1,400=41,300	69,000
17단계	42,700+71,400=114,100	3,800	3,050	41,300+1,400=42,700	71,400
18단계	117,800	3,700	3,150	–	117,800

따라서 전 종과의 정기권 운임 비용 차이가 3,800원인 경우는 4단계, 7단계, 9단계, 12단계, 14단계, 17단계이므로 6가지이다.

08 정답 ①

평일에만 출근했으며 4월에 연차를 사용하지 않은 강대리가 출근하는 날은 총 20일이다. 편도 이용 거리가 25km이므로 강대리는 4월에 $25\times2\times20=1{,}000$km을 이용하였고 3단계는 30km를 초과할 때마다 1회 차감하므로 차감 횟수는 $\frac{1{,}000}{30}\fallingdotseq33.33$, 즉 33회이다.

따라서 3단계 정기권 운임은 61,700원이고 교통카드 기준 운임은 1,650원이므로 4월 말 정기권 잔액은 $61{,}700-(1{,}650\times33)=7{,}250$원이다.

09 정답 ②

S군의 편도 이용 거리는 25km이므로 한 달 동안의 S군의 이용 거리는 $45\times2\times25=2{,}250$km이다. 또한 정기권 운임에 대한 교통카드 기준 운임의 비는 운임 차감 횟수이므로 이 값에 종별 차감기준을 곱하면 종별 1회 충전 시 이용 가능 거리이다.

종별	이용 가능 거리(km)	종별	이용 가능 거리(km)
1단계	37×20=740	10단계	37×74=2,738
2단계	37×25=925	11단계	37×82=3,034
3단계	37×30=1,110	12단계	37×90=3,330
4단계	37×35=1,295	13단계	37×98=3,626
5단계	37×40=1,480	14단계	37×106=3,922
6단계	37×45=1,665	15단계	37×114=4,218
7단계	37×50=1,850	16단계	37×122=4,514
8단계	37×58=2,146	17단계	37×130=4,810
9단계	37×66=2,442	18단계	–

따라서 이용 가능 거리가 2,250km 이상인 종별 중 정기권 운임이 가장 저렴한 것은 9단계이다.

10 정답 ②

- 소프트웨어적 요소
  - 스타일(Style) : 조직구성원을 이끌어 나가는 관리자의 경영방식
  - 구성원(Staff) : 조직 내 인적 자원의 능력, 전문성, 동기 등
  - 스킬(Skills) : 조직구성원이 가지고 있는 핵심 역량
  - 공유가치(Shared Values) : 조직의 이념, 비전 등 조직구성원이 함께 공유하는 가치관
- 하드웨어적 요소
  - 전략(Strategy) : 시장에서의 경쟁우위를 위해 회사가 개발한 계획
  - 구조(Structure) : 조직별 역할, 권한, 책임을 명시한 조직도
  - 시스템(Systems) : 조직의 관리체계, 운영절차, 제도 등 전략을 실행하기 위한 프로세스

11 정답 ③

power 함수는 거듭제곱에 대한 함수로 power(a,b)=a^b이다. 따라서 주어진 프로그램은 6^4를 계산하여 출력하는 프로그램이므로 출력되는 값은 $6^4=1{,}296$이다. 6^4를 출력하려면 printf("%d^%d", a, b)를 입력해야 한다.

12 정답 ③

$n\neq0$일 때 $k=n(n-1)(n-2)\cdots2\cdot1=n!$이고 $0!=1$이다. 따라서 주어진 순서도의 출력값은 $n!$과 같다.

13 정답 ④

퀵 정렬 알고리즘은 가장 큰 수를 오른쪽으로 차례대로 배열하며 자리를 바꾼다. ④는 2번째로 작은 수를 왼쪽 2번째 자리와 바꾸었으므로 퀵 정렬 알고리즘의 과정으로 옳지 않다.

14 정답 ③

주어진 프로그램은 임의의 배열을 선택 정렬 알고리즘을 통해 오름차순으로 정렬하는 프로그램이다. 이 프로그램에서 오름차순 정렬을 내림차순 정렬로 변경하려면 9번째 행의 'if(min〉arr[j])'를 'if(min〈arr[j])'로 수정해야 한다.

15 정답 ③

2월 18일까지 모든 업체가 제작을 완료해야 하므로 18일까지 각 업체의 근무시간 및 제작 개수는 다음과 같다.

업체	1인 1개 제작 시간(시간)	2월 18일까지 근무 시간(시간)	2월 18일까지 1인 제작 수(개)	제작 직원 수(명)	2월 18일까지 총 제작 수(개)	개당 가격(만 원)
A	4	120	30	7	210	50
B	5	120	24	10	240	50
C	4	120	30	3	90	40
D	2	96	48	5	240	40
E	6	96	16	6	96	30

개당 가격이 가장 저렴한 업체에 최대한 많은 양을 의뢰한다. 따라서 가격이 가장 저렴한 E업체에는 2월 18일까지 E업체가 제작 가능한 전자교탁의 총 개수인 96개의 제작을 의뢰할 수 있고, C업체와 함께 가격이 두 번째로 저렴하면서 C업체보다 1인 1개 제작시간이 더 짧은 D업체에 남은 236개의 제작을 의뢰할 수 있다. 그리고 이때 필요한 비용이 최소가 되므로 E업체에 제작을 의뢰한 전자교탁의 수는 96개이다.

16 정답 ②

2월 9일까지 모든 업체가 제작을 완료하므로 9일까지 각 업체의 근무시간 및 제작 개수는 다음과 같다.

업체	1인 1개 제작 시간(시간)	2월 9일까지 근무 시간(시간)	2월 9일까지 1인 제작 수(개)	제작 직원 수(명)	2월 9일까지 총 제작 수(개)	개당 가격(만 원)
A	4	56	14	7	98	50
B	5	56	11	10	110	50
C	4	56	14	3	42	40
D	2	48	24	5	120	40
E	6	48	8	6	48	30

개당 가격이 가장 저렴한 업체에 최대한 많이 의뢰한다. 먼저 개당 가격이 가장 저렴한 E업체에 전자교탁 48개의 제작을 의뢰하고 그다음으로 저렴한 C업체와 D업체에 각각 42개, 120개의 제작을 의뢰한다. 남은 전자교탁은 $340-(48+42+120)=130$개이고, 남은 두 업체의 개당 가격은 50만 원이다. 따라서 필요한 비용은 130×50만$+(42+120)\times40$만$+48\times30$만$=14,420$만 원$=1$억 4,420만 원이다.

17 정답 ⑤

• F팀의 평일 대관 요일이 화요일일 때

구분	월	화	수	목	금	토
9:00 ~ 10:30		F팀	A팀	D팀	A팀	A팀
10:30 ~ 12:00	B팀		B팀			B팀
12:00 ~ 13:00						
13:00 ~ 14:30	E팀		C팀	D팀	–	
14:30 ~ 16:00					–	
16:00 ~ 17:30	–	–			–	
17:30 ~ 19:00	(B팀, C팀, F팀)	(B팀, C팀, F팀)	(B팀, C팀, F팀)			

• F팀의 평일 대관 요일이 목요일일 때

구분	월	화	수	목	금	토
9:00 ~ 10:30		D팀	A팀	F팀	A팀	A팀
10:30 ~ 12:00	B팀		B팀			B팀
12:00 ~ 13:00						
13:00 ~ 14:30	–	D팀	C팀	E팀		
14:30 ~ 16:00	–					
16:00 ~ 17:30	–			–	–	
17:30 ~ 19:00	(B팀, C팀, F팀)		(B팀, C팀, F팀)	(B팀, C팀, F팀)		

두 경우 모두 A ~ F팀의 대관료는 같으며 그 비용은 다음과 같다.

• A팀 대관료 : 15,000×3+(15,000+5,000)=65,000원
• B팀 대관료 : 15,000×2+(15,000+5,000)×2=70,000원
• C팀 대관료 : 15,000×3+(15,000+5,000)=65,000원
• D팀 대관료 : 15,000×5+(15,000+5,000)=95,000원
• E팀 대관료 : 15,000×4=60,000원
• F팀 대관료 : 15,000×2+(15,000+5,000)=50,000원

따라서 대관료가 가장 많은 팀은 D팀이고, 대관료가 가장 적은 팀은 F팀이다.

18 정답 ④

㉠ 드론(Drone) : 무인항공기(UAV; Unmanned Aerial Vehicle)로도 불리는 드론은 조종사가 탑승하지 않고 무선 원격 조종하는 비행체이다. 모형항공기와 비교되곤 하는데 드론과 모형항공기의 가장 큰 차이는 자동비행장치의 탑재 유무이다. 자동비행이 가능하면 드론의 일종으로 보고, 자동비행이 불가능하여 수동 조작이 필요하면 모형항공기의 일종으로 본다.

㉡ 사물인터넷(IoT; Internet of Things) : 사물인터넷은 물체에 인터넷 등의 네트워크를 적용하여 물체와 사용자와의 커뮤니케이션은 물론 연결된 기기 간의 상호작용을 통해 자동으로 기기를 제어하는 기술이다.

㉢ 빅데이터(Big data) : 빅데이터는 기존 데이터 처리 능력으로는 감당이 안 되는 매우 크고 복잡한 비정형 데이터이다. 흔히 빅데이터의 3대 중요 요소로 크기(Volume), 속도(Velocity), 다양성(Variety)을 꼽으며 빅데이터를 통한 가치 창출이 중요해지면서 정확성(Veracity), 가치(Value)까지 포함하여 빅데이터의 주요 5대 중요 요소로 꼽는 사람들도 있다. 이 빅데이터는 시장 선호도 조사 등 다양한 산업 분야에서 목적에 따라 적절하게 빅데이터를 처리하여 결론을 도출해야 한다.

19 정답 ②

S사원은 충분히 업무를 수행할 능력은 있으나 A과장으로부터 문책을 당한 경험으로 인해 과제를 완수하고 목표를 달성할 수 있는 능력 차원에서의 자아존중감이 부족한 상태이다.

오답분석

① 자기관리 : 자신을 이해하고, 목표를 성취하기 위해 자신의 행동 및 업무수행을 관리하고 조정하는 것이다.
③ 경력개발 : 자신과 자신의 환경 상황을 인식하고 분석하여 합당한 경력 관련 목표를 설정하는 과정이다.
④ 강인성 : 개인이 세상을 대하는 기본적 태도로서 헌신, 통제 및 도전적 성향을 가지는 것이다.
⑤ 낙관주의 : 아직 현실화되지 않은 앞으로의 일을 좋은 방향으로 생각하는 태도이다.

자아존중감
개인의 가치에 대한 주관적인 평가와 판단을 통해 자기결정에 도달하는 과정이며, 스스로에 대한 긍정적 또는 부정적 평가를 통해 가치를 결정짓는 것이다.
• 가치 차원 : 다른 사람들이 자신을 가치 있게 여기며 좋아한다고 생각하는 정도이다.
• 능력 차원 : 과제를 완수하고 목표를 달성할 수 있다는 신념이다.
• 통제감 차원 : 자신이 세상에서 경험하는 일들과 거기에 영향을 미칠 수 있다고 느끼는 정도이다.

20 정답 ④

분배적 협상과 통합적 협상

구분	분배적 협상	통합적 협상
협상전략	강압적 경쟁전략	협력적 문제해결전략
목표성격	개인 자신의 목표	상호 공동의 목표
과정지향	배타적 경쟁지향	통합적 협력지향
승패방식	Win – Lose 방식	Win – Win 방식
결과지향	결과(이득) 지향	인간관계(사람) 지향
이득증식	고정된 파이 분배	파이 자체의 증대
가치창출	기존 가치의 분배	새로운 가치의 창출
정보공유	은밀한 정보	공개적 정보공유
토론성격	입장 토론	실질적 이해관계 토론
이득지향	욕구충족을 위한 자신의 이득	공동이득을 위한 가치 있는 이득의 교환

21 정답 ③

인간관계의 성격적 특성은 크게 대인동기, 대인신념, 대인기술로 구분되며, 대인관계는 각기 다른 성격적 특성을 가진 개인의 상호작용으로 이루어진다.

㉠ 대인동기 : 인간관계를 지향하게 하고 사회적 행동을 유발하는 동기로 내용에 따라 생리적 동기, 심리적 동기로 나뉘며 발생 원인에 따라 선천적 동기(유전), 후천적 동기(학습)로 나뉜다.
㉡ 대인신념 : 개인이 인간과 인간관계에 대해 가지고 있는 지적인 이해나 믿음으로 대인관계에 대한 지속적이고 안정적인 사고 내용이다. 따라서 대인관계 상황에서 개인의 행동을 결정하는 주요한 요인이 된다.
㉢ 대인기술 : 인간관계를 성공적으로 이끌어 갈 수 있는 사교적 능력으로 성장과정에서 후천적 경험을 통해 의식적 / 무의식적으로 배워 습득하는 언어적 / 비언어적 행동능력이다.

22 정답 ④

현대 사회가 점차 다원화됨에 따라 다양한 가치관의 이해관계자가 존재하게 되었으며 이에 기업들은 경제활동을 위해 소수의 이해관계자만을 상대하던 과거와 달리 환경적, 기술적, 사회적, 정치적 요구 등 다양한 이해관계자들의 요구에 대응하게 되었다. 따라서 사회의 획일화가 아닌 사회의 다원화로 인해 기업의 사회적 책임이 등장하였다.

오답분석

① 초국가적인 글로벌기업이 탄생하는 등 기업의 영향력이 확대됨에 따라 기업의 사회적 책임에 대한 필요성이 확산되었다.
② 기후변화 등 환경문제와 지속가능성에 대한 사회적 관심이 증대됨에 따라 기업의 사회적 책임이 확산되었다.
③ 인터넷, SNS 등 정보 공유가 빨라지고, 기업 정보에 대한 접근성이 확대됨에 따라 기업의 투명성을 요구하는 사람들이 많아졌다.
⑤ 다국적기업의 영향력 확대에 따라 국제기구 및 비정부기구(NGO)에서 기업의 책임을 요구하는 다양한 규범 및 기준이 제정되었다.

23 정답 ③

도덕적 해이의 특징

- 직무를 충실히 수행하지 않는 행위에 한정되며, 법률 위반과는 차이가 있다. 따라서 적발과 입증이 어려운 측면이 있다.
- 도덕적 일탈행위와도 차이가 있어 사적 영역에서 도덕적 의무를 다하지 않는 행위는 제외된다.
- 조직의 큰 틀에 어긋나는 의도적 · 적극적인 자신의 이익실현 행위가 포함된다.
- 사익을 추구하지 않더라도 효율적 운영을 위해 최선을 다하지 않는 방만한 경영 행태가 포함된다.
- 위험이 따르지만 실적이 기대되는 신규업무에 관심을 갖지 않는 소극적 행위의 특징이 있다.
- 결정을 내리고 책임지기보다는 상급기관에 결정을 미루고 기계적으로 따라하는 행동방식을 취한다.

| 02 | 경영학

01	02	03	04	05	06	07	08	09	10	11									
③	⑤	③	⑤	①	②	①	②	④	①	①									

01 정답 ③

- EPS(주당순이익)=(당기순이익)÷(유통주식 수) → 300억 원÷1,000만 주=3,000원
- PER(주가수익비율)=(주가)÷(주당순이익) → 24,000원÷3,000원=8배

따라서 적정주가는 24,000원이다.

02 정답 ⑤

공매도를 통한 기대수익은 자산 가격(100%) 미만으로 제한되나, 기대손실은 무한대로 커질 수 있다.

오답분석

① 공매도의 가능여부는 효율적 시장가설의 핵심전제 중 하나이다.
② 시장에 매도의견이 적극 반영되어 활발한 거래를 일으킬 수 있다.
③ 공매도는 주식을 빌려서 매도하고 나중에 갚는 것이기 때문에 주가상승 시 채무불이행 리스크가 존재한다.
④ 자산 가격이 하락할 것으로 예상되는 경우, 공매도를 통해 수익을 기대할 수 있다.

03 정답 ③

그린메일은 특정기업의 주식을 대량으로 매입한 뒤 경영진에게 적대적 M&A를 포기하는 대가로 매입한 주식을 시가보다 훨씬 높은 값에 되사도록 요구하는 행위로 적대적 M&A 시도에 대한 사후 방어 전략에 해당한다.

오답분석

① 포이즌 필은 현재 주가 대비 현저히 낮은 가격에 신주를 발행하는 것을 허용하여 매수자가 적대적 M&A를 시도할 때 엄청난 비용이 들도록 하는 전략이다.
② 포이즌 풋은 채권자가 미리 약정한 가격에 채권을 상환할 것을 청구할 수 있는 권리를 부여하여 적대적 M&A를 시도하는 매수자가 인수 직후 부채 상환 부담을 갖게 하는 전략이다.
④ 황금낙하산은 기업임원이 적대적 M & A로 인해 퇴사하는 경우 거액의 퇴직위로금을 지급받도록 하는 전략이다.
⑤ 황금주는 단 1주만으로도 주주총회 결의사항에 대해 거부권을 행사할 수 있는 권리를 가진 주식을 발행하는 전략이다.

04 정답 ⑤

콘글로머리트는 사업내용이 전혀 다른 기업을 최대한 많이 흡수 또는 합병해서 지배하는 결합 형태로 대기업의 문어발식 기업 확장에 가장 많이 사용되는 결합방식이다.

05 정답 ①

선수금은 대차대조표상 유동부채에 해당하고, 현금, 유가증권, 현금성자산, 미수금 등은 대차대조표상 유동자산에 해당한다.

06 정답 ②

메모리 반도체의 경우, D－RAM 등과 같은 표준화된 품목으로 구성되며 설계부터 생산까지 일괄적으로 이루어짐에 따라 규모의 경제를 통한 소품종 대량생산 체계를 갖추고 있다.

오답분석

① 차량용 충전기는 수요가 많지 않으나 이용자, 차량 등에 따라 형태나 방식이 제각각이므로 다품종 소량생산이 적합하다.
③ 생활용품은 수요가 매우 많고, 선호에 맞는 다양한 종류를 모두 필요로 하므로 다품종 대량생산이 적합하다.
④·⑤ 지하철 광고물, 발전기 부품 등은 수요도 많지 않고 사용하는 장소 등도 제한적이므로 소품종 소량생산이 적합하다.

07 정답 ①

시장 세분화 단계에서는 시장을 기준에 따라 세분화하고 각 세분시장의 고객 프로필을 개발하여 차별화된 마케팅을 실행한다.

오답분석

②·③ 시장 매력도 평가 단계와 표적시장 선정 단계에서는 각 세분시장의 매력도를 평가하여 표적시장을 선정한다.
④ 포지셔닝 단계에서는 각각의 시장에 대응하는 포지셔닝을 개발하고 전달한다.
⑤ 재포지셔닝 단계에서는 자사와 경쟁사의 경쟁위치를 분석하여 포지셔닝을 조정한다.

08 정답 ②

블룸의 기대이론에 대한 설명으로 기대감, 수단성, 유의성을 통해 구성원의 직무에 대한 동기 부여를 결정한다고 주장하였다.

오답분석

① 허즈버그의 2요인이론에 대한 설명이다.
③ 매슬로의 욕구 5단계이론에 대한 설명이다.
④ 맥그리거의 XY이론에 대한 설명이다.
⑤ 로크의 목표설정이론에 대한 설명이다.

09 정답 ④

벤치마킹을 통해 얻은 신뢰도 높은 자료는 비밀로 유지하여 해당 정보가 외부로 새어 나가지 않도록 주의하여야 한다(비밀보장의 원칙).

오답분석

① 벤치마킹을 하려는 대상이 가지고 있는 해결방안과 현재 가지고 있는 문제점이 서로 교환될 수 있는 정보이어야 한다.
② 벤치마킹을 할 때 불법적인 것으로 인식될 수 있는 행위는 지양해야 한다.
③ 항상 벤치마킹을 하려는 대상의 담당자와 직접 접촉하여 정보수집 등의 절차를 진행해야 한다.
⑤ 벤치마킹을 시작하기 전에 접근방법을 계획하고 개선해야 하는 영역을 설정한다.

10 정답 ①

우선순위는 투자 또는 예산지원의 우선순위를 결정하기 위한 수익성 요인으로 기업내부에 대한 기능별 분석에 필요하지 않은 정보이다.

기능별 분석
가장 간단하게 기업내부를 분석할 수 있는 방법으로 생산 및 기술개발 기능, 인적자원 및 조직관리 기능, 마케팅 기능, 재무/회계 기능으로 나눌 수 있다.

11 정답 ①

배추의 평당 시장가격이 6,000원에서 5,500원으로 하락하여 총 500만 원의 손실이 발생하였지만, 배추가격 하락으로 평당 계약금이 1,500원에서 800원으로 줄었으므로 700만 원의 이익이 발생하게 된다. 따라서 이익과 손실의 합은 200만 원이다.

| 03 | 경제학

01	02	03	04						
⑤	②	①	②						

01 정답 ⑤

가격탄력성이 1보다 크면 탄력적이라고 할 수 있다.

오답분석

①·② 수요의 가격탄력성은 가격의 변화에 따른 수요의 변화를 의미하며, 분모는 상품가격의 변화량을 상품가격으로 나눈 값이고, 분자는 수요량의 변화량을 수요량으로 나눈 값이다.
③ 해당상품 가격 변동에 따른 수요의 변화는 대체재가 많을수록 더 크게 반응하게 된다.

02 정답 ②

GDP 디플레이터는 명목 GDP를 실질 GDP로 나눈 뒤 100을 곱하여 계산하는 지수로서 물가상승 수준을 예측할 수 있는 대표적인 물가지수이며 국내에서 생산된 모든 재화와 서비스 가격을 반영한다.

03 정답 ①

한계소비성향은 소비의 증가분을 소득의 증가분으로 나눈 값으로 소득이 1,000만 원 늘었을 때 현재 소비자들의 한계소비성향이 0.7이기 때문에 소비는 700만 원이 늘었다고 할 수 있다. 즉, 소비의 변화 폭은 700만 원이 된다.

04 정답 ②

엥겔지수는 가계 소비지출에서 차지하는 식비의 비율을 의미하며, 가계 소비지출은 소비함수[(독립적인 소비지출)+{(한계소비성향)×(가처분소득)}]로 계산할 수 있다. 각각의 숫자를 대입하면 100만 원+(0.6×300만 원)=280만 원이 소비지출이 되고, 이 중 식비가 70만 원이므로, 엥겔지수는 70만 원÷280만 원=0.25이다.

| 04 | 기계

01	02	03	04						
①	③	④	②						

01 정답 ①

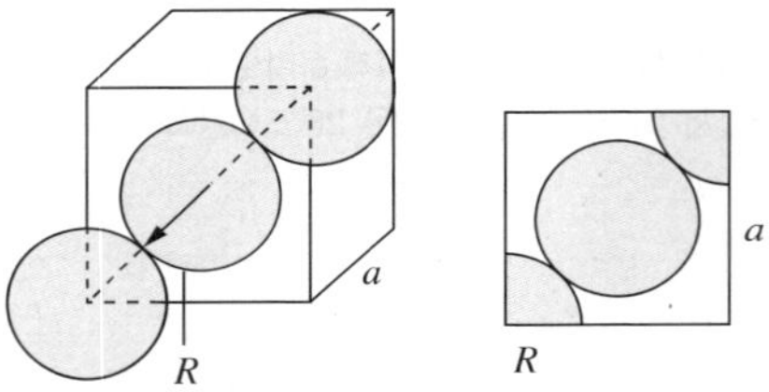

원자의 충진률은 단위격자의 부피에 대해 원자가 차지하는 부피이다. 단위격자에 있는 원자의 부피의 합은 반구 6개에 구 $\frac{1}{8}$ 조각 8개의 합과 같으므로 $\left(\frac{1}{2}\times 6+\frac{1}{8}\times 8\right)\times\frac{4}{3}\pi R^3=4\times\frac{4}{3}\pi R^3$이다. 따라서 원자의 충진률은 $\frac{4\times\frac{4\pi}{3}R^3}{a^3}$이다.

면심입방격자에서 원자의 중심은 단위격자의 각 꼭짓점과 면에 있고, 면에서 원자들이 접한다. 따라서 $\sqrt{2}\,a=4R$ 관계가 성립한다.

02 정답 ③

냉간가공 시 가공방향에 따라 강도가 달라질 수 있다.

냉간가공과 열간가공의 특징

냉간가공	열간가공
• 재결정온도 이하에서의 소성가공이다. • 제품의 치수를 정확하게 가공할 수 있다. • 기계적 성질을 개선시킬 수 있다. • 가공면이 아름답다. • 강도 및 경도가 증가하고 연신율이 감소한다. • 가공방향에 따라 강도가 달라진다.	• 재결정온도 이상에서의 소성가공이다. • 적은 동력으로 큰 변형이 가능하다. • 재질을 균일하게 만든다. • 가공도가 크므로 거친 가공에 적합하다. • 산화 등의 이유로 정밀가공을 할 수 없다. • 기공 등이 압착될 수 있다.

03 정답 ④

ㄱ. 일 단위로 육지 위 공기와 바다 위 공기의 밀도 차이로 인해 대류가 발생한다.
ㄴ. 연 단위 이상으로 물의 밀도 차이로 인해 대류가 발생한다.
ㄷ. 분 단위로 뜨거운 수증기가 위로 올라간다.
시간 단위가 작을수록 규모도 작으므로 대류 현상 규모가 가장 작은 것부터 순서대로 바르게 나열하면 ㄷ－ㄱ－ㄴ이다.

04 정답 ②

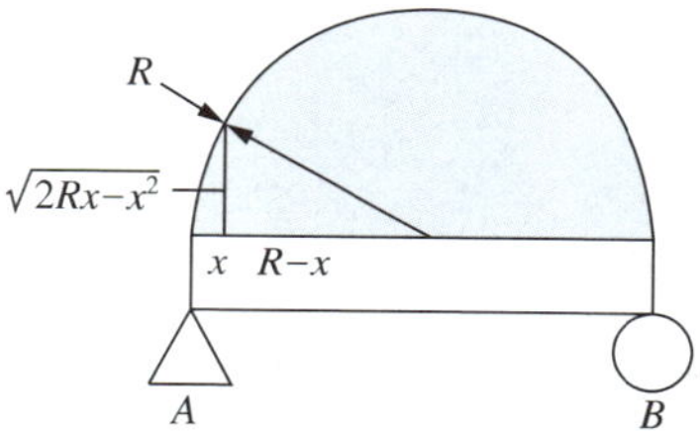

보 전체에 작용하는 하중은 $W = w_0 \times A = w_0 \dfrac{\pi R^2}{2}$ 이다.

$R_A + R_B = w_0 \dfrac{\pi R^2}{2}$ 이고 $R_A = R_B$이므로 $R_A = R_B = w_0 \dfrac{\pi R^2}{4}$ 이다.

A로부터 x만큼 떨어진 지점에서의 미소하중은 $w_0 \sqrt{2Rx - x^2}\, dx$이므로 A로부터 x만큼 떨어진 지점에서의 전단력은 $V = -\int_0^x w\,dx + V_0 = -\int_0^x w_0 \sqrt{2Rx - x^2}\, dx + V_0$이고 $x=0$일 때, $V = V_0 = R_A = w_0 \dfrac{\pi R^2}{4}$ 이다.

따라서 R만큼 떨어진 지점에서의 전단력은 $-\int_0^R w_0 \sqrt{2Rx - x^2}\, dx + V_0 = -w_0 \dfrac{\pi R^2}{4} + w_0 \dfrac{\pi R^2}{4} = 0$이고

$\dfrac{R}{2}$만큼 떨어진 지점에서의 전단력은 $-\int_0^{\frac{R}{2}} w_0 \sqrt{2Rx - x^2}\, dx + V_0 = -w_0 \left(\dfrac{\pi R^2}{6} + \dfrac{\sqrt{3}}{8} R^2 + \dfrac{\pi R^2}{4} \right) = w_0 R^2 \left(\dfrac{\pi}{12} + \dfrac{\sqrt{3}}{8} \right)$ 이다.

| 05 | 전기

01	02	03	04	05	06	07	08	09	10	11									
②	④	③	①	①	②	④	②	④	⑤	①									

01 정답 ②

리액터는 직렬로 연결한다.

리액터 기동
리액터 기동법을 사용하는 이유는 모터 기동 시 기동 전류를 낮춤으로써 배전선상 전압강하를 낮추어 다른 설비들의 이상동작 및 고장을 방지하고 자기의 열적 부담도 감소시키기 위함이다.
기동전류는 기동전압에 비례하여 감소하지만 기동토크는 토크의 제곱에 비례하여 감소하므로 기동전압이 감소하면 기동전류에 비해 기동토크가 현저히 감소한다. 그러므로 리액터 기동은 대용량 모터를 기동하기에는 기동토크의 부족으로 부적합하다.

02 정답 ④

단락권선은 전압강하를 감소시킨다.

단상유도전압조정기
단상유도전압조정기는 1차권선인 분로권선 2차권선인 직렬권선이 분리되어 회전자 위상각으로 전압의 크기를 조정한다. 단상유도전압조정기의 경우 교번자계가 발생하며, 단상이기 때문에 입력 및 출력 전압 위상이 동위상이다. 또한 단락권선이 필요하여 분로권선과 직각으로 설치하는데, 이렇게 되면 직렬권선의 누설 리액턴스를 감소시킬 수 있어 전압강하가 감소할 수 있다.

03 정답 ③

단권변압기를 Y결선, △결선, V결선 등으로 연결하면 3상에서도 사용할 수 있다.

단권변압기의 장점과 단점

장점	단점
• 여자전류가 적다. • 가격이 저렴하고 소형이다. • 효율이 높다. • 전압변동률이 낮다.	• 1, 2차 회로가 완전히 절연되지 않는다. • 단락전류가 크다. • 열적, 기계적 강도가 커야 한다. • 1, 2차회로가 직접계통이어야 한다. • 충격전압이 직렬권선에 가해지므로 이를 견딜 수 있는 절연설계가 필요하다.

04 정답 ①

단락비가 큰 기기는 동기 임피던스가 작다.

단락비가 큰 기기의 특징
- %Z가 작다.
- 동기 임피던스가 작다.
- 안정도가 좋다.
- 전압변동률이 낮다.
- 전압강하가 작다.
- 전기자반작용이 작다.
- 공극이 크다.
- 기계가 크다.
- 손실이 증가한다.

05 정답 ①

원자로 제어재의 구비조건
- 중성자 흡수율이 커야 한다.
- 열과 방사능에 대하여 안정적이어야 한다.
- 냉각재에 대하여 내식성이 있어야 한다.
- 방사선 조사 및 방사능 열에 강해야 한다.
- 기계적 강도가 커야 한다.

06 정답 ②

단중파권의 병렬회로의 수는 항상 2개이며, 단중중권의 병렬회로의 수는 극수(p)와 같다.

07 정답 ④

슬립이 증가해도 최대토크는 항상 일정하다.

비례추이
비례추이는 권선형 유도전동기의 회전자에 외부에서 저항을 접속 후 2차 저항을 변화시킴으로써, 토크는 유지하면서 저항에 비례하여 슬립이 이동한다는 특성을 가지고 있다.
비례추이에서 최대토크는 항상 일정하고 슬립은 2차 저항에 비례하며 저항이 클수록 기동토크는 증가하고 기동전류는 감소한다.
또한 권선형 유도전동기에서만 사용할 수 있으며, 비례추이가 가능한 것은 1, 2차 전류, 역률, 토크, 동기 와트 등이 있고, 비례추이가 불가능한 것은 효율, 동손, 2차 출력 등이 있다.

08 정답 ②

SF_6(육불화유황)가스는 1기압에서 끓는점이 −60℃이고 비중이 공기의 약 5배, 비열이 공기의 0.7배 정도의 기체 절연 재료로서 무색, 무취, 불연, 무독성 기체이다. 공기에 비해 절연강도가 우수하지만, 설비 시 가스가 누출될 수 있으므로 유의하여야 한다.

SF_6 가스의 특징
- 열전달성이 공기보다 약 1.6배 뛰어나다.
- 화학적으로 불활성기체이므로 매우 안정적이다.
- 열적 안정성이 뛰어나 용매가 없는 상태에서 약 500℃까지 분해되지 않는다.
- 무색, 무취, 무해, 불연성 가스이다.
- 소호 능력이 뛰어나다.
- 아크가 안정적이다.
- 절연회복이 빠르다.

09 정답 ④

GIS는 완전히 조립된 상태로 현지에 수송할 수 있으므로 설치작업이 간단하고 종래 철구형에 비해 설치기간 또한 50%가 단축되므로 설치비용 또한 절감된다.

GIS(Gas Insulated Switchgear)
차단기, 단로기 등의 개폐설비와 변성기, 피뢰기, 주회로 모선 등을 금속제 탱크 내에 일괄적으로 수납하여 충전부는 고체 절연물로 지지하고 있으며 탱크 내부에는 SF_6 가스를 절연매체로 하여 충전, 밀봉한 개폐설비 시스템을 말한다.
완전밀폐로 조작 중 소음이 적고 라디오 전파를 줄일 수 있으며 표준화된 조립방식으로 대량생산이 가능하다.
또한 염해 등의 외부 환경에 의한 사고가 거의 없고 인축에 의한 감전사고 또한 거의 없다.

10 정답 ⑤

직렬 콘덴서의 특징

- 선로의 전압강하를 줄인다.
- 수전단 전압변동을 줄인다.
- 정태안정도가 증가시켜 최대 송전전력을 증가시킨다.
- 부하역률이 불량한 선로일수록 효과가 좋다.
- 부하역률의 영향을 받으므로 역률 변동이 큰 선로에 부적합하다.
- 변압기 자기포화와 관련된 철공진, 선로개폐기 단락 고장 시 과전압이 발생한다.
- 철공진, 선로개폐기 단락 고장 시 유도기와 동기기의 자기여자 및 난조 등의 이상현상을 일으킬 수 있다.

11 정답 ①

Y－Y결선의 장점과 단점

장점	단점
• 1, 2차 측 모두 중성점 접지가 가능하여 이상전압을 감소시킬 수 있다. • 중성점 접지가 가능하므로 단절연 방식을 채택할 수 있어 경제적이다. • 선간전압이 상전압의 $\sqrt{3}$ 배이므로 고전압 권선에 적합하다. • 변압비, 권선 임피던스가 서로 달라도 순환전류가 발생하지 않는다.	• 제3고조파 여자전류 통로가 없으므로 유도전압 파형은 제3고조파를 포함한 왜형파가 되어 권선 절연에 부담을 준다. • 변압기 2차 측 중성접이 접지되어 있으면 제3고조파 충전전류가 흘러 통신선에 유도장해를 준다. • 중성점을 비접지한 경우 중성점 불안정으로 단상부하를 공급할 수 없다.

CHAPTER

02 2022년 기출복원문제

| 01 | 직업기초능력평가

01	02	03	04	05	06	07	08	09	10	11	12	13	14	15	16	17	18	19	20
②	②	①	④	④	①	④	④	④	②	④	③	①	②	⑤	③	③	③	⑤	④
21	22	23	24	25															
⑤	③	④	②	⑤															

01 정답 ②

제시문의 논지는 서울교통공사에서 임산부 배려문화 조성을 위해 캠페인을 펼쳤음을 알리는 것으로, 제시문에서는 캠페인의 다채로운 내용들이 소개되었다. 이를 아우르는 제목으로는 '서울교통공사, 임산부 배려 캠페인 진행'이 가장 적절하다.

02 정답 ②

두 번째 문단에 따르면, 미세먼지 차단지수가 표준화되어 있지 않고, 나라와 회사별로 다른 지수를 제시하고 있다.

오답분석

① 첫 번째 문단에 따르면, 초미세먼지 농도가 짙은 지역의 거주하는 사람 중 고령인 사람일수록 피부에 문제가 생길 확률이 증가했다.
③·④ 세 번째 문단에 따르면, 미세먼지가 가장 많이 침투하는 부위는 피부가 얇거나 자주 갈라지는 눈 근처, 코 옆, 입술 등이다. 또한 메이크업을 즐겨하는 사람들은 색조 제품의 특성상 노폐물이 더 잘 붙을 수밖에 없으므로 주의해야 한다.
⑤ 네 번째 문단에 따르면, 미세먼지는 체내의 면역체계를 약하게 만들어서 비염, 편도선염, 폐질환, 피부염 등의 원인이 된다.

03 정답 ①

빈칸의 앞 문장에서는 '문학이 보여 주는 세상은 실제의 세상 그 자체가 아니며'라고 하였고, 빈칸의 뒤 문장에서는 '문학 작품 안에 있는 세상이나 실제로 존재하는 세상이나 그 본질에 있어서는 다를 바가 없다.'고 하였다. 따라서 앞의 내용과 뒤의 내용이 상반됨을 나타내는 접속 부사 '그러나'가 적절하다.

04 정답 ④

여섯 번째 문단의 '1년 이상 장기 보관을 원하는 이용객은 매월 직접 결제하지 않아도 구독이 자동 연장돼 편리하게 이용할 수 있다.'는 내용을 통해 확인할 수 있다.

오답분석

① 세 번째 문단에 따르면, 또타스토리지 서비스가 확장되면서 추가된 신규 모델은 0.15평형으로, 1인 가구 등 작은 짐 정도만 보관할 필요가 있는 이용층을 대상으로 합리적인 가격에 제공하는 맞춤 상품이다.
② 다섯 번째 문단의 마지막 문장에 따르면 보관은 1개월부터 가능하며 6개월 이상 이용 시 추가 할인이 제공된다.
③ 다섯 번째 문단에 따르면, 또타스토리지 이용은 서울 지하철 운영시간인 평일(05:00 ~ 25:00), 주말 및 공휴일(05:00 ~ 24:00)에 가능하다.
⑤ 여섯 번째 문단에 따르면, 서울교통공사가 이벤트 차원에서 정기구독 이용자들에게 제공하는 첫 달 추가 이용 기간은 7일이다.

05 정답 ④

'5. 선정자 발표'에 따르면 선정자에게 개별적으로 전화연락을 하지 않으므로 홈페이지에서 확인해야 한다.

오답분석

① '3. 신청대상'에 따르면 신청대상은 초등학생, 청소년, 일반인이므로 유치원생은 해당되지 않는다.
② '4. 체험인원 및 선정방법'에 따르면 체험인원은 30명이므로 옳다.
③ '6. 체험프로그램 구성'에 따르면 체험시간은 13시에서 16시 40분까지이므로 옳다.
⑤ '6. 체험프로그램 구성' 중 15시 08분에서 16시 40분에 체험하는 프로그램을 보면 후부운전실 방송 체험이 있다.

06 정답 ①

우선 대전본부, 울산본부, 부산본부에 방문하기 위한 경우의 수는 여러 가지가 있지만, 시간 외 근무수당을 가장 적게 들게 하기 위해서는 열차 이용시간을 최소화하는 것이 중요하다. 따라서 '서울 – 대전 – 울산 – 부산 – 서울' 또는 '서울 – 부산 – 울산 – 대전 – 서울'의 경우를 먼저 고려해야 한다.

• 경우 1
서울 – 대전 – 울산 – 부산 – 서울

시간	일정	시간	일정	시간	일정
09:00 ~ 09:15	회사 → 서울역	12:20 ~ 13:40	대전역 → 울산역	16:20	부산본부 도착
09:20 ~ 10:20	서울역 → 대전역	13:50	울산본부 도착	**16:30 ~ 18:00**	**회의**
10:30	대전본부 도착	**14:00 ~ 15:30**	**회의**	18:10	부산역 도착
10:30 ~ 12:00	**회의**	15:40	울산역 도착	18:20 ~ 21:10	부산역 → 서울역
12:10	대전역 도착	15:40 ~ 16:10	울산역 → 부산역	–	–

• 경우 2
서울 – 부산 – 울산 – 대전 – 서울

시간	일정	시간	일정	시간	일정
09:00 ~ 09:15	회사 → 서울역	14:20 ~ 14:50	부산역 → 울산역	18:10	대전본부 도착
09:20 ~ 12:10	서울역 → 부산역	15:00	울산본부 도착	**18:30 ~ 20:00**	**회의**
12:20	부산본부 도착	**15:00 ~ 16:30**	**회의**	20:10	대전역 도착
12:30 ~ 14:00	**회의**	16:40	울산역 도착	20:20 ~ 21:20	대전역 → 서울역
14:10	부산역 도착	16:40 ~ 18:00	울산역 → 대전역	–	–

지역별 회의는 정규 근무시간 내에 이뤄져야 하므로 경우 2는 가능하지 않다. 따라서 경우 1에 의하면 09:00에 출발하여 21:10에 서울역에 도착해야 한다. 정규 근무시간 외 초과 근무한 시간은 (21:10)−(18:00)=3시간 10분으로, 총 3시간에 대한 시간 외 근무수당은 [(A대리 수당)+(B사원 수당)]×3=(20,000+15,000)×3=105,000원이다.

07 정답 ④

06번 문제에서 도출한 회의일정을 공유하였다고 했으므로, 회의시간을 지키되 나머지 시간을 고려하여 거래처에 방문하여야 한다. 조건에 따르면 시간 외 근무수당은 앞에서 도출한 금액을 고정한다고 하였으므로, 해당 금액 선에서 최대한 근무할 수 있는 시간이 21:30까지임을 유의하여야 한다. 역이나 지역본부에서 거래처로 가는 시간은 10분씩 걸리고 그 반대의 경우도 동일하다. 또한 지역별로 1곳 이상은 반드시 방문하여야 한다. 모든 조건을 고려하여 시간표를 다시 정리하면 다음과 같다.

시간	일정	시간	일정	시간	일정
09:00 ~ 09:15	회사 → 서울역	13:50	울산 거래처 방문(2)	**16:30 ~ 18:00**	**회의**
09:20 ~ 10:20	서울역 → 대전역	14:00	울산본부 도착	18:10	부산 거래처 방문(4)
10:30	대전본부 도착	**14:00 ~ 15:30**	**회의**	18:20	부산 거래처 방문(5)
10:30 ~ 12:00	**회의**	15:40	울산역 도착	18:30	부산역 도착
12:10	대전 거래처 방문(1)	15:40 ~ 16:10	울산역 → 부산역	18:40 ~ 21:30	부산역 → 서울역
12:20	대전역 도착	16:20	부산 거래처 방문(3)	–	–
12:20 ~ 13:40	대전역 → 울산역	16:30	부산본부 도착	–	–

따라서 A대리는 대전 1곳, 울산 1곳, 부산 3곳으로 총 5곳을 방문할 수 있다.

08 정답 ④

제시문의 세 번째 문단에서 전기자동차 산업이 확충되고 있음을 언급하면서 구리가 전기자동차의 배터리를 만드는 데 핵심 금속임을 설명하고 있기 때문에 '전기자동차 산업 확충에 따른 산업금속 수요의 증가'가 글의 핵심 내용으로 적절하다.

오답분석

①·⑤ 제시문에서 언급하고 있는 내용이기는 하나 핵심 내용으로 보기는 어렵다.
② 제시문에서 '그린 열풍'을 언급하고 있으나, 그 현상의 발생 원인은 제시되어 있지 않다.
③ 제시문에서 산업금속 공급난이 우려된다고 언급하고 있으나 그로 인한 문제는 제시되어 있지 않다.

09 정답 ④

C계장은 목적지까지 3시간 내로 이동하여야 한다. 택시를 타고 가면 대전역까지는 15분, 열차대기 15분, KTX – 새마을호의 이동시간 2시간, 열차 환승 10분, 목포역에서 목포의 미팅장소까지는 택시를 타고 20분이 소요된다. 따라서 총 3시간이 걸리므로 ④는 소요시간 면에서 적절한 경로이다. 비용은 택시 6,000원, KTX 20,000원, 새마을호 14,000원, 택시 9,000원으로 총 49,000원이다. 따라서 출장지원 교통비 한도인 50,000원 이내이므로 ④는 비용 면에서 또한 적절한 경로이다.

오답분석

①·② 이동시간이 3시간이 넘어가므로 소요시간 면에서 적절하지 않다.
③·⑤ 이동시간은 3시간 이내이지만, 출장지원 교통비 한도를 넘기 때문에 비용 면에서 적절하지 않다.

10 정답 ②

먼저 M사원의 시간당 통상임금을 구하면, 4,493,500원÷209시간=21,500원이다.
주중 초과근무수당이 인정되는 날짜와 시간을 확인하면, 11일 2시간, 12일 2시간, 19일 2시간, 23일 3시간(3시간까지만 인정하므로)이다. 따라서 주중 초과근무수당은 21,500원×1.5×(2시간+2시간+2시간+3시간)=290,250원이다.
다음으로 주말과 공휴일의 초과근무수당을 확인하면, 5일과 27일에 각각 8시간을 채워서(점심시간 1시간 제외) 일당으로 초과근무수당을 받을 수 있다.
따라서 주말과 공휴일의 초과근무수당은 (21,500×8)×1.5×2=516,000원이다.
이를 합한 M사원의 지난달 초과근무수당은 290,250+516,000=806,250원이다.

11 정답 ④

역선택은 시장에서 거래를 할 때 주체 간 정보 비대칭으로 인해 부족한 정보를 가지고 있는 쪽이 불리한 선택을 하게 되어 경제적 비효율이 발생하는 상황을 말한다. 따라서 역선택의 사례에 해당하는 것은 ㉡·㉢이다.

오답분석

㉠·㉣ 도덕적 해이와 관련된 사례이다.

도덕적 해이

감추어진 행동이 문제가 되는 상황에서 정보를 가진 측이 정보를 가지지 못한 측의 이익에 반하는 행동을 취하는 경향을 말한다. 역선택이 거래 이전에 발생하는 문제라면, 도덕적 해이는 거래가 발생한 후 정보를 더 많이 가지고 있는 사람이 바람직하지 않은 행위를 하는 것을 말한다.

12 정답 ③

㉠·㉣은 윤리적인 문제에 대하여 제대로 인식하지 못한 채 취해야 할 행동을 취하지 않는 도덕적 타성에 속하고, ㉡·㉢은 자신의 행위가 나쁜 결과를 가져올 수 있다는 것을 모르는 도덕적 태만에 속한다.

비윤리적 행위의 유형

- 도덕적 타성 : 직면한 윤리적 문제에 대하여 무감각하거나 행동하지 않는 것을 말한다.
- 도덕적 태만 : 비윤리적인 결과를 피하기 위하여 일반적으로 필요한 주의나 관심을 기울이지 않는 것을 말한다.
- 거짓말 : 상대를 속이려는 의도로 표현되는 메시지를 말한다.

13 정답 ①

더글러스 씨가 자사의 기술적 불가능에도 불구하고 가능하다고 거짓으로 답장을 보냈다면, 책임의식과 전문가의식에 어긋난 행동이 된다.

직업윤리 덕목

- 소명의식 : 나에게 주어진 일이라 생각하며, 반드시 해야 한다고 생각하는 태도를 말한다.
- 천직의식 : 태어나면서 나에게 주어진 재능이라고 생각하는 태도를 말한다.
- 직분의식 : 자아실현을 통해 사회와 기업이 성장할 수 있다는 자부심을 말한다.
- 책임의식 : 책무를 충실히 수행하고 책임을 다하는 태도를 말한다.
- 전문가의식 : 자신의 일이 누구나 할 수 있는 것이 아니라 해당 분야의 지식과 교육을 바탕으로 성실히 수행해야만 가능한 것이라고 믿고 수행하는 태도를 말한다.
- 봉사의식 : 내가 한 일이 소비자에게 행복함을 준다고 믿고 수행하는 태도를 말한다.

14 정답 ②

더글러스 씨는 소음방지 장치를 약속할 수 없다고 하면서 이스턴 항공사와 계약을 하지 못할 경우 발생할 수 있는 매출로 인한 단기적 이익 및 주변의 부러움을 포기하였지만, 직업윤리를 선택함으로써 명예로움과 양심을 얻을 수 있다.

15 정답 ⑤

근면에는 스스로 자진해서 행동하는 근면과 외부로부터 강요당한 근면이 있다. ⑤는 외부(상사의 지시)로부터 강요당한 근면으로 다른 사례들과 성격이 다르다.

16 정답 ③

고객 불만처리 프로세스 중 '해결 약속' 단계에서는 고객이 불만을 느낀 상황에 대해 관심과 공감을 보이며, 문제의 빠른 해결을 약속해야 한다.

고객 불만처리 프로세스 8단계
1. 경청 단계
2. 감사와 공감 표시 단계
3. 사과 단계
4. 해결 약속 단계
5. 정보 파악 단계
6. 신속 처리 단계
7. 처리 확인과 사과 단계
8. 피드백 단계

17 정답 ③

K대리의 성과평가 등급을 통해 개인 성과평가 점수에 가중치를 적용하여 점수로 나타내면 다음과 같다.

실적	난이도평가	중요도평가	신속성	합계
30×1=30점	20×0.8=16점	30×0.4=12점	20×0.8=16점	74점

따라서 K대리는 80만 원의 성과급을 받게 된다.

18 정답 ③

지사별 최단거리에 위치한 곳은 '대전 – 김천(90km)', '김천 – 부산(120km)', '부산 – 진주(100km)'이다. 따라서 K대리가 방문할 지사를 순서대로 나열하면 '김천 – 부산 – 진주'이다.

19 정답 ⑤

물품 A 2박스와 물품 B 1박스를 한 세트로 보면 다음과 같이 쌓을 수 있다.

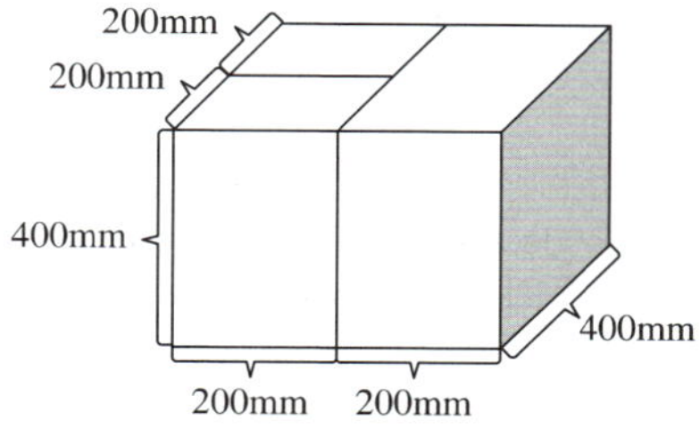

최종적으로 물품 한 세트의 규격은 (L) 400mm×(W) 400mm×(H) 400mm로 볼 수 있다.
해당 규격으로 20ft 컨테이너에 넣을 때의 세트의 개수는 다음과 같다.
- 6,000mm÷400mm = 15세트
- 2,400mm÷400mm=6세트
- 2,400mm÷400mm=6세트

따라서 모두 15×6×6=540세트를 넣을 수 있고, 3박스가 결합되어야 하므로 총 540×3=1,620박스를 실을 수 있다.

20 정답 ④

연령별 경제활동 참가율을 구하면 다음과 같다.

- 15 ~ 19세 : $\frac{265}{2,944} \times 100 ≒ 9.0\%$
- 20 ~ 29세 : $\frac{4,066}{6,435} \times 100 ≒ 63.2\%$
- 30 ~ 39세 : $\frac{5,831}{7,519} \times 100 ≒ 77.6\%$
- 40 ~ 49세 : $\frac{6,749}{8,351} \times 100 ≒ 80.8\%$
- 50 ~ 59세 : $\frac{6,238}{8,220} \times 100 ≒ 75.9\%$
- 60세 이상 : $\frac{3,885}{10,093} \times 100 ≒ 38.5\%$

경제활동 참가율이 가장 높은 연령대는 40 ~ 49세이고, 가장 낮은 연령대는 15 ~ 19세이다.
따라서 두 연령대의 차이는 80.8−9.0=71.8%p이다.

21 정답 ⑤

총무부서 직원은 총 250×0.16=40명이다. 2021년과 2022년의 독감 예방접종 여부가 총무부서에 대한 자료라면, 총무부서 직원 중 2021년과 2022년의 예방접종자 수의 비율 차는 56−38=18%p이다. 따라서 40×0.18≒7.2이므로 7명 증가하였다.

오답분석

① 2021년의 독감 예방접종자 수는 250×0.38=95명, 2022년의 독감 예방접종자 수는 250×0.56=140명이므로, 2021년에는 예방접종을 하지 않았지만, 2022년에는 예방접종을 한 직원은 총 140−95=45명이다.

② 2021년의 예방접종자 수는 95명이고, 2022년의 예방접종자 수는 140명이다. 따라서 $\frac{140-95}{95} \times 100 ≒ 47\%$p 이상 증가했다.

③ 2021년에 예방접종을 하지 않은 직원들을 대상으로 2022년의 독감 예방접종 여부를 조사한 자료라고 한다면, 2021년과 2022년 모두 예방접종을 하지 않은 직원은 총 250×0.62×0.44≒68명이다.

④ 2022년에 제조부서를 제외한 직원은 250×(1−0.44)=140명이고, 2022년 예방접종을 한 직원은 250×0.56=140명이다. 따라서 제조부서 중 예방접종을 한 직원은 없다.

22 정답 ③

2021년에 예방접종을 한 직원은 250×0.38=95명이고, 부서별 예방접종을 한 직원은 250×(0.08+0.06+0.14)=70명이다. 즉, 제조부서 직원 중 예방접종을 한 직원은 95−70=25명이다. 제조부서 직원은 총 250×0.44=110명이므로 제조부서 직원 중 2021년에 예방접종을 한 직원의 비율은 $\frac{25}{110} \times 100 ≒ 22\%$이다.

23 정답 ④

K씨는 창업을 하기로 결심하고 퇴사 후 현재는 새로운 경력을 가지기 위해 관련 서적을 구매하거나 박람회에 참여하는 등 창업에 대한 정보를 탐색하고 있다. 이는 경력개발 단계 중 자신에게 적합한 직업이 무엇인지를 탐색하고 이를 선택한 후, 여기에 필요한 능력을 키우는 과정인 직업 선택 단계로 사람에 따라 일생 동안 여러 번 일어날 수도 있다.

경력개발 단계

1. 직업 선택 단계 : 자신에게 적합한 직업이 무엇인지를 탐색하고, 이를 선택하는 단계를 말한다.
2. 조직 입사 단계 : 선택한 직업에 따라 조직생활을 시작하는 단계를 말한다.
3. 경력 초기 단계 : 자신이 맡은 업무의 내용을 파악하고, 새로 들어간 조직의 규칙이나 규범, 분위기를 알고 적응해 나가는 단계를 말한다.
4. 경력 중기 단계 : 자신이 그동안 성취한 것을 평가하고, 생산성을 그대로 유지하는 단계를 말한다.
5. 경력 말기 단계 : 조직의 생산적인 기여자로 남고 자신의 가치를 지속적으로 유지하기 위하여 노력하는 동시에 퇴직을 고려하는 단계를 말한다.

24 정답 ②

조직을 관리하는 대표는 리더(Leader)와 관리자(Manager)로 나눌 수 있다. '무엇을 할까'를 생각하면서 적극적으로 움직이는 사람은 리더이고, 처해 있는 상황에 대처하기 위해 '어떻게 할까'를 생각하는 사람은 관리자이다. 따라서 적절하지 않은 것은 ②이다.

25 정답 ⑤

업무 차원은 임파워먼트의 장애요인에 해당하지 않는다.

임파워먼트의 장애요인

- 개인 차원 : 주어진 일을 해내는 역량의 결여, 대응성, 동기 결여, 결의 부족, 책임감 부족, 성숙 수준의 전반적인 의존성, 빈곤의 정신 등
- 대인 차원 : 다른 사람과의 성실성 결여, 약속 불이행, 성과를 제한하는 조직의 규범(Norm), 갈등처리 능력의 결여, 승패의 태도 등
- 관리 차원 : 효과적 리더십 발휘능력 결여, 경험 부족, 정책 및 기획의 실행능력 결여, 통제적 리더십 스타일, 비전의 효과적 전달능력 결여 등
- 조직 차원 : 공감대 형성이 없는 구조와 시스템, 제한된 정책과 절차 등

| 02 | 기계

01	02	03	04	05	06				
③	①	②	⑤	②	⑤				

01 정답 ③

볼 베어링(Ball Bearing)은 전동체로 구체 모양의 볼을 사용하는 구름 베어링(Rolling Bearing)의 일종으로, 슬리브 베어링(Sleeve Bearing) 다음으로 흔히 볼 수 있는 베어링이다. 가격이 저렴해 대량생산에 용이하며 크기와 내구도가 적당해 시중에서 쉽게 구할 수 있다. 기본 구성요소는 외륜, 내륜, 볼, 케이지(혹은 리테이너)이며, 케이지의 재질은 스틸 케이지와 나일론 케이지가 있다.

02 정답 ①

인바는 철(Fe)에 35%의 니켈(Ni), 0.1 ~ 0.3%의 코발트(Co), 0.4%의 망간(Mn)이 합금된 불변강의 일종으로, 상온 부근에서 열팽창계수가 매우 작아서 길이 변화가 거의 없기 때문에 줄자나 측정용 표준자, 바이메탈용 재료로 사용한다.

오답분석

② 인코넬 : 내열성과 내식성이 우수한 니켈 합금의 일종이다.
③ 두랄루민 : 가공용 알루미늄 합금으로 알루미늄(Al) + 구리(Cu) + 마그네슘(Mg) + 망간(Mn)으로 이루어진 재료이다. 고강도로서 항공기나 자동차용 재료로 사용된다.
④ 하이드로날륨 : 내식성과 용접성이 우수한 알루미늄 합금으로 알루미늄(Al)에 10%의 마그네슘(Mg)을 첨가하여 내식성을 크게 향상시킨 재료로, 철도 차량이나 여객선의 갑판 구조물용으로 사용된다.
⑤ 퍼멀로이 : 니켈과 철의 이원합금(Ni − Fe계 합금)으로 고투자율(High Permeability)을 나타낸다. 자기장 차폐 효과가 탁월하며 절곡, 절단 등 함체 가공이 용이하다.

03 정답 ②

그라쇼프 수는 열전달 이론에서 사용되는 무차원 파라미터로 자유대류 내에서 유체에 작용하는 점성력에 대한 부력의 비로 정의되며, 다음과 같이 표현된다.

$$G_r = \frac{(\text{부력})}{(\text{점성력})} = (g/T_0)(L^3 \triangle T/\nu^2)$$

이때, g는 중력가속도, T_0는 기준 상태에서의 온도, L은 길이규모, $\triangle T$는 유체 온도와 T_0 사이의 차, ν는 동점성계수이다.

오답분석

① 레일리 수(Ra; Rayleigh Number) : 유체 사이의 열전달 과정에서 자유대류와 관련된 무차원 수로서, 부력과 열 이류의 곱 그리고 점성력과 열 전도의 곱 사이의 비로 정의된다.
③ 넛셀 수(Nu; Nusselt Number) : 어떤 유체 층을 통과하는 대류에 의해 일어나는 열전달의 크기와 동일한 유체 층을 통과하는 전도에 의해 일어나는 열전달의 크기의 비로 정의된다.
④ 레이놀즈 수(Re; Reynolds Number) : 점성력에 대한 관성력의 비로, 점성력이 커서 유체가 매우 느리게 운동하는 경우의 레이놀즈 수는 작으며, 레이놀즈 수가 작으면 유체흐름은 층류가 된다. 반면 유체가 빠르게 움직이거나 점성력이 작은 경우의 레이놀즈 수는 크며, 난류가 발생한다.
⑤ 프란틀 수(Pr; Prandtl Number) : 열 확산도에 대한 운동량 확산도의 비 또는 열 이류와 점성력의 곱과 열 확산과 관성력의 곱 사이의 무차원 수이다.

04 정답 ⑤

피복제는 아크열에 의해 분해되는 가스를 많이 발생시키며, 이 가스는 용융금속과 아크를 대기로부터 보호한다.
㉠~㉤ 모두 피복제의 역할에 해당한다.

05 정답 ②

엔트로피는 가역 단열일 때 일정하다. 교축과정은 비가역 단열과정이므로, 엔트로피는 항상 증가한다. 따라서 ㉣은 옳지 않다.

06 정답 ⑤

넛셀 수는 열전달 계수로, 다음과 같이 표현된다.

$$Nu = \frac{hL}{\kappa}$$

이때, κ는 유체의 열전도도, h는 대류열전달계수, L은 특성 길이이다.
$Nu=1$이면 유체 층을 통과하는 대류와 전도가 같다는 것이고, 넛셀 수가 크면 클수록 대류가 더 활발하다는 의미이다.

| 03 | 전기

01	02	03	04	05	06				
②	②	①	①	③	④				

01 정답 ②

변압기유는 절연내력과 냉각효과가 커야 하고, 절연유는 고온에서 화학적 반응을 일으키면 안 된다. 또한 침식, 침전물이 생기지 않고, 응고점은 낮고, 발화점이 높아야 하며, 산화되지 않아야 한다.

02 정답 ②

- 전류 $i(t)=\frac{E}{R}\left(e^{-\frac{1}{RC}t}\right)$
- 시정수 $\tau=RC \rightarrow R=\frac{\tau}{C}$

여기에 $\tau=1$, $C=1\times10^{-6}$을 대입하면 다음과 같다.

$R=\frac{1}{1\times10^{-6}}=1\times10^{6}\,\Omega=1\mathrm{M}\Omega$

03 정답 ①

- 누설 임피던스 $Z_{21}=\frac{V_s'}{I_{1s}}=\frac{300}{7.27}=41.26\,\Omega$

  $I_{1s}=\frac{I_{2s}}{a}=\frac{200\times120}{3,300}=7.27\mathrm{A}$
- 임피던스 전압 $V_s=I_{1n}Z_{21}=3.03\times41.26=125\mathrm{V}$

  $I_{1n}=\frac{P}{V_1}=\frac{10\times10^{3}}{3,300}=3.03\mathrm{A}$

따라서 (백분율 임피던스 강하)$=\frac{V_s}{V_{1n}}\times100=\frac{125}{3,300}\times100\fallingdotseq3.8\%$이다.

04 정답 ①

$P=VI$에서 $I=\frac{P}{V}=40\mathrm{A}$

$V=IR$에서 $R=\frac{V}{I}=\frac{100}{40}=2.5\Omega$

$E=V+I_aR_a=100+(40\times2.5)=106\mathrm{V}$

$E'=E\times\frac{1,200}{1,500}=84.8\mathrm{V}$

$P=VI$에서 $I=\frac{P}{V}=40\mathrm{A}$

$V=IR$에서 $R=\frac{V}{I}=\frac{100}{40}=2.5\Omega$

$E=V+I_aR_a=106\mathrm{V}$

$E'=E\times\frac{1,200}{1,500}=84.8\mathrm{V}$

따라서 부하 전류 $I_a' = \frac{E'}{R_a + R} = 32\text{A}$이며,

단자 전압 $V' = E' - I_a' R_a = 84.8 - 32 \times 0.15 = 80\text{V}$이다.

05 정답 ③

- 역률개선 전 무효전력 $Q_1 = P_a \times \sin\theta_1 = 100 \times 0.8 = 80\text{kVar}$
- 역률개선 후 무효전력 $Q_2 = P_a \times \sin\theta_2 = 100 \times \sqrt{1 - 0.9^2} = 43.59\text{kVar}$

따라서 소요되는 전력용 콘덴서의 용량은 다음과 같다.

$Q = Q_1 - Q_2 = 80 - 43.59 = 36.41\text{kVA}$

06 정답 ④

전선은 허용전류(최대안전전류) 및 도전율이 크고, 기계적 강도 및 인장강도가 커야 한다. 반면 고유저항, 전압강하 및 전력손실은 작아야 한다.

CHAPTER

03 2021년 기출복원문제

| 01 | 직업기초능력평가

01	02	03	04	05	06	07	08	09	10	11	12	13							
④	④	③	②	③	①	④	④	③	③	①	④	③							

01 정답 ④

S대리 가족은 어른 2명과 어린이 2명이므로, 선택지에 해당하는 교통수단 이용순서에 따라 조건에 부합하는 요금을 계산하면 다음 표와 같다.

구분	교통수단	비용		
		어른	어린이	총 비용
①	지하철 → 지하철 → 기차	(1,850원+1,250원+4,800원)×2명 =15,800원	(1,850원×0.4)+(1,250원×0.4) +(4,800원×0.5×2명)=6,040원	21,840원
②	버스 → 지하철 → 기차	(2,500원+1,250원+4,800원)×2명 =17,100원	(2,500원×0.2)+(1,250원×0.4) +(4,800원×0.5×2명)=5,800원	22,900원
③	지하철 → 버스 → 기차	(1,850원+1,200원+4,800원)×2명 =15,700원	(1,850원×0.4)+(1,200원×0.2) +(4,800원×0.5×2명)=5,780원	21,480원
④	기차 → 버스 → 지하철	(2,700원+1,200원+2,150원)×2명 =12,100원	(2,700원×0.5×2명)+(1,200원×0.2) +(2,150원×0.4)=3,800원	15,900원
⑤	기차 → 지하철 → 버스	(2,700원+1,250원+3,000원)×2명 =13,900원	(2,700원×0.5×2명)+(1,250원×0.4) +(3,000원×0.2)=3,800원	17,700원

따라서 수원역에서 가평역까지 소요시간에 상관없이 기차를 한 번 이용하여 최소비용으로 가는 방법은 '기차 → 버스 → 지하철'이며, 총 비용은 15,900원임을 알 수 있다.

02 정답 ④

선택지에 해당하는 교통수단 순서에 따른 소요시간 및 총 비용은 다음과 같다.

구분	교통수단	소요시간	총 비용
①	지하철 → 지하철 → 기차	63분+18분+38분=119분	21,840원
②	버스 → 지하철 → 기차	76분+18분+38분=132분	22,900원
③	지하철 → 버스 → 기차	63분+40분+38분=141분	21,480원
④	기차 → 지하철 → 지하철	32분+18분+77분=127분	16,260원
⑤	기차 → 지하철 → 버스	32분+18분+164분=214분	17,700원

따라서 소요시간이 140분 이내인 교통수단은 ①·②·④이며, 그중 최소비용은 ④이므로 '기차 → 지하철 → 지하철' 순서로 이용한다.

03 정답 ③

A～C길을 이용할 때 드는 비용[(통행료)+(총주유비)]은 다음과 같다.

- A길 : 4,500원+124원/km×98.28km≒16,690원
- B길 : 4,400원+124원/km×97.08km≒16,440원
- C길 : 6,600원+124원/km×102.35km≒19,290원

따라서 최대비용이 드는 C길과 최소비용이 드는 B길의 금액 차이는 19,290−16,440=2,850원이다.

04 정답 ②

정거장 개수와 환승 횟수가 최소인 경로를 찾아야 한다.

①

경로	E상사 → C전기모터	C전기모터 → A전선	A전선 → B방재	B방재 → D화학	합계
정거장(개)	10	1	3	6	20
환승(회)	1	0	0	1	2

②

경로	E상사 → D화학	D화학 → B방재	B방재 → A전선	A전선 → C전기모터	합계
정거장(개)	7	6	3	1	17
환승(회)	1	1	0	0	2

③

경로	E상사 → B방재	B방재 → A전선	A전선 → C전기모터	C전기모터 → D화학	합계
정거장(개)	7	3	1	10	21
환승(회)	0	0	0	2	2

④

경로	E상사 → A전선	A전선 → C전기모터	C전기모터 → B방재	B방재 → D화학	합계
정거장(개)	10	1	4	6	21
환승(회)	0	0	1	1	2

⑤

경로	E상사 → D화학	D화학 → C전기모터	C전기모터 → B방재	B방재 → A전선	합계
정거장(개)	7	10	4	3	24
환승(회)	1	2	1	0	4

따라서 가장 효율적으로 이동할 수 있는 순서는 ②이다.

05 정답 ③

- 건대입구역(E상사) – 천호역(D화학) : 7×3분+6분=27분
- 천호역(D화학) – 삼성역(B방재) : 6×3분+6분=24분
- 삼성역(B방재) – 강남역(A전선) : 3×3분=9분
- 강남역(A전선) – 양재역(C전기모터) : 1×3분=3분

따라서 최소 이동시간은 27+24+9+2=62분이다.

06 정답 ①

㉠ 업무적인 만남에서 가장 일반적인 인사법인 악수에 있어 우리나라는 가벼운 목례를 함께 하지만, 서양의 경우 목례 없이 허리를 세우고 하는 것이 예의이다. 따라서 상대방의 국적에 따라 악수의 방법도 다르게 하여야 한다.

㉡ 인사법 중 하나인 악수는 윗사람이 아랫사람에게 청하는 것이 예의이므로 적절하지 않은 내용이다.

오답분석

㉢ 직장 내에서 행하는 서로 간의 모든 행동은 서로 간의 관계에 영향을 줄 뿐 아니라, 나아가 업무 성과에 까지 영향을 미칠 수 있는 요소이므로 적절한 내용이다.

㉣ 통신 기술의 발달로 인해 이메일 및 SNS 등과 같은 매체들이 많이 활용되고 있다. 하지만 통신 매체에서는 상대방의 표정이나 음성과 같은 비언어적인 요소가 빠져 있기 때문에, 같은 글일지라도 읽는 사람에 따라 다양하게 해석될 수 있다. 따라서 통신상에서는 오해가 발생하지 않도록 주의하여야 한다.

07 정답 ④

제시된 사례에서 S씨는 자신의 흥미·적성 등을 제대로 파악하지 못한 채 다른 사람을 따라 목표를 세웠고, 이를 제대로 달성하지 못하였다. 이처럼 자신의 흥미·적성 등을 제대로 파악하지 못하면 많은 노력을 하여도 성과로 연결되기가 쉽지 않다.

08 정답 ④

반복적인 업무로 지친 팀원들에게 새로운 업무의 기회를 부여하는 것은 팀원들에게 동기를 부여할 수 있는 효과적인 방법이다. 팀원들은 매일 해 왔던 업무와 전혀 다른 일을 처리하면서 새로운 도전이 주는 자극과 스릴감을 가지게 될 것이며, 나아가 자신의 능력을 인정받았다는 뿌듯함과 성취감을 느낄 수 있다.

오답분석

①·②·③·⑤ 모두 리더십에 있어 동기부여 방법에 해당하나, A팀장의 상황에 대한 조언으로는 거리가 멀다.

① 자신의 책임을 전가하는 팀원들에게 필요한 방법이다.

② 코칭은 문제를 함께 살피고 지원하며, 지도 및 격려하는 활동을 말한다.

③ 지속적인 교육은 팀원들에게 성장의 기회를 제공하는 방법이다.

⑤ 칭찬과 격려는 팀원들에게 동기를 부여하는 긍정적 강화법으로 볼 수 있다.

09 정답 ③

보기는 실무형 멤버십 유형에 대한 설명이다.

멤버십 유형

구분	소외형	순응형	실무형	수동형
자아상	• 자립적인 사람 • 일부러 반대 의견 제시 • 조직의 양심	• 기쁜 마음으로 과업 수행 • 팀플레이를 함 • 리더나 조직을 믿고 헌신함	• 조직의 운영방침에 민감 • 사건을 균형 잡힌 시각으로 봄 • 규정과 규칙에 따라 행동함	• 판단, 사고를 리더에 의존 • 지시가 있어야 행동함
동료 / 리더의 시각	• 냉소적 • 부정적 • 고집이 셈	• 아이디어가 없음 • 인기 없는 일은 하지 않음 • 조직을 위해 자신과 가족의 요구를 양보함	• 개인의 이익을 극대화하기 위한 흥정에 능함 • 적당한 열의와 평범한 수완으로 업무 수행	• 하는 일이 없음 • 제 몫을 하지 못함 • 업무 수행에는 감독이 반드시 필요
조직에 대한 자신의 느낌	• 자신을 인정해 주지 않음 • 적절한 보상이 없음 • 불공정하고 문제가 있음	• 기존 질서를 따르는 것이 중요 • 리더의 의견을 거스르는 것은 어려운 일임 • 획일적인 태도 행동에 익숙함	• 규정 준수를 강조 • 명령과 계획의 빈번한 변경 • 리더와 부하 간의 비인간적 풍토	• 조직이 나의 아이디어를 원치 않음 • 노력과 공헌을 해도 아무 소용이 없음 • 리더는 항상 자기 마음대로 함

10 정답 ③

㉠ 우리가 성찰이라는 과정을 행하는 이유는 자신의 부족한 부분을 찾아 이를 보완하고 개선하기 위함이며, 부족한 부분과 관련된 업무를 하지 않기 위한 것은 아니다.

㉣ 창의적인 사람은 따로 존재하지 않으며, 창의적인 생각은 반복적인 성찰의 과정을 통해 만들어지는 것이다. 따라서 사람마다 가지고 태어난 창의성의 정도에 차이가 있다는 말은 옳지 않다.

오답분석

㉡ 성찰이라는 과정을 통해 우리는 현재 나의 부족한 부분을 채울 수 있으므로, 미래에 발생할 수 있는 실수를 줄일 수 있다. 또한 이와 같은 꾸준한 성찰의 과정을 통해 우리 자신 역시 성장할 수 있는 기회를 제공받게 된다.

㉢ 성찰을 통해 우리는 자신의 부족한 부분에 대해 개선할 수 있어 동일한 실수의 재발을 방지할 수 있다. 나아가 이러한 과정들은 타인에게 자신에 대한 신뢰감을 형성시켜 주는 밑거름이 될 것이다.

11 정답 ①

업무수행 성과를 향상시키기 위해서는 해야 할 일을 미루지 말고 지금 바로 해야 한다. 또한 그 순서는 긴급도보다 중요도에 따라 결정하는 것이 바람직하다.

오답분석

② 전문가 의견에 따르면, 유사한 성격의 업무를 함께 처리할 경우, 이에 소요되는 시간이 감소한다고 한다. 따라서 유사한 성격의 업무를 함께 처리하는 것은 업무수행 성과를 향상시키는 전략에 해당한다.

③ 자신이 소속된 공동체의 규율은 그 분야의 전문가들에 의해 정해진 것이기 때문에, 소속된 자는 반드시 해당 규율을 지키면서, 그 범위 내에서 자신의 업무수행 방식을 탐색하여야 한다.

④ 기존부터 행해진 다른 사람의 업무수행 방식을 따르기보다 다양한 방식으로 업무를 수행할 경우, 이전에는 생각지도 못한 효율적인 업무처리 방식을 발견할 수 있으므로 이를 통해 업무수행 성과 역시 향상시킬 수 있다.

⑤ 자신보다 뛰어난 업무처리 능력을 가진 사람을 역할 모델로 선정할 경우, 자신의 부족한 부분을 그의 업무처리 방식을 보고 배울 수 있어, 자신의 업무수행 성과를 향상시킬 수 있게 된다.

12 정답 ④

경력개발 단계는 직업 선택, 조직 입사, 경력 초기, 경력 중기, 경력 말기로 나눌 수 있으며, 또 각 경력 단계는 준비 단계, 실행 단계, 완료 단계로 나눌 수 있다. 이 중 경력 중기의 질문은 실행단계에서 할 수 있는 질문으로, 다른 선택지 질문들의 시기인 완료 단계와 그 시기가 다르다. 경력 중기의 완료 단계에서 할 수 있는 질문으로 적절한 것은 "당신이 업무에 숙달한 이후 계획했던 것들에 대한 성취도는 어떻게 되는가?"와 같은 것들이다.

13 정답 ③

고객이 항의를 할 경우, 이를 해결하기 위해 꼭 필요한 정보를 수집하여야 하며, 이를 통해 최선의 방법을 모색한다. 단, 최선의 방법을 찾기 어려운 경우라면, 항의를 한 고객에게 직접 해결방법을 구하도록 한다.

오답분석

① 고객이 항의를 할 경우, 해당 고객에 대한 선입견을 버리고 고객의 항의 내역을 끝까지 경청하여야 한다.

② 고객이 항의를 할 경우, 해당 고객의 항의에 대해 자신이 공감하고 있음을 표현한다. 또 고객이 자신의 시간을 할애하여 자사의 문제를 해결할 기회를 제공한 것에 감사함을 표현한다.

④ 고객항의에 대한 처리내역을 상급자가 아닌 항의를 한 해당 고객에게 알려, 자사의 해결방식에 대해 고객의 만족 여부를 확인한다.

⑤ 고객의 항의와 관련된 내역을 해당 고객과 자사 홈페이지가 아닌 회사와 전 직원에게 공개해, 추후 동일한 문제가 재발되지 않도록 주의시킨다.

| 02 | 기계

01	02	03	04	05	06	07	08		
②	①	②	②	②	③	②	②		

01 정답 ②

• [기체상수(R)]$=\frac{8,314}{m}$[J/kg · K]

이때, m은 분자량이다.

따라서 분자량이 30인 에탄의 기체상수는 $\frac{8,314}{m}=\frac{8,314}{30}\fallingdotseq$277J/kg · K=0.277kJ/kg · K이다.

02 정답 ①

오일러 수는 자연로그의 밑수로 상수이며, 그 값은 2.7이다.

오답분석

① (웨버 수)$=\frac{(관성력)}{(표면장력)}$

② (레이놀즈 수)$=\frac{(관성력)}{(점성력)}$

③ (프루드 수)$=\frac{(관성력)}{(중력)}$

⑤ (리처드슨 수)$=\frac{(중력에너지\ 변화량)}{(운동에너지\ 변화량)}$

무차원 수
관측 단위와 독립된 값을 가진 수로 차원 분석에서 얻을 수 있다. 그 종류는 로스비 수, 레이놀즈 수, 리처드슨 수, 슈미트 수, 프루드 수, 페클렛 수, 스탠턴 수, 그라쇼프 수, 레일리 수 등이 있다.

03 정답 ②

구상 흑연 주철은 황 성분이 적은 선철을 용해로, 전기로에서 용해한 후 주형에 주입 전 마그네슘, 세륨, 칼슘 등을 첨가시켜 흑연을 구상화하여 보통 주철보다 강력한 성질을 가진 주철이다.

오답분석

① 합금 주철 : 보통주철에 니켈, 구리 등을 첨가하여 특수강 성질을 갖게 한 주철이다.
③ 칠드 주철 : 표면의 경도를 높게 만들기 위해 금형에 접해서 주철용탕을 응고하고, 급랭하여 제조한 주철이다.
④ 가단 주철 : 주조성이 좋은 주철을 용해하여 열처리를 함으로써 견인성을 높인 주철이다.
⑤ 백주철 : 회주철을 급랭시킨 주철로 파단면이 백색을 띠며, 흑연의 함유량이 매우 적고, 다른 주철보다 시멘타이트의 함유량이 많아서 단단하지만 취성이 있는 주철이다.

04 정답 ②

전위 기어(Profile Shifted Gear)는 래크공구의 기준 피치선(이 두께와 홈의 길이가 같은 곳)이 기어의 기준 피치원에 접하지 않는 기어이다. 전위량은 래크공구의 기준 피치선과 기어의 기준 피치원과의 거리를 말하는데, 전위 기어는 표준 기어에 비해 최소 잇수를 적게 할 수 있다.

전위 기어(Profile Shifted Gear)의 사용목적

- 언더컷 방지
- 물림률 증가
- 이의 강도 증가
- 표준 기어에 비해 최소 잇수 감소
- 두 기어 간 중심거리의 자유로운 변화

※ 물림률(Contact Ratio) : 동시에 물릴 수 있는 이의 수로, 물림길이를 법선피치로 나눈 값을 말한다.

05 정답 ②

자유표면(수면)이 존재할 경우 프루드 수나 레이놀즈 수가 같아야 역학적 상사성이 존재하지만, 자동차 풍동시험의 경우 수면이 존재하지 않는 유체의 흐름이므로 자유표면이 없으면 레이놀즈 수가 모형과 원형의 값이 같아야 한다. 따라서 선체와 자동차 풍동시험은 역학적 상사를 이루기 위해 공통적으로 레이놀즈 수가 같은지의 여부를 고려해야 한다.

오답분석

① 마하 수 : 유체의 유동속도와 음속의 비를 나타내는 용어로서 무차원 수이다.
③ 오일러 수 : 유체의 압력 변화와 밀도와 유체의 속도 간 관계를 나타낸 무차원 수이다.
④ 프루드 수 : 유체 유동을 관성과 중력의 비로 나타내는 무차원 수로, 유동의 역학적 상사성을 판단하기 위해 사용한다. 자유표면 유동 해석에 중요한 영향을 미친다.
⑤ 웨버 수 : 계면장력의 영향을 나타내는 무차원 수이다.

06 정답 ③

헬리컬 기어는 바퀴 주위에 비틀린 이가 절삭되어 있는 원통 기어로, 톱니 줄기가 비스듬히 경사져 있어 헬리컬이라고 한다. 헬리컬 기어는 평 기어보다 큰 힘을 전달할 수 있어 회전이 원활하고 조용하지만, 기어 제작이 어렵다는 단점이 있다. 주로 감속 장치나 동력의 전달 등에 사용된다. 방향이 서로 다른 헬리컬 기어를 조합하여 산(山) 모양의 톱니로 만든 것을 2중 헬리컬 기어라고 하며, 이 중 가운데 홈이 없이 좌·우 기어의 톱니가 중앙에서 만나는 것을 헤링본 기어(Herringbone Gear)라고 한다.

07 정답 ②

가운데가 빈 중공축이 정하중으로 굽힘모멘트(σ_a)만 받는 경우는 다음과 같다.

$M=\sigma_a \times Z$

$M=\sigma_a \times \frac{\pi d_2^3(1-x^4)}{32}$

이 식을 바깥지름(d_2)으로 정리하면 다음과 같다.

$\frac{32M}{\pi(1-x^4)\sigma_a}=d_2^3$

$\sqrt[3]{\frac{32M}{\pi(1-x^4)\sigma_a}}=d_2$

따라서 정답은 ②이다.

단면계수(Z)

중실축 단면계수	중공축 단면계수
$\frac{\pi d_2^3}{32}$	$\frac{\pi d_2^3(1-x^4)}{32}$ x(내외경비)$=\frac{d_1}{d_2}$

08 정답 ②

경도 시험은 재료의 표면경도를 측정하기 위한 시험으로, 강구나 다이아몬드와 같은 압입자에 일정한 하중을 가한 후 시험편에 나타난 자국을 측정하여 경도값을 구한다.

| 03 | 전기

01	02	03	04	05	06	07	08		
③	③	④	②	②	①	③	①		

01 정답 ③

RLC 직렬회로

임피던스 $Z = R + j(X_L - X_C)[\Omega]$

$X_L = j\omega L = j(5{,}000 \times 32 \times 10^{-3}) = j160$

$X_C = \dfrac{1}{j\omega C} = \dfrac{1}{j(5{,}000 \times 5 \times 10^{-6})} = \dfrac{40}{j} = j40$

$Z = 90 + j(160 - 40) = 90 + j120\,\Omega$

∴ (리액턴스)$= 120\,\Omega$

02 정답 ③

• 자화 전류 $I = \sqrt{I_0^2 - I_1^2}$

이때, I_1는 철손 전류이다.

$I_1 = \dfrac{P}{V} = \dfrac{110}{2{,}200} = 0.05\mathrm{A}$

$\therefore\ I = \sqrt{0.088^2 - 0.05^2} = 0.072\mathrm{A}$

03 정답 ④

부흐홀츠 계전기는 변압기의 주 탱크와 콘서베이터를 연결하는 배관에 설치하여 변압기 내부에서 발생하는 일정량 이상의 가스량과 기준 속도 이상의 유속에 의해 작동되는 계기이다.

04 정답 ②

전속밀도 $D = \dfrac{Q}{S} = \dfrac{Q}{4\pi r^2} = \varepsilon E[\mathrm{C/m^2}]$이므로 전기장 $E = \dfrac{D}{\epsilon}[\mathrm{V/m}]$를 이용하여 전기장 세기를 구할 수 있다.

먼저 ε는 물체의 유전율로 $\varepsilon = \varepsilon_0 \varepsilon_s$, 즉 진공유전율($\varepsilon_0$)과 비유전율($\varepsilon_s$)의 곱이다.

진공유전율의 값은 8.85×10^{-12}이므로 물체의 유전율 $\varepsilon = \varepsilon_0 \varepsilon_s = 8.85 \times 10^{-12} \times 2.5 = 22.125 \times 10^{-12}[\mathrm{C^2/N \cdot m^2}]$이다.

따라서 전기장의 세기는 $E = \dfrac{D}{\epsilon} = \dfrac{2 \times 10^{-6}\mathrm{C/m^2}}{22.125 \times 10^{-12}\mathrm{C^2/N \cdot m^2}} \fallingdotseq 9 \times 10^4\mathrm{V/m}$이다.

05 정답 ②

콘덴서 직렬 연결 상태

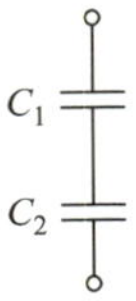

정전용량 $Q = CV$에서 $C_1 = \frac{Q}{V_1}$, $C_2 = \frac{Q}{V_2}$

$\frac{C_1}{C_2} = \frac{\frac{Q}{V_1}}{\frac{Q}{V_2}}$, $\because V_1 = V_2$이므로 $\frac{C_1}{C_2} = \frac{V_2}{V_1} = 1$이다.

06 정답 ①

레일 전위의 접촉전압 감소 방법(KEC 461.3)

교류 전기철도 급전시스템은 다음 방법을 고려하여 접촉전압을 감소시켜야 한다.

- 접지극 추가 사용
- 전자기적 커플링을 고려한 귀선로의 강화
- 보행 표면의 절연
- 등전위본딩
- 전압제한소자 적용
- 단락전류를 중단시키는 데 필요한 트래핑 시간의 감소

07 정답 ③

저 · 고압 가공전선 등의 병행설치(KEC 222.9/332.8) · 특고압 가공전선과 저 · 고압 가공전선의 병행설치(333.17)

구분	고압	35kV 이하	60kV 이하	60kV 초과
저압 · 고압 (케이블)	0.5m 이상 (0.3m)	1.2m 이상 (0.5m)	2m 이상 (1m)	2m(1m)$+N \times 0.12$m
기타	• 35kV 이하 – 상부에 고압측을 시설하며 별도의 완금에 시설할 것 • 35kV 초과 100kV 미만의 특고압 – $N = \frac{\text{60kV 초과}}{\text{10kV}}$ (반드시 절상하여 계산) – 인장강도 21.67kN 이상인 금속선, 단면적 50mm^2 이상의 경동연선			

08 정답 ①

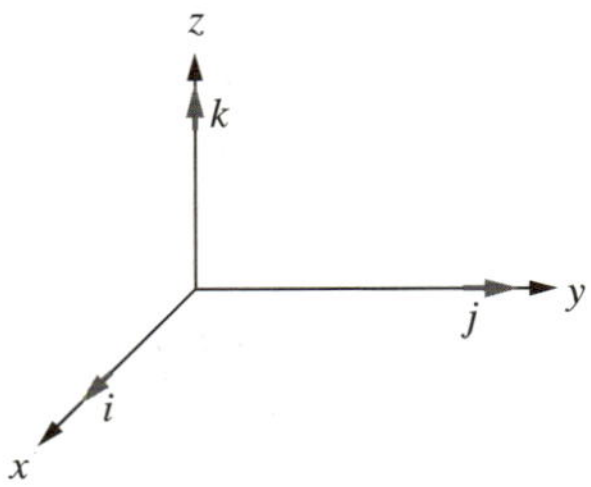

$$E = -\nabla V = -\left(\frac{\partial}{\partial x}i + \frac{\partial}{\partial y}j + \frac{\partial}{\partial z}k\right)(3x + 2y^2)$$

$$= -\left(\frac{\partial(3x+2y^2)}{\partial x}i + \frac{\partial(3x+2y^2)}{\partial y}j + \frac{\partial(3x+2y^2)}{\partial z}k\right)$$

$= -(3i + 4yj + 0)$, $(x = 2,\ y = -1,\ z = 3)$ 대입

$$= -(3i + (4 \times -1)j)$$

$$= -3i + 4j$$

$$\therefore |E| = \sqrt{(3)^2 + (4)^2} = 5\text{V/m}$$

CHAPTER

04 2020년 기출복원문제

| 01 | 직업기초능력평가

01	02	03	04	05	06	07	08	09	10	11	12	13	14	15	16	17			
④	⑤	③	②	④	③	①	②	②	②	①	⑤	④	④	②	③	⑤			

01 정답 ④

네 번째 문단에 따르면, 시설 노후화로 각종 안전사고가 빈발하는 도시철도(서울・부산)의 노후 시설물 개량 지원을 414억 원에서 566억 원으로 확대한다고 하였으므로 예산을 새로 편성한 것이 아니라 기존의 예산에서 확대 편성하였음을 알 수 있다.

오답분석

① 첫 번째 문단에 따르면, 철도국 예산안을 5.3조 원이었던 지난해 대비 19.3% 증가한 6.3조 원으로 편성하였으므로 철도국의 2020년 예산은 지난해보다 1조 원이 증가하였다.

② 두 번째 문단에 따르면, 철도안전 분야 예산을 10,360억 원에서 15,501억 원으로 증액하였으므로 철도안전 분야 예산은 약 $\frac{15,501-10,360}{10,360}\times 100 \fallingdotseq 49.6\%p$ 증가하였다.

③ 세 번째 문단에 따르면, 수도권 동북부와 남부지역을 잇는 GTX – C노선의 민간투자시설사업기본계획(RFP) 수립 등을 위해 10억 원을 신규 반영하였다.

⑤ 네 번째 문단에 따르면, 철도차량 및 철도시설 이력 관리 정보시스템 구축에 대한 지원을 41억 원에서 94억 원으로 확대 편성하였다.

02 정답 ⑤

철도국 2020년 예산안에 따르면 각종 안전사고가 빈발하는 노후 시설물을 개량하고 철도 이용객 안전을 위한 안전시설을 확충하고자 철도안전 투자가 강화되었다. 따라서 철도안전 사고 등을 선제적으로 예방하기 위해 철도안전에 예산을 집중・확대 투자하였음을 추론할 수 있다.

03 정답 ③

두 번째 지점이동을 원하는 직원들 중 1차 희망지역에 서울을 신청한 직원은 C, E, I이고, 경기를 신청한 직원은 D, G, L이다. 하지만 조건에 따르면 희망지역을 신청한 사람 중 2명만 이동할 수 있으며, 3명 이상이 지원하면 경력이 높은 사람이 우선한다고 했으므로 서울을 신청한 직원 중 경력이 6년인 E, I가 우선하며, 경기는 경력이 2년인 D, L이 우선한다. 따라서 서울 지역으로 이동할 직원은 E, I이며, 경기 지역은 D, L이다.

04 정답 ②

지점이동을 원하는 직원들 중 첫 번째와 두 번째 조건에 따라 1차 희망지역으로 발령을 받는 직원을 정리하면 다음과 같다.

서울	경기	대구	대전
E, I	D, L	J, N	B
부산	광주	포항	울산
F, M	K	–	–

1차 희망지역에 탈락한 직원은 A, C, G, H이며, 4명 중 2차 희망지역에서 순위 선정 없이 바로 발령을 받는 직원은 울산에 지원한 A이다. G와 H는 광주에 지원했지만 광주에는 K가 이동하여 한 명만 더 갈 수 있기 때문에 둘 중 보직 우선순위에 따라 차량관리를 하고 있는 G가 이동하게 된다. H는 3차 희망지역으로 울산을 지원하였으며, 울산에 배정된 직원은 A 1명이므로 울산으로 이동한다. C의 경우 2・3차 희망지역인 경기, 대구 모두 2명의 정원이 배정되어 있으므로 이동하지 못한다. 따라서 지점이동을 하지 못하는 직원은 C이다.

05 정답 ④

숨겨진 자아는 타인은 모르지만, 나는 아는 나의 모습을 의미한다. 자신의 평판에 대해 직장 동료나 상사에게 물어보는 것은 타인은 알고 있지만, 나는 알지 못하는 나의 모습을 의미하는 눈먼 자아와 연결된다.

조해리의 창(Johari's Window)

조해리의 창은 대인관계에 있어서 자신이 어떻게 보이고, 또 어떤 성향을 가지고 있는지를 파악할 수 있도록 한 심리학 이론으로, 미국의 심리학자 조셉 루프트와 해리 잉햄이 고안하였다.

- 눈먼 자아 : 나에 대해 타인은 알고 있지만, 나는 알지 못하는 모습
- 아무도 모르는 자아 : 타인도 나도 모르는 나의 모습
- 공개된 자아 : 타인도 나도 아는 나의 모습
- 숨겨진 자아 : 타인은 모르지만, 나는 아는 나의 모습

06 정답 ③

첫 번째 문단에 따르면, 스마트 스테이션에서는 분산된 분야별 역사 관리 정보를 정보통신기술을 기반으로 통합 관리하므로 현재 스마트 스테이션을 시범 운영하고 있는 5호선 군자역에서는 역사 관리 정보가 통합되어 관리되고 있다는 것을 알 수 있다.

오답분석

① 첫 번째 문단에 따르면, 서울교통공사는 스마트 스테이션을 2021년 3월까지 2호선 50개 전 역사에 구축할 예정이다.

② 두 번째 문단에 따르면, 스마트 스테이션은 2020년 4월 지하철 5호선 군자역에서 시범 운영되었다.

④ 네 번째 문단에 따르면, 모바일 버전의 구축은 L통신사 컨소시엄과 체결한 계약의 주요 개선사항 중 하나이므로 현재는 모바일을 통해 역사를 모니터링할 수 없다.

⑤ 네 번째 문단에 따르면, 스마트 스테이션은 기존 통합 모니터링 시스템을 개량하는 방식으로 도입될 예정이므로 앞으로 도입될 스마트 스테이션에는 새롭게 개발된 모니터링 시스템이 아닌 보완・개선된 기존의 모니터링 시스템이 적용될 것이다.

07 정답 ①

두 번째 문단에 따르면, 스마트 스테이션이 군자역에서 시범 운영된 결과, 순회 시간이 평균 28분에서 10분으로 줄었다. 따라서 일반 역의 순찰 시간은 스마트 스테이션의 순찰 시간보다 더 긴 것을 알 수 있다.

오답분석

② 두 번째 문단에 따르면, 스마트 스테이션이 시범 운영된 결과, 운영 효율이 향상된 것으로 나타났으므로 일반 역은 스마트 스테이션에 비해 운영비용이 많이 드는 것을 알 수 있다.
③ 두 번째 문단에 따르면, 스마트 스테이션이 시범 운영된 결과, 돌발 상황에 대한 대응 시간이 평균 11분에서 3분으로 단축되었으므로 일반 역의 대응 시간은 스마트 스테이션보다 더 긴 것을 알 수 있다.
④ 세 번째 문단에 따르면, 스마트 스테이션이 도입되면 3D맵과 지능형 CCTV를 통해 가상순찰이 가능해지므로 스마트 스테이션에서는 일반 역보다 적은 인력이 필요할 것이다.
⑤ 세 번째 문단에 따르면, 스마트 스테이션의 경우 지능형 CCTV를 통해 무단침입이나 역사 화재 등을 실시간으로 인지할 수 있지만, 일반 역에서는 이를 실시간으로 인지하기 어렵다.

08 정답 ②

지능형 CCTV(◍)의 경우 높은 화소와 객체 인식 기능을 통해 사물이나 사람의 정확한 식별이 가능하다. 따라서 ATM기에서 통제구역 방향으로 설치된 일반형 CCTV(○)보다 ATM기에서 화장실 방향으로 설치된 지능형 CCTV(◍)를 통해 범죄자의 얼굴을 쉽게 파악할 수 있다.

오답분석

① 역무실에 설치된 CCTV는 일반형 CCTV로, 일반형 CCTV(○)는 유지보수가 용이하다는 장점이 있다.
③ 제시된 3D맵을 보면 모든 지능형 CCTV(◍)는 IoT센서(●)와 함께 설치되어 있음을 알 수 있다.
④ 통제구역 설치된 CCTV는 지능형 CCTV로, 지능형 CCTV(◍)는 객체 인식 기능을 통해 제한구역의 무단침입 등이 발생할 경우 이를 실시간으로 알려 준다.
⑤ 지하철 역사 내부를 3차원으로 표현한 3D맵에서는 지능형 CCTV(◍)와 IoT 센서(●) 등을 통해 가상순찰이 가능하다.

09 정답 ②

고객 접점 서비스(MOT)는 고객과 서비스 요원 사이에서 15초 동안의 짧은 순간 이루어지는 서비스로, 이 15초 동안 고객 접점에 있는 서비스 요원이 책임과 권한을 가지고 우리 회사를 선택한 것이 가장 좋은 선택이었다는 사실을 고객에게 입증해야 한다. 이때, 서비스 요원의 용모와 복장 등은 첫인상을 좌우하는 중요한 요소가 된다.

오답분석

㉠ 고객 접점 서비스에는 모든 서비스에서 100점을 맞았더라도 한 접점에서 불만이 나오면 0이 되는 곱셈 법칙($100 \times 0 = 0$)이 적용되어 모든 서비스 점수가 0점이 된다.
㉤ 고객 접점 서비스를 강화하기 위해서는 서비스 요원의 권한을 강화하여야 한다.

10 정답 ②

거절은 빠르게 하는 것이 좋다.

올바른 거절 방법

- 거절에 대해 먼저 사과하고, 상대방이 이해할 수 있게 거절에 대한 이유를 설명한다.
- 거절은 시간을 들이지 말고 즉시 하는 것이 좋다.
- 모호한 태도를 보이는 것보다 단호하게 거절하는 것이 좋다.
- 정색을 하면 상대방의 감정이 상하므로 주의한다.
- 거절한 다음에는 도움을 주지 못하는 것에 대해 아쉬움을 표현한다.

11 정답 ①

직업윤리의 일반적 덕목에는 소명의식, 천직의식, 직분의식, 책임의식, 전문가의식, 봉사의식 등이 있으며, 한국인들은 중요한 직업윤리 덕목으로 책임감, 성실성, 정직함, 신뢰성, 창의성, 협조성, 청렴함 등을 강조한다.

12 정답 ⑤

진지한 사과는 감정은행계좌에 신뢰를 예입하는 것이지만, 반복되는 사과나 일상적인 사과는 불성실한 사과와 같은 의미로 받아들여져 감정이 인출될 수 있다.

감정은행계좌 주요 예입수단

- 상대방에 대한 이해심 : 다른 사람을 진정으로 이해하기 위해 노력하는 것은 우리가 할 수 있는 가장 중요한 예입수단이다.
- 사소한 일에 대한 관심 : 약간의 친절과 공손함은 매우 중요하다. 이와 반대로 작은 불손, 작은 불친절, 하찮은 무례 등은 막대한 인출을 가져온다.
- 약속의 이행 : 책임을 지고 약속을 지키는 것은 중요한 감정 예입행위이며, 약속을 어기는 것은 중대한 인출행위이다.
- 기대의 명확화 : 신뢰의 예입은 처음부터 기대를 분명히 해야 가능하다.
- 언행일치 : 개인의 언행일치는 신뢰를 가져오고, 감정은행계좌에 많은 종류의 예입을 가능하게 하는 기초가 된다.
- 진지한 사과 : 진지한 사과는 감정은행계좌에 신뢰를 예입하는 것이다.

13 정답 ④

통돌이 세탁기 기능 조작부 설명에 따르면 세탁통 청소 시 사용하는 통세척 코스에서는 냉수만 선택 가능하다. 따라서 통세척 코스를 선택한 뒤에 온수세탁을 선택할 수 없다.

오답분석

① 통돌이 세탁기 기능 조작부 설명에 따르면 작동 중 세탁기 문을 열고자 할 때는 동작 / 일시정지 버튼을 눌러 세탁기가 정지한 후에 세탁기 문을 열어야 한다.
② 통돌이 세탁기 기능 조작부 설명에는 물높이에 따른 세제량이 그림으로 표시되어 있어 물높이에 맞는 세제량을 확인할 수 있다.
③ 통돌이 세탁기의 세탁 코스 설명에 따르면 급속 코스의 적정 세탁량은 5.5kg 이하이며, 급속 코스에서는 4 이상의 물높이가 선택되지 않는다.
⑤ 통돌이 세탁기의 옵션 사용하기에 따르면 예약 시간은 3 ~ 18시간까지 설정 가능하며, 3시간 미만은 예약되지 않는다.

14 정답 ④

먼저 세탁기의 전원 버튼을 1번 눌러야 하며, 세탁 버튼은 19분이 선택될 수 있도록 총 7번 눌러야 한다. 이때, 온수로 세탁하므로 온수세탁 버튼도 1번 눌러야 한다. 또한 헹굼 버튼은 3회가 선택되도록 3번, 탈수 버튼은 '약'이 선택되도록 2번 눌러야 한다. 마지막으로 모든 세탁 과정을 예약 세탁으로 설정해야 하므로 예약 버튼을 1번 누른 후 예약 시간이 4:00가 되도록 예약 버튼을 1번 더 눌러야 한다(3 ~ 12시간까지는 1시간 단위로 예약이 가능하다).
따라서 A씨는 세탁기 조작부의 버튼을 총 1+7+1+3+2+2=16번 눌러야 한다.

15 정답 ②

불림 10분, 냉수세탁 12분, 헹굼 $10 \times 2 = 20$분, 탈수(강) 15분으로 총 $10+12+20+15=57$분이 소요된다.

오답분석

① 14(온수세탁)+10×3(헹굼 3회)+10[탈수(약)]=54분
③ 12(냉수세탁)+10×3(헹굼 3회)+10[탈수(약)]=52분
④ 12(냉수세탁)+10×2(헹굼 2회)+8[탈수(섬세)]=40분
⑤ 12(냉수세탁)+10×2(헹굼 2회)=32분

16 정답 ③

최근 5년간 운행장애 현황에서 운행장애는 위험사건과 지연운행으로 구분되며, 2016 ~ 2019년의 전년 대비 운행장애 건수는 '감소 – 증가 – 감소 – 증가'로 증감을 반복하고 있다.

오답분석

① 한국교통안전공단은 철도안전관리체계 수시검사에 지난달 18일부터 예방적 수시검사를 도입하여 시행 중이다.
② 사후적 수시검사는 사고 및 장애가 발생할 경우 철도안전관리체계 위반 여부를 검사하는 것이고, '예방적 수시검사'는 사전 점검을 말한다.
④ 지연운행의 원인 중 가장 많은 2가지 원인은 매년 시설장비결함과 외부요인이다.
⑤ 지연운행의 원인 중 시설장비결함의 차량 / 전철IF와 차량 / 시설IF의 발생건수가 없는 해는 2017년, 2019년이다.

17 정답 ⑤

㉡ 최근 5년간 운행장애 현황에서 전체 운행장애 건수 중 지연운행이 차지하는 비율은 $\frac{1,330}{1,340} \times 100 \fallingdotseq 99.3\%$이다.

㉢ 최근 5년간 지연운행 현황에서 지연운행 발생원인 중 시설장비결함 건수가 차지하는 비율은 $\frac{936}{1,330} \times 100 \fallingdotseq 70.4\%$이다.

오답분석

㉠ 최근 5년간 철도사고 및 운행장애 발행 현황을 보면 사고 및 운행장애 발생건수와 사상자 수는 2015년부터 계속 감소하고 있으며, 그중 운행장애 발생건수는 5년 동안 증감을 반복하다가 2019년에 최대치를 기록하였다. 2019년의 운행장애 발생건수는 전년 대비 $\frac{349-233}{233} \times 100 \fallingdotseq 49.8\%$p 증가하였다.

㉣ 최근 5년간 지연운행 현황의 발생원인에서 시설장비결함의 5년간 전체 발생건수는 $1,330-(111+228+55)=936$건이며, 그중 차량결함의 비율은 $\frac{695}{936} \times 100 \fallingdotseq 74.3\%$, 신호결함의 비율은 $\frac{144}{936} \times 100 \fallingdotseq 15.4\%$이다.

| 02 | 기계

01	02	03	04	05	06	07	08		
④	①	⑤	②	②	③	①	①		

01 정답 ④

냉간가공을 하면 결정립의 변형으로 인한 단류선이 형성되고, 전위의 집적으로 인한 가공경화가 발생한다. 또한 가공 시 불균질한 응력을 받아 잔류응력이 발생하며, 풀림효과에 의해 연성, 인성, 연신율이 감소한다.
가공경화는 금속을 가공·변형시켜 금속의 경도를 증가시키는 방법이다.

02 정답 ①

열간가공은 냉간가공에 비해 거칠기 때문에 치수 정밀도가 떨어진다.

냉간가공과 열간가공의 차이점

구분	냉간가공	열간가공
가공온도	재결정온도 이하	재결정온도 이상
표면거칠기 정도	우수하다.	냉간가공에 비해 거칠다.
치수 정밀도	높다.	낮다.
가공동력	많이 든다.	적게 든다.
가공경화	가공경화로 강도가 증가한다.	가공경화가 발생하지 않는다.

- 냉간가공 : 재결정온도 이하의 온도에서 가공하는 방법으로 강의 조직은 치밀해지나 가공이 진행될수록 내부에 변형이 일어나서 점성이 감소하는 단점이 있다. 약 200 ~ 300℃ 부근에서는 청열취성이 발생하므로 이 온도 구간에서는 가공을 피해야 한다. 경량의 형강이 주로 냉간가공으로 제조된다.
- 열간가공 : 재결정온도 이상의 온도에서 가공하는 방법으로 강재를 최종 치수로 마무리 작업을 하는 경우에 사용된다.
- 재결정온도 : 냉간가공과 열간가공을 구분하는 온도이다.

03 정답 ⑤

구상 흑연 주철은 주철 속 흑연이 완전히 구상이고 그 주위가 페라이트 조직으로 되어 있는데, 이 형상이 황소의 눈과 닮았다고 해서 불스아이 주철로도 불린다. 일반 주철에 니켈(Ni), 크롬(Cr), 몰리브덴(Mo), 구리(Cu)를 첨가하여 재질을 개선한 주철로, 내마멸성, 내열성, 내식성이 매우 우수하여 자동차의 크랭크축이나 캠축, 브레이크용 재료로 사용된다.

흑연을 구상화하는 방법
황(S)이 적은 선철을 용해한 후 마그네슘(Mg), 세슘(Ce), 탄소(C) 등을 첨가하여 제조하는데, 흑연이 구상화되면 보통 주철에 비해 강력하고 점성이 강한 성질을 갖는다.

04 정답 ②

600℃ 이상의 온도에서 가열과 냉각을 반복하면 주철은 부피의 증가로 재료가 파열되는데, 이 현상을 주철의 성장이라고 부른다. 이는 망간의 함유량 증가와는 전혀 관련이 없다.

주철 성장의 원인

- 흡수된 가스
- A_1 변태에서의 부피 변화
- 시멘타이트(Fe_3C)의 흑연화
- 페라이트 중 고용된 규소(Si)의 산화
- 불균일한 가열에 의해 생기는 파열, 균열

05 정답 ②

오답분석

㉠ 주철은 탄소강보다 용융점이 낮다.

㉣ 가단 주철은 백주철을 고온에서 장시간 열처리하여 시멘타이트 조직을 분해하거나 소실시켜 조직의 인성과 연성을 개선한 주철로, 가단성이 부족했던 주철을 강인한 조직으로 만들기 때문에 단조작업이 가능한 주철이다. 제작 공정이 복잡해서 시간과 비용이 상대적으로 많이 든다.

06 정답 ③

- 푸아송의 비 $\nu=\frac{\epsilon'}{\epsilon}=\frac{(\text{횡 변형률})}{(\text{종 변형률})}=\frac{\frac{\delta}{d}}{\frac{\lambda}{l}}=\frac{\delta l}{d\lambda}$

이때, E는 세로탄성계수, 영률, λ는 종변형량, δ는 횡변형량이다.

이를 직경의 감소량 δ로 정리하면 $\delta=\frac{\nu\lambda d}{l}$이다. 또한, λ에 $\frac{Pl}{AE}=\sigma\frac{l}{E}$를 대입하면 다음과 같다.

$$\delta=\frac{\nu\frac{\sigma l}{E}d}{l}=\frac{\nu\sigma ld}{El}=\frac{\nu\sigma d}{E}$$

07 정답 ①

오토사이클 열효율

1) $\eta=1-\left(\frac{1}{\epsilon}\right)^{k-1}$

이때, ϵ는 압축비, k는 비열비이다.

2) $\eta=1-\frac{T_4-T_1}{T_3-T_2}$

이때, 온도변화 순서는 $1\rightarrow2\rightarrow3\rightarrow4$, T_3는 최고온도이다.

따라서 효율을 증가시키기 위해 최고온도(T), 압축비(ϵ), 비열비(k) 모두 증가시켜야 한다.

08 정답 ①

- (냉동사이클의 성적계수)$=\epsilon_r=\frac{(\text{저온체에서 흡수한 열량})}{(\text{공급열량})}=\frac{Q}{W}$

따라서 필요한 동력은 $W=\frac{Q}{\epsilon_r}=\frac{6}{3}=2$냉동톤이므로 $2\times3.85=7.7$kW이다.

| 03 | 전기

01	02	03	04	05	06	07	08		
①	④	②	③	③	③	②	③		

01 정답 ①

$I=\frac{Q}{t}=\frac{600}{5\times 60}=\frac{600}{300}=2\text{A}$

02 정답 ④

고압 가공전선로의 지지물을 철탑으로 사용하는 경우 경간은 600m 이하로 해야 한다.

> KEC 332.9(**고압 가공전선로의 경간의 제한**)
> - 목주·A종 철주 또는 A종 철근 콘크리트주 : 150m 이하
> - B종 철주 또는 B종 철근 콘크리트주 : 250m 이하
> - 철탑 : 600m 이하

03 정답 ②

실효전류

$$I=\sqrt{(\text{직류분})^2+\left(\frac{\text{기본파 전류}}{\sqrt{2}}\right)^2+\left(\frac{\text{고조파 전류}}{\sqrt{2}}\right)^2}$$

$$=\sqrt{3^2+\left(\frac{10\sqrt{2}}{\sqrt{2}}\right)^2+\left(\frac{4\sqrt{2}}{\sqrt{2}}\right)^2}=\sqrt{9+100+16}$$

$$=\sqrt{125}\,\text{A}$$

코일에 축적되는 에너지

$$W_L=\frac{1}{2}LI^2[\text{J}]$$

$$125=\frac{1}{2}\times L\times(\sqrt{125})^2$$

$$L=\frac{125}{125}\times 2=2\text{H}$$

04 정답 ③

- (여자 콘덕턴스)$=\frac{P_i}{3V_1^2}=\frac{1,020}{3\left(\frac{3,300}{\sqrt{3}}\right)^2}\fallingdotseq 9.37\times 10^{-5}\,\Omega$

05 정답 ③

• (A군 변압기의 권수비)$=a_1=30$

• (B군 변압기의 권수비)$=a_2$

$$a_1=\frac{E_1}{E_2}=\frac{\frac{V_1}{\sqrt{3}}}{V_2},\ a_2=\frac{E_1}{E_2}=\frac{V_1}{\frac{V_2}{\sqrt{3}}}$$ 이므로,

$$\frac{a_2}{a_1}=\frac{\frac{V_1}{\frac{V_2}{\sqrt{3}}}}{\frac{\frac{V_1}{\sqrt{3}}}{V_2}}=3$$

$\therefore\ a_2=3a_1=3\times30=90$

06 정답 ③

• 선간전압 $V_l=\sqrt{3}\ V_P$(상전압)

$V_l=\sqrt{3}\times120\fallingdotseq208\,V$

07 정답 ②

전위가 높은 곳에서 낮은 곳으로 이동하였으므로 운동 에너지는 증가한다.

$W=qV=\frac{1}{2}mv^2$ 에서 $v=\sqrt{\frac{2qV}{m}}=\sqrt{\frac{2\times1C\times2V}{1kg}}=2\text{m/s}$

08 정답 ③

정회전 슬립은 $\text{s}=\frac{N_s-N}{N_s}$ 이며, N_s는 동기속도, N은 회전자속도이다$\left(\text{s}=\frac{N_s-N}{N_s}=1-\frac{N}{N_s}\rightarrow\frac{N}{N_s}=1-\text{s}\right)$.

역회전 슬립은 회전자속도 N에 $-N$을 대입하여 구한다. 즉 $\text{s}'=\frac{N_s-(-N)}{N_s}=\frac{N_s+N}{N_s}=1+\frac{N}{N_s}=1+(1-\text{s})=2-\text{s}$이다.

PART 1 서울교통공사 기출복원문제 정답 및 해설

| 04 | 토목

01	02	03	04	05	06				
③	④	②	①	③	②				

01 정답 ③

전단력과 휨 모멘트의 영향선을 이용하여 구한다.

- (전단력)=8t
- (휨 모멘트)=$\frac{Pl}{4}=\frac{8\times 20}{4}=40\text{t}\cdot\text{m}$

02 정답 ④

구하고자 하는 미지점에 평판을 세우고, 3개의 기지점을 이용하여 미지점의 위치를 결정하는 방법은 후방교회법이다.

03 정답 ②

처짐을 계산하지 않는 양단연속보의 최소두께 일반식은 다음과 같다.

$$t_{\min}=\frac{l}{21}\left(0.43+\frac{f_y}{700}\right)(1.65-0.00031m_c\geq 1.09)$$

이때 보통 중량 콘크리트이고, $f_y=400\text{MPa}$인 표준상태이므로 $t_{\min}=\frac{l}{21}=\frac{7,000}{21}\fallingdotseq 334\text{mm}$이다.

04 정답 ①

1방향 슬래브의 두께는 최소 100mm 이상으로 하여야 한다.

05 정답 ③

정착구와 커플러의 위치에서 프리스트레스 도입 직후 포스트텐션 긴장재의 응력은 $0.70f_{pu}$ 이하여야 한다.

06 정답 ②

강재와 시스 사이의 마찰은 포스트텐션 방식에서 나타나는 손실이다.

CHAPTER

05 2019년 기출복원문제

01	02	03	04	05	06	07	08												
①	③	③	③	①	⑤	③	④												

01 정답 ①

먼저 철도차량을 소유하거나 운영하는 자가 철도차량 개조승인을 받으려면 철도안전법 시행규칙 제75조의3 제1항에 나타난 서류와 개조승인 신청서를 제출하여야 한다. 개조신청이 접수되면 철도차량의 개조가 철도차량기술기준 등에 적합한지 여부에 대한 검토가 진행된다. 검토 결과 적합하다고 인정된 경우 국토교통부 장관의 개조승인을 받을 수 있다. 따라서 철도차량의 개조는 '개조신청 – 사전기술 검토 – 개조승인'의 순서로 진행된다.

02 정답 ③

개조승인 신청 이후 개조검사 계획서가 통지되는 기한은 알 수 있으나, 이후 실시되는 개조승인 검사가 얼마 동안 진행되는지는 알 수 없다.

오답분석

① 철도안전법 시행규칙 제75조의3 제1항
② 철도안전법 시행규칙 제75조의6 제1항
④ 철도안전법 시행규칙 제75조의3 제2항
⑤ 철도안전법 시행규칙 제75조의5

03 정답 ③

가중평균은 원값에 해당되는 가중치를 곱한 총합을 가중치 합으로 나눈 것을 말한다. A의 가격을 a만 원이라고 할 때, 식을 구하면 다음과 같다.

$$\frac{(a\times30)+(70\times20)+(60\times30)+(65\times20)}{30+20+30+20}=66$$

$$\rightarrow \frac{30a+4,500}{100}=66 \rightarrow 30a=6,600-4,500$$

$$\rightarrow a=\frac{2,100}{30} \rightarrow a=70$$

따라서 A의 가격은 70만 원이다.

04 정답 ③

A, B, C설탕물의 설탕의 양을 구하면 다음과 같다.

- A설탕물 : $200\times0.12=24$g
- B설탕물 : $300\times0.15=45$g
- C설탕물 : $100\times0.17=17$g

PART 1 서울교통공사 기출복원문제 정답 및 해설

A설탕물과 B설탕물을 합치면 설탕물 500g에 들어 있는 설탕의 양은 24+45=69g, 농도는 $\frac{69}{500}\times100=13.8\%$이다. 합친 설탕물을 300g만 남기고 C설탕물과 합치면, 설탕물은 400g이 되고 여기에 들어 있는 설탕의 양은 300g×0.138+17g=58.4g이다. 또한, 합친 설탕물을 300g만 남기면 농도는 일정하므로, 설탕물이 $\frac{3}{4}$으로 준 만큼 설탕의 양도 같이 줄어든다. 따라서 마지막 설탕물 300g에 들어 있는 설탕의 양은 58.4g×$\frac{3}{4}$=43.8g이다.

05 정답 ①

작년과 올해 공제받은 금액 중 1,200만 원 초과금을 x, y만 원이라 하고 공제받은 총 금액에 관한 방정식으로 x, y를 구하면 다음과 같다.

- 작년 : (72만 원+x)×0.15=4,000만 원×0.05 → 72만 원+$x=\frac{200}{0.15}$ → $x=\frac{200}{0.15}$−72만 원≒1,261
- 올해 : (72만 원+y)×0.15=4,000만 원×0.1 → 72만 원+$y=\frac{400}{0.15}$ → $y=\frac{400}{0.15}$−72만 원≒2,594

따라서 올해의 작년 대비 증가한 소비 금액은 (2,594+1,200)−(1,261+1,200)=1,333만 원이다.

06 정답 ⑤

A, B기차의 길이를 각각 a, bm라고 가정하고 터널을 지나는 시간에 대한 방정식을 세우면 다음과 같다.

- A기차 : $\frac{600+a}{36}=25$ → $600+a=900$ → $a=300$
- B기차 : $\frac{600+b}{36}=20$ → $600+b=720$ → $b=120$

따라서 A기차의 길이는 300m이며, B기차의 길이는 120m이다.

07 정답 ③

숫자 21을 2, 8, 16진수로 바꾸면 다음과 같다.

- 2진수

  2) 21
  2) 10 ⋯1
  2) 5 ⋯0
  2) 2 ⋯1
  1 ⋯0

  아래부터 차례대로 적으면 10101이 21의 2진수 숫자이다.
- 8진수

  8) 21
  2 ⋯5

  21의 8진수는 25이다.
- 16진수

  16) 21
  1 ⋯5

  21의 16진수는 15이다.

따라서 옳지 않은 대답을 한 사람은 C사원이다.

08 정답 ④

㉠은 수행성취, ㉡은 모델링, ㉢은 사회적, ㉣은 정서적 각성이다.

CHAPTER

06 2018년 기출복원문제

01	02	03	04	05	06	07	08	09	10	11	12	13	14	15	16	17	18	19	20
④	②	①	②	①	③	①	②	④	①	④	⑤	④	①	⑤	①	②	①	④	⑤
21	22	23	24	25	26	27	28	29	30	31	32	33	34						
③	⑤	②	①	②	②	⑤	③	④	④	⑤	①	⑤	②						

01 정답 ④

PERMA 모델의 'E'는 참여(Engagement & Flow)로 시간 가는 줄 모르는 것, 어떤 활동에 빠져드는 동안 자각하지 못하는 것, 자발적으로 업무에 헌신하는 것 등을 말하므로 ④가 적절하다.

오답분석

① 인간관계(Relationship)에 대한 설명이다.
② 성취(Accomplishment & Achievement)에 대한 설명이다.
③ 긍정적인 감정(Positive Emotion)에 대한 설명이다.
⑤ 의미(Meaning & Purpose)에 대한 설명이다.

02 정답 ②

월요일은 붙어 있는 회의실 두 곳 501호와 502호를 사용했고, 화요일은 504호, 목요일은 505호를 사용하였다. 이때 전날에 사용한 회의실은 사용할 수 없다고 했으므로 화요일과 목요일에 사용한 504·505호는 수요일에 사용이 불가능하기 때문에 월요일에 사용한 501·502호, 그리고 아직 사용하지 않은 503호가 가능하다. 하지만 수요일에 대여한 회의실은 두 곳이므로 세 회의실 중에 붙어 있지 않은 501·503호만 사용 가능하다. 따라서 수요일에 대여한 회의실은 501·503호임을 알 수 있다.

03 정답 ①

조건에서 a, b, c의 나이를 식으로 표현하면 $a\times b\times c=2,450$, $a+b+c=46$이다.
세 명의 곱을 소인수분해하면 $a\times b\times c=2,450=2\times5^2\times7^2$이다.
2,450의 약수 중에서 19 ~ 34세 나이를 구하면 25세이므로 갑의 동생 a는 25세가 된다.
그러므로 아들과 딸 나이의 합은 $b+c=21$이다.
갑과 을 나이의 합은 $21\times4=84$가 되며, 갑은 을보다 동갑이거나 연상이라고 했으므로 을의 나이는 42세 이하이다.

04 정답 ②

A1의 가로를 a, 세로를 b라고 하면 A1의 세로 길이 b는 A2의 가로 길이가 되고, A1의 가로 길이의 $\frac{1}{2}$은 A2의 세로 길이가 된다. 이런 방식으로 A3부터 A5까지 각각의 가로와 세로 길이를 구하면 다음과 같다.

구분	가로 길이	세로 길이
A1	a	b
A2	b	$\frac{a}{2}$
A3	$\frac{a}{2}$	$\frac{b}{2}$
A4	$\frac{b}{2}$	$\frac{a}{4}$
A5	$\frac{a}{4}$	$\frac{b}{4}$

가로와 세로가 같은 비율로 작아지므로 A4와 A5의 길이 축소율을 a와 b에 관한 식으로 나타내면 다음과 같다.

(가로 길이 축소율)=(세로 길이 축소율) → $\frac{a}{4} \div \frac{b}{2} = \frac{b}{4} \div \frac{a}{4}$ → $\frac{a^2}{16} = \frac{b^2}{8} \rightarrow a = \sqrt{2}b$ ⋯ ㉠

따라서 ㉠을 A4에서 A5의 가로 길이 축소율에 대입하면 $\frac{a}{4} \div \frac{b}{2} = \frac{a}{2b} = \frac{\sqrt{2}b}{2b} = \frac{1.4}{2}$ =0.7이므로, 30%로 축소됨을 알 수 있다.

05 정답 ①

사람들은 나무를 심는 일을 땅을 파는 일, 나무를 심는 일, 구멍을 메우는 일로 각각 나누어 진행하였다. 분업화는 이처럼 일을 업무별로 나누어 진행하는 것으로 업무의 효율성을 높여 주지만, 각각의 일을 담당한 사람들은 본인 위주의 일밖에 할 수 없다는 단점이 있다. 따라서 글에 나타난 문제의 원인으로 ①이 가장 적절하다.

06 정답 ③

오프라 윈프리는 상대방의 설득을 얻어 내기 위해서는 진솔한 자세로 상대방의 마음을 열고, 아픔을 함께 하는 자세로 상대방의 공감을 얻어야 한다고 하였으므로, 그녀의 설득 비결로 ③이 적절하다.

07 정답 ①

국가와 지방자치단체는 사회 속에서 사람·자원 및 하위 체제의 통제·조정에 관한 기능을 수행하는 관리적·정치적 조직에 속한다.

오답분석

② 호혜 조직 : 조직으로부터 혜택을 받는 주요 수혜자가 조직의 구성원인 조직으로, 노동조합·정당 등이 이에 해당한다.
③ 체제유지 목적 조직 : 교육·문화 등의 활동을 통해 사회의 문화 체제를 계승·발전시키려는 조직으로, 교육기관·문화단체 등이 이에 해당한다.
④ 봉사 조직 : 일반 대중이 조직의 1차적 수혜자로, 이들을 대상으로 서비스를 제공한다. 학교·병원 등이 이에 해당한다.
⑤ 경제적 조직 : 사회에서 경제적 생산과 배분의 역할을 하는 조직으로, 기업체 등이 이에 해당한다.

08 정답 ②

갑은 무관한 사건을 자신과 관련된 것으로 잘못 해석하는 개인화의 오류를 범하고 있다.

오답분석

① 정신적 여과 : 상황의 주된 내용은 무시하고, 특정한 일부의 정보에만 주의를 기울여 전체의 의미를 해석하는 오류이다.
③ 과잉 일반화 : 한두 번의 사건에 근거하여 일반적 결론을 내리고, 무관한 상황에도 그 결론을 적용하는 오류이다.
④ 이분법적 사고 : 여러 가지 가능성이 있음에도 불구하고 두 가지 가능성에 한정하여 사고하는 오류이다.
⑤ 예언자적 사고 : 충분한 근거 없이 미래에 일어날 일을 단정하고 확신하는 오류이다.

09 정답 ④

A대리는 갑자기 많아진 업무로 인해 무기력감을 느끼고, 결국 퇴사까지 고려하고 있다. 이러한 증상은 의욕적으로 일에 몰두하던 사람이 극도의 신체적·정신적 피로감을 호소하며 무기력해지는 번아웃 증후군으로, 주로 긴 노동 시간에 비해 짧은 휴식 시간, 강도 높은 노동 등이 원인이 된다.

10 정답 ①

유비는 상대의 나이나 신분과 관계없이 스스로를 낮추는 겸손의 태도를 통해 능력 있는 인재들을 등용하여 함께 목표를 달성하고자 했다. 이러한 유비의 태도는 리더가 부하를 섬기며 서로 간의 신뢰를 형성하고, 그들의 성장 및 발전을 통해 궁극적으로 조직의 목표를 달성하는 서번트 리더십을 보여 준다.

오답분석

② 카리스마 리더십 : 리더는 구성원의 의견보다는 자신의 주관을 갖고 팀을 이끌어야 한다.
③ 거래적 리더십 : 리더가 구성원들과 맺은 교환 관계에 기초해서 영향력을 발휘해야 한다.
④ 민주적 리더십 : 리더는 구성원들의 참여와 합의에 따라 의사결정을 해야 한다.
⑤ 방임적 리더십 : 리더는 최소한의 영향만을 행사하며, 의사결정권을 구성원에게 일임해야 한다.

11 정답 ④

㉠ 적하(積荷) : '화물을 배나 차에 실음'을 의미한다.
㉡ 조성(造成) : '분위기나 정세 따위를 만듦'을 의미한다.

오답분석

• 적하(積下) : '짐을 부림'을 의미한다.
• 조성(調聲) : '소리를 낼 때에 그 높낮이와 장단을 고름'을 의미한다.
• 조성(組成) : '여러 개의 요소나 성분으로 얽거나 짜서 만듦'을 의미한다.
• 책임(責任) : '맡아서 해야 할 임무나 의무'를 의미한다.

12 정답 ⑤

한글 2014에 삽입 가능한 동영상 파일의 파일 형식은 mpg, avi, asf, wmv, mp4 등이 있으며, tiff는 고화질과 큰 사이즈의 사진을 뽑거나 인쇄를 할 때 사용하기 적합한 이미지 파일 형식이다.

13 정답 ④

한 사람만이 소년이 유죄라는 대다수의 의견에 동조하지 않고 소년의 무죄를 주장하였고, 마침내 소년은 무죄로 판결받는다. 다수의 의견을 따라 판결을 내렸다면 소년은 억울하게 살인죄의 판정을 받았을 것이다. 이를 통해 이 글은 다수의 의견이 항상 옳지만은 않다는 것을 이야기하고 있다.

14 정답 ①

거래내역 방식은 각자 주문한 금액만 부담하므로 주문금액을 정리하면 다음과 같다.

구분	주문금액
병수	12,000+3,000=15,000원
다인	15,000+5,000+3,000+5,000=28,000원
한별	13,000+5,000+7,000=25,000원
미진	15,000+3,000+6,000+5,000=29,000원
건우	12,000+4,000+5,000+5,000=26,000원
합계	123,000원

전통적인 회식비 분담 방식으로 낼 경우, 모두 $\frac{123,000}{5}$=24,600원씩 부담한다.

따라서 거래내역 방식으로 회식비를 분담할 때 부담이 덜어지는 사람은 병수이다.

15 정답 ⑤

본원적 벤치마킹(과정 벤치마킹)은 가장 넓은 범위의 벤치마킹으로, 비교 대상은 경쟁 관계나 산업 영역에 구애받지 않는다. 따라서 전혀 다른 제품을 생산하는 회사의 사업 과정도 그 비교 대상이 될 수 있다.

16 정답 ①

S씨 가족은 4명이므로 4인승 이상의 자동차를 택해야 한다. 2인승인 B자동차를 제외한 나머지 자동차의 주행거리에 따른 연료비용은 다음과 같다.

- A자동차 : $\frac{140}{25}\times1,640 \fallingdotseq 9,180$원
- C자동차 : $\frac{140}{19}\times1,870 \fallingdotseq 13,780$원
- D자동차 : $\frac{140}{20}\times1,640=11,480$원
- E자동차 : $\frac{140}{22}\times1,870=11,900$원

따라서 S씨 가족은 A자동차를 이용하는 것이 가장 비용이 적게 든다.

17 정답 ②

A는 직업에 대한 사회적 역할과 책무를 충실히 수행하는 책임의식의 태도를 지니고 있으며, B는 자신이 맡은 일이 사회와 기업을 성장시키는 데 중요하다고 생각하는 직분의식의 태도를 지니고 있다.

오답분석

- 봉사의식 : 직업을 통해 다른 사람과 공동체에 봉사하는 정신을 갖추고 실천하는 태도이다.
- 소명의식 : 자신의 일은 하늘에 의해 맡겨진 것이라 생각하는 태도이다.
- 천직의식 : 자신의 일이 능력과 적성에 꼭 맞다 여기고 열성을 가지고 성실히 임하는 태도이다.
- 전문가의식 : 자신이 맡은 일의 분야에 대한 지식과 교육을 밑바탕으로 성실히 일하는 태도이다.

18 정답 ①

밑줄 친 정보는 신체검사를 통해 알 수 있는 부분으로, 시력은 신체검사 항목에 해당하나 면허발급일자, 근속기간, 주소지, 연봉은 해당하지 않는다.

19 정답 ④

박과장은 다른 사람들과 친밀한 관계를 맺기도 하지만, 주로 인간관계에서 대립과 다툼을 반복하기 때문에 반목형의 유형에 속한다.

부적응적 인간관계 유형

- 회피형
  - 경시형 : 인간관계가 인생에 있어 중요하지 않고 무의미하다고 생각하는 유형
  - 불안형 : 사람을 사귀고자 하는 욕구가 있지만, 사람을 만나는 것이 불안하고 두려워 결과적으로 경시형과 같이 고립된 생활을 하는 유형
- 피상형
  - 실리형 : 인간관계를 실리적인 목적에 두는 유형
  - 유희형 : 인간관계에서 항상 즐거움을 추구하며 가벼운 관계를 유지하는 유형
- 미숙형
  - 소외형 : 대인관계 기술이 미숙하여 다른 사람들로부터 따돌림을 받는 유형
  - 반목형 : 인간관계에서 대립과 다툼을 반복하여 다른 사람에게 상처를 남기는 유형
- 탐닉형
  - 의존형 : 스스로를 나약한 존재라고 생각하여 항상 누군가에게 의지하려는 유형
  - 지배형 : 혼자서는 항상 허전함과 불안함을 느껴 자신의 추종세력을 찾는 유형

20 정답 ⑤

⑤에는 '막연한 의문이 있는 채로 그것을 뒤 절의 사실이나 판단과 관련시키는 데 쓰는 연결 어미'인 '-ㄴ지'가 사용되었다.

21 정답 ③

③은 페다고지(Pedagogy)에 대한 설명이다.

페다고지와 안드라고지의 비교

구분	페다고지(Pedagogy)	안드라고지(Andragogy)
학습자	의존적	자기주도적
교사(교수자)	권위적	동기부여자, 안내자
학습지향성	교과목 지향	생활 중심적, 성과지향적
교육방법	교사 중심적 수업	학생 중심적 수업
학습초점	개인의 초점	문제해결에 초점
학습책임	교사가 책임	학생이 책임
경험	중요하지 않음	매우 중요함

22 정답 ⑤

철도안전법 시행령 제12조 제2항 제5호에 따르면 한쪽 손 이상의 엄지손가락을 잃었거나 엄지손가락을 제외한 손가락을 3개 이상 잃은 사람의 경우 운전면허를 받을 수 없다. 따라서 한쪽 손의 새끼손가락을 잃은 사람은 이에 해당하지 않으므로, 철도 운전면허를 취득할 수 있다.

오답분석

① 철도안전법 제11조 제2호
② 철도안전법 제11조 제3호
③ 철도안전법 시행령 제12조 제2항 제2호・제3호
④ 철도안전법 제11조 제4호

23 정답 ②

런던에서 A대리는 11월 1일 오전 9시부터 오후 10시까지 일을 하여 13시간이 걸렸다. 시애틀의 B대리는 11월 2일 오후 3시부터 서울 시간으로 11월 3일 오전 9시에 일을 끝마쳤다. 서울 시간을 시애틀 시간으로 바꾸면 시애틀이 서울보다 16시간 느리므로 B대리가 끝마친 시간은 11월 2일 오후 5시가 되고, B대리가 업무하는 데 걸린 시간은 2시간이다. 마지막으로 C대리는 11월 3일 오전 9시부터 자정까지 작업을 하고 최종 보고했으므로 15시간이 걸렸다. 따라서 세 명의 대리가 업무를 하는 데 걸린 시간은 총 $13+2+15=30$시간이다.

24 정답 ①

엑셀 자동필터 설정 단축키는 〈Ctrl〉+〈Shift〉+〈L〉이다.

오답분석

② 〈Ctrl〉+〈Shift〉+〈5〉 : 백분율 적용 단축키이다.
③ 〈Ctrl〉+〈Shift〉+〈7〉 : 테두리 적용 단축키이다.
④ 〈Ctrl〉+〈Shift〉+〈;〉 : 현재 시간 나타내기 단축키이다.
⑤ 〈Ctrl〉+〈Shift〉+〈F〉 : 셀 서식 단축키이다.

25 정답 ②

다섯 명 중 수인이와 희재의 발언은 동시에 참이 될 수 없으므로 수인이의 발언이 거짓이거나 희재의 발언이 거짓이다.
수인이가 거짓을 말할 경우와 희재가 거짓을 말할 경우, 항상 참인 영희와 연미의 발언을 정리해 보면 영업이익이 많이 오른 순서는 B사>D사>A사이다. 따라서 ②가 항상 참임을 알 수 있다.

오답분석

① 희재의 발언이 거짓일 때 E사의 영업이익은 내려갔다.
③ 수인이의 발언이 거짓일 때 C사의 영업이익은 올라갔다.
④ D사와 E사의 영업이익 비교는 제시된 발언만으로는 알 수 없는 사실이다.
⑤ B사와 E사의 영업이익 비교는 제시된 발언만으로는 알 수 없는 사실이다.

26 정답 ②

내쉬균형은 게임이론의 개념으로서 각 참여자가 상대방의 전략을 주어진 것으로 보고 자신에게 최적인 전략을 선택할 때, 그 결과가 균형을 이루는 최적 전략의 집합을 말한다. 즉, 상대방의 전략이 공개되었을 때 어느 누구도 자기 전략을 변화시키려고 하지 않는 전략의 집합이라고 말할 수 있다. 제시된 자료에서 A・B회사가 광고를 같이 하거나 하지 않을 때 둘 다 매출이 상승하고, 어느 한 회사만 광고를 할 경우 광고를 한 회사만 매출이 상승한다. 따라서 두 회사 모두 광고를 하는 것이 내쉬균형이 된다.

27 정답 ⑤

ⓒ은 규범적 조직으로 이 조직의 구성원은 보상과 관계없이 당연히 조직에 순응해야 한다고 생각하여 조직에 헌신적으로 참여한다. ⓛ은 공리적 조직으로 구성원 대부분이 보수·상여금 등에 대하여 이해득실을 따져 조직에 참여한다. 따라서 ⑤는 공리적 조직에 대한 설명으로 옳지 않다.

28 정답 ③

협상의 단계에 따라 보기의 내용을 배열하면 ⓒ 협상 시작 단계 → ⓔ 상호 이해 단계 → ⓛ 실질 이해 단계 → ⓖ 해결 대안 단계 → ⓜ 합의 문서 단계의 순서이다.

협상과정의 5단계

1. 협상 시작 단계
   - 협상 당사자들 사이에 상호 친근감을 쌓는다.
   - 간접적인 방법으로 협상의사를 전달한다.
   - 상대방의 협상의지를 확인한다.
   - 협상 진행을 위한 체제를 구축한다.
2. 상호 이해 단계
   - 갈등 문제의 진행사항과 현재의 상황을 점검한다.
   - 적극적으로 경청하고 자기주장을 제시한다.
   - 협상을 위한 협상대상 안건을 결정한다.
3. 실질 이해 단계
   - 겉으로 주장하는 것과 실제로 원하는 것을 구분하여 실제로 원하는 바를 찾아낸다.
   - 분할과 통합의 기법을 활용하여 이해관계를 분석한다.
4. 해결 대안 단계
   - 협상 안건마다 대안들을 평가한다.
   - 개발한 대안들을 평가한다.
   - 최선의 대안에 대해서 합의하고 선택한다.
   - 대안 이행을 위한 실행계획을 수립한다.
5. 합의 문서 단계
   - 합의문 작성한다.
   - 합의문의 합의 내용, 용어 등을 재점검한다.
   - 합의문에 서명한다.

29 정답 ④

철도운영자가 부정한 방법으로 안전관리체계에 대한 승인을 받은 경우 국토교통부장관은 그 승인을 취소해야 한다(철도안전법 제9조 제1항 제1호).

오답분석

① 철도안전법 제7조 제5항
② 철도안전법 제5조 제1항·제3항
③ 철도안전법 제7조 제3항
⑤ 철도안전법 제5조 제4항

30 정답 ④

열차의 탈선사고는 '사상자가 많은 사고 등 대통령령으로 정하는 철도사고 등'에 해당하는 사고로 이 경우에는 사고 발생 및 일시 및 장소, 사상자 등 피해사항, 사고 발생 경위 등을 국토교통부장관에게 즉시 보고하여야 한다(철도안전법 제61조 제1항, 철도안전법 시행령 제57조 제1호, 철도안전법 시행규칙 제86조 제1항).

오답분석

① 철도안전법 제7조 제1항
② 철도안전법 제7조 제3항
③ 철도안전법 제61조 제1항, 철도안전법 시행령 제57조 제3호, 철도안전법 시행규칙 제86조 제1항
⑤ 철도안전법 시행령 제5조 제1항

31 정답 ⑤

정은 중요한 업무를 앞두고 있음에도 불구하고 쓰러진 할머니를 외면하지 않겠다는 대답을 통해 바람직한 윤리적 태도를 보여 주었다. 무의 대답에서는 입사 이후에도 자신의 직무와 관련된 능력을 연마하겠다는 바람직한 직업관과 태도를 볼 수 있다. 따라서 면접관의 질문에 대해 적절한 대답을 한 지원자는 정과 무이다.

오답분석

- 갑 : 직업을 보수를 받기 위한 수단으로만 보는 그릇된 직업관을 지니고 있다. 또한, 선호하지 않는 일에 대해 물었는데 다른 대답을 하고 있다.
- 을 : 직업은 일정한 수입을 얻는 것이므로 보수와 관계없는 자원봉사를 직업으로 볼 수 없다.
- 병 : 직업은 일정 기간 계속 수행되어야 한다는 계속성을 지닌다. 1개월 아르바이트는 이러한 계속성을 지니지 못하므로 직업으로 볼 수 없다.

32 정답 ①

갑은 열차 내에서 물건을 판매하는 행위가 비윤리적 행위임을 알면서도 윤리적 행동을 중요하게 여기지 않은 무관심으로, 을은 만취 상태에서 판단능력을 상실하여 자신의 통제를 벗어난 무절제로 인해 비윤리적 행위를 저질렀다.

오답분석

- 무지 : 무엇이 옳고, 무엇이 그른지 모르기 때문에 비윤리적 행위가 발생한다.

33 정답 ⑤

5W1H의 Why에 해당하는 정보는 제품 시연회의 필요성과 관계있으므로, S공사의 환경안전정책 및 지하철 환경개선 노력 홍보, 시민고객과의 소통 등이 적절하다.

5W1H
- Who : 누가 적격인가?
- Why : 왜 그것이 필요한가?
- What : 그 목적은 무엇인가?
- Where : 어디서 하는 것이 좋은가?
- When : 언제 하는 것이 좋은가?
- How : 어떤 방법이 좋은가?

34 정답 ②

어떤 공간에서는 허용될 수 있는 것들이 다른 공간에서는 무례하다고 판단될 수 있으므로, 새로운 공간에 참여하고자 할 때에는 그 환경을 잘 파악하고, 문화에 맞게 행동해야 한다. C회원은 카페의 이용 원칙 등을 지키지 않고 운영자인 A대리에게 이용 제재를 받자 오히려 이러한 제재에 반발하여 항의하는 이메일을 보냈다. 따라서 C회원에게 필요한 네티켓 원칙으로 ②가 적절하다.

CHAPTER

07 2017년 기출복원문제

01	02	03	04	05	06	07	08	09	10	11	12	13	14	15	16	17	18	19	20
④	③	②	④	⑤	②	⑤	⑤	②	⑤	②	⑤	④	②	④	④	④	③	①	①
21	22	23	24	25	26	27													
①	③	①	②	②	①	①													

01 정답 ④

전동차 정면 모양이 아닌 측면 모양으로 디자인되었다.

02 정답 ③

오답분석

① WTO : 세계무역기구이다.
② IMF : 국제통화기금이다.
④ WHO : 세계보건기구이다.
⑤ SOFA : 한·미 행정협정이다.

03 정답 ②

특정 소비자(13세부터 18세의 청소년)를 한정하여 판매하는 마케팅 전략을 구사하고 있는 것은 ②이다.

오답분석

①·③ 제품의 특성을 반영한 마케팅에 대한 사례이다.
④·⑤ 기업 혹은 상품의 역사를 나타낸 마케팅에 대한 사례이다.

04 정답 ④

■, ▲, ♥의 무게를 각각 x, y, z라 하고 식으로 나타내면 다음과 같다.

$2x=y+z$ … ㉠

$2x+2y=2z$ → $x=-y+z$ … ㉡

$y=200$ … ㉢

㉠−㉡을 하면 $x=2y$ … ㉣

㉣에 ㉢을 대입하면 $x=2\times200=400$

따라서 ■+▲의 무게는 $x+y=400+200=600$원이다.

05 정답 ⑤

글피는 모레의 다음 날로 15일이다. 15일은 비는 오지 않고, 최저기온은 영하이다.

오답분석

① 12 ~ 15일의 일교차를 구하면 다음과 같다.

- 12일 : $11-0=11$℃
- 13일 : $12-3=9$℃
- 14일 : $3-(-5)=8$℃
- 15일 : $8-(-4)=12$℃

따라서 일교차가 가장 큰 날은 15일이다.

② 제시된 자료에서 미세먼지에 관한 내용은 확인할 수 없다.

③ 모레인 14일의 경우 비가 예보되어 있지만 낙뢰에 관한 예보는 확인할 수 없다.

④ 14일의 최저기온은 영하이지만 최고기온은 영상이다.

06 정답 ②

윤희를 거짓마을 사람이라고 가정하면 윤희의 말은 거짓이므로, 두 사람 모두 진실마을 사람이어야 한다. 그러면 가정과 모순이 발생되므로 윤희는 거짓마을 사람이 아니다. 따라서 윤희의 말은 참이며, 윤희는 진실마을 사람이고, 주형이는 거짓마을 사람이다.

07 정답 ⑤

한글 프로그램에서 파일을 다른 이름으로 저장할 때 사용하는 단축키는 〈Alt〉+〈V〉이다.

오답분석

① 〈Alt〉+〈N〉 : 새 문서

② 〈Ctrl〉+〈N〉, 〈P〉 : 쪽 번호 매기기

③ 〈Alt〉+〈S〉 : 저장하기

④ 〈Alt〉+〈P〉 : 인쇄하기

08 정답 ⑤

- 3가지 막대 중 1가지만 선택하는 경우 : 3cm, 4cm, 8cm
- 3가지 막대 중 2가지를 선택해 긴 막대를 만드는 경우 : $3+4=7$cm, $3+8=11$cm, $4+8=12$cm
- 3가지 막대 중 2가지를 선택해 짧은 막대를 만드는 경우 : $4-3=1$cm, $8-4=4$cm, $8-3=5$cm
- 3가지 막대 중 2가지를 선택해 더한 후 나머지 막대의 길이를 더하거나 빼서 만드는 경우 : $8-(3+4)=1$cm, $(8+3)-4=7$cm, $(8+4)-3=9$cm
- 3가지 막대를 모두 사용해 긴 막대를 만드는 경우 : $3+4+8=15$cm

따라서 서로 다른 길이를 잴 수 있는 경우의 수는 10가지이다(∵ 1cm, 4cm, 7cm는 두 번 나온다).

09 정답 ②

3분기까지의 매출액은 평균 매출이 22억 원이므로 $22\times9=198$억 원이다. 연 매출액이 246억 원이라고 하였으므로, 4분기의 매출액은 $246-198=48$억 원이다. 따라서 4분기의 평균 매출은 $\frac{48}{3}=16$억 원이다.

10 정답 ⑤

두 번째 조건을 통해 김팀장의 오른쪽에 정차장이 앉고, 세 번째 조건을 통해 양사원은 한대리 왼쪽에 앉는다고 하면, 김팀장 – 한대리 – 양사원 – 오과장 – 정차장 순서로 앉거나, 김팀장 – 오과장 – 한대리 – 양사원 – 정차장 순서로 앉을 수 있다. 하지만 첫 번째 조건에서 정차장과 오과장은 나란히 앉지 않는다고 하였으므로, 김팀장 – 오과장 – 한대리 – 양사원 – 정차장 순서로 앉게 된다.

11 정답 ②

각 홀수 번째 행의 1열에 나열된 수의 규칙은 홀수의 제곱수이다(1^2, 3^2, 5^2 …). 그리고 1행을 제외한 홀수 번째 행에서 열의 수가 1씩 증가할 때, 나열된 수는 1씩 감소한다. 따라서 11행 1열에 오는 숫자는 $11^2=121$이므로, 11행 3열에 오는 숫자는 $121-2=119$이다.

12 정답 ⑤

오답분석

① 꼬리표(Tag)가 붙은 화상(이미지) 파일 형식이다.

② 인터넷 표준 그래픽 형식으로 8비트 컬러를 사용하여 2^8가지 색을 표현하며, 애니메이션 표현이 가능하다.

③ GIF를 대체하여 인터넷에서 이미지를 표현하기 위해 제정한 그래픽 형식으로, 애니메이션은 표현이 불가능하다.

④ 정지영상을 표현하기 위한 국제 표준 압축 방식으로 24비트 컬러를 사용하여 2^{24}가지의 색을 표현한다.

13 정답 ④

5월 교통비를 x원이라고 하면 1월부터 5월까지 평균 교통비는 $\frac{45,000+54,000+61,000+39,000+x}{5}=\frac{199,000+x}{5}$원이다.

1월부터 5월까지 평균 교통비의 범위는 49,000원 이상 50,000원 이하이므로

$49,000 \le \frac{199,000+x}{5} \le 50,000 \rightarrow 245,000 \le 199,000+x \le 250,000$

$\therefore 46,000 \le x \le 51,000$

따라서 S씨가 5월에 최대로 사용할 수 있는 교통비는 51,000원이다.

14 정답 ②

- 18개 지역 날씨의 총합

  $(-3.4)+(-2.4)+(-2.0)+(0.6)+(7.9)+(4.1)+(0.6)+(-2.3)+(-1.2)+(2.5)+(1.1)+(-1.7)+(-3.2)+(0.6)+(-4.9)+(1.6)+(3.2)+(3.4)=4.5℃$

- 18개 지역 날씨의 평균 : $\frac{4.5}{18}=0.25$℃
- 18개 지역의 중앙값 : 0.6℃

따라서 평균값과 중앙값의 차는 $0.6-0.25=0.35$이다.

15 정답 ④

$S_1=10^{1-0.02\times 5}=10^{0.9}$

$S_2=10^{1-0.02\times 35}=10^{0.3}$

$\therefore S_1 \div S_2=10^{0.9}\div 10^{0.3}=10^{0.9-0.3}=10^{0.6}$

16 정답 ④

워드프로세서의 머리말은 한 페이지의 맨 위에 한두 줄의 내용이 고정적으로 반복되게 하는 기능이다.

17 정답 ④

A ~ E의 평균은 모두 70점으로 같으며 분산은 다음과 같다.

- A : $\frac{(60-70)^2+(70-70)^2+(75-70)^2+(65-70)^2+(80-70)^2}{5}=50$
- B : $\frac{(50-70)^2+(90-70)^2+(80-70)^2+(60-70)^2+(70-70)^2}{5}=200$
- C : $\frac{(70-70)^2+(70-70)^2+(70-70)^2+(70-70)^2+(70-70)^2}{5}=0$
- D : $\frac{(70-70)^2+(50-70)^2+(90-70)^2+(100-70)^2+(40-70)^2}{5}=520$
- E : $\frac{(85-70)^2+(60-70)^2+(70-70)^2+(75-70)^2+(60-70)^2}{5}=90$

표준편차는 분산의 양의 제곱근이므로 표준편차를 큰 순서로 나열한 것과 분산을 큰 순서로 나열한 것은 같다.
따라서 표준편차가 큰 순서대로 나열하면 D>B>E>A>C이다.

18 정답 ③

섭씨온도가 0℃에서 100℃로 100℃−0℃=100℃만큼 올라갈 때, 화씨온도는 32℉에서 212℉로 212℉−32℉=180℉만큼 올라간다. 그러므로 화씨 92℉일 때 섭씨온도를 x℃라고 하면 섭씨온도가 x℃−0℃=x℃만큼 올라갈 때, 화씨온도가 32℉에서 92℉로 92℉−32℉=60℉만큼 올라간다.

$100:180=x:60 \rightarrow 180x=6{,}000$

$\therefore x \fallingdotseq 33.3$

19 정답 ①

회화(영어 · 중국어) 중 한 과목을 수강하고, 지르박을 수강하면 2과목 수강이 가능하고, 지르박을 수강하지 않고 차차차와 자이브를 수강하면 최대 3과목 수강이 가능하다.

오답분석

② 자이브의 강좌시간이 3시간 30분으로 가장 길다.
③ 중국어 회화의 한 달 수강료는 60,000÷3=20,000원이고, 차차차의 한 달 수강료는 150,000÷3=50,000원이므로 한 달 수강료는 70,000원이다.
④ 차차차의 강좌시간은 12:30 ~ 14:30이고, 자이브의 강좌시간은 14:30 ~ 18:00이므로 둘 다 수강할 수 있다.

20 정답 ①

말하기, 듣기, 쓰기, 읽기를 가로와 세로 방향에 따라 그 특성으로 분류한 것이다. 먼저, 세로 방향으로의 말하기와 쓰기는 생각이나 느낌 등을 표현하는 것이기 때문에 산출이고, 듣기와 읽기는 타인의 생각이나 느낌 등을 받아들이는 것이기 때문에 수용이다. 가로 방향으로의 쓰기와 읽기는 의사소통의 방식으로 문자를 사용한다. 이에 따라 말하기와 듣기는 의사소통 방식으로 음성을 사용하므로 ㉠에 들어갈 말은 ①이다.

21 정답 ①

수진이가 1층부터 6층까지 쉬지 않고 올라갈 때 35초가 걸린다고 하였으므로, 한 층을 올라가는 데 걸리는 시간은 $\frac{35}{5}=7$초이다. 또한, 6층부터 12층까지 올라가는 데 $7\times6=42$초가 걸리고, 6층부터는 한 층을 올라갈 때마다 5초씩 쉰다고 했으므로, 쉬는 시간은 $5\times5=25$초이다(∵ 7, 8, 9, 10, 11층에서 쉰다). 따라서 수진이가 1층부터 12층까지 올라가는 데 걸린 시간은 $35+42+25=102$초이다.

22 정답 ③

지완이는 90,000원어치의 연료를 주유했고 연료 가격은 리터당 1,000원이므로, 지완이가 주유한 연료의 양은 90,000원÷1,000원 =90L이다.

주유 전과 주유 후의 연료 게이지는 6칸 차이가 나므로 연료 게이지 1칸에 해당하는 연료의 양은 90L÷6=15L이고, 주유 후 전체 연료의 양은 15+90=105L이다. 이때, 연비가 7km/L이므로 350km를 가는 데 소모하는 연료의 양은 350÷7=50L이다. 따라서 목적지에 도착 후 남은 연료의 양은 105−50=55L이다.

23 정답 ①

만약 A가 1이라고 하면 가장 작은 수는 12이며, 가장 큰 수는 96이다.

따라서 $A=1$(∵ 12+96=108)이다.

24 정답 ②

n번째에 배열하는 전체 바둑돌의 개수를 a_n개(단, n은 자연수)라고 하면 제시된 규칙에 의하여 $a_1=1$, $a_2=1+2=3$, $a_3=1+2+3=6$, ⋯, $a_n=1+2+3+\cdots+n=\sum_{k=1}^{n}k=\frac{n(n+1)}{2}$이다.

즉, 37번째에 배열하는 전체 바둑돌의 개수는 $a_{37}=\frac{37\times38}{2}=703$개이다.

제시된 그림을 보면 검은색 바둑돌은 홀수 번째에서 추가로 배열된다.

홀수 번째에 있는 검은색 바둑돌의 개수를 b_{2m-1}개(단, m은 자연수)라고 하고 표로 나타내면 다음과 같다.

m	$2m-1$	b_{2m-1}
1	1	1
2	3	1+3=4
3	5	1+3+5=9
⋯	⋯	⋯
m	$2m-1$	$\sum_{k=1}^{m}(2k-1)=m^2$

즉, $2m-1=37$에서 $m=19$이므로 $b_{37}=19^2=361$개이다. 37번째에 배열된 흰색 바둑돌의 개수는 703−361=342개이므로 검은색 바둑돌이 흰색 바둑돌보다 361−342=19개 더 많다.

25 정답 ②

소연이가 시계를 맞춰 놓은 시각과 다음날 독서실을 나선 시각의 차는 24시간이다. 4시간마다 6분씩 늦어진다고 하였으므로 24시간 후 36분이 늦어진다. 따라서 소연이가 독서실을 나설 때 시계가 가리키고 있는 시각은 오전 8시−36분=오전 7시 24분이다.

26 정답 ①

그래픽카드가 아닌 설치된 CPU 정보에 해당한다. 제시된 화면에서 그래픽카드에 관한 정보는 알 수 없다.

27 정답 ①

조건에 따라 9월 달력을 나타내면 다음과 같다.

월요일	화요일	수요일	목요일	금요일	토요일	일요일
				1	2	3
4	5	6	7	8	9	10
11	12	13 치과	14	15	16	17
18	19	20 치과	21	22	23	24
25	26	27	28 회의	29	30 추석연휴	

치과 진료는 수요일 연속 3주간 받는다고 하였으므로 셋째 주·넷째 주 수요일은 무조건 치과 진료가 있다. 또한, 8박 9일간 신혼여행을 간다고 하였으므로 적어도 9일은 쉴 수 있어야 한다. 제시된 달력에서 9일 동안 아무 일정이 없는 날은 1일부터 12일까지이다. 신혼여행으로 인한 휴가는 5일 동안이므로 이 조건을 고려하면 A대리의 신혼여행은 9월 2일부터 10일까지이다. 이때, 결혼식 다음 날 신혼여행을 간다고 하였으므로, A대리의 결혼 날짜는 9월 1일이다.

PART Ⅲ

주요 공기업 기출복원문제 정답 및 해설

CHAPTER

01 2023년 상반기 주요 공기업 NCS 기출복원문제

01	02	03	04	05	06	07	08	09	10	11	12	13	14	15	16	17	18	19	20
④	②	⑤	⑤	④	①	②	⑤	④	①	②	②	③	④	⑤	①	③	④	④	①
21	22	23	24	25	26	27	28	29	30	31	32	33	34	35	36	37	38	39	40
③	③	④	②	①	②	③	③	②	④	②	④	②	③	②	②	④	②	④	⑤
41	42	43	44	45	46	47	48	49	50										
③	③	④	③	②	③	②	②	③	④										

01 정답 ④

제시문의 두 번째 문단에 따르면 CCTV는 열차 종류에 따라 운전실에서 실시간으로 상황을 파악할 수 있는 네트워크 방식과 각 객실에서의 영상을 저장하는 개별 독립 방식으로 설치된다고 하였다. 따라서 개별 독립 방식으로 설치된 일부 열차에서는 각 객실의 상황을 실시간으로 파악하지 못할 수 있다.

오답분석

① 첫 번째 문단에 따르면 2023년까지 현재 운행하고 있는 열차의 모든 객실에 CCTV를 설치하겠다는 내용으로 보아, 현재 모든 열차의 모든 객실에 CCTV가 설치되지 않았음을 유추할 수 있다.

② 첫 번째 문단에 따르면 2023년까지 모든 열차 승무원에게 바디 캠을 지급하겠다고 하였다. 이에 따라 승객이 승무원을 폭행하는 등의 범죄 발생 시 해당 상황을 녹화한 바디 캠 영상이 있어 수사의 증거자료로 사용할 수 있게 되었다.

③ 두 번째 문단에 따르면 CCTV는 사각지대 없이 설치되며 일부는 휴대 물품 보관대 주변에도 설치된다고 하였다. 따라서 인적 피해와 물적 피해 모두 예방할 수 있게 되었다.

⑤ 세 번째 문단에 따르면 CCTV 품평회와 시험을 통해 제품의 형태와 색상, 재질, 진동과 충격 등에 대한 적합성을 고려한다고 하였다.

02 정답 ②

- 빈칸 (가)를 기준으로 앞의 문장과 뒤의 문장이 상반되는 내용을 담고 있기 때문에 가장 적절한 접속사는 '하지만'이다.
- 빈칸 (나)를 기준으로 앞의 문장은 기차의 냉난방시설을, 뒤의 문장은 지하철의 냉난방시설을 다루고 있으므로, 가장 적절한 접속사는 '반면'이다.
- 빈칸 (다)의 앞뒤 내용을 살펴보면 앞선 내용의 과정들이 끝나고 난 이후의 내용이 이어지므로, 이를 이어주는 접속사인 '마침내'가 들어가는 것이 가장 적절하다.

03 정답 ⑤

제시문의 세 번째 문단에 따르면 스마트글라스 내부 센서를 통해 충격과 기울기를 감지할 수 있어, 작업자에게 위험한 상황이 발생할 경우 통보 시스템을 통해 바로 파악할 수 있게 되었음을 알 수 있다.

오답분석

① 첫 번째 문단에 따르면 스마트글라스를 통한 작업자의 음성인식만으로 철도시설물 점검이 가능해졌음을 알 수 있지만, 다섯 번째 문단에 따르면 아직 철도시설물 보수 작업은 가능하지 않음을 알 수 있다.
② 첫 번째 문단에 따르면 스마트글라스의 도입 이후에도 사람의 작업이 필요함을 알 수 있다.
③ 세 번째 문단에 따르면 스마트글라스의 도입으로 추락 사고나 그 밖의 위험한 상황을 미리 예측할 수 있어 이를 방지할 수 있게 되었음을 알 수 있지만, 실제로 안전사고 발생 횟수가 감소하였는지는 알 수 없다.
④ 두 번째 문단에 따르면 여러 단계를 거치던 기존 작업 방식에서 스마트글라스의 도입으로 작업을 한 번에 처리할 수 있게 된 것을 통해 작업 시간이 단축되었음을 알 수 있지만, 필요한 작업 인력의 감소 여부는 알 수 없다.

04 정답 ⑤

네 번째 문단에 따르면 인공지능 등의 스마트 기술 도입으로 까치집 검출 정확도는 95%까지 상승하였으므로, 까치집 제거율 또한 상승할 것임을 예측할 수 있으나, 근본적인 문제인 까치집 생성의 감소를 기대할 수는 없다.

오답분석

① 세 번째 문단과 네 번째 문단에 따르면, 정확도가 65%에 불과했던 인공지능의 까치집 식별 능력이 딥러닝 방식의 도입으로 95%까지 상승했음을 알 수 있다.
② 세 번째 문단에서 시속 150km로 빠르게 달리는 열차에서의 까치집 식별 정확도는 65%에 불과하다는 내용으로 보아, 빠른 속도에서 인공지능의 사물 식별 정확도는 낮음을 알 수 있다.
③ 네 번째 문단에 따르면, 작업자의 접근이 어려운 곳에는 드론을 띄워 까치집을 발견 및 제거하는 기술도 시범 운영하고 있다고 하였다.
④ 세 번째 문단에 따르면, 실시간 까치집 자동 검출 시스템 개발로 실시간으로 위험 요인의 위치와 이미지를 작업자에게 전달할 수 있게 되었다.

05 정답 ④

4월 회원 수의 남녀의 비가 2:3이므로 각각 $2a$명, $3a$명이라 하고, 5월에 더 가입한 남녀 회원의 수를 각각 x명, $2x$명으로 놓으면

$$\begin{cases} 2a+3a<260 \\ (2a+x)+(3a+2x)=5a+3x>320 \end{cases}$$

5월에 남녀의 비가 5 : 8이므로

$(2a+x):(3a+2x)=5:8 \rightarrow a=2x$

이를 연립방정식에 대입하여 정리하면

$$\begin{cases} 4x+6x<260 \\ 10x+3x>320 \end{cases} \rightarrow \begin{cases} 10x<260 \\ 13x>320 \end{cases}$$

공통 부분을 구하면 $24.6\cdots<x<26$이며 x는 자연수이므로 25이다.

따라서 5월 전체 회원 수는 $5a+3x=13x=325$명이다.

06 정답 ①

A씨는 장애의 정도가 심하지 않으므로 KTX 이용 시 평일 이용에 대해서만 30% 할인을 받으며, 동반 보호자에 대한 할인은 적용되지 않는다. 따라서 3월 11일(토) 서울 → 부산 구간의 이용 시에는 할인이 적용되지 않고, 3월 13일(월) 부산 → 서울 구간 이용 시에는 보호자 운임을 할인 적용에서 제외하여 총 운임의 15%만 할인받는다. 그러므로 두 사람은 왕복 운임을 기준으로 총 7.5%를 할인받았음을 알 수 있다.

07 정답 ②

마일리지 적립 규정에 회원 등급에 관련된 내용은 없으며, 마일리지 적립은 지불한 운임의 액수, 더블적립 열차 탑승 여부, 선불형 교통카드 Rail+ 사용 여부에 따라서만 결정된다.

오답분석

① KTX 마일리지는 KTX 열차 이용 시에만 적립된다.
③ 비즈니스 등급은 기업회원 여부와 관계없이 최근 1년간의 활동내역을 기준으로 부여된다.
④ 추석 및 설 명절 특별수송 기간 탑승 건을 제외하고 4만 점을 적립하면 VIP 등급을 부여받는다.
⑤ VVIP 등급과 VIP 등급 고객은 한정된 횟수 내에서 무료 업그레이드 쿠폰으로 KTX 특실을 KTX 일반실 가격에 구매할 수 있다.

08 정답 ⑤

한국조폐공사를 통한 예약 접수는 온라인 쇼핑몰 홈페이지를 통해 가능하며, 오프라인(방문) 접수는 우리·농협은행의 창구를 통해서만 이루어진다.

오답분석

① 구매자를 대한민국 국적자로 제한한다는 내용은 없다.
② 단품으로 구매 시 화종별 최대 3장으로 총 9장, 세트로 구매할 때도 최대 3세트로 총 9장까지 신청이 가능하며, 세트와 단품은 중복신청이 가능하므로, 구매 가능한 최대 개수는 18장이다.
③ 우리·농협은행의 계좌가 없다면, 한국조폐공사 온라인 쇼핑몰을 이용하거나, 우리·농협은행에 직접 방문하여 구입할 수 있다.
④ 총 발행량은 예약 주문 이전부터 화종별 10,000장으로 미리 정해져 있다.

09 정답 ④

우리·농협은행 계좌 미보유자인 외국인 A씨가 예약 신청을 할 수 있는 방법은 두 가지이다. 하나는 신분증인 외국인등록증을 지참하고 우리·농협은행의 지점을 방문하여 신청하는 것이고, 다른 하나는 한국조폐공사 온라인 쇼핑몰에서 가상계좌 방식으로 신청하는 것이다.

오답분석

① A씨는 외국인이므로 창구 접수 시 지참해야 하는 신분증은 외국인등록증이다.
② 한국조폐공사 온라인 쇼핑몰에서는 가상계좌 방식을 통해서만 예약 신청이 가능하다.
③ 홈페이지를 통한 신청이 가능한 은행은 우리은행과 농협은행뿐이다.
⑤ 우리·농협은행의 홈페이지를 통해 예약 접수를 하려면 해당 은행에 미리 계좌가 개설되어 있어야 한다.

10 정답 ①

3종 세트는 186,000원, 단품은 각각 63,000원이므로 5명의 구매 금액을 계산하면 다음과 같다.

- A : (186,000×2)+63,000=435,000원
- B : 63,000×8=504,000원
- C : (186,000×2)+(63,000×2)=498,000원
- D : 186,000×3=558,000원
- E : 186,000+(63,000×4)=438,000원

따라서 가장 많은 금액을 지불한 사람은 D이며, 구매 금액은 558,000원이다.

11 정답 ②

1^2-2^2, 3^2-4^2, ⋯, $(2n-1)^2-(2n)^2$의 수열의 합으로 생각한다.

$1^2-2^2+3^2-4^2+\cdots+199^2$

$=1^2-2^2+3^2-4^2+\cdots+199^2-200^2+200^2$

$=[\sum_{n=1}^{100}\{(2n-1)^2-(2n)^2\}]+200^2$

$=\{\sum_{n=1}^{100}(-4n+1)\}+200^2$

$=(-4\times\frac{100\times101}{2}+100)+40,000$

$=-20,200+100+40,000$

$=19,900$

12 정답 ②

5명 중에서 3명을 순서와 상관없이 뽑을 수 있는 경우의 수는 ${}_5C_3=\frac{5\times4\times3}{3\times2\times1}=10$가지이다.

13 정답 ③

A원두의 100g당 원가를 a원, B원두의 100g당 원가를 b원이라고 하면

$\begin{cases}1.5(a+2b)=3,000 \cdots ㉠\\1.5(2a+b)=2,850 \cdots ㉡\end{cases}$

$\begin{cases}a+2b=2,000 \cdots ㉠'\\2a+b=1,900 \cdots ㉡'\end{cases}$

$3a+3b=3,900 \rightarrow a+b=1,300$이므로 이를 ㉠'와 연립하면 $b=700$이다.

따라서 B원두의 100g당 원가는 700원이다.

14 정답 ④

제시문은 2019년 발생한 코로나19 대유행과 이에 따른 공공의료의 중요성과 필요성에 대해 강조하는 글이다.

15 정답 ⑤

예방을 위한 검사 및 검체 체취, 밀접 접촉자 추적, 격리 및 치료 등의 과정에 필요한 인력과 시간이 요구된다는 내용이므로 ㉠에 들어갈 가장 적절한 단어는 소요(필요로 하거나 요구되는 바)이다.

오답분석

① 대비 : 앞으로 일어날지도 모르는 어떠한 일에 대응하기 위하여 미리 준비함
② 대체 : 다른 것으로 대신함
③ 제공 : 무엇을 내주거나 갖다 바침
④ 초과 : 일정한 수나 한도 따위를 넘음

16 정답 ①

주어진 양수의 합을 각각 $a+b$, $a+c$, $a+d$, $\cdots$, $d+e$라고 할 때, 주어진 양수 2개의 합을 모두 더하면 $4(a+b+c+d+e)=132$이므로 $a+b+c+d+e=33$이고, 평균(m)은 $\frac{a+b+c+d+e}{5}=6.6$이다.

분산(s)은 편차의 제곱의 평균이므로

$s=\frac{(a-m)^2+(b-m)^2+(c-m)^2+(d-m)^2+(e-m)^2}{5}$이다.

이는 $\frac{a^2+b^2+c^2+d^2+e^2-2am-2bm-2cm-2dm-2em+5m^2}{5}$이고

$\frac{a^2+b^2+c^2+d^2+e^2}{5}-2\times m\times\frac{a+b+c+d+e}{5}+\frac{5m^2}{5}=\frac{a^2+b^2+c^2+d^2+e^2}{5}-m^2$이다.

따라서 분산은 (변량의 제곱의 평균)−(평균의 제곱)으로도 구할 수 있다.

주어진 양수 2개의 합의 제곱을 모두 더하면 $4(a^2+b^2+c^2+d^2+e^2)+(2ab+2ac+\cdots+2de)=1{,}830$이고

$(a+b+c+d+e)^2=a^2+b^2+c^2+d^2+e^2+(2ab+2ac+\cdots+2de)=1{,}089$이므로

$a^2+b^2+c^2+d^2+e^2=\{4(a^2+b^2+c^2+d^2+e^2)+(2ab+2ac+\cdots+2de)-(a+b+c+d+e)^2\}\div 3=247$이다.

$\frac{a^2+b^2+c^2+d^2+e^2}{5}=247\div 5=49.4$이므로 $\frac{a^2+b^2+c^2+d^2+e^2}{5}-m^2=49.4-6.6^2=5.84$이다.

따라서 $a\sim e$의 평균은 6.6이고 분산은 5.84이다.

17 정답 ③

처음 사탕의 개수를 x개라 하면 처음으로 사탕을 먹고 남은 사탕의 개수는 $\left(1-\frac{1}{3}\right)x=\frac{2}{3}x$개이다.

그다음 날 사탕을 먹고 남은 사탕의 개수는 $\frac{2}{3}x\times\left(1-\frac{1}{2}\right)=\frac{1}{3}x$개이고, 또 그다음 날 사탕을 먹고 남은 사탕의 개수는 $\frac{1}{3}x\times\left(1-\frac{1}{4}\right)=\frac{1}{4}x$개이다.

따라서 처음 사탕 바구니에 들어있던 사탕의 개수는 $\frac{1}{4}x=18$이므로 $x=72$이다.

18 정답 ④

2013년 대비 2023년 각 학년의 평균 신장 증가율은 다음과 같다.

- 1학년 : $\frac{162.5-160.2}{160.2}\times 100\fallingdotseq 1.44\%$
- 2학년 : $\frac{168.7-163.5}{163.5}\times 100\fallingdotseq 3.18\%$
- 3학년 : $\frac{171.5-168.7}{168.7}\times 100\fallingdotseq 1.66\%$

따라서 평균 신장 증가율이 큰 순서는 2학년 – 3학년 – 1학년 순서이다.

19 정답 ④

제시된 조건을 논리 기호화하면 다음과 같다.

- 첫 번째 조건의 대우 : A → C
- 두 번째 조건 : ~E → B
- 세 번째 조건의 대우 : B → D
- 네 번째 조건의 대우 : C → ~E

위의 조건식을 정리하면 A → C → ~E → B → D이므로 여행에 참가하는 사람은 A, B, C, D 4명이다.

20 정답 ①

학생들의 평균 점수는 G열에 있고 가장 높은 순서대로 구해야 하므로 RANK 함수를 이용하여 오름차순으로 순위를 구하면 [H2]에 들어갈 식은 「=RANK(G2,$G$2:$G$10,0)」이다. 이때, 참조할 범위는 고정해야 하므로 행과 열 앞에 '$'를 붙여야 하는데, G열은 항상 고정이므로 행만 고정시켜도 된다. 그러므로 「=RANK(G2,G$2:G$10,0)」를 사용하여도 같은 결과가 나온다.

21 정답 ③

오답분석

① 다섯 번째 수인 '8'과 일곱 번째 수인 '2'의 코드가 잘못되었다.

② 첫 세 자리 '239'는 독일에서 온 제품이다.

④ 두 번째 수인 '3'과 다섯 번째 수인 '4'의 코드가 잘못되었다.

⑤ 아홉 번째 수는 (18+15+14+25+8+5+12+5)÷10=10.2로, 바코드를 수정해야 한다.

22 정답 ③

제시된 보기의 단어들은 유의어 관계이다. 따라서 빈칸 ㉠에 들어갈 '가뭄'의 유의어는 심한 가뭄을 뜻하는 '한발(旱魃)'이 들어가야 한다.

오답분석

① 갈근(葛根) : 칡뿌리

② 해수(海水) : 바다에 괴어 있는 짠물

④ 안건(案件) : 토의하거나 조사하여야 할 사실

23 정답 ④

제시문은 메기 효과에 대한 글이므로 가장 먼저 메기 효과의 기원에 대해 설명한 (마) 문단으로 시작해야 하고, 뒤이어 메기 효과의 기원에 대한 과학적인 검증 및 논란에 대한 (라) 문단이 오는 것이 적절하다. 이어서 경영학 측면에서의 메기 효과에 대한 내용이 와야 하는데, (다) 문단의 경우 앞의 내용과 뒤의 내용이 상반될 때 쓰는 접속 부사인 '그러나'로 시작하므로 (가) 문단이 먼저 나오고 그 다음에 (다) 문단이 이어지는 것이 적절하다. 그리고 마지막으로 메기 효과에 대한 결론인 (나) 문단으로 끝내는 것이 가장 적절하다.

24 정답 ②

메기 효과는 과학적으로 검증되지 않았지만 적정 수준의 경쟁이 발전을 이룬다는 시사점을 가지고 있다고 하였으므로 낭설에 불과하다고 하는 것은 적절하지 않다.

오답분석

① (라) 문단의 거미와 메뚜기 실험에서 죽은 메뚜기로 인해 토양까지 황폐화되었음을 볼 때, 거대 기업의 출현은 해당 시장의 생태계까지 파괴할 수 있음을 알 수 있다.
③ (나) 문단에서 성장 동력을 발현시키기 위해서는 규제 등의 방법으로 적정 수준의 경쟁을 유지해야 한다고 서술하고 있다.
④ (가) 문단에서 메기 효과는 한국, 중국 등 고도 경쟁사회에서 널리 사용되고 있다고 서술하고 있다.

25 정답 ①

작년의 여자 사원 수를 x명이라 하면 남자 사원 수는 $(820-x)$명이므로

$$\frac{8}{100}(820-x)-\frac{10}{100}x=-10$$

$$x=420$$

따라서 올해 여자 사원 수는 $\frac{90}{100}\times 420=378$명이다.

26 정답 ②

식탁 1개와 의자 2개의 합은 20만+(10만×2)=40만 원이고, 30만 원 이상 구매 시 10%를 할인받을 수 있으므로 40만×0.9=36만 원을 지불한다. 따라서 가구를 구매하고 남은 돈은 50만−36만=14만 원이고, 장미 한 송이당 가격은 6,500원므로, 구매할 수 있는 장미꽃은 14÷0.65≒21.53, 21송이다.

27 정답 ③

흰색 공을 A, 검은색 공을 B, 파란색 공을 C로 치환한 후 논리 기호화하면 다음과 같다.

- 전제 1 : A → ~B
- 전제 2 : ________
- 결론 : A → C

따라서 필요한 전제 2는 '~B → C' 또는 대우인 '~C → B'이므로 '파란색 공을 가지고 있지 않은 사람은 모두 검은색 공을 가지고 있다.'가 전제 2로 필요하다.

오답분석

① B → C
② ~C → ~B
④ C → B

28 정답 ③

- CBP – WK4A – P31 – B0803 : 배터리 형태 중 WK는 없는 형태이다.
- PBP – DK1E – P21 – A8B12 : 고속충전 규격 중 P21은 없는 규격이다.
- NBP – LC3B – P31 – B3230 : 생산날짜의 2월에는 30일이 없다.
- CNP – LW4E – P20 – A7A29 : 제품 분류 중 CNP는 없는 분류이다.

따라서 보기에서 시리얼 넘버가 잘못 부여된 제품은 모두 4개이다.

29 정답 ②

고객이 설명한 제품 정보를 정리하면 다음과 같다.

- 설치형 : PBP
- 도킹형 : DK
- 20,000mAH 이상 : 2
- 60W 이상 : B
- USB－PD3.0 : P30
- 2022년 10월 12일 : B2012

따라서 S주임이 데이터베이스에 검색할 시리얼 넘버는 PBP－DK2B－P30－B2012이다.

30 정답 ④

처음으로 오수 1탱크를 정화하는 데 소요되는 시간은 $4+6+5+4+6=25$시간이다.
그 후에는 A～E공정 중 가장 긴 공정 시간이 6시간이므로 남은 탱크는 6시간마다 1탱크씩 처리할 수 있다.
따라서 30탱크를 처리하는 데 소요되는 시간은 $25+6\times(30-1)=199$시간이다.

31 정답 ②

스마트 팩토리(Smart Factory)는 제품의 기획 및 설계단계부터 판매까지 이루어지는 모든 공정의 일부 또는 전체에 사물인터넷(IoT), 인공지능(AI), 빅데이터 등과 같은 정보통신기술(ICT)을 적용하여 기업의 생산성과 제품의 품질 등을 높이는 지능형 공장을 의미한다.

32 정답 ④

그래핀의 두께는 10^{-10}m보다 얇고 탄소 나노 튜브의 두께는 10^{-9}m 정도로 두 가지 모두 1μm보다 얇다.

오답분석

① 그래핀은 2차원 평면 구조를 띄고 있는 반면, 탄소 나노 튜브는 원기둥 모양의 나노 구조를 띄고 있다.
② 그래핀과 탄소 나노 튜브 모두 인장강도가 강철보다 수백 배 이상 강하다.
③ 그래핀과 탄소 나노 튜브 모두 육각형 격자의 규칙적인 배열로 이루어져 있다.

33 정답 ②

A회사, B회사 우유의 1g당 열량과 단백질을 환산하면 다음과 같다.

성분 / 식품	열량(kcal)	단백질(g)
A회사 우유	1.5	0.12
B회사 우유	2	0.05

A회사, B회사 우유를 각각 xg, $(300-x)$g 구매했다면

$$\begin{cases} 1.5x+2(300-x)\geq 490 \\ 0.12x+0.05(300-x)\geq 29 \end{cases}$$

$$\begin{cases} 1.5x+600-2x\geq 490 \\ 0.12x+15-0.05x\geq 29 \end{cases}$$

$$\begin{cases} 0.5x\leq 110 \\ 0.07x\geq 14 \end{cases}$$

따라서 $200\leq x\leq 220$이므로 A회사 우유를 200g, B회사 우유를 $300-200=100$g 구매하는 것이 가장 저렴하며, 그 가격은 $(80\times 200)+(50\times 100)=21,000$원이다.

34 정답 ③

30명의 80%는 $30\times\frac{80}{100}=24$명이므로

$1+3+8+A=24 \rightarrow A=12$

$24+B=30 \rightarrow B=6$

따라서 $A-B=12-6=6$이다.

35 정답 ②

연필을 x자루 구매한다면 A가게에서 주문할 때 필요한 금액은 $500x$원이고, B가게에서 주문할 때 필요한 금액은 $(420x+2,500)$원이다.

$500x \geq 420x+2,500$

$80x \geq 2,500 \rightarrow x \geq \frac{125}{4}=31.25$이므로 32자루 이상 구매해야 B가게에서 주문하는 것이 유리하다.

36 정답 ②

지난 달 A, B의 생산량을 각각 x개, y개라 하면 지난 달에 두 제품 A, B를 합하여 6,000개를 생산하였으므로 총 생산량은 $x+y=6,000$개이다. 이번 달에 생산한 제품 A의 양은 지난 달에 비하여 6% 증가하였으므로 증가한 생산량은 $0.06x$이고, 생산한 제품 B의 양은 지난 달에 비하여 4% 감소하였으므로 감소한 생산량은 $0.04y$이다.

전체 생산량은 2% 증가하였으므로 $6,000\times0.02=120$개가 증가했음을 알 수 있다.

이를 식으로 정리하면 다음과 같다.

$$\begin{cases} x+y=6,000 \\ 0.06x-0.04y=120 \end{cases}$$

x, y의 값을 구하면 $x=3,600$, $y=2,400$이다.

따라서 지난 달 A의 생산량은 3,600개이고 B의 생산량은 2,400개이므로, 이번 달 A의 생산량은 6% 증가한 $3,600\times(1+0.06)=3,816$개이고 이번 달 B의 생산량은 4% 감소한 $2,400\times(1-0.04)=2,304$개이다. 그러므로 두 제품의 생산량의 차를 구하면 $3,816-2,304=1,512$개이다.

37 정답 ④

오답분석

㉠·㉢ 유기적 조직에 대한 설명이다.

기계적 조직과 유기적 조직

- 기계적 조직
  - 구성원의 업무가 분명하게 규정되어 있다.
  - 많은 규칙과 규제가 있다.
  - 상하 간 의사소통이 공식적인 경로를 통해 이루어진다.
  - 엄격한 위계질서가 존재한다.
  - 대표적으로 군대, 정부, 공공기관 등이 있다.
- 유기적 조직
  - 의사결정권한이 조직의 하부 구성원들에게 많이 위임되어 있다.
  - 업무가 고정되지 않아 업무 공유가 가능하다.
  - 비공식적인 상호 의사소통이 원활하게 이루어진다.
  - 규제나 통제의 정도가 낮아 변화에 맞춰 쉽게 변할 수 있다.
  - 대표적으로 권한위임을 받아 독자적으로 활동하는 사내벤처팀, 특정한 과제 수행을 위해 조직된 프로젝트팀이 있다.

38 정답 ②

글로벌화가 이루어지면 조직은 해외에 직접 투자할 수 있고, 원자재를 보다 싼 가격에 수입할 수 있으며, 수송비가 절감되고, 무역장벽이 낮아져 시장이 확대되는 경제적 이익을 얻을 수 있다. 반면에 그만큼 세계적인 수준으로 경쟁이 치열해지기 때문에 국제적인 감각을 가지고 세계화 대응 전략을 마련해야 한다.

39 정답 ④

사람들이 집단에 머물고, 계속 남아 있기를 원하게 만드는 힘은 응집력이다. 팀워크는 단순히 사람들이 모여 있는 것이 아니라 목표달성의 의지를 가지고 성과를 내는 것이다.

팀워크와 응집력

- 팀워크 : 팀 구성원이 공동의 목적을 달성하기 위해 상호관계성을 가지고 서로 협력하여 일을 해 나가는 것
- 응집력 : 사람들로 하여금 집단에 머물도록 만들고, 그 집단의 멤버로서 계속 남아 있기를 원하게 만드는 힘

40 정답 ⑤

협상과정은 '협상시작 단계 → 상호이해 단계 → 실질이해 단계 → 해결대안 단계 → 합의문서 단계' 5단계로 진행되며, 세부 수행 내용은 다음과 같다.

단계	세부 수행 내용
협상시작 단계	• 협상당사자들 사이에 친근감을 쌓는다. • 간접적인 방법으로 협상의사를 전달한다. • 상대방의 협상의지를 확인한다. • 협상진행을 위한 체제를 짠다.
상호이해 단계	• 갈등문제의 진행상황과 현재의 상황을 점검한다. • 적극적으로 경청하고 자기주장을 제시한다. • 협상을 위한 협상대상 안건을 결정한다.
실질이해 단계	• 겉으로 주장하는 것과 실제로 원하는 것을 구분하여 실제로 원하는 것을 찾아낸다. • 분할과 통합 기법을 활용하여 이해관계를 분석한다.
해결대안 단계	• 협상 안건마다 대안들을 평가한다. • 개발한 대안들을 평가한다. • 최선의 대안에 대해서 합의하고 선택한다. • 대안 이행을 위한 실행계획을 수립한다.
합의문서 단계	• 합의문을 작성한다. • 합의문상의 합의내용, 용어 등을 재점검한다. • 합의문에 서명한다.

41 정답 ③

서로가 받아들일 수 있는 결정을 하기 위하여 중간지점에서 타협하여 입장을 주고받는 것은 타협형 갈등 해결방법이다. Win－Win 전략은 통합형(협력형) 갈등 해결방안으로, 모두의 목표를 달성할 수 있는 해법을 찾는 것이다.

Win－Win 전략에 의거한 갈등 해결 단계

1. 충실한 사전 준비
   - 비판적인 패러다임 전환
   - 자신의 위치와 관심사 확인
   - 상대방의 입장과 상대방이 드러내지 않은 관심사 연구
2. 긍정적인 접근 방식
   - 상대방이 필요로 하는 것에 대해 생각해 보았다는 점을 인정
   - 자신의 Win－Win 의도 명시
   - Win－Win 절차, 즉 협동적인 절차에 임할 자세가 되어 있는지 알아보기
3. 서로의 입장 명확히 하기
   - 동의하는 부분 인정하기
   - 기본적으로 다른 부분 인정하기
   - 자신이 이해한 바 점검하기
4. Win－Win에 기초한 기준에 동의하기
   - 상대방에게 중요한 기준을 명확히 하기
   - 자신에게 어떠한 기준이 중요한지 말하기
5. 몇 가지 해결책 생각해 내기
6. 몇 가지 해결책 평가하기
7. 최종 해결책을 선택하고, 실행에 동의하기

42 정답 ③

윤리성은 비윤리적인 영리 행위나 반사회적인 활동을 통한 경제적 이윤추구는 직업 활동으로 인정되지 않음을 의미한다. 노력이 전제되지 않는 자연발생적인 이득의 수취나 우연하게 발생하는 경제적 과실에 전적으로 의존하는 활동을 직업으로 인정하지 않는 것은 경제성에 해당한다.

43 정답 ④

직업윤리는 근로윤리와 공동체윤리로 구분할 수 있으며, 근로윤리의 판단 기준으로는 정직한 행동, 근면한 자세, 성실한 태도 등이 있다.

오답분석

㉠·㉡·㉣ 공동체윤리의 판단 기준이다.

44 정답 ③

오답분석

㉡ 명함을 받았을 때는 곧바로 집어넣지 말고 상세히 확인한 다음 명함에 대해 간단한 대화를 건네는 것이 올바른 직장예절이다.

45 정답 ②

한 팀이 15분 작업 후 도구 교체에 걸리는 시간이 5분이므로 작업을 새로 시작하는 데 걸리는 시간은 20분이다. 다른 한 팀은 30분 작업 후 바로 다른 작업을 시작하므로 작업을 새로 시작하는 데 걸리는 시간은 30분이다. 따라서 두 팀은 60분마다 작업을 동시에 시작하므로, 오후 1시에 작업을 시작해서 세 번째로 동시에 작업을 시작하는 시각은 3시간 후인 오후 4시이다.

46 정답 ③

2018년 하반기 매출액을 100이라 하면 2019년 상반기 매출액은 10% 이상 20% 미만 증가하였고 2019년 하반기 매출액은 20% 이상 30% 미만 증가하였다. 또한 2020년 상반기 매출액은 10% 이상 20% 미만 증가하였고, 2020년 하반기 매출액은 10% 이상 20% 미만 감소하였다. 따라서 2020년 하반기 매출액은 분기별 매출 증가가 가장 적고 매출 감소가 큰 경우인 $100\times1.1\times1.2\times1.1\times0.8=116.16$보다는 클 것이다.

오답분석

① 2021년 하반기 이후 매출액의 증감률이 0보다 크므로 매출액은 꾸준히 증가하였다.
② 2019년 하반기 매출액의 증감률이 가장 크므로 이때의 성장 폭이 가장 크다.
④ 2020년 하반기와 2021년 상반기는 매출액이 연속해서 감소하였고 이후로는 꾸준히 증가하였으므로 2021년 상반기 매출액이 가장 적다.

47 정답 ②

기사에서 매출액이 크게 감소하였다 하였으므로 자료에서 매출액 증감률이 음수인 2020년 하반기에서 2021년 상반기 사이에 작성된 기사임을 유추할 수 있다.

48 정답 ②

2022년 1분기 방문객 수는 2021년 1분기 방문객 수 대비 2.8% 감소하였으므로 $1,810,000\times(1-0.028)=1,759,320\fallingdotseq1,760,000$명이다. 2022년 방문객 수 비율은 2020년의 방문객 수 비율이 100이므로 $\frac{1,760,000}{1,750,000}\times100\fallingdotseq100$이다.

49 정답 ③

비밀번호 설정 규칙에 따르면 알파벳 대문자 1개 이상을 반드시 넣어야 하는데 'qdfk#9685@21ck'에는 알파벳 대문자가 없다.

50 정답 ④

오답분석

① Im#S367 : 비밀번호가 7자로 8자 이상 설정하라는 규칙에 어긋난다.
② asDf#3689! : 'asDf'는 쿼티 키보드에서 연속된 배열로 규칙에 어긋난다.
③ C8&hOUse100%ck : 'hOUse'는 특정 단어가 성립되므로 규칙에 어긋난다.

PART 2 주요 공기업 기출복원문제 정답 및 해설

CHAPTER

02 2023년 상반기 주요 공기업 전공 기출복원문제

| 01 | 경영학

01	02	03	04	05	06	07	08	09	10	11	12	13	14	15	16	17	18	19	20
③	③	②	①	⑤	③	③	①	①	④	②	③	⑤	④	④	④	④	③	④	③

01 정답 ③

ERG 이론과 욕구체계 이론은 인간의 욕구를 동기부여 요인의 대상으로 보고 있지만, ERG 이론은 욕구체계 이론을 바탕으로 존재의 욕구, 관계적 욕구, 성장의 욕구 등을 기준으로 욕구의 측면을 재정립하였다.

02 정답 ③

직무명세서는 특정 직무를 수행함에 있어서 갖추어야 할 직무담당자의 자격요건을 정리한 문서로, 인적사항, 직무명세 정보 등이 기술되어 있다.

오답분석

① 기초 작업을 실시하기 위해 직무분석이 선행되어야 하는 것은 직무급 제도이다.
② 직무기술서와 직무명세서는 직무분석의 1차적 결과물이다.
④ 직무기술서는 직무분석의 결과를 통해 얻은 직무정보를 정리한 문서이다.

03 정답 ②

프로그램의 최고 단계 훈련을 마치고, 프로젝트 팀 지도를 전담하는 직원은 블랙벨트이다. 마스터 블랙벨트는 식스 시그마 최고과정에 이른 사람으로, 블랙벨트가 수행하는 프로젝트를 전문적으로 관리한다.

04 정답 ①

오답분석

② 준거가격 : 소비자가 과거의 경험이나 기억, 정보 등을 바탕으로 제품의 구매를 결정할 때 기준이 되는 가격이다.
③ 명성가격 : 소비자가 가격에 의하여 품질을 평가하는 경향이 특히 강하여 비교적 고급 품질이 선호되는 상품에 설정되는 가격이다.
④ 관습가격 : 일용품의 경우처럼 장기간에 걸친 소비자의 수요로 인해 관습적으로 형성되는 가격이다.
⑤ 기점가격 : 제품을 생산하는 공장의 입지 조건 등을 막론하고 특정 기점에서 공장까지의 운임을 일률적으로 원가에 더하여 형성되는 가격이다.

05 정답 ⑤

재고 부족현상이 발생하게 되면 EOQ 모형을 적용하기 어렵다. 하지만 실제 상황에서는 갑작스러운 수요 상승으로 인한 재고 부족현상이 나타날 수 있고, 이러한 단점으로 인해 실제로는 추가적으로 여러 가지 요소들을 함께 고려해야 EOQ 모형을 적절하게 사용할 수 있다. 따라서 EOQ 모형을 사용하기 위해서는 재고 부족현상은 발생하지 않고, 주문 시 정확한 리드타임이 적용된다는 것을 가정으로 계산한다.

06 정답 ③

미시적 마케팅은 선행적 마케팅과 후행적 마케팅으로 구분되는데, 생산이 이루어지기 전의 마케팅 활동은 선행적 마케팅, 생산이 이루어진 이후의 마케팅 활동은 후행적 마케팅을 의미한다. 경로, 가격, 판촉 등은 후행적 마케팅에 해당한다.

07 정답 ③

수요예측기법은 수치를 이용한 계산방법 적용 여부에 따라 정성적 기법과 정량적 기법으로 구분할 수 있다. 정성적 기법은 개인의 주관이나 판단 또는 여러 사람의 의견에 의하여 수요를 예측하는 방법으로, 델파이 기법, 역사적 유추법, 시장조사법, 라이프사이클 유추법 등이 있다. 정량적 기법은 수치로 측정된 통계자료에 기초하여 계량적으로 예측하는 방법으로, 사건에 대하여 시간의 흐름에 따라 기록한 시계열 데이터를 바탕으로 분석하는 시계열 분석 방법이 이에 해당한다.

오답분석

① 델파이 기법 : 여러 전문가의 의견을 되풀이해 모으고 교환하고 발전시켜 미래를 예측하는 방법이다.
② 역사적 유추법 : 과거 유사한 제품의 패턴을 바탕으로 수요 변화를 유추하는 방법이다.
④ 시장조사법 : 어떤 시장에 대해 조사하려는 내용의 가설을 세운 뒤 소비자 의견을 조사하여 가설을 검증하는 방법이다.
⑤ 라이프사이클 유추법 : 제품의 라이프사이클을 분석하여 수요를 예측하는 방법이다.

08 정답 ①

적시생산시스템(JIT; Just In Time)은 무재고 생산방식 또는 도요타 생산방식이라고도 하며, 필요한 것을 필요한 양만큼 필요한 때에 만드는 생산방식이다. 이는 재고가 생산의 비능률을 유발하는 원인이기 때문에 이를 없애야 한다는 사고방식에 의해 생겨난 기법이다. 고품질, 저원가, 다양화를 목표로 한 철저한 낭비제거 사상을 수주로부터 생산, 납품에 이르기까지 적용하는 것으로는 풀(Pull) 시스템을 도입하고 있다.

09 정답 ①

자존적 편견이란 자신의 성공에 대해서는 능력이나 성격 등과 같은 내적인 요소에서 비롯된다고 생각하고, 자신의 실패에 대해서는 상황이나 외적인 요소에서 비롯된다고 생각하는 것을 말한다.

오답분석

② 후광 효과 : 한 사람의 두드러진 특성이 그 사람의 다른 특성을 평가하는 데 영향을 미치는 것을 말한다.
③ 투사 : 자신의 불만이나 불안을 해소하기 위해 그 원인을 다른 사람에게 뒤집어씌우는 심리적 현상이다.
④ 통제의 환상 : 사람들이 그들 자신을 통제할 수 있거나 외부환경을 자신이 원하는 방향으로 이끌어갈 수 있다고 믿는 심리적 상태를 말한다.
⑤ 대비 효과 : 어떤 대상을 객관적으로 보지 않고 다른 대상과의 비교를 통해 평가하는 것을 말한다.

10 정답 ④

시장세분화는 수요층별로 시장을 분할해 각 층에 대해 집중적인 마케팅 전략을 시행하는 것을 말한다.

오답분석

① 프로모션(Promotion) : 제품 판매를 위한 선전이나 판촉활동을 말한다.
② 타겟팅(Targeting) : 전체 시장을 세분화한 후, 하나 혹은 복수의 소비자 집단을 목표시장으로 선정하는 마케팅 전략을 말한다.
③ 포지셔닝(Positioning) : 소비자의 마음속에 자사제품이나 기업을 가장 유리한 포지션에 위치하도록 하는 과정을 말한다.
⑤ 이벤트(Event) : 기업에서 신제품 출시나 제품 홍보를 위해 개최하는 행사를 말한다.

11 정답 ②

오답분석

① 횡축은 상대적 시장점유율, 종축은 시장성장률이다.
③ 별 영역은 시장성장률과 상대적 시장점유율 모두 높다.
④ 자금젖소 영역은 시장점유율이 높아 자금투자보다 자금산출이 필요하다.
⑤ 개 영역은 시장성장률과 상대적 시장점유율이 낮아 쇠퇴기에 접어든 경우이다.

12 정답 ③

㉡ 명성가격은 가격이 높으면 품질이 좋다고 판단하는 경향으로 인해 설정되는 가격이다.
㉢ 단수가격은 가격을 단수(홀수)로 적어 소비자에게 싸다는 인식을 주는 가격이다(예 9,900원).

오답분석

㉠ 구매자가 어떤 상품에 대해 지불할 용의가 있는 최고가격은 유보가격이다.
㉣ 심리적으로 적당하다고 생각하는 가격 수준은 준거가격이라고 한다. 최저수용가격이란 소비자들이 품질에 대해 의심 없이 구매할 수 있는 가장 낮은 가격을 의미한다.

13 정답 ⑤

대량생산·대량유통으로 규모의 경제를 실현하여 비용절감을 하는 전략은 비차별화 전략으로, 단일제품으로 단일 세분시장을 공략하는 집중화 전략과는 반대되는 전략이다.

14 정답 ④

계속기업의 가정이란 보고기업이 예측 가능한 미래에 영업을 계속하여 영위할 것이라는 가정이다. 기업이 경영활동을 청산 또는 중단할 의도가 있다면, 계속기업의 가정이 아닌 청산가치 등을 사용하여 재무제표를 작성한다.

오답분석

① 재무제표는 재무상태표, 포괄손익계산서, 자본변동표, 현금흐름표, 그리고 주석으로 구성된다. 법에서 이익잉여금처분계산서 등의 작성을 요구하는 경우, 주석으로 공시한다.
② 원칙적으로 최소 1년에 한 번씩은 작성해야 한다.
③ 현금흐름표 등 현금흐름에 대한 정보는 현금주의에 기반하지만 그 외의 정보는 발생기준하에서 작성된다.

15 정답 ④

민츠버그(Mintzberg)는 조직을 다음과 같은 다섯 가지 형태로 구분하였다. 각 조직에서 표면적으로 관찰할 수 있는 유형이 그 조직이 처한 환경에 적합한지 판단하고, 그렇지 않다면 해당 조직에게 필요한 변화를 모색할 수 있는 도구를 제시한다.

- 단순구조 조직(Simple Structure)
- 기계적 관료제 조직(Machine Bureaucracy)
- 전문적 관료제 조직(Professional Bureaucracy)
- 사업부제 조직(Divisional Structure)
- 애드호크라시 조직(Adhocracy)

16 정답 ④

테일러(Taylor)의 과학적 관리법은 전문적인 지식과 역량이 요구되는 일에는 부적합하며, 노동자들의 자율성과 창의성은 무시한 채 효율성의 논리만을 강조했다는 비판을 받았다. 이러한 테일러의 과학적 관리법은 단순노동과 공정식 노동에 적합하다.

17 정답 ④

오답분석

① 자기자본비용은 기업이 조달한 자기자본의 가치를 유지하기 위해 최소한 벌어들어야 하는 수익률이다.
② 새로운 투자안의 선택에 있어서 투자수익률은 자기자본비용을 넘어야만 한다.
③ 기업이 주식발생을 통해 자금조달을 할 경우 자본이용의 대가로 얼마의 이용 지급료를 산정해야 하는지는 명확하지가 않다.

18 정답 ③

(영업권)=30,000,000−(9,000,000+8,000,000)
=13,000,000원

19 정답 ④

맥그리거(Mcgregor)는 두 가지의 상반된 인간관 모형을 제시하고, 이에 따라 조직관리 전략이 달라져야 한다고 주장하였다.

- X이론 : 소극적·부정적 인간관을 바탕으로 한 전략이다.
  - 인간관 : 천성적 나태, 어리석은 존재, 타율적 관리, 변화에 저항적
- Y이론 : 적극적·긍정적 인간관을 특징으로 한 전략이다.
  - 인간관 : 변화 지향적, 자율적 활동, 민주적 관리, 높은 책임감

20 정답 ③

균형성과표(BSC; Balanced Score Card)는 조직의 비전과 전략을 달성하기 위한 도구이다. 전통적인 재무적 성과지표뿐만 아니라 고객, 업무 프로세스, 학습 및 성장과 같은 비재무적 성과지표 또한 균형적으로 고려한다. 즉, BSC는 통합적 관점에서 미래지향적·전략적으로 성과를 관리하는 도구라고 할 수 있다.

(A) 재무 관점 : 순이익, 매출액 등
(B) 고객 관점 : 고객만족도, 충성도 등
(C) 업무 프로세스 관점 : 내부처리 방식 등
(D) 학습 및 성장 관점 : 구성원의 능력개발, 직무만족도 등

| 02 | 법학

01	02	03	04						
③	①	④	④						

01 정답 ③

채권, 재산권의 소멸시효(민법 제162조)

① 채권은 10년간 행사하지 아니하면 소멸시효가 완성한다.

② 채권 및 소유권 이외의 재산권은 20년간 행사하지 아니하면 소멸시효가 완성한다.

02 정답 ①

행정청의 처분의 효력 유무 또는 존재 여부를 확인하는 심판은 행정심판의 종류 중 무효등확인심판에 해당한다(행정심판법 제5조 제2호).

헌법 제111조 제1항

헌법재판소는 다음 사항을 관장한다.

1. 법원의 제청에 의한 법률의 위헌여부 심판
2. 탄핵의 심판
3. 정당의 해산 심판
4. 국가기관 상호 간, 국가기관과 지방자치단체 간 및 지방자치단체 상호 간의 권한쟁의에 관한 심판
5. 법률이 정하는 헌법소원에 관한 심판

03 정답 ④

환경보전의 의무는 국민뿐만 아니라 국가에게도 적용되는 기본 의무이다.

헌법에 명시된 기본 의무

- 교육의 의무 : 모든 국민은 그 보호하는 자녀에게 적어도 초등교육과 법률이 정하는 교육을 받게 할 의무를 진다(헌법 제31조 제2항).
- 근로의 의무 : 모든 국민은 근로의 의무를 진다. 국가는 근로의 의무의 내용과 조건을 민주주의 원칙에 따라 법률로 정한다(헌법 제32조 제2항).
- 환경보전의 의무 : 모든 국민은 건강하고 쾌적한 환경에서 생활할 권리를 가지며, 국가와 국민은 환경보전을 위하여 노력하여야 한다(헌법 제35조 제1항).
- 납세의 의무 : 모든 국민은 법률이 정하는 바에 의하여 납세의 의무를 진다(헌법 제38조).
- 국방의 의무 : 모든 국민은 법률이 정하는 바에 의하여 국방의 의무를 진다(헌법 제39조 제1항).

04 정답 ④

촉법소년의 적용 연령은 10세 이상 14세 미만이고, 우범소년의 적용 연령은 10세 이상 19세 미만이다.

보호의 대상과 송치 및 통고(소년법 제4조 제1항)
다음 각 호의 어느 하나에 해당하는 소년은 소년부의 보호사건으로 심리한다.
1. 죄를 범한 소년(범죄소년)
2. 형벌 법령에 저촉되는 행위를 한 10세 이상 14세 미만인 소년(촉법소년)
3. 다음 각 목에 해당하는 사유가 있고 그의 성격이나 환경에 비추어 앞으로 형벌 법령에 저촉되는 행위를 할 우려가 있는 10세 이상인 소년(우범소년)
   가. 집단으로 몰려다니며 주위 사람들에게 불안감을 조성하는 성벽이 있는 것
   나. 정당한 이유 없이 가출하는 것
   다. 술을 마시고 소란을 피우거나 유해환경에 접하는 성벽이 있는 것

| 03 | 경제학

01	02	03	04	05	06	07	08	09	10
①	②	②	④	②	④	①	④	③	③

01 정답 ①

GDP 디플레이터는 명목GDP를 실질GDP로 나눈 후 100을 곱하여 산출한다. 이 산출식을 이용하여 실질GDP를 구하면 다음과 같다.

$$(\text{GDP 디플레이터}) = \frac{(\text{명목GDP})}{(\text{실질GDP})} \times 100$$

$$\rightarrow (\text{실질GDP}) = \frac{(\text{명목GDP})}{(\text{GDP 디플레이터})} \times 100 = \frac{120}{150} \times 100 = 80$$

02 정답 ②

오답분석

가. A재에 대한 수요가 증가하면 A재의 생산량이 증가하므로 A재에 특화된 노동에 대한 수요가 증가한다. 그러나 노동공급곡선이 수직선이므로 노동수요가 증가하더라도 고용량은 변하지 않고 임금만 상승하게 된다.
다. 노동공급이 증가하면 임금이 하락하므로 A재의 생산비용이 낮아진다. 이로 인해 A재 시장에서 공급곡선이 오른쪽으로 이동하므로 A재의 가격은 하락하고 거래량은 증가한다.
마. 노동공급이 감소하면 임금이 상승하므로 A재 생산비용이 상승하여 A재의 수요곡선이 아닌 공급곡선이 왼쪽으로 이동한다.

03 정답 ②

중국은 의복과 자동차 생산에 있어 모두 절대우위를 갖는다. 그러나 리카도는 비교우위이론에서 양국 중 어느 한 국가가 절대우위에 있는 경우라도 상대적으로 생산비가 낮은 재화생산에 특화하여 무역을 한다면 양국 모두 무역으로부터 이익을 얻을 수 있다고 보았다.

이때 생산하는 재화를 결정하는 것은 재화의 국내생산비로, 재화생산의 기회비용을 말한다. 문제에서 주어진 표를 바탕으로 각 재화생산의 기회비용을 알아보면 다음과 같다.

구분	중국	인도
의복(벌)	0.5대의 자동차	0.33대의 자동차
자동차(대)	2벌의 의복	3벌의 의복

기회비용 표에서 보면 의복의 기회비용은 인도가 중국보다 낮고, 자동차의 기회비용은 중국이 인도보다 낮다.

따라서 중국은 자동차, 인도는 의복에 비교우위가 있으므로 중국은 자동차를 수출하고 인도는 의복을 수출한다.

04 정답 ④

마찰적 실업이란 직업을 탐색하는 과정에서 발생하는 실업으로, 완전고용상태에서도 발생하는 자발적 실업이다. 반면, 구조적 실업은 산업구조의 변화나 기술의 발달로 인해 특정한 기능을 가진 노동자에 대한 수요가 감소함에 따라 발생하는 비자발적 실업이며, 경기적 실업은 경기침체로 인한 총 수요의 부족으로 발생하는 비자발적 실업이다.

오답분석

① 주부는 실업자가 아닌 비경제활동인구에 포함된다.
② 실업률은 실업자의 수를 생산가능인구가 아닌 경제활동인구로 나누어 구한다.

05 정답 ②

빅맥 지수는 각국의 빅맥 가격을 미국의 빅맥 가격으로 나누어 각국의 구매력을 측정하는 지표이다. 제시된 자료를 통해 빅맥 지수를 구해 보면 다음과 같다.

국가	빅맥 지수
한국	4,500/5.66≒795.05
일본	390/5.66≒68.90
노르웨이	52/5.66≒9.19
스위스	6.5/5.66≒1.15

빅맥 지수는 실질구매력을 나타내므로, 빅맥 지수는 구매력평가설에 따른 적정 환율 수준이다. 만약 빅맥 지수보다 현재 환율이 높다면 현재 화폐가치는 과소평가되어 있고, 빅맥 지수보다 현재 환율이 낮다면 현재 화폐가치는 과대평가되어 있음을 의미한다. 따라서 한국과 일본의 경우 빅맥 지수보다 현재 환율이 높기 때문에 화폐가치가 과소평가되어 있다.

06 정답 ④

오답분석

나. 독점적 경쟁기업이 생산하는 재화의 이질성이 높아지면 수요가 더 비탄력적이 되므로 독점적 경쟁기업이 보유하는 초과설비규모는 점점 커진다.
다. 독점적 경쟁기업은 기술혁신에 대해 가장 부정적인 시장이다.

07 정답 ①

가치의 역설은 사용가치가 높은 재화가 더 낮은 교환가치를 가지는 역설적인 현상이다. 가치의 역설에서는 희소가치가 높은 다이아몬드의 한계효용이 물의 한계효용보다 크기 때문에 다이아몬드의 가격이 물의 가격보다 비싸다고 설명한다.

오답분석

② 물은 필수재이고, 다이아몬드는 사치재이다.
③ 같은 물이라 해도 장소나 상황 등에 따라 가격이 달라질 수 있으므로 항상 다이아몬드보다 가격이 낮다고 할 수 없다.
④·⑤ 상품의 가격은 총 효용이 아닌 한계효용에 의해 결정되며, 한계효용이 높아지면 상품의 가격도 비싸진다.

08 정답 ④

고전학파에 따르면 임금이 완전 신축적이므로 항상 완전고용을 달성한다. 그러므로 고전학파는 실업문제 해소를 위해 정부의 개입은 불필요하다고 주장한다. 반면 케인즈학파는 실업문제 해소를 위해 재정정책이 금융정책보다 더 효과적이라고 주장한다.

09 정답 ③

실업률은 경제활동인구 중에서 실업자가 차지하는 비율을 말하며, 경제활동인구는 실업자와 취업자를 합하여 계산한다. 경제활동인구는 160만 명, 취업자는 140만 명, 실업자는 20만 명(=160만−140만)이므로 H국의 실업률은 다음과 같다.

$$(\text{실업률})=\frac{(\text{실업자 수})}{(\text{경제활동인구})}\times 100=\frac{(20\text{만})}{(160\text{만})}\times 100=12.5\%$$

10 정답 ③

환율이 내려가면 미국에 수출하는 국내 제품의 가격 경쟁력이 떨어지므로 국내 대미 수출기업들의 수출은 감소한다.

| 04 | 기계

01	02	03	04	05	06	07	08	09	10	11	12	13	14	15	16	17	18	19	20
④	②	②	④	④	②	④	④	④	④	②	④	④	①	⑤	①	③	⑤	③	②
21	22	23	24	25															
②	②	④	③	④															

01 정답 ④

단면 1차 모멘트는 구하고자 하는 위치에 따라 음수가 나올 수도 있고, 0이 나올 수도 있고, 양수가 나올 수도 있다.

02 정답 ②

물체의 밀도를 ρ, 물체의 부피를 V, 유체의 밀도를 ρ', 유체에 물체를 둘 때 잠기는 영역의 부피를 V'라고 하자. $\rho g V=\rho' g V'$일 때 물체가 물에 뜨게 된다. 이때 $\rho' g V'$가 부력이며 부력은 유체의 밀도와 유체에 잠기는 영역의 부피와 관련이 있다. 문제에 제시된 실험은 재질과 유체가 동일하고 형상이 다르므로 잠기는 영역의 부피가 변화한 것이다.

03 정답 ②

오답분석

① 회주철 : 가장 일반적인 주철이다.
③ 칠드 주철 : 표면을 급랭시켜 경도를 증가시킨 주철이다.
④ 구상 흑연 주철 : 니켈(Ni), 크로뮴(Cr), 몰리브데넘(Mo), 구리(Cu) 등을 첨가하여 흑연을 구상화시켜 가공성, 내마모성, 연성 등을 향상시킨 주철이다.

04 정답 ④

탄소의 양과 탄소 연소 시 필요한 산소의 양의 비는 1:1이고 탄소의 원자량은 12, 산소의 원자량은 16이다.

따라서 $12:32=6:x \rightarrow x=\frac{32\times6}{12}=16\text{kg}$이므로,

공기 내 산소의 비는 20%이기 때문에 공기의 양은 $\frac{16}{0.2}=80\text{kg}$이다.

05 정답 ④

교번하중은 크기와 방향이 지속적으로 변하는 하중이며, 일정한 크기와 방향을 가진 하중이 반복적으로 작용하는 하중은 반복하중이다.

06 정답 ②

$\delta=\frac{PL}{AE}=\frac{4PL}{\pi d^2 E}$이므로

$1.5\times10^{-3}=\frac{4\times100\times10^3\times3}{\pi\times d^2\times250\times10^9}$

$\rightarrow d=\sqrt{\frac{4\times100\times10^3\times3}{\pi\times250\times10^9\times1.5\times10^{-3}}}\fallingdotseq0.032\text{m}=3.2\text{cm}$

07 정답 ④

단순보에서 등분포하중이 작용할 때,

최대 처짐량은 $\delta_{max}=\delta_C=\frac{5wL^4}{384EI}$이므로

$\delta_{max}=\frac{5\times8\times10^3\times5^4}{384\times240\times10^9\times\frac{0.5\times0.2^3}{12}}\fallingdotseq8.1\times10\fallingdotseq0.81\text{mm}$

08 정답 ④

외팔보에서 작용하는 등분포하중은 $\theta=\frac{wl^3}{6EI}$이므로

$\theta=\frac{10\times6^3}{6\times10{,}000}=3.6\times10^{-2}\text{rad}$이다.

09 정답 ④

오답분석

① 레이놀즈(Re) 수로서 유체의 흐름 상태를 층류와 난류로 파악할 수 있다.
② 마하(Ma) 수로서 유체의 압축성을 파악할 수 있다.
③ 스토크(Stk) 수로서 유체 입자가 흐름을 따르는 정도를 파악할 수 있다.

10 정답 ④

체심입방격자에 해당하는 원소는 크로뮴(Cr), 몰리브데넘(Mo), 니켈(Ni), 탄탈럼(Ta), 바나듐(V), 텅스텐(W) 등이 있고, 면심입방격자에 해당하는 원소는 은(Ag), 알루미늄(Al), 금(Au), 구리(Cu), 니켈(Ni), 백금(Pt) 등이 있다.

11 정답 ②

오답분석

① 세라다이징 : 아연(Zn) 분말 속에 재료를 묻고 300 ~ 400℃로 1 ~ 5시간 가열하는 표면처리 방법이다.
③ 칼로라이징 : 알루미늄(Al) 분말 속에 재료를 가열하여 알루미늄이 표면에 확산되도록 하는 표면처리 방법이다.
④ 브로나이징 : 붕산(B)을 침투 및 확산시켜 경도와 내식성을 향상시키는 표면처리 방법이다.
⑤ 크로나이징 : 크로뮴(Cr)을 1,000 ~ 1,400℃인 환경에서 침투 및 확산시키는 표면처리 방법이다.

12 정답 ④

피로시험(ㄴ), 충격시험(ㄹ), 마멸시험(ㅁ)은 기계재료의 동적시험 방법에 속한다.

13 정답 ④

Tr 20×4 나사는 미터계가 30도인 사다리꼴 나사 중 하나로, 피치는 4mm이다. 또한 바깥지름은 20mm이고, 안지름은 20−4=16mm이며, 접촉 높이는 (피치)÷2=2mm이다.

14 정답 ①

A지점을 기준으로 모멘트의 합을 구하면

$\sum M_A=(6\times20)+(6+2)\times P=0 \rightarrow P=-15\text{kN}$

따라서 A지점에 작용하는 반력, $R_A=-5\text{kN}$이다.

A지점에서 시작하여 $0\le x\le6$, $6\le x\le8$ 두 구간으로 나누어 반력을 구하면

- $0\le x\le6$
  $-5-\text{V}(x)=0 \rightarrow \text{V}(x)=-5\text{kN}$
- $6\le x\le8$
  $-5+20-\text{V}(x)0 \rightarrow \text{V}(x)=15\text{kN}$

A지점에서 시작하여 $0\le x\le6$, $6\le x\le8$ 두 구간으로 나누어 굽힘 모멘트를 구하면

- $0\le x\le6$
  $M(x)=-x\text{V}(x)=-5x$
- $6\le x\le8$
  $M(x)=15x-120$

따라서 굽힘 모멘트의 값이 가장 큰 지점은 A로부터 6m 떨어진 곳이며, 그 크기는 5×6=30N·m이다.

15 정답 ⑤

구름 베어링과 미끄럼 베어링의 비교

구분	구름 베어링	미끄럼 베어링
고속회전	부적합하다.	적당하다.
강성	크다.	작다.
수명	박리에 의해 제한되어 있다.	유체 마찰만 유지한다면 반영구적이다.
소음	시끄럽다.	조용하다.
규격화	규격화가 되어 있어 간편하게 사용할 수 있다.	규격화가 안 되어 있어 제작 시 별도의 검토가 필요하다.
윤활	윤활 장치가 필요 없다.	별도의 윤활 장치가 필요하다.
기동 토크	적게 발생한다.	유막 형성 지연 시 크게 발생한다.
충격 흡수	감쇠력이 작아 충격 흡수력이 작다.	감쇠력이 커 충격 흡수력이 뛰어나다.
가격	저렴하다.	비싸다.

16 정답 ①

1kcal은 대기압에서 순수한 물 1kg의 온도를 1℃ 올릴 때 필요한 열량이다. 따라서 대기압이 작용하는 물 3,000kg의 수온을 10℃ 올릴 때 필요한 열량은 3,000×10=30,000kcal이다. 1kcal=4.2kJ이므로 30,000kcal을 kJ로 변환하면 30,000×4.2=126,000kJ이다.

17 정답 ③

오답분석

ㄱ·ㄹ. 동력을 간접적으로 전달하는 기계요소이다.

18 정답 ⑤

slug는 질량의 단위 중 하나이다.

오답분석

① 1kcal은 표준대기압에서 1kg의 물을 1℃ 올리는 데 필요한 열량이다.
② 1BTU는 표준대기압에서 1lb의 물을 1℉ 올리는 데 필요한 열량이다.
③ 1CHU는 표준대기압에서 1lb의 물을 1℃ 올리는 데 필요한 열량이다.
④ 1kcal=4.2kJ이다.

19 정답 ③

$Re=\frac{VD}{\nu}$이고, $Q=AV=\frac{\pi d^2}{4}V$이다.

따라서 이 유체의 레이놀즈 수는 $\frac{4Q}{\pi\nu d^2}=\frac{4\times30}{\pi\times0.804\times10^{-4}\times5^2}\fallingdotseq19,000$이다.

20 정답 ②

$$\epsilon = \frac{\delta}{L} = \frac{P}{AE} = \frac{30\times10^3}{\frac{\pi\times3^2}{4}\times10^{-6}\times350\times10^9} \fallingdotseq 0.012$$

변형량(δ) 구하기

$\delta = \frac{PL}{AE}$

P : 작용한 하중(N)

L : 재료의 길이(mm)

A : 단면적(mm^2)

E : 세로탄성계수(N/mm^2)

21 정답 ②

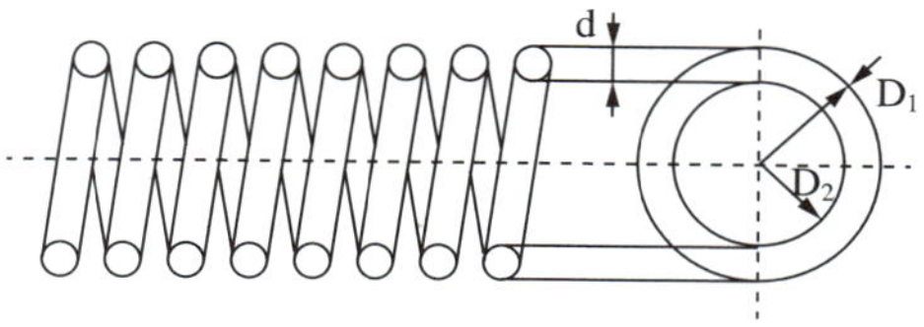

$\delta = \frac{8N_aD^3P}{Gd^4}$ 이고 $c = \frac{D}{d}$ 이므로 $\delta = \frac{8N_ac^3P}{Gd}$ 이다.

$$300 = \frac{8\times100\times10^3\times300}{80\times10^3\times d}$$

$$\rightarrow d = \frac{8\times100\times10^3\times300}{80\times10^3\times300} = 10\text{mm}$$

$10 = \frac{D}{10}$ → D=100mm이므로 외경은 100mm이고 내경은 100−(10×2)=80mm이다.

따라서 스프링의 평균 반지름의 길이는 $\frac{100+80}{2}$=90mm이다.

22 정답 ②

$$[\text{성능계수(COP)}] = \frac{Q_L}{W} = \frac{Q_L}{Q_H - Q_L} = \frac{T_L}{T_H - T_L}$$

성능계수(COP; Coefficient Of Performance)

냉각기, 열펌프 등의 냉각 효율을 나타내는 척도이다.

23 정답 ④

열 교환기(Heat Exchanger)는 기기의 운행에 필요한 유체의 상태를 만들기 위해 서로 다른 온도를 가진 2개의 유체가 열을 교환시켜 유체를 가열(또는 증발) 혹은 냉각(또는 응축)시키는 것이다.

24 정답 ③

주철은 강재에 비해 단단하지만 부서지기 쉽다.

25 정답 ④

오답분석

① 소성가공은 재료에 탄성한도보다 큰 외력을 가함으로써 발생하는 영구적으로 변형되는 성질인 소성을 이용한 가공이다.

② 잔류응력이 남아 있으면 제품이 변형될 수 있으므로 별도의 후처리를 통해 잔류응력을 제거하여야 한다.

③ 소성가공으로 제품 생산 시 주물에 비해 치수가 정확하다.

| 05 | 전기

01	02	03	04	05	06	07	08	09	10	11	12	13	14	15					
②	④	③	③	②	④	①	①	③	④	②	①	④	④	①					

01 정답 ②

단상 유도 전동기를 기동토크가 큰 순서대로 나열하면 '반발 기동형 – 반발 유도형 – 콘덴서 기동형 – 분상 기동형 – 셰이딩 코일형'이다.

단상 유도 전동기의 특징
- 교번자계가 발생한다.
- 기동토크가 없으므로 기동 시 기동장치가 필요하다.
- 슬립이 0이 되기 전에 토크는 미리 0이 된다.
- 2차 저항값이 일정값 이상이 되면 토크는 부(–)가 된다.

02 정답 ④

[3상 전압강하(e)]$=V_s-V_r=\sqrt{3}I(R\cos\theta+X\sin\theta)$

[송전단 전압(V_s)]$=V_r+\sqrt{3}I(R\cos\theta+X\sin\theta)=6{,}000+\sqrt{3}\times\dfrac{300\times10^3}{\sqrt{3}\times6{,}000\times0.8}\times[(5\times0.8)+(4\times0.6)]=6{,}400\text{V}$

03 정답 ③

$$L=\frac{N^2}{R_m}=\frac{N^2}{\dfrac{l}{\mu S}}=\frac{\mu_0\mu_s SN^2}{l}=\frac{4\pi\times10^{-7}\times600\times4\times10^{-4}\times1{,}000^2}{4\pi\times10^{-2}}=2.4\text{H}$$

04 정답 ③

$J=\dfrac{m}{S}=\dfrac{m}{\pi r^2}\text{Wb}/m^2$ 에서 $m=J\times\pi r^2=300\times\pi\times(10\times10^{-2})^2=3\pi\text{Wb}$

05 정답 ②

$Z=\sqrt{R^2+X^2}=\sqrt{3^2+4^2}=5\Omega$

$I=\frac{V}{Z}=\frac{50}{5}=10\text{A}$

06 정답 ④

$P_r=I^2X=\left(\frac{V}{\sqrt{R^2+X^2}}\right)^2X=\frac{V^2X}{R^2+X^2}=\frac{10^2\times 4}{3^2+4^2}=16\text{Var}$

직렬회로의 단상류전력

- 피상전력

$P_a=I^2Z=\frac{V^2}{Z}=\frac{Z}{R^2+X^2}V^2$

- 유효전력

$P=I^2R=\left(\frac{V}{\sqrt{R^2+X^2}}\right)^2R=\frac{R}{R^2+X^2}V^2$

- 무효전력

$P_r=I^2X=\left(\frac{V}{\sqrt{R^2+X^2}}\right)^2X=\frac{X}{R^2+X^2}V^2$

$P_a{}^2=P^2+P_r{}^2$, $Z=\sqrt{R^2+X^2}$

07 정답 ①

연가란 전선로 각 상의 선로정수를 평형이 되도록 선로 전체의 길이를 3등분하여 각 상의 위치를 개폐소나 연가철탑을 통하여 바꾸어 주는 것이다. 3상 3선식 송전선을 연가할 경우 일반적으로 3배수의 구간으로 등분하여 연가한다.

08 정답 ①

$\epsilon=p\cos\theta+q\sin\theta=(3.8\times0.8)+(4.9\times0.6)=5.98\%$

변압기의 전압변동률

- 지상

$\epsilon=p\cos\theta+q\sin\theta$

- 진상

$\epsilon=p\cos\theta-q\sin\theta$

09 정답 ③

ㄱ·ㄹ. 임펄스 함수는 하중 함수와 같은 함수이다.

10 정답 ④

커패시터가 전하를 충전할 수 있는 능력을 '충전용량' 혹은 '커패시턴스'라고 한다.

오답분석

① 인덕턴스 : 회로에서 작용하는 전자기유도 작용에 의해 발생하는 역기전력의 크기이다.
② 어드미턴스 : 교류회로에서의 전류가 잘 흐르는 정도이며, 임피던스의 역수이다.
③ 임피던스 : 교류회로에서 전압이 가해졌을 때 전류의 흐름을 방해하는 정도이다.

11 정답 ②

이상적인 연산증폭기 모델의 가정

- 입력 임피던스는 무한대(∞)이고 출력 임피던스는 0이어야 한다.
- 입력 전압 및 출력 전압의 범위가 무한대(∞)이어야 한다.
- 주파수에 제한을 받지 않아야 한다.
- 슬루율이 무한대(∞)이어야 한다.
- 개루프 전압이득이 무한대(∞)이어야 한다.
- 입력 전압과 출력 전압은 선형성을 갖추어야 한다.
- 오프셋 전압이 0이어야 한다.

12 정답 ①

공기식 발전기는 엔진 내부를 진공으로 만들면 그 진공을 채우기 위해 공기가 유입되고 유입된 공기가 터빈을 작동시키며 전기를 생산해 내는 친환경 발전 기기이다.

13 정답 ④

회전 계자형은 코일을 고정시키고 자석을 회전시킴으로써 전기를 얻는 발전 방식이다. 권선의 배열 및 결선이 회전 전기자형보다 편리하고 절연 또한 유리하다. 이는 슬립링과 브러시의 사용량도 감소하여 대부분의 발전기에서 사용되는 방식이다.

14 정답 ④

정류자는 교류 전원을 직류로 변환하는 발전기 부품이다.

15 정답 ①

직류 전동기의 유도기전력은 $E=\frac{PZ}{60a}\phi N$이다.

(P : 자극 수, Z : 전기자 총 도체 수, ϕ : 극당 자속, N : 분당 회전 수, a : 병렬 회로 수)

따라서 전기자 도체 1개에 유도되는 기전력의 크기는 $\frac{E}{Z}=\frac{P\phi N}{60a}$이다.

이때 중권이므로 $a=P$이고 $\frac{0.8\times 1,800}{60}=24\text{V}$이다.

| 06 | 토목

01	02	03	04	05	06	07	08	09	10	11	12	13	14	15	16	17	18	19	20
④	②	①	③	③	④	④	②	⑤	①	②	④	④	⑤	①	②	④	④	④	④
21	22	23	24	25															
③	②	③	①	④															

01 정답 ④

DAD(Depth – Area – Duration Analsis) 해석에는 강우깊이, 유역면적, 지속기간이 관련되어 있다.

02 정답 ②

(정사각형의 면적)$=h^2$, (원의 면적)$=\dfrac{\pi D^2}{4}$

단면적이 같으므로 $h^2=\dfrac{\pi D^2}{4} \rightarrow h=\dfrac{\sqrt{\pi}D}{2}$

$$\therefore\ Z_1=\frac{bh^2}{6}=\frac{h^3}{6}=\frac{\left(\frac{\sqrt{\pi}D}{2}\right)^3}{6}=\frac{\pi\sqrt{\pi}D^3}{48},$$

$$Z_2=\frac{\pi D^3}{32}$$

$$Z_1 : Z_2=\frac{\pi\sqrt{\pi}D^3}{48} : \frac{\pi D^3}{32}=\frac{\sqrt{\pi}}{48} : \frac{1}{32} \fallingdotseq 1:0.85$$

03 정답 ①

펌프의 비교회전도

터빈펌프	$100 \sim 250N_s$
원심펌프	$100 \sim 750N_s$
사류펌프	$700 \sim 1,200N_s$
축류펌프	$1,100 \sim 2,000N_s$

04 정답 ③

비교회전도란 임펠러가 유량 $1\text{m}^3/\text{min}$을 1m 양수하는 데 필요한 회전수를 말한다.

$$N_s=N\cdot\frac{Q^{\frac{1}{2}}}{H^{\frac{3}{4}}}=1,100\times\frac{10^{\frac{1}{2}}}{50^{\frac{3}{4}}}\fallingdotseq 185$$

05 정답 ③

엘리데이드를 이용한 간접 수준측량은 엘리데이드의 구조에 따라 $100 : n = D : h$의 비례식에 의해 높이차를 구한 후 기계고와 타깃의 높이를 고려하는 것이다.

$$H = i + \frac{n \cdot D}{100} - z = 1.2 + \frac{8.4 \times 32}{100} - 2 = 2.056\text{m}$$

06 정답 ④

사진측량의 특징

- 장점
  - 넓은 지역을 대상으로 하므로 대상지를 동일한 정확도로 해석이 가능하다.
  - 동체 측정이 가능하다.
  - 접근이 곤란한 대상물의 측량이 가능하다.
  - 축적 변경이 용이하다.
  - 작업이 분업화되어 있어 작업효율이 높다.
  - 종래의 측량 방법에 비해 경제적이다.
- 단점
  - 비용이 많이 든다.
  - 식별이 곤란한 경우에는 현지 측량이 요구된다.
  - 기상 조건, 태양 고도 등의 영향을 받는다.

07 정답 ④

$$Q = A_1 V_1 = A_2 V_2$$

$$\frac{\pi D_1^2}{4} \times V_1 = \frac{\pi \times D_2^2}{4} \times V_2$$

$$V_2 = \left(\frac{D_1}{D_2}\right)^2 V_1 = \left(\frac{0.2}{0.1}\right)^2 \times 0.5 = 2\text{m/s}$$

$$\therefore\ h_c = f_c \cdot \frac{V^2}{2g} = 0.36 \times \frac{2^2}{2 \times 9.8} \fallingdotseq 0.073\text{m} = 7.3\text{cm}$$

08 정답 ②

$$[\text{직사각형의 비틀림전단응력}(\tau)] = \frac{T}{2t_1 A_m}$$

$T = 550\text{kN} \cdot \text{m} = 550\text{N} \cdot \text{mm}$

$t_1 = 1.5\text{cm} = 15\text{mm}$

$$A_m = \left(800 - 15 \times \frac{2}{2}\right) \times \left(600 - 20 \times \frac{2}{2}\right) = 455,300\text{mm}^2$$

두께가 얇은 관에 대한 비틀림전단 고려 시 A는 폐단면 두께의 중앙선 내부면적이다.

$$\therefore\ \tau = \frac{550 \times 10^6}{2 \times 15 \times 455,300} \fallingdotseq 40.27\text{N/mm}^2 = 40.27\text{MPa}$$

09 정답 ⑤

• [건조단위중량(γ_d)]$=\dfrac{\gamma}{1+\dfrac{w}{100}}=\dfrac{2}{1+\dfrac{20}{100}}\fallingdotseq 1.67\text{t/m}^3$

• [간극비(e)]$=\dfrac{G_s\times\gamma_w}{\gamma_d}-1=\dfrac{2.6\times 1}{1.667}-1\fallingdotseq 0.56$

• [포화도(S)]$=\dfrac{w}{e}\times G_s=\dfrac{20}{0.56}\times 2.6\fallingdotseq 92.85\%$

10 정답 ①

반지름이 r인 원형 단면이므로 핵거리 e는 기준 축에 관계없이 같은 값을 갖는다.

$$e=\frac{Z}{A}=\frac{\frac{\pi D^3}{32}}{\frac{\pi D^2}{4}}=\frac{D}{8}=\frac{2\times 25}{8}=6.25\text{cm}$$

따라서 핵의 면적은 $A_{core}=\pi e^2=\pi\times 6.25^2\fallingdotseq 122.7\text{cm}^2$이다.

단주의 핵(Core)

$$e=\frac{Z}{A}$$

11 정답 ②

삼변측량은 삼각형의 세 변의 길이를 직접 측정하는 편리한 방법이나 관측한 값의 수에 비하여 조건식이 적어 정확도가 낮은 단점이 있다.

12 정답 ④

오답분석

① 레이크 도저 : 블레이드가 포크 형식으로 구성되어 있어 나무뿌리 등 작업 시 불순물들을 골라낼 수 있도록 한 도저이다.
② 스트레이트 도저 : 블레이드가 지표면과 수평으로 되어 있는 도저이다.
③ 앵글 도저 : 블레이드의 좌우를 $20\sim 30$도 기울일 수 있어 토사를 한 쪽으로 밀어낼 수 있는 도저이다.
⑤ 습지 도저 : 지반이 약한 지역에서 작업할 수 있는 도저이다.

13 정답 ④

오답분석

① 콘크리트의 건조수축 발생 시 표면에는 인장 응력이 발생하고 내부에는 압축 응력이 발생한다.
② 건조수축의 진행속도는 외부 환경의 상대습도와 밀접한 관련이 있다.
③ 물과 시멘트의 비율이 클수록 크리프는 크게 발생한다.
⑤ 흡수율이 낮은 골재를 사용해야 건조수축을 억제할 수 있다.

14 정답 ⑤

A지점에 작용하는 모멘트의 크기가 0이므로

$\sum M_A = (-4\times15)+(10\times R_B)=0 \rightarrow R_B=6t$

C지점에서 작용하는 모멘트의 크기가 0이므로

$\sum M_C = (1\times15)+(5\times6)+5\times H_B=0 \rightarrow H_B=15t$

따라서 C지점에서의 수평반력의 크기는 15t이다.

15 정답 ①

$\tau_{\max}=\dfrac{T}{Z_P}$ 이고 $Z_P=\dfrac{I_P}{e}$ 이다.

[정삼각형의 도심에 대한 최외각거리(e)]$=\dfrac{2}{3}h=\dfrac{2}{3}\times\dfrac{\sqrt{3}}{2}b=\dfrac{\sqrt{3}}{3}b$이고

[정삼각형의 도심에 대한 단면이차모멘트(I_P)]$=\dfrac{bh}{36}(b^2+h^2)=\dfrac{\sqrt{3}b^2}{72}\left(b^2+\dfrac{3}{4}b^2\right)=\dfrac{7\sqrt{3}b^4}{288}$ 이므로,

$Z_P=\dfrac{21b^3}{288}$ 이다.

따라서 전단응력의 크기는 $\tau=\dfrac{288T}{21b^3}$ 이다.

16 정답 ②

10m 길이의 자를 36번 사용해야 360m를 측정할 수 있으므로, 누적오차는 $36\times0.01=0.36$m이고, 우연오차는 $0.075\times\sqrt{36}=0.45$m이다.

따라서 측정한 도로의 정확한 길이의 범위는 $360+0.36\pm0.45=360.36\pm0.45$m이다.

17 정답 ④

강우로 인한 표면유출은 수문곡선을 상승시킨다.

18 정답 ④

$\tau=\gamma\cdot\dfrac{D}{4}\dfrac{h_L}{l}=10\times\dfrac{0.3}{4}\times\dfrac{0.3}{1}=0.225\text{kN/m}^2=225\text{N/m}^2$

19 정답 ④

에너지 보정계수(α)와 운동량 보정계수(β)는 각각 운동 에너지(속도수두)와 운동량을 보정하기 위한 무차원 상수이다.

관수로 내에서 실제유체의 흐름이 층류일 때 $\alpha=2$, $\beta=\dfrac{4}{3}$이고, 난류일 때 $\alpha=1.01\sim1.05$, $\beta=1\sim1.05$의 값을 갖으며, 이상유체일 때 $\alpha=\beta=1$이다.

20 정답 ④

콘크리트용 골재의 조립율은 잔골재에서 2.3～3.1, 굵은 골재에서 6.0～8.0 정도가 적당하다.

21 정답 ③

$$[\text{현장의 건조단위중량}(\gamma_d)]=\frac{(\text{다짐도})}{100}\times\gamma_{dmax}=\frac{95}{100}\times1.76≒1.67\text{t/m}^3$$

$$[\text{상대밀도}(D_r)]=\frac{\gamma_{dmax}}{\gamma_d}\cdot\frac{\gamma_d-\gamma_{dmin}}{\gamma_{dmax}-\gamma_{dmin}}\times100=\frac{1.76}{1.67}\cdot\frac{1.67-1.5}{1.76-1.5}\times100≒69\%$$

상대밀도(D_r) 구하는 식

- 간극비 이용

$$D_r=\frac{e_{\max}-e}{e_{\max}-e_{\min}}\times100$$

- 건조단위중량 이용

$$D_r=\frac{\gamma_{dmax}}{\gamma_d}\cdot\frac{\gamma_d-\gamma_{dmin}}{\gamma_{dmax}-\gamma_{dmin}}\times100$$

22 정답 ②

지진피해가 적으며, 지반이 연약해도 시공이 가능하다.

23 정답 ③

BOD(Biochemical Oxygen Demand)란 물속에 있는 오염물질을 분해하기 위해 필요한 산소의 양이다. BOD 수치가 높다는 것은 필요한 산소량이 많다는 뜻이고, 이는 물속에 미생물이 많은 오염된 물이라는 의미이다.

24 정답 ①

$$Q=\frac{\pi K(H^2-h_0^2)}{\ln(R/r_o)}≒\frac{3.14\times0.038\times(7^2-5^2)}{\ln\frac{1,000}{1}}=\frac{3.14\times0.038\times(7^2-5^2)}{3\ln10}=\frac{3.14\times0.038\times(7^2-5^2)}{3\times2.3}≒0.0415\text{m}^3/\text{s}$$

25 정답 ④

관정접합은 평탄한 지형에는 낙차가 많이 발생하여 관거의 매설 깊이가 증가한다. 하수의 흐름은 원활하지만, 굴착 깊이가 깊어 시공비가 비싸고 펌프 배수 시 양정이 증가하는 단점이 있다.

합격의 공식 SD에듀

교육은 우리 자신의 무지를 점차 발견해 가는 과정이다.

– 윌 듀란트 –

2023 하반기 SD에듀 All-New 기출이 답이다 서울교통공사 NCS&전공 7개년 기출복원 + 무료 서교공특강

개정3판2쇄 발행	2024년 01월 10일 (인쇄 2023년 12월 21일)
초 판 발 행	2021년 08월 30일 (인쇄 2021년 07월 26일)
발 행 인	박영일
책 임 편 집	이해욱
편 저	SDC(Sidae Data Center)
편 집 진 행	김재희 · 이원우
표지디자인	조혜령
편집디자인	김지수 · 윤준호
발 행 처	(주)시대고시기획
출 판 등 록	제10-1521호
주 소	서울시 마포구 큰우물로 75 [도화동 538 성지 B/D] 9F
전 화	1600-3600
팩 스	02-701-8823
홈 페 이 지	www.sdedu.co.kr

I S B N	979-11-383-6014-2 (13320)
정 가	20,000원

기출이 답이다

서울교통공사

NCS & 전공 7개년 기출복원문제

+ 무료서교공특강

All Pass

기업별 맞춤 학습 "기본서" 시리즈

공기업 취업의 기초부터 심화까지! 합격의 문을 여는 **Hidden Key!**

기업별 시험 직전 마무리 "봉투모의고사" 시리즈

실제 시험과 동일하게 마무리! 합격을 향한 **Last Spurt!**

※**기업별 시리즈** : HUG 주택도시보증공사/LH 한국토지주택공사/강원랜드/건강보험심사평가원/국가철도공단/국민건강보험공단/국민연금공단/근로복지공단/발전회사/부산교통공사/서울교통공사/인천국제공항공사/코레일 한국철도공사/한국농어촌공사/한국도로공사/한국산업인력공단/한국수력원자력/한국수자원공사/한국전력공사/한전KPS/항만공사 등

※도서의 이미지 및 구성은 변동될 수 있습니다.